Ultra

WALTER BONATTI

Una vita così

Con un testo di Rossana Podestà
A cura di Angelo Ponta

SOLFERINO

SOLFERINO

www.solferinolibri.it

ISBN 978-88-282-1465-6
Prima edizione: maggio 2024

A un passo dal cuore

di Angelo Ponta

Per più di mezzo secolo, dalle prime scalate fino agli ultimi viaggi in Africa e in Patagonia, Walter Bonatti non smise mai di raccontare le proprie avventure a un pubblico sempre affezionato ma anche sempre nuovo. Era lui il primo a sorprendersi di come, all'alba del nuovo millennio, le sue storie conservassero la capacità di entusiasmare anche persone che non erano nemmeno nate quando, nel 1965, lui aveva chiuso con l'alpinismo per dedicarsi ai reportage.

Fu pensando a questo pubblico che Bonatti continuò per tutta la vita a rileggere, correggere e migliorare i propri scritti. Lo spingeva il piacere di comunicare e una sua caparbia ricerca della perfezione, il desiderio di far capire fino in fondo quel che aveva vissuto e imparato. Forse contava anche il desiderio di evitare fraintesi: comprensibile, in una persona che di bugie e insinuazioni fu spesso vittima, in momenti cruciali della vita. E poi, ancora, era inesauribile la sua disponibilità a imparare, a riconoscere il bello, a spingersi sempre un po' più in là: tra gli appunti rimasti nel suo archivio si trovano fogli vergati con mano ormai tremante, sui quali Walter fino agli ultimi giorni trascrisse frasi ascoltate in Tv, pensieri scoperti su nuovi libri, note per lavori futuri. Un'interminabile ricerca anche stilistica, dunque: ragione di più per tornare sui propri scritti e aggiornarli, eliminare termini desueti, apportare piccole correzioni per aiutare il pubblico vecchio e nuovo a leggere con più piacere.

È quel che Bonatti fece anche con questo libro, *Una vita così*, l'ultimo sul quale lavorò per limare e sistemare, selezionare e accorciare. Ne sarebbe risultata un'edizione sfrondata da parti di minore importanza o nelle quali si ripetevano concetti già espressi in altre pagine dello stesso libro. Un'edizione alla quale, chissà, avrebbe dato magari un nuovo titolo.

La caparbietà di Bonatti era ancora quella di un tempo, ma la forza no: Walter si impegnò fino al luglio 2011, poche settimane prima della morte, poi dovette cedere e il lavoro rimase incompiuto. Perché quell'ultima sua «impresa» non restasse nel cassetto, tuttavia, sulla base dei suoi appunti abbiamo realizzato questa edizione di *Una vita così*. Talvolta le note di Bonatti, a matita, a margine dei fogli, non permettono di capire chiaramente se la sua intenzione fosse di conservare o eliminare il brano cui si riferiscono: in questi casi, nel dubbio, abbiamo preferito conservare il testo originale.

Ma che cosa contiene, dunque, *Una vita così*? Bonatti lo descrive come: «Un collage di interviste. [...] L'essenza di ciò che ho voluto esprimere pubblicamente. [...] Una testimonianza del come e del perché delle mie scelte di vita». Frammenti, articoli, ritagli, trascrizioni di interviste o di conversazioni, anche molte parole scritte da altri su di lui. Il tutto a comporre un discorso e un dialogo su se stesso attraverso risposte meditate o fulminanti, aforismi, frasi divenute celebri, pensieri sul mondo, sulla fotografia, sul viaggiare e sull'esplorare, sull'evoluzione dell'alpinismo, sulla società e sulla solitudine, gli uomini e gli animali.

C'è molto, insomma, di quanto può aiutarci a capire un personaggio così fuori dal comune. Molto, non tutto. Perché anche qui, come negli altri suoi libri, una parte della storia rimane privata, solo sua. Incalzato (a volte) dalle domande, in *Una vita così* Bonatti racconta molto del proprio modo di pensare e di agire, ma poco della sua intimità e della vita fuori dall'avventura – dell'infanzia e dell'adolescenza, per esempio. Qui, come altrove, non si trovano riferimenti a conversazioni con i genitori, vita in famiglia, giochi con gli amici, scuola, maestre e maestri. Quando cominciò a leggere i suoi amati libri d'avventura? Dove se li procurò? Qualcuno lo consigliò? Eccetera... Così come Bonatti non descrive mai le case in cui ha vissuto, il rifugio che gestì con il padre ai Pian dei Resinelli, la vita nel collegio in Val Seriana, le giornate nella palestra di Monza o le sere nella sede dei «Pell e Oss». Insomma: da suoi appassionati lettori ci piacerebbe conoscere anche le sue storie «non avventurose» (o forse comunque avventurose, ma in un modo diverso), quelle della vita quotidiana di un ragazzo cresciuto in anni molto difficili e diventato un personaggio molto speciale. Ci piacerebbe poterlo immaginare, in quegli anni di formazione; e magari, così, capire meglio anche la nascita del suo carattere, della sua forza.

Tutto questo lo tenne per sé. E d'altra parte non si può non notare che, pur scrivendo per tutta la vita di se stesso, delle proprie avventure, di quella che chiamava la propria «esplorazione interiore», Bonatti non scrisse mai un'autobiografia. Anzi: nel suo immenso archivio invano si cercherebbe un diario personale, o anche solo qualche pagina rimasta nel cassetto. Perché? Forse, più che segreti, Walter conservava qualche segreta cicatrice. O forse, più semplicemente, lui, uomo del fare, preferiva raccontarsi attraverso l'azione, misurando la vita in chilometri e avventure; forse considerava inutile un diario che non fosse di viaggio, che non fosse scritto da qualche limite estremo del mondo o dello sforzo umano. Forse la sua introspezione viveva più di sfide che di ricordi. Da questo punto di vista, *Una vita così* sarebbe perfettamente coerente con le attitudini di Bonatti, che in questo lunghissimo «collage» si racconta ampiamente ma tenendosi un passo indietro rispetto alla propria intimità. A un passo dal cuore.

In quel cuore, in quella intimità, entrò invece Rossana Podestà quando, dopo la morte del suo Walter, realizzò (lei sì) un libro biografico, al quale aggiunse pagine nelle quali raccontava il loro amore e sfiorava alcune delle cicatrici che in lui aveva intravisto. Perciò, e per come il suo racconto sembra completare quello di Bonatti, abbiamo scelto di chiudere il volume con quel suo testo del 2012.

Una vita così

A Rossana

Premessa

Una vita così è la normale e scontata prosecuzione di *Un modo di essere*, poiché era ineluttabile colmare il vuoto di eventi e relativi commenti che mi hanno accompagnato in questi ultimi tredici anni.

Dirò subito che la scintilla che è stata all'origine del mio già pubblicato *Un modo di essere*, e quindi anche dell'attuale e conclusivo *Una vita così*, risale al 1986, quando insieme al regista parigino Bernard Choquet, che avrebbe poi girato un film sulla mia vita di alpinista, stavamo visionando buona parte del mio repertorio televisivo negli archivi della Rai.

Dopo tanti anni rivedevo dunque quei filmati che erano indubbiamente parte viva di me, e ciò innescava nel mio intimo varie considerazioni. A stupirmi più di ogni altra cosa era il contenuto di alcune risposte a precise domande che via via l'intervistatore di turno mi aveva rivolto, e su questo scoprivo di trovarmi ancora perfettamente d'accordo nonostante i molti anni trascorsi. Naturalmente in quei frammenti di discorso affioravano tante imperfezioni di forma, di linguaggio, e anche qualche esagerato assolutismo, cose però di poco conto se comparate al fatto, per me importante, che le mie idee di base risultavano ancora attuali e coerenti al mio modo di essere.

Come prevedibile, provai la curiosità di frugare in quel mio passato, così cominciai una specie di viaggio a ritroso attraverso i vecchi ritagli di giornale, ricuperati dal ripostiglio, e una limitata serie di registrazioni radiofoniche e audiovisive fortunatamente conservati.

L'operazione, appassionante fin dall'inizio, finì per assorbirmi; e in più mi divertiva constatare come il tempo sovente avesse finito per dare ragione e consistenza a qualche mio discorso che, all'origine, era forse sembrato perdente o addirittura fatto di puro astrattismo.

Ne è dunque uscito un collage di interviste, a volte senza neppure il nome dell'interlocutore che non sono riuscito a ricordare, di pensieri, dialoghi, commenti con anche qualche decisa presa di posizione quando necessario. Ho raccolto il tutto dandogli il più possibile un ordine cronologico e fondendolo a formare una serie di discorsi che, se non altro, sono almeno sinceri e basati su fatti consistenti. A fare da sfondo è sempre il succedersi degli avvenimenti che mi hanno visto protagonista o quanto meno spettatore di prima fila; ma di pari passo sfilano anche le tendenze, le mode, i contrasti che negli ultimi tempi hanno sempre più cambiato volto e motivazione al mondo della montagna e dell'avventura in generale.

Alcune di queste interviste sono state riportate integralmente per la loro completezza e omogeneità di discorso; da altre, per non creare troppe ripetizioni, ho invece estrapolato alcune parti che ho poi cucito in un'unica esposizione, e in tal caso ne è uscita una chiacchierata a più voci interlocutorie. Naturalmente, là dove ho ritenuto necessario, sono intervenuto a ripulire e rendere più scorrevole il discorso, specialmente quello tratto da registrazioni radiofoniche e televisive, ma senza per questo modificare minimamente il concetto né la forma in cui è stato espresso.

V'è un capitoletto particolare in cui ho raccolto soltanto le interviste che mi hanno fatto i francesi negli anni Ottanta. Forse mi si chiederà perché mai abbia voluto mettere in risalto soltanto questi e non altri intervistatori stranieri dello stesso periodo. Rispondo: perché con questi ho sempre avuto, non so, una certa familiarità; vuoi per la mia scalata sul Dru, vuoi per i fatti che riguardano la tragedia del Pilone Centrale del Frêney, e, chissà, per altre ragioni ancora che sfuggono a un'immediata analisi. Fatto sta che sempre, e più di tutti, i francesi si sono occupati di me scrivendone ampiamente.

Altre interviste ancora, dal contenuto smoderatamente svisato nella loro stesura e a volte persino storpiato rispetto al mio pensiero, ebbene le ho negate, quindi ignorate in queste pagine.

Ogni cosa detta, pur confrontata e soppesata, ha lo stesso prodotto qua e là, inevitabilmente, qualche ripetizione d'argomento e di esposizione. Vuol dire che gioverà a ribadire un determinato concetto e a vederlo attraverso altre sfaccettature e angolazioni. Se a volte affiora qualche considerazione un po' enfatica, o esageratamente laudativa, ebbene si veda di perdonarle, fanno parte dell'atmosfera di un particolare argomento affrontato. Il tutto naturalmente va visto e considerato nell'ottica dell'immediato e dell'improvvisato, che sono caratteristiche peculiari dell'intervista in quanto tale, incalzante e spesso provocatoria. L'immediatezza, in questo caso, non può che garantire fedeltà e fondatezza al pensiero espresso.

Naturalmente, le cose dette qua e là negli anni danno forma e carattere all'intero panorama della mia vita di uomo d'avventura, ma qui rappresentano soprattutto l'essenza di ciò che di volta in volta io ho voluto esprimere pubblicamente. Se è vero che io sono, e in definitiva lo sono, il risultato delle stesse mie esperienze, è altrettanto vero che quanto ho qui raccolto costituisce un significativo spaccato del tempo di cui sono figlio. Ma al di là delle considerazioni espresse, queste pagine restano comunque una fedele testimonianza del come e del perché delle mie scelte di vita; mostrano inoltre quali siano i motivi, i punti di interesse, le molle che hanno indotto i mass-media a intervistare e a commentare per il loro pubblico un tipo come me. Non ultimo, il libro vuole anche essere un omaggio agli intervistatori più attenti e sensibili, che spesso mi hanno dato motivo di riflessione.

L'intervista moderna concepita come botta e risposta, dunque più diretta ed efficace, curiosamente mi si è presentata soltanto molto tardi, dopo che avevo concluso la mia attività di alpinista estremo. Di quegli anni precedenti mancano perciò le mie risposte precise a precise domande che pur tuttavia, nelle varie interviste, mi erano state rivolte. A colmare il vuoto, e a suggellare quel mio periodo alpinistico, ho preso in prestito alcuni pezzi giornalistici dell'epoca, espressamente scritti sull'argomento da alcune illustri firme. Proprio con essi inizierò il libro.

Il dopo Cervino

SUL CERVINO CON BONATTI
di Giovanni Ansaldo

Confesso che – completamente lontano fin dai tempi della giovinezza da ogni pratica alpinistica, per la mia irriducibile paura delle vertigini – io conoscevo Walter Bonatti soltanto così, di nome. Sapevo, pur nella mia ignoranza, che egli era un formidabile scalatore, senza avere la più lontana idea delle sue scalate già compiute, e delle sue vittorie già registrate. Insomma, confesso che non mi ero molto occupato di lui; e me ne ero occupato nella forma più blanda, che è quella di lasciar cadere lo sguardo sulla pagina sportiva del giornale.

In breve: di Bonatti non sapevo niente. Ma l'interesse mio per lui si accese subito vivissimo, quando egli, il 18 febbraio del '65, deluso dell'esperienza fatta dell'ascesa al Cervino in compagnia, dichiarò che era risoluto a ritentare la prova da solo, e di volere anzi dare l'assalto alla montagna per la cosiddetta «direttissima».

Questa sua dichiarazione breve e recisa, in cui era facile sentire una venatura di orgoglio, mi colpì, e mi fece capire pure attraverso la mia ignoranza tecnica che quell'uomo era sicuro del fatto suo. In un tempo come questo in cui viviamo e in cui non si può aprire un giornale senza trovarvi largamente usata la parola «impegno», preludio inevitabile ai «disimpegni» più clamorosi e più vergognosi, l'«impegno» assunto da Bonatti, di portarsi sulla vetta del Cervino da solo in quattro giorni di arrampicata mi parve il solo impegno degno di essere preso sul serio e ammirato.

E così dal momento in cui Bonatti attaccò la montagna terribile egli mi interessò più di tutti gli uomini del mondo. Dal mio studio, dietro la mia scrivania, io lo accompagnai nell'unico modo che mi era consentito, cioè vedendo ansiosamente tutto ciò che la televisione trasmetteva da Zermatt su di lui. Egli, in quel giorno e nei successivi, mi interessò e appassionò infinitamente di più di tutti gli altri uomini i cui nomi campeggiavano sulle prime pagine dei giornali, più del colpo di Stato di Saigon su cui pure la telescrivente faceva arrivare in redazione cartelle lunghe come lenzuola. M'interessò più del contrasto fra il principe Ranieri di Monaco e il miliardario Onassis a proposito della ripartizione dei quattrini fruttati dalla bisca di Montecarlo. Mi interessò di più perfino (udite udite!) della serata inaugurale del Teatro per i Beatles e i loro imitatori creato a Roma da alcuni autorevoli signori dei «quartieri alti», ispirati dal desiderio di aprire nuovi orizzonti alla gioventù più artisticamente dotata; mi interessò insomma più di tutte le notizie affluenti al giornale. Neppure il successo del «Ranger VIII» lanciato dall'America per fotografare da vicino la superficie lunare suscitò in me l'interessamento che suscitava la lenta ascesa di Bonatti sulla parete Nord del Cervino; ed è naturale; perché il lancio del «Ranger» fu un successo tutto della tecnica, senza che vi fossero cimentate vite umane, mentre l'impresa di Bonatti era invece drammatica e patetica proprio perché il protagonista aveva poco aiuto dalla tecnica, e puntava nell'impresa la posta suprema di cui disponga l'uomo, cioè la sua vita.

E perciò, da ignorante, io seguii come potei la scalata di lui al Cervino attraverso tutto ciò che mandavano da Zermatt i corrispondenti di giornali e di agenzie; e perciò, da ignorante, cercai di capire le difficoltà che Bonatti aveva da vincere e, perciò, da ignorante, mi domandai come aveva fatto lui per tre notti a bivaccare in qualche fessura della montagna crudele; e perciò, da ignorante, lo ammirai con un sospiro di commozione quando vidi la foto di Bonatti scattata da un aereo in cui appariva alle prese con un tremendo «corpo a corpo» con la montagna, in un punto in cui, anche se lo avesse voluto, non sarebbe potuto più tornare indietro; cosicché a lui non restava altro dilemma che quello dell'eroe antico, altra possibilità che quella di vincere o di morire. E, venuto qui al giornale, la mia prima curiosità si appuntò più che su qualunque altro argomento, più che su qualunque altro uomo, su di lui, su Bonatti; e chiesi subito se c'era qualcosa di lui e della sua scalata. Ed ebbi la risposta che egli era alle prese con gli ultimi duecento metri, e che questi duecento metri erano naturalmente i più ardui; e mi augurai segretamente che i festeggiamenti che già gli si preparavano a Zermatt non gli portassero male, proprio mentre era alle prese con quegli ultimi duecento metri...

Ma a che parlo di queste ansie per Bonatti usando la vanitosa prima persona singolare? Avrei dovuto invece fin dal principio usare la prima persona al plurale; perché, in realtà, l'interessamento mio fu condiviso da molti, da tutti. Sì, tutti abbiamo ammirato di lontano l'uomo che dava la scalata al Cervino, l'uomo che sfidava da solo la montagna terribile, dal granito striato di sangue umano, dinanzi al mondo. Sì, tutti l'ammirammo, tutti facemmo voti per lui, tutti nel segreto del nostro cuore formulammo auguri per la sua vittoria. E adesso che questa vittoria egli l'ha raggiunta, tutti ne siamo lieti e fieri. Fieri prima di tutto perché questa vittoria è una vittoria del coraggio che vorremmo chiamare allo stato puro; assoluto e candido. E poi (lasciatemelo dire perché è la verità, anche in questi tempi in cui è così poco di moda parlare della Patria) e poi, di questa vittoria di Bonatti siamo lieti perché l'uomo che ha scalato così, da solo, il Cervino, è un italiano. E quindi egli smentisce da solo, con il suo nome, la diceria malvagia che corre per il mondo e che noi stessi d'altronde con la nostra condotta, con le nostre polemiche fomentiamo: che cioè noi italiani siamo ormai un povero popolo incapace di compiere imprese ardue e grandi, ispirate dall'ardimento, e sorrette dalla tenacia. E coronate dal successo.

Bonatti ha così vinto la sua partita, la nostra partita. Nostra, cari amici; perché se mi avete letto fin qui è chiaro che anche voi avete accompagnato Bonatti su per la «direttissima» come l'ho accompagnato io; e avete provato quella vaga ma forte impressione di ringiovanimento spirituale creata in voi da lui, il vincitore del Cervino. Insomma è sicuro che voi ed io, in quei quattro giorni, abbiamo idealmente dato la scalata al Cervino con lui.

E forse il trionfo vero del grande alpinista, del grande atleta della montagna, è proprio questo: di trascinarsi dietro, avvinti dalla fantasia, perfino tutti i sedentari come me, e forse come voi, che abbiamo sortito dalla nascita una insormontabile paura delle vertigini...

IL MASOCHISTA CELESTE
di Giorgio Bocca

«Il vento strappò la tendina di plastica, gli aghi del nevischio mi trafiggevano il volto, ma non potevo muovermi, il minimo movimento e sarei precipitato. Rimasi così tutta la notte. Credo ci fossero venticinque gradi sotto zero.» Lo fa apposta? Sicuro che lo fa apposta, lui ha deciso di essere la nostra coscienza ascetica. Aspetta che ci sediamo in poltrona con un sigaro in bocca e la tazzina di caffè sul tavolino, tutti belli nutriti, ingrassati, riscaldati, confortati, profumati, già sul punto di far ron ron e poi ci compare dinanzi, da un foglio di giornale, con quel suo viso bruciato dal sole e dal freddo, Walter Bonatti, il puritano nevrastenico appena scampato alla Nord del Cervino. «Ho impiegato sette ore a percorrere gli ultimi trenta metri. Non potevo forzare con la mano sinistra, una pietra mi aveva schiacciato un dito. Ero rimasto senza chiodi, non c'erano appigli. Intanto la tormenta...» E va bene saremo dei vecchi rottami, rimbambiti dal cibo e dall'alcol, pieni di reumi, tachicardie, soffi, bronchiti croniche, capaci, al massimo, di una passeggiatina al parco Lambro o di un massaggio al Milan sporting club, ma il Bonatti, come rimprovero vivente, adesso esagera. Non gli bastano più le ascensioni estive in cordata, le esige solitarie e invernali. Possibilmente arricchite da slavine, cadute di pietre, tormenta. Sicuro, lo fa apposta. Sa che i giornali sono tutto un appello al comfort, zeppi di inviti pubblicitari ad evitare ogni fatica, rischio, pena, ansia, zeppi di proposte edonistiche curative, «il sole delle Bermuda vi attende», «le acque di Castrocaro vi attendono» e improvvisamente ci mette in mezzo la sua faccia bruciata dal sole e dal freddo, le sue mani deformate dalla roccia e il suo sguardo da masochista celeste, felice di patire, di rischiare, di faticare. Questa periodica provocatoria réclame dello sconforto, questa ricerca di autopunizioni strazianti, di cilici insopportabili poi raccontati con il candore apostolico che sembra voler dire: «Perché non provi anche tu? Credimi, sbagli a non provare. Su, almeno un bivacco sulla Nord delle Grandes Jorasses».

Il provocatore Walter Bonatti. Ogni anno, quando arriva l'inverno, mi dico: «Stavolta non mi frega, stavolta se va a cacciarsi nei guai affari suoi, volto pagina e tanti saluti». Lui nei guai si caccia: «Bonatti ha attaccato la Nord...». E volto pagina.

L'indomani: «Bonatti in difficoltà». E il sottoscritto è capace di fare un gestaccio e amen. Il terzo giorno: «Bonatti lotta disperatamente». E via, solo un'occhiata al titolo, ho deciso di ignorarlo e lo ignoro, non gliela do 'sta soddisfazione di leggere quante slavine lo hanno sfiorato e quante pietre lo hanno ferito. Che se poi il quarto giorno «Bonatti rinuncia» la risatina incredula me la faccio; «sì figuriamoci se quello rinuncia, dagli tempo tre o quattro giorni e ricomincia». Difatti al quarto giorno, massimo al quinto, apri il giornale ed eccola la mosca nera sulla grande parete striata di bianco, eccolo il grande solitario che sta bene solo quando alcuni milioni di italiani, svizzeri, austriaci, tedeschi e francesi gli stanno attorno con le loro ansie. Lo hanno visto da Zermatt con il cannocchiale, no, si sono sbagliati, era una pietra, no era proprio lui, hanno visto di notte i segnali con la lampadina, no, nessuno ha sue notizie, no. L'ha rivisto il pilota di un elicottero... E non c'è niente da fare, viene il giorno in cui ci si ricade. Si sta in poltrona con il sigaro in bocca e il caffè a portata di mano tutti belli riscaldati e confortati, eppure bisogna ascoltarlo mentre racconta dal giornale: «Dopo il settimo bivacco non potei più mangiare, il sacchetto dei viveri mi era sfuggito dalle dita congelate. Per dissetarmi succhiai un po' di ghiaccio, ma mi si gonfiarono le labbra». E avanti, di cilicio in cilicio, di sofferenza in sofferenza, seguendo il masochista celeste fino al godimento più alto: quello per aver trovato, dopo otto giorni di scalata, il rifugio privo di legna da bruciare, di provviste, di vetri alle finestre e di coperte.

HA CANCELLATO L'IMPOSSIBILE SULLA NORD DEL CERVINO

di Carlo Graffigna

Se Walter Bonatti fosse un «prodotto» americano, laggiù gli avrebbero già affibbiato da gran tempo il suo bravo slogan.

Sarebbe certamente l'alpinista «che ha qualcosa in più!». Tutte, o quasi tutte, le sue imprese sono state, per un verso o per l'altro, fuori della normalità, hanno sempre avuto il pepe dell'eccezione e il profumo dell'incertezza, quasi come un marchio personale, un qualcosa di diverso. Tutto quello che quest'uomo ha fatto in montagna – sulle montagne di tutto il mondo – è entrato direttamente nella storia dell'alpinismo o, perlomeno, si è inserito nella cronaca più viva del nostro tempo con polemiche e dibattiti alle volte esasperati e drammatici: il suo modo di aggredire la verticalità ha alimentato leggende e miti, la sua concezione dell'alpinismo ha diviso gli uomini della strada in schiere opposte nella ricerca di un'impossibile risposta alla domanda di chi e che cosa glielo fa fare. Si può amarlo o si può respingerlo, ma ogni volta che si è lanciato in un'avventura, anche chi non sa cosa sia un sesto grado ha avuto l'impressione di aver davanti uno dei pionieri del nostro tempo, non diverso dagli esploratori polari o dai primi navigatori degli oceani sconosciuti. Un uomo che cerca di spingere sempre più lontano, per tutti noi, i confini dell'universo; soltanto che lui lo fa nel mondo verticale, sulle «cattedrali della Terra» come Ruskin chiamava le montagne.

Con un tipo del genere, non c'era da stupirsi dunque che anche l'impresa con la quale Bonatti voleva voltare definitivamente la pagine delle scalate leggendarie, avrebbe portato ancora più lontano i margini dell'«impossibile».

L'avventura era nell'aria da tempo: i suoi amici più intimi «sapevano» da almeno sei mesi cosa si andava preparando nella quieta casa dell'alpinista a Courmayeur e sulle tormentate rocce e sui ghiacciai tribolati del Monte Bianco, una volta tanto «declassato» a palestra d'allenamento. Lì l'idea prendeva lentamente forma, si traduceva in organizzazione e in preparazione. Walter Bonatti attendeva molte cose: la perfetta forma fisica, il silenzio dell'inverno, la morsa del gelo che attanagliasse tutto quanto, lassù sulla montagna, fosse in bilico e minacciasse di crollare. Ma, soprattutto, attendeva l'anno nuovo: il 1965.

Cento anni fa, nel 1865, un Bonatti di allora, che si chiamava Whymper ed era inglese, aveva condotto le sue cordate sulla cima vergine del colosso. Era il 14 luglio. Una grande giornata nella storia della conquista della natura e nello stesso tempo una giornata tragica: quattro uomini di Whymper precipitavano dalla cresta mentre scendevano felici dalla vetta conquistata, e scomparivano negli abissi della parete Nord. Questa mostruosa colata di ghiaccio e di roccia, senza essere stata neppure sfiorata da un tentativo di scalata, era riuscita comunque ad avere le sue vittime. Mettendosi su quella muraglia, nei giorni scorsi, Bonatti intendeva proprio festeggiare il centenario di quella vittoria e commemorare quei caduti.

Dovevano trascorrere cinquantotto anni perché due uomini osassero attaccare quei 1.200 metri di infernale toboga. Si chiamavano Horeschowsky e Piekielko. Erano bravi, coraggiosi e decisi, ma quando furono a cinquecento metri dalla vetta, non avevano più una stilla d'energia e dovettero trovare scampo sulla cresta laterale.

Passano altri cinque anni, ed ecco che arrivano Mooser e Imboden. Attaccano la muraglia in un altro punto, proprio nel centro, direttamente sotto la verticale della vetta. È un'impresa disumana e vengono respinti.

Loro hanno tentato, c'è chi riuscirà. Sono due fratelli. Franz e Toni Schmid. Arrivano in bicicletta da Monaco di Baviera. Si accampano ai piedi del colosso, ingannano il tempo rammendando calzettoni e mangiando. Una notte fredda e serena partono. Alle 14 del giorno dopo sono in cima: sono i primi uomini a sbucare sul «più nobile scoglio d'Europa» venendo da nord; è come se venissero dall'inferno. Era il 1° agosto 1931.

Da allora, una quarantina di cordate hanno scalato la parete seguendo la via degli Schmid ed uno, Diether Marchart, era solo, ma tutto questo è avvenuto sempre durante la bella stagione. Occorreva arrivare al recentissimo 1962 perché si registrasse la «prima invernale»: se l'aggiudicano gli svizzeri Von Allmen e Paul Etter, ma anche loro seguono l'itinerario ormai tradizionale, spostato sulla sinistra della parete e con un'ampia curva per evitare le fasce di rocce nere che fan paura solo a vederle. Gli unici a tentare quella via erano stati Mooser e Imboden, ma per poche centinaia di metri; poi era stata la ritirata senza scampo.

Quella era la «via» che Bonatti sognava; quella era l'ultima avventura alla quale si preparava in silenzio. Ora l'impresa c'è. Anzi, una triplice impresa. In quattro giorni d'arrampicata, l'alpinista ha tracciato una via nuova, ha portato a termine la salita da solo e tutto questo in pieno inverno. Prima assoluta, prima invernale e prima solitaria in una volta sola. Con un'unica scalata è stata scritta sulla parete una storia che quasi sempre richiede diverse puntate, spesso nuovi uomini e, qualche volta, intervalli di decenni.

Il «tris» è stato realizzato in quasi cento ore di lotta e di solitudine, in un caos strapiombante di granito e di ghiaccio traslucido, nel continuo crepuscolo di un mondo senza sole.

Ha richiesto una specie di concentrato di tutte le qualità fisiche, tecniche e morali dell'alpinista. Quelle che di volta in volta ne hanno fatto un personaggio: il travolgente entusiasmo delle prime salite in Grigna; il vigore fisico che gli aveva fatto superare indenne, ancora ragazzo, nel 1954, un bivacco all'aperto sopra gli ottomila metri sui fianchi gelati del K2; la tecnica raffinata esplosa nell'incredibile danza sugli abissi del Dru, nel 1955; i nervi d'acciaio e la saldezza morale che cinque bivacchi solitari avevano esaltato durante la stessa impresa; il polso e la psicologia del capocordata rivelati sullo sperone Walker; il coraggio e la costanza che lo salvarono e lo fecero vincere sulla Whymper alle Jorasses.

Qui, sul Cervino, si trattava di sfoderare tutto, perché la parete e la situazione richiedevano tutto e tutto insieme, in una volta sola: saper esser soli, tecnica di ghiaccio e di roccia, resistenza fisica, nervi a posto e pazienza. Nel Bonatti trentacinquenne che nei giorni scorsi, metodicamente, metro dopo metro, cancellava l'«impossibile» dalla faccia nord del Cervino, c'era tutto questo. C'era insomma un «uomo» di fronte alla montagna. Lui le ha dedicato gran parte della vita ed essa lo ha formato definitivamente. L'equilibrio è raggiunto. Ora Bonatti può davvero deporre lo zaino.

CENTO ORE SENZA SOLE
di Dino Buzzati

Perché è così straordinaria la scalata di Walter Bonatti sul Cervino? Perché in tutto il mondo è stato un coro di ammirazione? Il motivo è questo: poche altre, forse nessun'altra impresa al mondo, richiedono all'uomo tanto vigore fisico, resistenza ai disagi, esperienza, abilità tecnica, intelligenza, energia nervosa e, soprattutto, forza morale. Certo, in tutte le grandi prove sportive oltre i muscoli occorre anche la volontà. Le doti morali necessarie in scalate come questa sono però di gran lunga più alte di quelle che entrano in azione in una partita di calcio o in un incontro di pugilato. L'uomo, insomma, qui si rivela nella sua forma più completa e più degna.

Che cosa avrebbe fatto Bonatti se fosse vissuto ai tempi di Omero? Probabilmente alpinista non sarebbe stato, perché l'alpinismo a quei tempi non esisteva. Ma è molto probabile che, per qualche sua eroica gesta, il suo nome sarebbe arrivato fino a noi, nei versi di un grande poema.

Chi scrive, su quella parete non c'è mai stato, ma se ne è potuto rendere ben conto nel film *Stelle e tempeste*, appunto girato dalla guida Rébuffat. La pendenza è paurosa, ma non basterebbe certo a preoccupare, oggi che i bravi alpinisti vivono intere giornate in pieno strapiombo; quello che fa soprattutto impressione è il senso appunto di instabilità, di fragilità, di insicurezza, come se uno si arrampicasse su per un pinnacolo fatto di piatti e di vasi di porcellana. E non è soltanto una sensazione. La parete nord del Cervino è addirittura un reggimento di artiglieria pesante, tanto frequenti e terribili sono le valanghe di sassi e di ghiaccio e di neve che scaraventa in basso.

Ora l'inverno, su una rupe di questa fatta, ha il vantaggio di impedire, anche nelle ore più calde, lo scioglimento del ghiaccio e della neve. Ghiaccio e neve «tengono», e le cadute di sassi, in confronto ai pomeriggi estivi, sono ridotte quasi a zero. Per questo l'*azzardo*, nei mesi freddi, è decisamente minore.

Molto più grandi, in compenso, sono le difficoltà fisiche per le spaventose temperature che imperversano lassù di questa stagione.

In quanto al problema tecnico, l'inverno rende decisamente più impraticabili le pareti di roccia perché le ricopre di una viscida crosta di ghiaccio (il «verglas» o vetrato), spesso invece agevola la scalata dei tratti di ghiaccio e di neve, che risultano rassodati e più sicuri.

Ma adesso solo per un istante immaginate di trovarvi soli, completamente soli, nel cuore di questo sinistro e repellente muraglione alto milleduecento metri. Quando ero bambino mi ricordo che avevo una certa paura a percorrere da solo il corridoio della nostra casa di campagna. Anche voi, probabilmente, in certi casi, avrete provato simili sensazioni. Moltiplicatele per cento, per mille e avrete forse una pallida idea di ciò che avviene nella selvaggia solitudine dell'alta montagna, resa ancor più inospitale dall'inverno. E non si tratta soltanto di superare questa paura; bisogna trovare il coraggio, lo slancio, l'entusiasmo per andare sempre più su, senza sapere che cosa ci aspetta di sopra; potrebbe anche darsi che si incontrino delle difficoltà insuperabili e che si debba tornare indietro. E il freddo che morde atrocemente, e il vento che fa penetrare nei più ermetici indumenti gli aghi della tormenta, e il pesantissimo sacco che bisogna portar su con lente spossanti manovre perché la perdita del sacco, con i chiodi, gli attrezzi, i viveri, il fornelletto, il sacco da bivacco, significherebbe la morte. [...] Come ha fatto a resistere e lottare per quattro giorni e quattro lunghissime notti in tanta orrida e precipitosa solitudine? È difficile rispondere. Questo è proprio il grande segreto di Bonatti, che lui stesso non riuscirà mai a spiegare fino in fondo. Più che di risorse muscolari e di bravura tecnica, si impongono, in così folli avventure, la forza di carattere e le risorse morali. Certo, Bonatti ha il privilegio di un fisico assolutamente eccezionale che gli permette di sopportare impunemente temperature che in pochi minuti ridurrebbero uno come me, povero comune mortale, in una statua di ghiaccio. Non per niente, egli è uno dei soli tre uomini che, nella storia dell'alpinismo, ha passato una notte oltre gli ottomila metri senza sacco da bivacco. Ciò gli accadde nel 1954, presso l'ultimo campo del K2 nel Karakorum, la seconda vetta del mondo conquistata dagli italiani. Gli altri due sono l'hunza Mahdi, suo compagno nella notte himalayana, che dovette poi subire varie amputazioni alle dita delle mani e dei piedi; e il famosissimo Hermann Buhl, che, dopo la conquista solitaria nel Nanga Parbat, dovette passare la notte su quegli spalti, ma anche lui ebbe un grave congelamento ai piedi. Bonatti invece superò la terribile esperienza completamente indenne.

A trentacinque anni, Walter Bonatti ha dietro di sé un bilancio di imprese alpinistiche addirittura favoloso. Lo si può veramente definire il più forte alpinista del mondo. Con questa scalata invernale sul Cervino egli intende chiudere il ciclo delle sue grandi imprese. E il proponimento è segno di saggezza, perché Bonatti, pur «osando l'inosabile», ha sempre avuto la testa sul collo. A un amico, anzi, egli avrebbe confidato l'intenzione di lasciare per sempre l'alpinismo.

Se veramente ha detto questo, io mi permetto di non credergli. Magari cambierà mestiere, riponendo il distintivo di guida alpina nel cassetto dei ricordi. Magari da Courmayeur, dove abita, si trasferirà in una città della pianura. Magari rinuncerà d'ora in poi ad avventurarsi in imprese estreme. Ma la montagna non la potrà mai abbandonare. Chi ha dato tanto alla montagna, chi per la montagna ha rischiato con tanto accanimento la vita, a questo amore resterà legato per sempre.

È DIFFICILE ESSERE LA DONNA DEL DOMINATORE DEL CERVINO
di Carlo Graffigna

«Ma questo è Bonatti?» disse la signora che era con me, subito dopo che glielo ebbi presentato. «Io credevo...»

Avevo capito. Come molta gente, anche lei, per una facile deformazione psicologica, era portata a pensare che tutti gli alpinisti fossero uomini dal fisico eccezionale, imponenti e massicci come le loro montagne. Figurarsi come avrebbe dovuto essere l'ospite di quella sera, il più famoso fra gli scalatori viventi, il vincitore riconosciuto delle più spaventose muraglie di roccia e delle più mostruose cascate di ghiaccio. Capivo che lei si era immaginata un colosso, una collina, se non proprio una montagna, di solide ossa e di muscoli gonfi, con un collo da pugilatore e polsi come travi.

Tutto l'errore sta nel fatto che i profani pensano alla sfida fra l'uomo e la montagna proprio come a una prova di forza, a un incontro di lotta, per esempio, o a una gara di sollevamento pesi. In realtà, il rapporto che lega l'alpinista alla montagna è molto più complesso: la pura forza fisica vi ha un ruolo piuttosto marginale. Alla base di tutto c'è un sentimento di amore, non di odio. Non si tratta di violentare, ma di conquistare qualcosa. La resistenza, la costanza e la pazienza contano molto di più. Poi altre doti ancora che non hanno nulla a che fare con la statura e il peso: un assetto psicofisico perfetto, coraggio calcolato, senso di responsabilità, spirito di sacrificio, sano agonismo, e un cuore diciottenne, aperto al fascino dell'avventura e dell'ignoto. Poi, infine, ci vuole ancora qualcosa: quel quid imponderabile e misterioso che finisce per distinguere un sestogradista dal raccoglitore domenicale di stelle alpine, proprio come la creatrice d'alta moda si differenzia da una generica sarta, anche se tutte e due usano le forbici.

Molte qualità ci vogliono dunque, tutte concentrate in un uomo, per avere un Walter Bonatti. Tante qualità che, a prima vista, non si immaginerebbero neppure in questo uomo che nel giugno prossimo compirà trentacinque anni, che è alto un metro e settantuno, pesa circa sessantacinque chili ed è snello come un ragazzo. Ha capelli neri, foltissimi e forti, un po' ribelli, con screziature di fili bianchi, anzi proprio d'argento lucido, come la «seta» dei cardi di montagna.

A rivelare l'uomo d'azione che è, ci pensano, sempre, le mani e, qualche volta, il viso. Ha mani grandi e dure, quasi sproporzionate, con giunture solidissime che danno l'idea di cerniere metalliche. Ha il naso dritto e fermo, le labbra sottili del volitivo; gli occhi, grigi con riflessi d'acciaio, possono essere tanto duri da fermare un uomo e tanto ingenuamente curiosi da turbare una donna.

Per chi gli è amico e lo frequenta di sovente, gli occhi di

Bonatti finiscono per avere tre espressioni fondamentali: decisi fino alla crudezza quando la sua volontà è impegnata ad affermare qualcosa; dilatati e pieni di fresco stupore davanti a tutto ciò che colpisce la sua sensibilità o la sua fantasia; lontani e quasi assenti quando egli sembra isolarsi all'improvviso, per guardare dentro di sé.

È una cosa che gli accade abbastanza spesso e non è soltanto l'abitudine dei lunghi e solitari bivacchi che lo porta a bastare a se stesso. C'è un motivo più vivo e più profondo. È lui che ce lo svela quando, parlando di sé, dice: «Parrebbe logico pensare che l'alpinista, esperto della lotta contro la natura, sappia affrontare con una certa facilità anche i problemi del vivere sociale. Non è così. Sono due tipi di lotta che non hanno nulla in comune, e io l'ho sempre sentito. Già da bambino mi era molto più facile trattare con la natura che con gli uomini. In essa trovavo, non so, una specie di lealtà che rendeva possibile un silenzioso, affettuoso dialogo... Questa contrapposizione fra mondo naturale e mondo sociale era ai miei occhi addirittura la contrapposizione fra felicità e infelicità. E correvo alla montagna con entusiasmo febbrile».

La guerra era finita da poco tempo e i Bonatti, da Bergamo, dove Walter era nato il 22 giugno 1930, si erano trasferiti da tempo a Monza, in questa città di pianura che tuttavia sente già profumo di Grigna e di Prealpi.

Anche per l'alpinismo erano tempi avventurosi ed eroici, dopo la lunga parentesi guerresca. Pochi soldi, attrezzature raffazzonate e vitto scarso. Erano i tempi in cui i ragazzi della gloriosa «Pell e Oss» – scuola dei rocciatori monzesi – imparavano ad arrampicare rubando alla madre la corda del bucato; dormivano sul balcone di casa, in pieno inverno, per abituarsi ai bivacchi in parete; partivano con le vecchie divise militari dei padri, senza giacca a vento, infagottati in strati sovrapposti di maglioni caserecci. Quei ragazzi si chiamavano Aiazzi, Oggioni, Alini, Bonatti. Si sarebbe potuto pensare che «giocassero» a fare gli alpinisti. Ma nel 1949, con tre compagni, Bonatti ripete, primo fra gli italiani, il famoso spigolo Walker alle Grandes Jorasses, una paurosa lama di ghiaccio e di roccia considerata fra le tre più difficili scalate del mondo. Walter aveva diciannove anni. Nelle fotografie dell'epoca appare più ragazzino che mai, ma non passano venti mesi ed il suo nome rimbalza nelle pagine dei giornali di tutto il mondo: per quattro giorni, con Luciano Ghigo, compie una incredibile danza sugli abissi della parete est del Grand Capucin, cinquecento metri di granito levigato e compatto con spigoli taglienti come lame, sporgenze paurose e verticalità incredibili. I giorni dal 20 al 23 luglio del 1951 hanno segnato definitivamente la nascita della stella Bonatti, ma sono ancora oggi per lui, nel ricordo, tra i più tristi perché proprio subito dopo, Walter perse la mamma, stroncata da una malattia che da tempo la faceva soffrire.

Comincia allora una specie di peregrinazione che si protrarrà negli anni: da Monza al Pian dei Resinelli, a Bardonecchia. Ma qui, in questi luoghi, per Bonatti c'erano un tetto e il lavoro: la sua vera vita era in montagna. Le sue imprese si moltiplicavano e tutte avevano un marchio particolare, un'atmosfera diversa dalle altre. Attorno al suo nome c'era sempre l'ombra del dramma e l'atmosfera dell'incertezza. E non poteva essere diversamente, perché si muoveva sempre ai limiti delle possibilità umane. Le sue erano enormi e finivano per accendere tutte le fantasie.

Come la pazzesca notte, allo scoperto, senza tenda e senza sacco da bivacco, in compagnia di un portatore indigeno impazzito di terrore, sui fianchi gelati del colossale K2 ad un'altezza di 8.150 metri. Bonatti, che non riportò il più piccolo congelamento, era il più giovane, il «bocia» dicevano gli altri, della spedizione italiana del 1954: aveva ventiquattro anni.

E il Dru? È uno spigolo di roccia allucinante, tentato e ritentato da cordate famose, da nomi illustri, e dallo stesso Bonatti con Oggioni, Aiazzi e Mauri. La tormenta li aveva sempre ricacciati. Poi ecco che un giorno, nel 1955, si diffonde l'incredibile notizia: Walter Bonatti è all'assalto del colosso ed è solo. Diciamolo francamente, per sei giorni e cinque notti, un po' tutti, anche quelli che non si interessavano molto di queste cose, abbiamo trattenuto il fiato. E a ragione: ancora oggi, molti esperti considerano la scalata solitaria del Dru la più grande impresa alpinistica del nostro tempo, forse insuperabile. Ma il fiato, questo ragazzo, ce lo ha fatto trattenere molte altre volte in seguito, per una decina di anni, proprio fino a ieri, alla sua grande avventura solitaria: la direttissima sulla tetra facciata nord del grande Cervino. È ormai un «personaggio» del nostro tempo, questo Bonatti. In fondo mette in moto lo stesso meccanismo psicologico di massa che spiega il «fenomeno» James Bond agente 007. Quasi inconsciamente, gli uomini si identificano in lui perché così vorrebbero essere e quelle avventure vorrebbero vivere; le donne, le fidanzate, le spose, le madri, finiscono per veder realizzati in lui certi abbozzi romantici di quello che sarebbe dovuto essere il marito o il compagno o il figlio ideale. La differenza è che le leggendarie imprese di Bonatti non sono una finzione cinematografica e che quindi egli non è un simbolo, non è un'ombra sulla tela; lui, a quel modo ci vive davvero; è un po' la continuazione dei diciott'anni di tutti; è un po' la giovinezza del mondo, con i suoi entusiasmi e i suoi slanci romantici, qualche volta eroici.

Naturalmente è un modo di vivere che richiede una certa fretta, perché la strada può essere brevissima. Forse, più che di fretta, si tratta di una certa «scelta» istintiva di quello che è essenziale. È un uomo che rifugge dall'intralcio dei rapporti formali; non ha «conoscenti», ma alcuni veri amici. In città, le poche volte che proprio deve andarci, fra la folla e nel frastuono, è più solo che nel più desolato dei bivacchi. Appena può pigia sull'acceleratore e ritorna a Courmayeur, nella sua bella casa, così vicina al Monte Bianco.

Qui, accanto a quest'uomo complesso e discusso, vive Bianca, la sua compagna; la signora genovese che dieci anni fa mise la sua mano in quella del ragazzo del K2 ed ora cammina a fianco del più celebre conquistatore di montagne. È stata, per tutti e due, una lunga e dura strada, scandita da nomi affascinanti e tremendi: il Dru, la Poire, il Pilastro Rosso, il Pilone Centrale del Monte Bianco, il colossale Gasherbrum nella lontana Asia, il gelido Rondoy delle Ande, le Grandes Jorasses, in estate e in inverno, il Cervino. Nomi, per noi; montagne da affrontare e da vincere per Bonatti; colpi di martello sul cuore di Bianca. Lui aveva ogni volta la carica esaltante dell'azione; lei il silenzio dell'attesa, lo spasimo dell'incertezza, la disperazione dell'impotenza, mentre le tempeste si addensavano e i giorni e le notti passavano senza portare il ritorno dell'uomo.

È certo difficile essere uomini come Walter Bonatti, ma non è neppur facile essere le donne che li amano.

DAL TELEGIORNALE DELLA RAI DEL 23 FEBBRAIO 1965
di Edy Tillot

TILLOT – E dopo questa ascensione abbandonerà definitivamente, come ha detto, l'alpinismo?

BONATTI – No, assolutamente. Abbandonerò l'alpinismo estremo, l'ho già dichiarato l'anno scorso e manterrò la parola. Vi era la direttissima della parete nord del Cervino da conquistare ed era un'occasione che non volevo perdere. Con questa impresa ho aperto soltanto una parentesi trattandosi del centenario della conquista del Cervino. Ora che l'ho compiuta chiudo rapidamente questa parentesi e ritorno alla dichiarazione che feci già lo scorso anno. Quindi di alpinismo estremo non ne farò più. Di alpinismo classico invece... spero di farne ancora per quaranta, cinquant'anni.

WALTER BONATTI NELL'ORA DELL'ADDIO ALLE ARMI
di Christian Defaye

DEFAYE – Questo addio all'«impossibile» non è stato facile.

BONATTI – Voglio fermarmi adesso, nel momento in cui sono in piena forma. Sono andato alla montagna per istinto, essa è stata per me un mezzo d'espressione, come la pittura, la scultura o la musica. È stata la mia vita. In certi momenti ho messo forse il paraocchi per riuscire, ma mi sono sempre sforzato malgrado tutto di guardare il mondo attorno a me.

DEFAYE – Nella sua biblioteca ci sono delle opere che invitano al viaggio e le costole dorate dei libri di Camus, Maupassant, Cechov...

BONATTI – Sono autori che vedono il mondo con gli occhi che io amerei avere.

DEFAYE – E anche dischi, dove Wagner ha il posto d'onore...

BONATTI – Perché la montagna sembra essere creata per questa musica.

DEFAYE – Viene da Monza, il cui celebre circuito non ha mai fatto nascere in lei la minima vocazione. E questo non certo per paura di vittoria.

BONATTI – La paura è affascinante, stimolante; ma tra me e la montagna il rapporto è diretto, mentre tra me e la velocità c'è di mezzo un meccanismo.

DEFAYE – L'orgoglio affiora dietro questa affermazione, ma l'orgoglio certo non è stato l'energia che le ha fatto superare le insidie degli uomini.

BONATTI – Sono arrivato a Courmayeur con un entusiasmo intatto, con una concezione sacrale dell'amicizia. Ma ben presto mi hanno tagliato le ali. Sono rimasto perché amo Courmayeur, ma al di sopra dei tetti delle case. Mi sento più straniero qui, a casa mia, che non importa in quale paese.

DEFAYE – Uno di quelli di Courmayeur ha detto, dopo quest'ultimo exploit di Bonatti: «Il Cervino? Ma non è che una montagna per le vacche». Questo spiega senz'altro perché Courmayeur ha deciso di ignorare Bonatti e ha dimenticato di organizzare un ricevimento in suo onore, mentre Zermatt, Milano e Strasburgo lo festeggiarono. Deludenti retroscena della montagna, dove c'è di tutto e resta tuttavia la montagna!

Dopo il dramma del Frêney, dove quattro dei suoi compagni sono morti, un torrente d'accuse menzognere si è abbattuto su di lei. Di questo dramma ancora oggi non parla che con pena.

BONATTI – Sul Dru, ero in una situazione disperata. Mi sono lanciato a pendolo nel vuoto perché non potevo fare altro. Mi restavano due cose: la certezza di morire o la possibilità di salvarmi. Al Frêney, io non ero nient'altro che un morto che urlava per sopravvivere.

DEFAYE – Ha dato molto, è vero, a questa amante di ghiaccio e di vento, ma esigendo da lei ancora di più. «Ma perché lo fa? A che cosa serve?» Sono domande che non bisogna fargli. E poi, che vorreste che risponda? Non c'è nulla da rispondere in effetti, e se la risposta esiste, quelli che non hanno abbastanza immaginazione per trovarla in se stessi dovranno ascoltare attentamente la canzone...

BONATTI – Ascolta amico mio, la risposta è nel vento. Ci sono uomini che vanno nel cosmo e camminano nello spazio, altri si stupiscono che io provi gioia e soddisfazione profonda a misurarmi per giorni e giorni su una parete... Ma l'aver inventato la macchina fotografica non esclude che si possa dipingere.

BONATTI IN VETTA

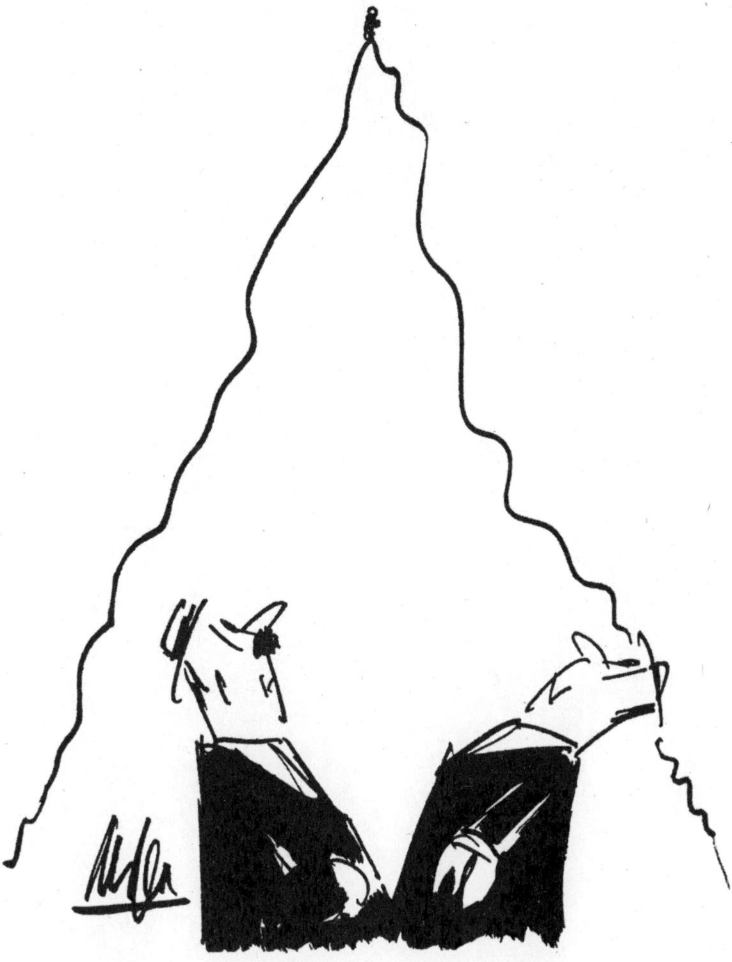

«Ci ha messo novantacinque ore quando con l'ascensore poteva arrivarci in tre minuti, è così che questi idealisti sprecano il tempo.»

Malàika, Nakupénda Malàika

Navarro – Come fai a raccontare la vita e le imprese di un uomo così senza rischiare di cadere in eccessi, nella retorica? Non è più tempo d'eroi, questo, oggi si lavora in équipe, in gruppi, l'astronauta che cammina sulla Luna ha alle spalle una colossale organizzazione che ha programmato ed elaborato tutto quello che lui, telecomandato, compirà; la storia di un uomo che compie imprese (e quali eccezionali imprese!) fidando solo nel proprio coraggio, nella propria esperienza, nel proprio ostinato voler dar forma e sostanza alle favole dell'infanzia, fa più pensare all'Ulisse dantesco o ai cavalieri erranti di una volta che a un personaggio d'oggi.

Eppure Walter Bonatti è un personaggio d'oggi, anche se la sua vita così eccezionale ce lo rende quasi mitico. Sembra incredibile, condizionati come siamo da semafori, sensi unici, scale mobili, orari, cartellini da timbrare e impegni a scadenza fissa, che possa esistere qualcuno che fugge la nostra congestionata «civiltà» per andarsene ad attuare le imprese più emozionanti nel seno di una natura fortissima e temibile, spesso avversa e pericolosa. Una vita come sfida la sua; sfida diretta alla natura che ama immensamente, mettendo all'opera, per conquistarla, tutti i suoi istinti di lotta e di conquista; sfida indiretta (anche se non voluta) a noi che viviamo incasellati nella banalità e nella «sicurezza» del quotidiano. Cosa prova un uomo così quando si trova a vivere nella nostra dimensione, in questa civiltà che lui contesta in modo così clamoroso?

BONATTI – Mi trovo male, naturalmente, perché a Milano, in questo caos, è impossibile trovare una dimensione umana. Però Milano (dico Milano come potrei dire una qualsiasi altra metropoli) con il suo caos mi dà la misura, la dimensione reale di cosa sia l'altro mondo, i luoghi selvaggi in cui trascorro un terzo dell'anno. Per contro quando sono là, lontano da tutto e da tutti, io di questo mondo riesco a cogliere soltanto il lato bello. In definitiva la mia è una meccanica per cogliere il meglio di ogni cosa della vita: quattro mesi all'anno li vivo realizzando me stesso nel modo che più mi è congeniale; altri quattro circa qui a Milano, impegnato con il giornale e la casa editrice per cui lavoro; quelli che mi rimangono li trascorro nel piccolo appartamento di Chamonix, dalle cui finestre posso ammirare in ogni momento il mio Monte Bianco.

NAVARRO – Si ritiene un uomo fortunato?

BONATTI – Doppiamente fortunato perché so di esserlo. Il povero indio che vive in un villaggio sperduto dell'Amazzonia non sa di essere fortunato, ma noi che conosciamo le nostre condizioni di vita e le sue, e possiamo fare il paragone, sappiamo quanto in verità lo sia.

NAVARRO – Le conclusioni sono sempre, inevitabilmente, a danno di questa nostra società, di questa civiltà che ci ha isterilito. Non ha avuto figli, una cosa strana in una persona che ama tanto la vita.

BONATTI – Non so se sia più egoistico averne o non averne. Per conto mio significa quasi mettere al mondo dei disgraziati: noi non possiamo ragionare con il metro dei nostri figli, perché siamo nati in un'epoca diversa, possiamo sì capire tanti fenomeni, tanti problemi in cui siamo bene o male coinvolti; ma non riusciremo ad assimilarli come chi nasce in quest'atmosfera e respira quest'aria fin dall'inizio. Lei si stupisce perché ho detto che sarebbero dei disgraziati? Intendo dire: questi ragazzi quando saranno grandi avranno tutto, la società è in grado oggi di dar loro tutto; però gli ha tolto la personalità, l'individualità. Per me quando un uomo è privo di individualità, cessa quasi la sua ragione di esistere. Per me, lo ripeto, non è detto che questo valga per tutti. Anzi, parlando con i giovani mi sono spesso sentito contraddire: loro mi assicurano che dal futuro e dalla società sperano tutto; io al contrario non ne spero niente, questa società anzi mi delude sempre più. Se io avessi dei figli mi verrebbe istintivo di educarli secondo i miei crismi, e in tal caso ne farei probabilmente degli infelici; se li educassi secondo le esigenze della società che saranno chiamati ad affrontare, be', non credo che sarei nemmeno capace di farlo, perché non lo sento. A parte il fatto che uno dei problemi a livello mondiale è proprio la sovrappopolazione: tutti dovremmo averne coscienza. E invece troppo spesso agiamo come specie.

NAVARRO – L'hanno definita un introverso, un uomo che difficilmente riesce a dialogare con i propri simili, che ha preferito il dialogo con la natura più selvaggia e primordiale, o con gli uomini ancora ai primordi della civiltà.

BONATTI – Non capisco la nostra civiltà, ecco tutto. Sono un individualista, perché il branco, la collettività, tendono a farti adagiare, a non essere più te stesso. Io paragono l'individuo alla pietra che cade nell'acqua: una forza viva che crea un'onda che poi si propaga nell'acqua, e questa è la collettività, che però tende a spegnere la forza vitale dell'uomo, non a esaltarla.

NAVARRO – Dice Nietzsche che una verità ben posseduta si esprime in parabole, signor Bonatti.

BONATTI – Io ci credo, in questo. Con ciò per carità, io non intendo accusare chi decide di viversene nella tranquillità, nel branco, ma io penso che certi valori universali non possano essere misconosciuti da nessuno. Quali valori? L'individualismo, il sacrificio, l'amore. Guardiamoci intorno: giovani e adulti sono abbastanza molli tutti, si lasciano andare; sembra che la gente non sappia più gioire delle piccole cose, è tesa e non sa neanche lei perché lo è, è schiava del cosiddetto benessere per conquistare il quale ha lottato tanto, ma del quale ora è diventata strumento.

NAVARRO – Il fatto che però molti leggano o si entusiasmino alle sue imprese solitarie, dimostra che c'è un'esigenza di evasione da questa società da incubo, di sogni prefabbricati.

BONATTI – Questo è molto bello, e mi consola. Io ricevo delle lettere splendide dai ragazzi, fino a diciassette, diciotto anni: poi basta. Ma è chiaro, poi vengono sviati da questa stessa nostra società, da questo mostro terribile che ci prende e ci distende K.O., che ci toglie tutto. È un peccato uccidere nel giovane, che allo stato naturale certamente le possiede, queste risorse di coraggio, di volontà di lotta e di conquista. Anziché esaltarle le spegniamo. Forse è anche una necessità, perché siamo in troppi: questo lo capisco; però chi ci va di mezzo è l'individuo. E allora no, dal risultato io dico che questo sistema che anziché esaltarci ci avvilisce non vale. Non dico che valga più di un altro sistema: non so quale sistema possa valere di più; ma questo certamente ha dimostrato di non reggere.

NAVARRO – Non ha avuto maestri: ha imparato tutto da solo, con romantica, cocciuta passione. Sul K2 dovette bivaccare una notte tra i vortici della tormenta, a 8.100 metri, senza cibo e senza riparo. Al portatore indigeno che lo accompagnava si congelarono gli arti; lui respinse il congelamento con la volontà: «Fu una vittoria psicologica» disse. Tornato in Italia, riprese ad andare per cime; nel '56 traversò tutte le Alpi, dalle Giulie alle Marittime. Poi altre imprese d'eccezione: sulle Ande patagoniche, ancora sull'Himalaya, sulle cordigliere peruviane. Nel '65, celebrò la sua conclusione alpinistica con la scalata della parete nord del Cervino; quattro giorni e quattro notti, durante i quali raggiunse tre sfolgoranti primati: prima salita assoluta, prima salita invernale, prima salita solitaria. Ha smesso l'alpinismo estremo quando era sulla cresta dell'onda: molti questo non glielo perdonano. Ora non fa il reduce delle cime: si è inventato un nuovo modo di esplorare il mondo, raccontando se stesso. La molla che lo spinge, dice, è la stessa: quella di lottare, di conquistare, di conoscere. È stato dappertutto: fra i ghiacciai alaskani e all'isola di Pasqua; fra le allucinanti montagne rosse dell'Australia e alle sorgenti del Rio delle Amazzoni. Ha nuotato fra i coccodrilli, è passato accanto ai *grizzlies*, i temibili orsi alaskani; una notte, in Amazzonia, sentì un piccolo rumore sotto la sua amaca: istintivamente tracciò un colpo di machete nell'aria; il giorno seguente il serpente ucciso fu riconosciuto per un *bothrops atrox*, un rettile velenosissimo, per neutralizzare il quale non esiste farmaco. Per nutrirsi nella foresta, una volta che la spedizione era durata dieci giorni più del previsto, ha dovuto mangiare delle scimmie: un orrore a vederle scuoiate, sembravano dei bambini. Nei villaggi Masai ha dovuto bere orribili intrugli di sangue e orina. Vive adorando il cielo e la terra, alla ricerca delle emozioni più autentiche, più profonde, primordiali.

Bonatti – Il primo sentimento che provo è quello di essere me stesso, di credere di aver scoperto qualcosa di nuovo di me stesso. Il mio, in fondo, non è altro che l'eterno viaggio alla scoperta di noi stessi, che tutti intraprendiamo, anche se forse non ci arriveremo mai; non potremmo arrivarci; però la via ci affascina e il destino dell'uomo è quello di scoprire se stesso, sia che ciò avvenga attraverso le imprese spaziali o la navigazione di Cristoforo Colombo. L'occhio umano è sempre teso a questo obiettivo finale.

NAVARRO – Crede in Dio?

BONATTI – Il mio credere è abbastanza personale. Credo in Dio in quanto esiste una forza che regola l'universo: è chiaro. Tutti in qualche modo crediamo in Dio, dal selvaggio all'uomo più evoluto. Però non riesco a raffigurarmi Dio nel modo tradizionale: io sono quasi musulmano, in questo. Non riesco a dargli una forma, un volto. Noi siamo in mano di questa Forza più grande di noi; per me Dio è la vita, siamo noi stessi, in fondo, gli interpreti di Dio. Noi, la nostra coscienza: una coscienza che però ha anche degli obblighi, che noi spesso dimentichiamo, perché ci costano sacrificio. Io insisto nel sacrificio, perché è il filtro fondamentale della vita: tutto ciò che non passa attraverso quel filtro non vale, non può valere. Il mio modo di realizzarmi è forse spettacolare, ne sono perfettamente conscio, ma io credo che ognuno di noi abbia il dovere verso se stesso di credere in qualche cosa, di scegliersi una meta. Che senso ha tutto questo? È la vita, questa, quindi è tutto il senso, la somma dei sensi. Purtroppo diciamo che sono in pochi che sanno e vogliono assumersi le responsabilità che ciò comporta.

NAVARRO – Un uomo così, che crede così ciecamente nelle capacità dell'individuo, deve sentirsi come un marziano fra i propri simili, che tendono invece istintivamente a rifugiarsi nel consorzio umano.

BONATTI – Ci rifugiamo, troppo spesso, nella collettività. Si cerca, inconsciamente, di sfuggire al problema. Abbiamo il terrore della solitudine, del colloquio con noi stessi: dato che anche noi sappiamo che per parlare con noi stessi occorre pagare il prezzo della verità; e così troppo spesso ci rinneghiamo, ci mascheriamo sempre più; siamo arrivati al terribile assurdo che ci accontenta più il sembrare che non l'essere. Se mi sento un marziano fra gli uomini? Non posso e non voglio oppormi in tutto a questa società: guai, sarei uno che nuota eternamente controcorrente e va sempre più alla deriva; per me stesso io ho trovato il mio equilibrio; alla società do il mio apporto. Un esempio, che vale come qualsiasi altro esempio, quindi non accetto che qualcuno mi dica: tu te ne freghi del mondo. Non è vero, io sono parte integrante del mondo, al quale mi presento con questo mio quadrangolo, questo mio volto che vale il tuo e vale quello di un altro; sta poi alla tua coscienza di trarne o di non volerne trarre profitto. Faccio un esempio: io scalo il Cervino; tu detesti la montagna, puoi odiarmi e anche avercela con tutti quelli che fanno queste cose; però sotto sotto, come essere umano, non puoi sottrarti alla considerazione che in fondo l'uomo fa di queste cose; quindi tu che appartieni allo stesso genere, puoi esplicare anche tu le tue possibilità, sia pure in altro campo, trarne una maggior fiducia in te stesso.

NAVARRO – Per pensare così ci vuole coraggio, un coraggio che non è solo quello di affrontare disarmato il leone o il coccodrillo, è un coraggio più grande, il coraggio morale che è alleato inscindibilmente con altre doti che compongono il carattere: un fermo senso dei princìpi, una profonda onestà, serietà, candore, determinazione. È il coraggio di essere se stessi fino in fondo, pagando tutto quello che c'è da pagare, è il coraggio di chi ama la vita perché ha capito come va vissuta, in tutto il suo trionfo, ma anche in tutta la sua tragedia.

BONATTI – Diciamo che io ho creduto in qualcosa, mi sono

sacrificato per qualcosa, ho realizzato questo qualcosa e ho espresso una carica che però, ne sono arciconvinto, tutti hanno. Contrariamente a quanto molti credono, non ho mai rischiato così alla leggera, scioccamente, la vita. L'amo troppo, per farlo. Sono stato vittima di imponderabili, questo sì, ma in genere, io se devo fare un passo calcolo sempre il pericolo come se dovessi farne due. Mi piace lottare con la resistenza delle cose; e a volte, quando non ci sono, mi creo io stesso le regole del gioco. Nella boscaglia africana, ad esempio, sono andato armato solo di panga, una specie di machete: sapevo che gli animali, contrariamente agli uomini, non attaccano che quando hanno paura. Spesso però se sono sopravvissuto, in altre circostanze, l'ho dovuto soltanto alla mia volontà di non accettare la morte. A volte, per realizzare certe imprese, ho potuto contare solo sulla mia parola d'onore: e queste sono le cose che mi rendono orgoglioso.

Navarro – E questo sarebbe l'uomo che un cronista sciocco ha recentemente descritto come un «bambinone» spaventato dal progresso, sempre intento a modulare degli jodel mentre si fa la barba! In realtà Walter Bonatti stando a contatto con le tribù selvagge della Terra, perfino tra gli endocannibali amazzonici («come faccio a farmi capire da loro? Con i gesti, umilmente: mi accettano» dice) e vivendo gran parte della sua vita a contatto con un mondo che è ancora come agli inizi della creazione, ha acquistato una dimensione diversa, più profonda. Certe sensazioni, certe emozioni, certe montagne e certi laghi inesplorati li ha dentro di sé, e quando guarda a questo mondo, a questa civiltà, li vede inevitabilmente dall'alto, con l'occhio di chi è abituato a esplorare le oscure radici della vita, di chi è stato solo come Adamo in un mondo dove la natura sembrava lieta che l'uomo non vi posasse piede.

Bonatti – Mi chiamano esploratore. È una definizione che

accetto e non accetto. Non l'accetto in quanto ha di spettacolare, di clamoroso questa parola. È passata l'epoca dei pionieri. Ma se per esplorazione si intende l'esplorazione introspettiva, cioè un mezzo come un altro per ritrovare noi stessi attraverso una determinata natura, seguendo un determinato filo conduttore, riscoprendoci uomini della nostra epoca, allora noi abbiamo una, anzi diverse dimensioni in più rispetto ai pionieri: e questa è senz'altro esplorazione.

TORELLI – Ma, andiamo, vivendo così non ci si sente mai soli?

BONATTI – A volte, è vero, prende la necessità fisica di parlare ad alta voce. Esempio: sei solo, sei solo da trenta giorni, come mi è capitato in Alaska. E allora ti scopri a parlare, hai bisogno di sentire la tua voce, di rompere quel silenzio. Così ti metti a tradurre in parole i pensieri. Alle volte sono sciocchi, alle volte hanno senso, alle volte sono constatazioni o accidenti. Una volta, sul fiume Yukon, mi arrivò addosso una crisi di solitudine, accentuata da un fatto singolare. Ripercorrevo uno degli itinerari descritti da Jack London, lui ci passò alla fine del secolo scorso, durante la corsa all'oro del Klondike, e fece la descrizione delle folle che arrivavano dalla California allo Yukon. Lungo quel tragitto di mille chilometri, si formarono dei villaggi di cercatori, e di chi viveva sul loro lavoro. Be', quei villaggi di allora, oggi, si ritrovano; le descrizioni di London sono esatte. E io approdavo a quei villaggi. Le baracche sembravano appena abbandonate ma erano deserte da mezzo secolo: di vivo, c'erano solo le croci dei cimiteri, dei morti rimasti là, che con me si misero a parlare. L'atmosfera si fece impressionante. Io non ho paura, non ho prevenzioni. Però mi sono trovato in uno stato di spirito difficile, dovuto anche alla fatica fisica, al non dormire, agli alti silenzi. A un certo momento mi sono accorto di fuggire: era come se scappassi o inseguissi qualche cosa. Mi sono accorto di avere coperto una distanza di centotrenta chilometri, in canoa, nelle 24 ore; e per arrivare, poi, in un punto e in condizioni per lo meno uguali a quelle che avevo disertato. Fuggivo da me stesso, in fondo, dalla solitudine. La maggior parte della gente non sa che cosa sia questo tipo di solitudine. Mi ripresi, devo dire. E fu splendido passare dal crollo morale all'esaltazione più viva. In Alaska, quella volta, era viva la natura, vivo il verde, vivi gli animali, il vento che increspava le acque, la canoa con il suo movimento, il suo cigolio... E questo dava un'eccitazione senza limiti. Pensai di essere il solo uomo esistente sulla Terra e forse mi saltò alla gola la disperazione che avrei sentito, una volta tornato da quelle sensazioni struggenti al mondo di oggi. Al nostro mondo assurdo e grottesco.

INTERLOCUTORE RAI – Nella solitudine a chi pensa lei?

BONATTI – Non so dire che cosa si pensa in particolar modo, ma non si fa che pensare, giorno e notte. Si pensa durante l'azione ma soprattutto si pensa quando manca l'azione, nelle ore di bivacco per esempio; ed è in quelle ore che si vede il mondo molto diverso. Le lezioni che mi ha dato la natura non me le ha date certo l'uomo. Egli mi ha riservato sorprese ben più dure.

INTERLOCUTORE RAI – In quelle solitudini lei che cosa si diceva?

BONATTI – Tutto ciò che pensavo mi sorprendevo a dirlo ad alta voce. Avevo bisogno anche di sentire la mia voce. Pochi giorni passati in quelle condizioni possono diventare un'eternità. C'è voluto un mese per percorrere 2.500 chilometri sul grande fiume Yukon, nel 1965, ed ero io, solo, e la mia canoa canadese. Naturalmente portavo con me un fucile e non so quante munizioni per difendermi dai «terribili orsi», dai «terribili lupi artici» di cui la regione abbonda. Un giorno, ancora all'inizio del mio viaggio, mi imbattei in un orso bruno. Restammo almeno un'ora a guardarci: io ero al di qua del fiume e lui al di là, a non più di quaranta metri. Insomma si creò subito, come potrei dire, una specie di muto dialogo tra noi due. Evidentemente l'orso «sentiva» che io non ero pericoloso per lui, e io anche capivo che in fondo lui non lo era per me. In breve: passati quindici giorni scoprii che il fucile era stato, da me, legato sul fondo della canoa. Navigai così per altre due settimane convivendo a meraviglia con questi «feroci» compagni. Loro mi tolleravano e per me non erano più un problema.

MMB – Quella volta aveva un fucile. Invece non parla di nessun genere di armi nelle sue successive spedizioni negli angoli più selvaggi della Terra, ci vuole spiegare il perché?

BONATTI – La risposta è semplice. Io non aggredisco la natura, non mi frappongo tra questa e la fauna, riesco con estrema calma e pazienza a farmi accettare e a dimostrare le mie intenzioni di convivenza. Mi sono trovato in tante situazioni estremamente pericolose a contatto con belve di ogni sorta e non sono mai stato attaccato come d'altronde non ho mai assalito nessun essere vivente della foresta. Dopo la prima esperienza sullo Yukon, reputai inopportuna la compagnia di un fucile.

GRANDORI – I suoi viaggi hanno due caratteristiche ricorrenti: sono solitari e hanno per meta una ristretta zona, sempre difficilmente accessibile, ma comunque molto limitata. Con che criteri sceglie le sue mete?

BONATTI – Da ragazzo io ho sempre divorato romanzi d'avventura, e vivevo allora sulla riva del Po che per me era come il Mississippi o il Rio delle Amazzoni. Stevenson, Defoe, Conan Doyle, Melville, Conrad, Jack London sono stati i miei vangeli. E quando ho avuto la preparazione per farlo, e i mezzi, mi sono dedicato a verificare l'esattezza di quelle che parevano descrizioni della fantasia di questi scrittori. Così, per esempio, ho ritrovato, su quell'altipiano sudamericano nel cuore della Guayana, la più alta cascata del mondo (mille metri di dislivello) e l'intero paesaggio che Conan Doyle nel suo *Il mondo perduto* aveva descritto come un fenomeno quasi soprannaturale. Non parto mai senza uno scopo preciso.

BUTTAFAVA – Secondo te c'è ancora qualche cosa di inesplorato al mondo, cioè puoi andare ancora da qualche parte dove puoi dire: questo è il mio piede e sono il primo che lo pone su questa terra?

BONATTI – Be', la Terra geograficamente è pressoché tutta esplorata, anche se esistono ancora delle piccole porzioni vergini ma di poco conto.

BUTTAFAVA – Ma qualche foresta, per esempio.

BONATTI – Sì, qualche remoto angolo di foresta e di deserto rimangono ancora inesplorati, ma sono abbastanza insignificanti. Oggi invece, secondo me, c'è ancora un vasto mondo da scoprire se si parte da un certo modo di avvicinarlo, ed è quello di affidarsi unicamente ai propri mezzi umani, ossia disdegnando qualsiasi tipo di espediente come mezzi motorizzati e di sussistenza, radio, e quant'altro insomma costituisca un aiuto tecnico e organizzativo.

MMB – Caro Bonatti, lei parla tanto male della tecnologia ma se ne serve continuamente nelle sue esplorazioni, dell'aereo per esempio.

BONATTI – Sì, è vero, ma faccia un rapporto tra l'impegno umano e l'apporto tecnologico, nel mio caso l'apporto umano è infinitamente superiore.

BUTTAFAVA – Senti, avendo tu incontrato tanti animali, che noi chiamiamo feroci, hai avuto anche dei momenti drammatici? Hai sentito di rischiare veramente la vita?

BONATTI – Qualche volta sì. Tutto però diluito in venti anni di vita intensa come la mia. L'imponderabile quindi può anche essermi capitato, qualche volta.

BUTTAFAVA – So che hai nuotato con ippopotami e coccodrilli. Insomma, proprio come Tarzan.

BONATTI – Be', Tarzan è un fumetto, la mia invece è realtà. O se non è un fumetto, Tarzan, è per lo meno una finzione hollywoodiana.

BUTTAFAVA – Tu sei stato nell'Antartide, al Polo Sud. Perché hai scelto proprio il Polo Sud?

BONATTI – Innanzitutto perché nell'Antartide non c'ero mai stato. Poi, ti dirò, perché la storia del Polo Sud mi ha sempre notevolmente affascinato. Le imprese, le gesta di Scott, di Amundsen, di Shakleton e di tutti i pionieri polari hanno creato una storia intensissima, commovente e non poteva che affascinare un tipo come me. Un certo giorno ho finalmente avuto la possibilità di realizzare questo mio sogno che durava da tanti anni.

BILLOUX – Per realizzare una tale spedizione polare necessita un certo coraggio. Da dove prende questa energia?

BONATTI – Come già detto, ho sempre avuto una grande ammirazione per i primi esploratori polari, e lungo tutto il mio duro viaggio i miei pensieri andavano a loro, loro che non avevano aerei per posarsi sulla banchisa, né veicoli cingolati per percorrere quelle migliaia di chilometri. Non avevano neanche il biglietto di ritorno...

GRANDORI – I climi spesso tropicali o desertici non sono stati un grosso ostacolo per uno abituato al gelo dei quattromila metri di quota?

BONATTI – Anch'io lo temevo e invece è stata una sorpresa positiva. Ho scoperto che chi sopporta bene il freddo, non deve neppure temere il caldo. Anzi, in certi casi è più tremendo il freddo del caldo. In Siberia, per esempio, dove mi sono recato d'inverno (nel 1964), per raggiungere la località più fredda del mondo abitato, ho dovuto faticare ad abituarmi. La temperatura media sfiora i cinquanta gradi centigradi sotto zero, con punte di meno sessanta, sessantacinque. Bene, a questi livelli, nessuna giacca a vento (e io ne avevo una del tipo himalayano) ripara per più di due ore, il tempo massimo per resistere all'esterno. E ho dovuto imparare al volo un mucchio di cose. A respirare, per esempio: l'aria è così fredda che va respirata a piccole dosi, altrimenti potrebbe ledere le vie respiratorie. E qualsiasi oggetto metallico sembra rovente; se lo si tocca con la pelle nuda vi rimane incollata fino a strappare brandelli di carne. Bisogna poi stare attenti al fiato, che come esce dalla bocca condensa e fa ghiaccio sulle labbra e intorno al naso. Insomma si finisce per sentirsi impotenti di fronte alla violenza di questa natura. Al caldo invece, a patto di regolarsi nel bere e nella fatica, c'è sempre un limite di sopportazione maggiore.

INTERLOCUTORE RAI – Senta Bonatti, nel futuro concreto, che farà? Lei torna dall'Indonesia, e poi?

BONATTI – E poi ripartirò per qualche altro Paese che forse mi permetterà di scoprire tante altre cose. Continuerò così il colloquio con la natura e con me stesso.

«Vivermi» tale e quale io sono

RUMIZ – Un anarchico con la tranquillità di un santone. Walter Bonatti, il più grande scalatore ed esploratore di lingua italiana del dopoguerra, lascia intuire di sé una solidità interiore quasi irritante. Quello che venne definito «il più difficile, il più riservato, il più chiuso e completo alpinista», è ora un professionista dal discorrere ponderato e chiaro. Cinquantadue anni, argenteo e abbronzato, Bonatti è solo apparentemente cambiato. C'è sempre in lui, come trent'anni fa, l'ansia di sfuggire la massa e il banale, l'ossessione quasi calvinista di realizzarsi. Bonatti, una passeggiata sui monti della Grigna, la palestra di roccia di casa tua, ti dice ancora qualcosa?

BONATTI – Se mi dice qualcosa? Allora ti confesso, ti faccio un anticipo del mio ultimo libro, il rifacimento di *Le mie montagne* che sta per uscire. Inizia proprio così: la montagna che mi ha colpito di più è una montagna piccola piccola, insignificante, della val Seriana, che per me una volta era il non plus ultra del mondo inavvicinabile. Là avevo riposto i miei sogni di avventura. Quando, parecchi anni dopo, ho rivisto questa montagna dall'alto della Grigna, l'ho vista molto più bassa, tozza, deludente. Ma io, dopo trent'anni, istintivamente, tutte le volte che vado sulla Grigna, vado automaticamente a cercare con lo sguardo il profilo dell'Alben, così si chiama questa montagna che per me conserva il sapore del mistero.

RUMIZ – Nel tuo vagabondare, cosa ti ha segnato di più, l'azione o le pause? L'arrampicata o il bivacco?

BONATTI – L'una è conseguente all'altra. L'azione è quella che ti porta poi nella condizione di sognare, di temere, di esaltarti. Quindi il bivacco per me è un valore inestimabile. Per me come per ogni alpinista che ami riflettere sulle esperienze che sta facendo. L'azione ti distrae, ti assorbe completamente, però è il bivacco che ti dà poi il senso e il valore di ciò che stai facendo.

RUMIZ – I tuoi bivacchi da solo...

BONATTI – Se poi sei in solitudine, allora esalti questi valori. E qui si spiega il perché di certo mio alpinismo, il perché per esempio ho scelto la solitudine. Sono tante le ragioni, ma la principale è questa. Ho capito che la solitudine è un amplificatore delle emozioni.

CORSO – Cos'è un bivacco in parete fatto in condizioni di tempo avverso?

BONATTI – Può essere l'incubo, la disperazione. Soprattutto perché ci si sente imprigionati dalla notte e dagli elementi ostili, inchiodati dalla forzata inattività, in balia del caso, alla mercé di forze e condizioni che sfuggono al controllo e contro le quali l'uomo è nulla.

BOTTAGISI – Lei ha dichiarato recentemente: «La montagna ti cambia». Come, allora, e in che misura l'esperienza, di alpinista prima di esploratore poi, ha modificato il suo rapporto con gli altri?

BONATTI – La montagna ti cambia in quanto rende più esigenti, più riflessivi, più profondi. Nel mio caso mi ha cambiato portandomi verso i grandi orizzonti.

GARAVAGLIA – Hai trovato uno stacco tra la tua attività alpinistica e quella esplorativa?

BONATTI – Tutto quello che di esuberante e di voglia di sapere, di conoscere, poteva manifestarsi una volta con l'inventare una scalata, poi non è più stato necessario. Non c'è stata una frattura come molti hanno voluto vedere. Io sono sceso dal Cervino e sono partito per l'Alaska, punto e basta.

CHAPPAZ/DEWEZE – Non abiti più in montagna?

BONATTI – No, ora divido il mio tempo tra Roma e Milano. A Courmayeur esisteva una incompatibilità tra gli immigrati cittadini e quelli della valle, forse anche più violenta che a Chamonix, dove ho anche vissuto vari anni. Ma Courmayeur è stata con me veramente dura.

All'epoca volevo vivere là per via del Monte Bianco, naturalmente, ma anche perché pensavo di avere tra quella gente alcuni amici. Figuratevi! Appena installato, puah, spariti gli amici. E volete sapere l'addio che mi ha dato Courmayeur dopo il Cervino? Bene, pochi avveduti si sono sentiti in dovere di organizzare, con la partecipazione attiva di alcuni villeggianti, una piccola festa per salvare la faccia. E ciò è stato molto bello e gentile. Avevo lasciato la mia vettura davanti alla villa degli amici dove appunto si sarebbe svolta questa festa. Ma a tarda sera, rientrando, ecco le quattro ruote della macchina barbaramente tagliate, e il retrovisore esterno spezzato... Questo era l'ultimo saluto di Courmayeur!

GARAVAGLIA – Si può considerare l'alpinismo come semplice sport?

BONATTI – È anche sport, ma non solo sport. Implica dei

fattori spirituali... coinvolge tante cose che con lo sport (soprattutto competitivo) hanno poco a che vedere. Per me, ad esempio, l'alpinismo è stato un modo di essere. Forse sono stato un caso estremo.

GARAVAGLIA – Qual è il rapporto ottimale che può avere o deve avere un uomo con la montagna?

BONATTI – Non mi azzardo a esprimere giudizi generali. È tutto soggettivo. Non ho modelli da sbandierare. Io attraverso la montagna ho scoperto me stesso. Non vorrei essere retorico, ma c'è una grande differenza tra il Bonatti che iniziava ad andare in montagna e il Bonatti di oggi. Forse embrionalmente già allora avevo queste potenzialità, ma solo oggi le ho espresse pienamente attraverso l'esperienza alpinistica prima e quella di esploratore solitario in terre sconosciute poi. L'esperienza alpinistica ti cambia, non ci sono storie. Oggi vivo anche il mio rapporto con gli altri attraverso quelle esperienze. Ho capito poi una cosa fondamentale: non può esistere valore se non è guadagnato, spesso duramente guadagnato. Questo è il vero insegnamento della «mia» montagna al di là delle vette conquistate, delle vie aperte, dei record raggiunti. Io, oggi, conosco meglio me stesso; so di più quello che voglio da me e dagli altri. So di più certe regole: per raggiungere un obiettivo l'uomo – fatto di cervello e di cuore – deve passare attraverso determinati filtri. Quando in certe situazioni c'è in gioco la tua vita, non puoi barare con nessuno e tanto meno con te stesso. Ecco il grande insegnamento.

CORBETTA – È stato detto che le montagne sono il teatro dei grandi e arditi pensieri. Sei d'accordo con questa affermazione?

BONATTI – Be', sì, io non posso che essere d'accordo su ciò che la montagna può produrre di esaltante. Infatti la montagna, giustamente come dici tu, non ha prodotto soltanto atleti, ma anche pensatori, sognatori, gente che, ecco, volentieri preferisce sostituire l'improvvisazione, la fantasia al calcolo. Ecco una cosa che io trovo straordinaria in un mondo così consumistico e meccanizzato come il nostro. È questa selezione, questo setaccio quale può essere la montagna, che sa tirar fuori ancora le virtù dell'uomo, ecco.

Chappaz/Deweze – Da quali alpinisti è stato ispirato il tuo alpinismo?

Bonatti – Da nessuno! Ne ho ammirati molti, ma nessuno è stato il riferimento preciso. Sono stato io stesso il mio proprio modello. Un modello che si proponeva soprattutto di «vivermi tale e quale io sono», non l'alpinista ma l'uomo: vivere le mie emozioni, con tutta la libertà e lo spazio possibili. Ecco quale è stato il dio che ho ascoltato. E io credo che tutti gli uomini dovrebbero fare così: essere se stessi a ogni costo, poco importa chi si è. Un uomo non sbaglierà mai scegliendo il cammino che sente proprio. E la curiosità per farlo esiste da che mondo è mondo.

Garavaglia – Se un alpinista come te rifiuta tutti i compromessi, pensi che prima o poi sia quasi costretto ad abbandonare la montagna? Mi spiego meglio: la tua scelta di smetterla con l'alpinismo estremo non è stata forse fin troppo condizionata dalle meschinerie del mondo che ti circondava?

Bonatti – Non credo. In definitiva ognuno va in montagna per se stesso. Sarei un ipocrita se negassi che il successo, l'essere considerato dagli altri mi faccia anche piacere. Prima di queste cose però resta la necessità di realizzare se stessi.

Garavaglia – Bonatti è stato un mito, forse lo è ancora. Perché?

Bonatti – Anche il giocatore di pallone è un mito per i ragazzi. È un termine molto elastico. Ma bisogna sempre prenderlo con le pinze, considerarlo con spirito critico. Il mito ti chiude gli occhi, trascina le folle. Io ho vissuto in un certo modo, non voglio pormi a modello per nessuno. Però ho trovato il segreto che vale per me stesso. Ma forse c'è qualcuno che è sintonizzato sul mio modo di sentire. Ecco allora scattare in me l'orgoglio di portare il mio esempio agli altri. Non dovrò mai tradirlo, sennò uccido me stesso e tutti i valori per cui ho vissuto. Io mi sento utile solo dando il mio esempio. Te l'ho già detto una volta: l'importante non è andare sulle montagne, ma diventare uomo, più uomo, attraverso le montagne o qualsiasi altra cosa positiva. Il mio apporto alla società è la mia «razione» di esempio di vita. Forse io ho trapiantato il mestiere di guida nel fare conferenze: facevo lo stesso la «guida», aprivo un mondo agli altri, portavo una ventata di fresco. Però fare conferenze ed essere pagato è un rapporto meno diretto di quello guida-cliente. Se mi lego con qualcuno devo avere la massima fiducia in lui, deve essermi amico. Preferisco un compagno non straordinariamente preparato che magari mi fa fare la scalata in dieci ore invece che in cinque, ma voglio avere una perfetta sintonia con questa persona, una specie di anima gemella con cui poter dialogare anche nei momenti di silenzio. Bisogna essere tutti e due sensibili a un certo spettacolo, a una certa decisione, a una certa paura. Ma non è facile trovare dei compagni così. È successo che proprio quando ho creduto di essere in sintonia con qualcuno, ho avuto invece la peggiore delusione. Io sono solitario per natura ma anche per ripiego.

TENDERINI – Ci dici qualcosa sui tuoi compagni – quelli con cui hai compiuto le imprese di maggior rilievo – e sui tuoi rapporti con loro. Erano solo degli amici carissimi che condividevano con te il piacere di fare delle scalate estreme o c'era anche della competizione o della rivalità tra di voi?

BONATTI – Ho avuto vari compagni di scalata con i quali a volte si è instaurato un buon rapporto di amicizia; così fu ad esempio con Oggioni, Mauri, Mazeaud, Zappelli e pochi altri. La mia natura resta comunque quella dell'alpinista solitario, abituato a prendere da solo le proprie decisioni, misurarle con il proprio metro, pagarle sulla propria pelle. Ho avuto varie divergenze di vedute con altri alpinisti, senza per questo sfociare nella rivalità. Non concepisco la diretta competizione in montagna; l'ho schivata sovente, ma quando sul mio cammino ho incontrato un concorrente, ebbene, quasi sempre siamo diventati compagni.

GARAVAGLIA – Cosa ne pensi di un alpinismo di conquista, dove quello che conta è il risultato, costi quel che costi, con qualsiasi tecnica?

BONATTI – Non capisco cosa voglia dire «alpinismo di conquista». Se il risultato finale vale solo per una platea e non per te, allora che importanza ha?

GARAVAGLIA – Che senso ha oggi l'alpinismo?

BONATTI – Tutto ciò che esprime valori umani ha un'importanza sociale. L'impresa alpinistica è un mezzo per esprimere la propria umanità. Certo in una società che premia i furbi, i commercianti e i mascalzoni è difficile far passare certi valori come l'onestà, la lealtà, la coerenza con se stessi, la responsabilità, la fiducia nel prossimo. Io non mi pongo a modello però espongo un modo di vita. Il mio è un messaggio di un uomo più uomo. Ma questo sembra non interessi alla società contemporanea.

CHAPPAZ/DEWEZE – Come vedi l'evoluzione dell'alpinismo nei dieci anni a venire?

BONATTI – Non ne ho idea. Ma fin quando nell'uomo ci

sarà un senso d'evasione e di ricerca di se stesso, l'alpinismo sarà immortale.

ANGELA – L'alpinista non è più un esploratore.

BONATTI – Già, e questo aspetto dell'alpinismo va purtroppo esaurendosi. Il senso dell'esplorazione e della conquista materiale della montagna l'alpinista del futuro non l'avrà più, per lo meno non così gloriosamente come è stato fino a oggi. Però l'alpinismo, appunto perché è fatto di tanti altri valori, secondo me non può finire, non può esaurirsi.

CHAPPAZ/DEWEZE – Il tuo miglior ricordo in montagna. Quale fu il momento più «privilegiato»?

BONATTI – Ce ne sono talmente tanti. Un momento è privilegiato quando l'obiettivo è raggiunto, ma questo è quasi banale. Non è che la materializzazione di qualcosa che è già avvenuto in te. Il «privilegio» va visto piuttosto nel concepimento di qualcosa. Per esempio, quando io ho immaginato di poter scalare il Dru nel modo che tutti sanno, ebbene, fu un formidabile stato di grazia: ero entrato in una dimensione irreale dove tutto era possibile. L'averla poi materializzata, la scalata, fu soltanto una conseguenza naturale e scontata, alla quale non darei neanche troppa importanza. È quando tu concepisci qualcosa di straordinario, quanto tu credi, è allora che crei veramente, ed è soltanto allora che l'anima va al di là della materia.

CHAPPAZ/DEWEZE – È questo il significato di ciò che tu scrivi in *Le mie montagne*: «Varcare la barriera insuperabile che mi divideva dalla mia anima»?

BONATTI – Quel discorso del Dru è ancora più complesso. Esso trova le sue radici nell'esperienza negativa del K2. Il K2 mi aveva ucciso. Interiormente ucciso. Ritrovare in queste ceneri una ragione così grande, una concezione e un desiderio di realizzarla, ecco il punto di partenza di questa mia espressione.

INTERLOCUTORE RAI – Lei ha scritto anche: «Invidio tutti gli uomini che non sentono come me la necessità di affrontare simili prove per ritrovare se stessi». Che intendeva dire?

BONATTI – Era ancora riferito alla scalata del Dru. La scalata del Dru ha avuto per me un significato profondamente umano. Fu allora, tra la spedizione del K2 e la scalata del Dru, che passai forse la crisi più profonda vissuta fino a quel momento, ma anche la più determinante. Fu appunto con la scalata del Dru che risolsi questo mio problema interiore. Ecco perché invidiavo quelli che non avevano bisogno come me di riscattarsi attraverso una prova tanto severa.

BOTTAGISI – L'ascensione più bella e il viaggio più avventuroso?

BONATTI – A loro turno, le mie ascensioni sono state tutte le più belle. Fra le più esaltanti, invece, mi vengono in mente il Dru, poi il Gasherbrum IV, le Grandes Jorasses d'inverno, il Cervino. In realtà per me la più bella scalata può essere stata una cima che magari agli altri non dice niente, per lo spirito con cui ci sono andato, per il fatto psicologico che mi ha mosso. I miei viaggi, poi, rispecchiano sempre l'equazione piccolo uomo-grande natura. Lo stesso spirito che mi ha portato sul Cervino da lì a poco mi ha portato nell'Alaska, inseguendo i racconti di Jack London, riscontrando cioè nella realtà quello che London ha descritto nei suoi romanzi, che sono in buona parte autobiografici.

BOTTAGISI – La volta che ha avuto più paura: durante un'ascensione o durante un viaggio?

BONATTI – Ho avuto paura sia sulla montagna sia durante un viaggio, e per paura intendo un qualcosa che non avevo previsto, dove mi sentivo impossibilitato a togliermi dalle grane, là ho avuto paura.

VENTURA – La paura deve essere a volte opprimente, no?

BONATTI – La paura permette di conoscere il nostro coraggio. Comunque troppo coraggio finisce per provocare la morte.

ALESSANDRI – In breve, che cosa è per lei la paura?

BONATTI – La paura è tante cose, anche differenti tra loro. Per me è essenzialmente quello stato d'animo, non sempre controllabile, che prende l'uomo quando è minacciato da un pericolo contro cui nulla può fare. La consapevolezza di trovarsi totalmente in balia del caso negativo fa paura ed è vera paura, e all'uomo non rimane che subirla con più dignità possibile. Chi ha coscienza della paura e ne conosce gli effetti, ha già buone probabilità di vincerla. Spesso potrà persino evitare che si manifesti osservando una preliminare prudenza.

ALESSANDRI – Altrettanto brevemente, che cosa è per lei il coraggio?

BONATTI – Il coraggio è uno stato d'animo che non può manifestarsi in chi non conosce la paura. Il coraggio, sempre a mio avviso, è un sentimento che rende l'uomo signore della propria dignità, controllata innanzitutto dalla coscienza, dalla responsabilità, dalla determinazione. Coraggio è anche volontà civile e responsabile, soprattutto a livello individuale, di non rassegnarsi all'incalzante degenerazione morale. Coraggio è infine quella buona cosa che consiste nel saper pagare sulla propria pelle i propri errori: una virtù pressoché estinta oggigiorno. Mai comunque il coraggio può essere frutto di uno sconsiderato quanto pericoloso impulso.

ALESSANDRI – Ci dica infine che cosa ha significato per lei la montagna.

BONATTI – Per me, al di là del fatto alpinistico, è stata soprattutto un congeniale terreno di azione su cui misurarmi e riconoscermi. Con il passare degli anni mi fu naturale estendere il mio dialogo, e il mio orizzonte, alla grande natura del mondo intero. Considerando me stesso il risultato delle mie esperienze, la montagna ha avuto una grande importanza nel mio sviluppo interiore e formativo.

CHAPPAZ/DEWEZE – Tu pensi che molti alpinisti moderni tendono più ad acquisire un'entità sociale, a diventare «qualcuno» piuttosto che loro stessi?

BONATTI – Io a questo non posso rispondere. Vi posso parlare di me ma non degli altri. Ciascuno possiede i propri perché. In ogni caso questo fenomeno non data certo da oggi.

TENDERINI – Secondo te, che tipo di influenza hanno i grandi alpinisti che hanno compiuto imprese eccezionali nel passato sulla nuova generazione? Pensi che conti solo l'esempio delle imprese o anche quello delle scelte successive?

BONATTI – Rispondo alla prima domanda e dico che vorrei saperlo anch'io. Considero comunque il mio operato e il mio modo di vivere come utili riferimenti per chi volesse tenerne conto. Mutano le tecniche, cambiano le mode, ma l'avventura umana resta inesauribile anche per i riferimenti che trova nel passato.

In quanto alla seconda domanda penso che la coerenza con le proprie scelte, fatte criticamente, forse basterebbe da sola a rendere le proprie esperienze utili agli altri.

TENDERINI – Che consigli daresti a un giovane alpinista con una preparazione e una capacità tecnica eccezionali che cominciasse adesso a cercare di realizzare le sue ambizioni?

BONATTI – Dovrei prima conoscere il suo genere di ambizioni per poter azzardare un consiglio. Esistono comunque princìpi fondamentali cui un uomo, quindi anche un alpinista, dovrebbe fare riferimento. Onestà e coerenza nelle proprie scelte sono sempre gratificanti. Naturalmente ciò non esclude la verifica e la necessità di rinnovarsi.

CHAPPAZ/DEWEZE – Quando tu hai fatto la Nord del Cervino, se non ci fosse stata la stampa dietro di te per dire che tu eri il miglior alpinista del mondo, l'avresti fatta ugualmente?

BONATTI – Sì, assolutamente. La stampa io non l'ascoltavo che con un solo orecchio. Come voi sapete, tutto quello che io facevo allora costituiva notizia, dava luogo a una informazione. Per me quello non era che complementare. Altrimenti, dopo il Cervino, avrei fatto ancora altre cose, forse anche ripetendomi. Invece mi sono fermato. È, se volete, una dimostrazione che la notorietà in quel senso mi era indifferente: giusto al momento che avevo raggiunto il suo più alto livello, io non l'avevo sfruttata e me ne ero andato.

TENDERINI – Come vedi ora, in retrospettiva, le tappe più significative della tua carriera? I tuoi punti di vista sono cambiati con l'età?

BONATTI – L'età, per me, non può essere un fatto riduttivo: in quanto l'ho vissuta è un accrescimento. Con un maggior senso critico, ottenuto appunto dall'età, vedo dunque le mie imprese sempre meglio inserite nel contesto del momento in cui le ho realizzate; nondimeno esse sono la base di una mia evoluzione che è seguita.

TENDERINI – Walter, è una domanda che ti avranno fatto in molti: come mai i racconti delle tue salite sono sempre drammatici? Non ti è mai capitato di fare delle belle salite memorabili ma anche tranquille?

BONATTI – Sì, ho fatto anche ascensioni belle e tranquille, però non sufficientemente memorabili da essere annoverate fra le mie imprese più significative.

GARAVAGLIA – Sei stato il primo divo dell'alpinismo...

BONATTI – No, no, io rifiuto categoricamente questa definizione così deleteria. Sono stato un alpinista che ha fatto certe cose che, soprattutto umanamente, hanno interessato l'uomo della strada. Da qui è arrivata, se vuoi, la notorietà. In quello che facevo c'era l'uomo con tutti i suoi entusiasmi, paure, défaillance.

GARAVAGLIA – Ma non pensi che proprio quei mezzi di diffusione di massa (per la prima volta nella storia dell'alpinismo) abbiano creato il personaggio Bonatti?

BONATTI – Ma chi è il personaggio Bonatti?

GARAVAGLIA – Quando andavamo a scuola, Bonatti era uguale ad alpinismo, come Coppi a ciclismo, Pelé a calcio...

BONATTI – Ho fatto delle cose che anche altri hanno fatto, ma le ho fatte in un certo modo. Forse è la stessa differenza che ci può essere tra un Coppi e un Merckx: il primo rappresentava un interesse umano che il secondo, con tutto il suo tecnicismo, non ha mai rappresentato. In me si vedeva più l'uomo che il grande alpinista o il grande sportivo, non sicuramente il fatuo divo.

FEDE – Bonatti, s'è detto che il sacco pesante ha ucciso Oggioni.

BONATTI – Be', si sono dette molte cose sulla tragedia del Pilone Centrale del Monte Bianco. In realtà non fu così. Tutti a turno abbiamo portato sacchi pesantissimi e meno pesanti. Anzi, al momento della morte Oggioni non aveva affatto il sacco. Si sono dette tante cose dunque, ed è ora di chiarire alcuni equivoci. Tutti fummo ugualmente provati. Si può dire che i nostri compagni morti furono soltanto meno fortunati di noi e perirono quindi per il gelo, lo sfinimento e la disperazione.

GARAVAGLIA – Ma non hai proprio niente da rimproverarti: certe tue intolleranze...?

BONATTI – È da una vita che faccio l'autocritica, che faccio verifiche interiori. Anche quando, nel '76, sono ritornato a fare la mia via sul Grand Capucin è stato un magnifico monologo. Le mie scelte le ho pagate, nel bene e nel male. Non ho mai accettato compromessi, però. Di alcun genere, neppure con mia moglie. Mi sono fatto tanti nemici, con il mio carattere. È scomodo essere coerenti. Anche nell'alpinismo mi sono dato delle regole precise. Ogni gioco deve avere delle regole ben definite, sennò è una gran confusione. Quelle regole comportavano l'uso di certi strumenti tecnici e non altri. L'evoluzione della tecnica non mi ha toccato. Non potevo tradire né me né coloro che consideravano il mio alpinismo un esempio. Non ho mai barato, falsato il mio metro di misura. Mi sono servito solo dei mezzi cosiddetti classici. Il resto non apparteneva al mio modo di andare in montagna. E poi, guarda, è inutile scalare una parete. Chi te lo fa fare? Però... il vero perché non sta nella parete e le sue tecniche, ma nell'uomo. La vera conquista è l'uomo, non la vetta.

TENDERINI – Cosa pensi in retrospettiva delle spedizioni himalayane cui hai partecipato, sia per quanto riguarda te stesso che la struttura organizzativa e tecnica in cui ti trovavi inserito?

BONATTI – Quest'ultima non è mai stata da me intimamente approvata, l'ho invece subìta pur di vivere la mia esperienza alle altissime quote, riportandone ogni possibile insoddisfazione. Per questa ragione, dopo la conquista del Gasherbrum IV nel 1958, ho deciso che non avrei mai più accettato di far parte di un'impresa himalayana a carattere nazionale, troppo limitante e stridente con la mia mentalità individualistica. Ciò malgrado, ritengo di aver sempre rispettato, anche se non condiviso, le regole imposte dalle due spedizioni nazionali di cui ho fatto parte per la conquista del K2 e del Gasherbrum IV.

TENDERINI – Come mai non ti sei spinto più in là sull'Himalaya dopo quelle due spedizioni? Eppure eri al tuo meglio in fatto di capacità e di forma atletica.

BONATTI – Non mi sono spinto più in là sull'Himalaya proprio per le ragioni appena esposte. A quei tempi, almeno qui da noi in Italia, qualsiasi vera impresa himalayana che non avesse carattere nazionale sarebbe stata a priori irrealizzabile. Del resto come avrei potuto compiere in privato un'impresa del genere, realizzata magari in stile alpino, quando mi mancavano totalmente i mezzi per allestirla? Va inoltre tenuto conto che viveri ed equipaggiamento a quei tempi erano assai poco razionali, il che limitava l'autonomia individuale appesantendo notevolmente il trasporto a spalle verso e sulla montagna. Non ultima cosa, la parola «sponsorizzazione» era ai miei tempi sconosciuta; mancava inoltre chi – come singolo o come rappresentante di un complesso economico – volesse riconoscerti un minimo di fiducia e aiutarti in qualche modo a far decollare il tuo progetto.

Questo io l'ho sperimentato fin dal 1955 quando, per ottenere una minima sovvenzione e un certo aiuto organizzativo in cambio di un'esclusiva giornalistica, mi rivolsi invano a una grande casa editrice milanese. Eppure godevo già di un certo prestigio che nasceva dalle mie imprese appena realizzate sul

K2 e sul Dru. Il mio progetto personale mirava a ripetere l'impresa del K2, ma questa volta in scalata solitaria e senza l'uso dell'ossigeno. Mi sarei avvalso di poche cose contenute in un unico zaino del peso di circa venticinque chilogrammi; tutto era stato da me accuratamente studiato per consentire un'autonomia di circa una settimana sulla montagna, partendo dal ghiacciaio di fondovalle. L'impresa, a mio giudizio, avrebbe avuto buone possibilità di successo poiché, svolgendosi lungo quello Sperone Abruzzi che io ben conoscevo, avrei beneficiato, oltre che di una perfetta acclimatazione alle altissime quote messa a punto l'anno precedente, anche di qualche residuo di attrezzatura ancora presente sulla montagna. Mi animava inoltre una forte volontà di riuscita, sollecitata anche dai fatti negativi appena sofferti sullo stesso K2. Ma la mia richiesta, come ho detto, era caduta nel vuoto suscitando forse non più che un compassionevole sorriso a colui cui l'avevo rivolta.

Tenderini – Pensi che le spedizioni vecchio stampo, con organizzazione massiccia e gerarchica, possono lasciare spazio allo spirito dell'avventura nell'alpinismo?

Bonatti – Credo che il vero spirito dell'avventura nell'alpinismo si trovi soltanto nell'uomo che concepisce e poi vive questa avventura; meglio se in compagnia di pochi fidati amici di uguale sensibilità. Mai comunque fiderei sul livello spirituale di un'organizzazione. L'organizzazione massiccia, fredda e impositiva, soddisfa soltanto i ragionieri e i generali.

Non ero pericoloso per loro

CURTAT – Modo di vestire classico, capelli bianchi, viso abbronzato, occhi chiari: il cavaliere delle cime è qui davanti a me, nel salone di un hotel di Ginevra. È forse il sorriso, la stretta di mano che dà a questo incontro un peso particolare. Come ha potuto quest'uomo, che appena mi supera negli anni, compiere tante imprese sulle Alpi ma anche nella natura, attraversando il mondo ovunque, dall'Alaska alla Terra del Fuoco, da Sumatra al Kenya? Ascoltandolo viene fuori l'uomo più semplice e naturale del mondo.

Quanto tempo è durata la sua attività di reporter della natura?

BONATTI – Circa quindici anni, durante i quali ho viaggiato senza sosta attraverso il mondo, non quello delle grandi città dove sono passato rapidamente, ma quello degli angoli perduti. E questo in Cile, in Bolivia, Australia, Nuova Guinea, Alaska, Siberia e tanti altri luoghi.

CURTAT – Che cosa era andato a cercare in Siberia?

BONATTI – Sono andato a vivere nel luogo del mondo abitato dove la temperatura è la più bassa in assoluto: meno settantun gradi centigradi. Qualche volta, quando l'aria del nord oltrepassa la barriera di montagne che isola questo posto, la temperatura migliora un poco. Molto poco, poiché qui siamo nell'estrema Siberia nordorientale, tra Omsk e Vladivostok come longitudine, ma molto più a nord. Ciò che ho vissuto in questo Paese straordinario, nell'inverno 1963-64, è stata l'esaltazione del freddo.

CURTAT – Che cosa le ha dato l'idea di salire a così alte latitudini?

BONATTI – Ero stato colpito da un libro di Cechov, la sua descrizione affascinante della Taiga, l'immagine delle genti che vivono in questi luoghi tremendi, aggrappati alla vita. Volevo sapere come si può vivere normalmente in queste condizioni.

CURTAT – È stato in queste regioni da solo?

BONATTI – No, eravamo tre giornalisti italiani e due giornalisti di Mosca. A quell'epoca i moscoviti erano non meno stranieri di noi italiani in quella parte di Siberia che era stata integrata da Stalin giusto prima della seconda guerra mondiale.

CURTAT – Quali erano gli obiettivi del reporter sulla natura quale era lei, dal 1965, una volta rientrato da questo deserto di freddo?

BONATTI – Andavo per il mondo a cercare le grandi manifestazioni della natura e a incontrare gli animali selvaggi, le tribù che vivevano allo stato primitivo, e questo nei deserti, nelle foreste, nei mari. Sono stato, per esempio, alle Célebes, nelle terre dei Toradja, e anche fra le tribù dei Dani in Irian Jaya (Nuova Guinea indonesiana), dove oggi arrivano i charter; ma quando io l'ho incontrata, questa gente, viveva ancora all'età della pietra. Ho anche vissuto con i pigmei, gli indios dell'alta e bassa Amazzonia, i nativi dell'Africa orientale.

CURTAT – Come riusciva a comunicare con i nativi dell'alta Amazzonia, per esempio?

BONATTI – Quando ne avevo la possibilità utilizzavo gli interpreti, ma questi erano rarissimi nei luoghi da me visitati e che sono esattamente il contrario del nostro mondo urbanizzato. Poiché nella maggioranza dei casi non potevo disporre di un interprete, allora provavo a entrare nella dimensione della loro vita, nella semplicità di questa gente. Contrariamente a quanto si possa credere è una cosa tutt'altro che semplice, ma ad aiutarmi è stato soprattutto la mia naturalezza, ingenua ma fiduciosa. Vivevo con essi, adottavo la loro vita, e le difficoltà come le gioie della tribù. Prendevo un pretesto, per esempio l'esplorazione della sorgente di un fiume, ma ciò che contava veramente per me era, più che l'itinerario scelto, il fatto di dividere insieme la vita, di essere in mezzo a loro, come loro. Noi vivevamo così per lunghi periodi insieme, e allora il comunicare tra noi diventava una cosa semplice, perché era la stessa natura in cui muovevamo a suggerirci il linguaggio.

CURTAT – Malgrado tutto però mille cose la separavano. Tentare un simile incontro non è forse un sogno impossibile?

BONATTI – No, assolutamente. Io sono meglio accolto in queste regioni che a casa mia. Ciò che ho imparato percorrendo il mondo naturale è che il vero animale pericoloso è l'uomo cosiddetto civilizzato. A forza di vivere con queste popolazioni dette selvagge, io credo di aver captato su di esse una serie di informazioni che possono sfuggire a molti antropologi. Ciò che fanno questi studiosi è notevole e necessario, naturalmente, ma è per tutti molto difficile valicare la nostra condizione di esseri progrediti, e così è improbabile riuscire a spogliarci della nostra superiorità, reale o presunta, nei riguardi del primitivo. Lei sa che vivere con questi lontani progenitori significa sovente lottare per sopravvivere?

CURTAT – Lei ha dovuto lottare per sopravvivere?

BONATTI – Evidentemente, perché io ero perduto nella natura insieme a loro. Laggiù mi abbandonavo completamente alla saggezza dei primitivi.

CURTAT – Ma lei aveva una mappa, una bussola?

BONATTI – La migliore delle bussole, erano loro.

GARAVAGLIA – Bonatti, che cos'è per te l'avventura?

BONATTI – È tutto ciò che ho fatto in capo al mondo. È una spinta personale più che un fatto geografico, esplorativo. Mi sento molto più a mio agio nella solitudine, a contatto con la natura, che tra i miei simili. Nei grandi silenzi, nei grandi spazi ho ritrovato una mia ragione di essere, un modo per vivere a misura d'uomo. A casa mia, lo dico anche con tristezza, non ci riesco più. Ci distacchiamo continuamente dal cordone ombelicale che ci tiene uniti alla Madre Natura. Diventiamo sempre più spaesati e dissestati. Io mi sento vivo nell'avventura e cerco l'avventura di vivermi, di scoprirmi, di conoscermi nella natura.

CHAPPAZ/DEWEZE – Tu hai vissuto molte avventure in «solitaria». Non ti sentiamo parlare sovente dell'uomo, degli altri. Si ha quasi l'impressione che Walter Bonatti sia un po' solo...

BONATTI – Questo è vero. Come ho appena detto mi sento più portato verso la natura, o verso i primitivi che verso i miei contemporanei. Io non sono un animale sociale. Ero socievole, ma, a causa delle mie esperienze, ho perduto molta fiducia negli altri. Non sono stato più indotto ad avvicinarmi a questi, bensì ad allontanarmene sempre più.

GARAVAGLIA – Che popolazioni hai incontrato nella foresta amazzonica?

BONATTI – Scendendo a valle verso le grandi foreste la gente ti delude. Sono sempre poveri, ma essendo già venuti in contatto con la furbizia del cosiddetto uomo civilizzato hanno perso tutta la loro saggezza. Una volta, passando da un villaggio, avevo bisogno di aiuto per trasportare il mio bagaglio. Ho cominciato a sentirmi apostrofare con il termine «pistajo» che vuol dire «vagabondo assassino». Un mio amico, a Lima, mi aveva raccontato di un americano con la barba che, andando da solo da queste parti, fu ucciso e poi fatto letteralmente a pezzi da un gruppo di indios eccitati e inferociti. È gente sfruttata da sempre e che quindi guarda con grande diffidenza tutto ciò che è estraneo.

GARAVAGLIA – Nei tuoi resoconti di viaggio, da quelle parti, c'è una presenza costante: gli insetti. Che problemi hai avuto con gli animali?

BONATTI – È luogo comune ritenere che la foresta sia il paradiso degli animali. Non si dice, infatti, che il leone è il re della foresta? E invece questi luoghi sono la negazione della vita animale. Gli abitatori della foresta si sono dovuti adattare a quel mondo ostile, intricato, pieno di tranelli. Il serpente, il giaguaro, le scimmie, il bradipo, il tapiro e pochi altri, sono i pochi «grandi» animali che vivono in quell'impenetrabile vegetazione. I veri animali feroci sono però gli insetti. Paradossalmente nella foresta si può morire anche di fame, peggio che nel deserto. Come fai a cacciare un animale che non vedi mai e di cui solo gli abilissimi indios avvertono la presenza?

Durante la mia prima spedizione nell'alto Orinoco ho impiegato anche una settimana a spostarmi di duecento chilometri lungo il fiume. Capitava spesso di dover trascinare la pesantissima piroga lungo le sponde per evitare cascate e rapide insuperabili. Si lavorava tutto il giorno come bestie, dando gran colpi di machete, per farci strada attraverso una vegetazione estremamente chiusa.

GARAVAGLIA – E gli indios come fanno a viverci?

BONATTI – Sono in perenne movimento, pur non essendo popolazioni nomadi come i pigmei. Hanno sempre addosso i loro attrezzi che pesano in tutto quattro-cinque chili. Un grosso arco, cerbottana con frecce avvelenate. Usano il curaro di cui conoscono ben una cinquantina di tipi. Lo usano per paralizzare e poi catturare le loro prede. Hanno una mascella di pecari che serve da pialla. Tagliano le cose più sottili come delle foglie di erba. Con le ossa e i denti di animale fanno praticamente tutto. Si accendono il fuoco con il bastoncino. La sera si fermano e si costruiscono un riparo di foglie e l'amaca che li protegge dai serpenti e dagli insetti. Con i denti strappano certe cortecce d'albero che poi ingegnosamente intrecciano: con quattro tiranti ho visto uno di loro costruirsi un'amaca sulla quale stava praticamente in equilibrio dormendovi tranquillamente con la «cicca» in bocca tra i denti e il labbro superiore. Ogni tanto si svegliava per riattizzare il focherello ai suoi piedi, a terra.

GARAVAGLIA – E cosa mangiano?

BONATTI – Si nutrono di bacche, radici, erbe con proprietà terapeutiche e alimentari, insetti, lombrichi e soprattutto pesci. È curioso vederli pescare. Usano un'erba velenosa, il barabasco. Pescano nei miliardi di laghetti, detti *igarapé*, che si trovano sparsi nella foresta, dentro ad acque torbide e melmose. Intontiscono i pesci con questa erba oppure si mettono in piedi dentro l'acqua e con degli archetti minuscoli frecciano in continuazione. Ogni tre o quattro colpi tirano su una preda. Non so se per caso o per bravura; certamente quei pesci per me erano invisibili.

Sono stato con questa gente nelle condizioni più disperate. Quando volevo scalare il Monte Marahuaca, ci trovavamo a 1.800 metri di quota, di notte faceva molto freddo. Non c'erano animali da cacciare. Per fortuna ci aveva seguito una famiglia di scimmie. Ogni tanto loro ne uccidevano una e la mangiavamo bollita senza neppure il sale che avevamo esaurito da tempo. L'animale spellato (era impressionante la somiglianza con un bambino) veniva bollito per ore e ore. Alla fine restava il brodo da cui poi si toglievano le ossa. Non avevamo altro da mangiare e diversamente saremmo morti di fame.

È difficile riuscire a capire fino in fondo gli indios. Vivono allo stato primitivo; si combattono moltissimo anche se le ferite che si procurano sono raramente mortali. C'è un'età media che si aggira sui venticinque anni. I loro riti si accompagnano sempre all'uso degli allucinogeni. Ho delle registrazioni di cerimonie sciamaniche con dei suoni rabbrividenti, con dei pianti di donne in contrasto con i rumori notturni della foresta che sono agghiaccianti. Gli indios delle alte regioni andine erano invece già venuti in contatto con il cristianesimo fin dall'epoca dei conquistadores. Tuttavia la loro religione è rimasta un miscuglio di sciamanismo e di cristianesimo in cui alla fine – ancora nelle regioni cordiglierane – si rivela sempre l'adorazione del Dio del Sole.

MIGLIAVACCA – Nel corso degli anni, dal Canada all'Antartide, dall'Africa alla Nuova Zelanda, dall'India all'Australia, all'Indonesia, all'Oceania, alla Nuova Guinea, ha incontrato bufali, giaguari, puma, leopardi, leoni, elefanti, rettili, e con tutti è riuscito a convivere. In che modo?

BONATTI – Cercando di capirli. Eliminando tutti i compromessi, anche l'arma. Gli animali rispettano le regole dell'uomo in quanto animale: basta fare lo stesso nei loro confronti e non si corre alcun pericolo. La mia sopravvivenza, del resto, ne è la più evidente dimostrazione. L'incontro casuale di orsi e lupi, durante il mio viaggio in Alaska, fu la scintilla che accese una curiosità molto importante. Fece nascere in me l'intuizione che se avessi reimparato a essere figlio della natura, come lo sono gli animali, avrei potuto stabilire con essi, non importa quanto selvatici e temibili, un pacifico rapporto di convivenza.

GARAVAGLIA – E il rapporto con gli uomini di quelle terre lontane?

BONATTI – Stranamente è diminuito, in relazione al grado di «civilizzazione» di questi uomini. Ho vissuto meglio con i cannibali e i pigmei che con certe popolazioni colonizzate dal mondo occidentale.

MIGLIAVACCA – Lei è stato nell'isola di Sumatra per confrontarsi con una tigre. Si è inoltrato nella giungla vergine, ha trovato una traccia del felino e per quaranta giorni e quaranta notti ha cercato di comprenderne le abitudini, l'indole, persino la psicologia. Era inerme e aveva eretto un precario giaciglio proprio sulla sua pista...

BONATTI – Ero su un'amaca, nella notte, esposto ai quattro venti. La tigre mi si avvicinò fino a un centinaio di metri poi, con molta nobiltà, mi evitò compiendo un semicerchio e riprese la sua strada un altro centinaio di metri più in là. Aveva capito che non intendevo disturbarla e si guardò bene dal disturbare me. Né più né meno di tutti gli altri animali che avevo incontrato.

MIGLIAVACCA – Credo di capirla, tutto sommato, anche se non è facile. Ma è proprio necessario vivere e rischiare da soli?

BONATTI – Sono un solitario. Per vocazione e, forse, anche per ripiego. Sta di fatto che agendo da solo i conti mi tornano mentre operando con gli altri devo quasi sempre pentirmene.

CURTAT – Aveva tentato di fotografarla, quella tigre di Sumatra?

BONATTI – Non quella volta. Un'altra volta, ma vi ho poi rinunciato, benché mi trovassi a soli quindici metri da lei, perché stava facendo notte. Se avessi utilizzato il flash si sarebbe forse inquietata; è stato meglio non averlo fatto. Avevo conosciuto tutto di quella tigre, il carattere come i suoi tragitti nel territorio, perché avevo imparato a leggerne le tracce, il significato della distanza tra un'orma e l'altra, la profondità di queste nel terreno molle, che è sempre rivelatrice, e non ultimo i suoi escrementi.

CURTAT – In questi lunghi periodi di battuta, come faceva per nutrirsi?

BONATTI – Avevo portato con me del cibo, ma mi nutrivo anche di ciò che mi offriva la natura. Durante il mio viaggio solitario in Alaska, lungo lo Yukon, dovevo pescare, ma mi sono reso conto che le sterne avrebbero potuto pescare per me. La tecnica di questi uccelli consisteva nel tuffarsi per acchiappare un pesce di media grandezza, e poi rimontare nell'aria a cinquanta metri, da dove lasciarlo cadere per tramortirlo e subito riprenderselo e andare a mangiarlo da qualche parte. Bastava che nel frattempo io fossi arrivato sul pesce tramortito prima di loro, per un paio di volte nella giornata, ed ecco che avevo il mio pesce fresco.

BURATTI – Si considera un virtuoso della fotografia?

BONATTI – L'ho già detto e non voglio essere sdegnoso, ma io come indole non mi sento fotografo. Non ho mai avuto l'intenzione di rendermi schiavo di complicati tecnicismi fotografici. In tal modo sciuperei, spesso, momenti di vita irripetibili.

CURTAT – Come è avvenuto il suo incontro con gli animali?

BONATTI – Nello stesso modo usato con i primitivi, ossia con ponderatezza e pazienza.

CURTAT – Quale fu il suo primo grande incontro con gli animali?

BONATTI – Ho voluto prendere la pista dei cercatori d'oro, quella che ci ha descritto Jack London nei suoi racconti. Ho imparato a usare la canoa canadese e sono partito, da solo, lungo il fiume Yukon. In un mese di solitudine ho percorso 2.500 chilometri. Prima di partire avevo comprato un fucile, perché come tutti pensano, e anch'io lo pensavo allora, ci voleva un fucile per affrontare gli animali del selvaggio Nord.

CURTAT – E lei non ha avuto bisogno di servirsene?

BONATTI – Non soltanto non l'ho utilizzato, ma più avanzavo nel mio viaggio più il fucile calava tra le cose dimenticate sul fondo della canoa. Era inutile, completamente inutile.

CHAPPAZ/DEWEZE – Il «chiodo a espansione» e il fucile, sono pari?

BONATTI – Il principio è uguale. Parlando di fucile, quindi di animali, mi affascinava il trovare, non dico un dialogo, poiché è impossibile dialogare con un leone, ma almeno un modo per non fraintenderci. Per prima cosa dunque, via il fucile! Ma quando tu sei là di fronte a una belva, senza un'arma – è una cosa parlarne qui e un'altra esserci – tu sei alla sua mercé, e il cuore, le prime volte, ti salta fuori dal petto. Se tu hai uno schioppo te ne servi, o per lo meno lo impugni. All'epoca del mio viaggio solitario sul fiume Yukon avevo dunque portato con me un fucile, e con il passare dei giorni, di avventura in avventura, avevo incontrato vari lupi e orsi. Una notte di bivacco, mi sono svegliato e ho trovato alcune tracce di grizzly attorno a me. Mi sono detto: «Sei stato fortunato!». E tuttavia io non credo né alla fortuna né alla sfortuna. Ho razionalizzato questo fatto, e ho scoperto che mentre io mi assimilavo alla natura, la natura si assimilava a me. Gli animali sentivano che non ero pericoloso per loro. E la reciprocità diventava realtà. Come ho detto, ho finito per dimenticare il fucile in fondo alla canoa. In seguito ho voluto rinnovare l'esperienza con tutti gli animali del mondo, i più rappresentativi: coccodrilli, leoni, leopardi, eccetera.

CURTAT – Come spiega lei che tutta la letteratura consacrata a queste esplorazioni evoca la necessità del fucile, per esempio, mentre lei invece dice il contrario?

BONATTI – Effettivamente, anch'io mi sono posto questa domanda. E da qui ho costruito la mia teoria, che io chiamo la mia verità. Ossia ho capito che se si conoscono le loro leggi e le si rispetta, gli animali non saranno mai pericolosi. Assolutamente mai, e io posso testimoniarlo.

CURTAT – Ma come si conoscono le leggi degli animali? In modo certo, intendo.

BONATTI – Innanzitutto, bisogna smettere di umanizzare l'animale. Bisogna vederlo come è e non come noi vorremmo che fosse.

CURTAT – Però, quando lei scendeva questo fiume, le necessitava, ogni tanto, fare fuoco per scaldarsi e nutrirsi. E qui lei attendeva, nel territorio dell'animale, che questo sarebbe venuto a vedere che cosa stava succedendo, immagino.

BONATTI – Effettivamente c'è un comportamento da assumere. Mi faccio piccolo, rannicchiandomi magari, mentre l'animale si avvicina, e lì resto immobile e silenzioso; così facendo lo rassicuro. Ora lui sa che io non sono pericoloso, e anch'io so che lui non lo sarà per me. In tal modo rimango fino a quando l'animale ha soddisfatto l'istintiva curiosità; alla fine sarà lui ad andarsene.

CURTAT – Lei ha verificato questa regola dappertutto?

BONATTI – Assolutamente ovunque, sia in Africa, sia in Asia, e anche in Alaska.

CURTAT – Quali altre esperienze ha avuto con gli animali?

BONATTI – Sono stato nell'Africa dell'est per esempio: Kenya, Uganda e Tanzania dove ho continuato la mia esperienza di vita con gli animali, la stessa che avevo cominciato in Alaska. Sono stato un po' ovunque e sempre alla ricerca di una vita vera, non alterata.

CURTAT – Molto sovente, nel pubblico, si unisce l'idea degli animali selvaggi con quella dei parchi nazionali. Quale è il suo punto di vista al riguardo?

BONATTI – Ho visitato alcuni parchi, naturalmente, ma non è là che ho fatto le mie esperienze, perché là gli animali hanno un carattere differente. In realtà, nei parchi essi sono abituati a vedere l'uomo come un insieme di uomo-macchina. Quando questo insieme si disgiunge perché il conduttore del mezzo si allontana, per esempio, per scattare una fotografia del leone, l'animale si innervosisce e può alterarsi fino al punto di attaccare e uccidere. Il clic di una macchina fotografica o il ronzio anche sottile di una cinepresa giungerà alla belva, che ha un udito sviluppatissimo, come la minaccia di un'arma puntata su di lei, e partirà all'attacco. E il pericolo sarà anche maggiore se il visitatore si avvicinerà alla belva qualora si trovasse, anche accovacciata, sulla sua preda.

CURTAT – Ma queste nozioni non dovrebbero essere diffuse, dai guardiani dei parchi nazionali, ai visitatori?

BONATTI – Io credo che i guardiani dei parchi conoscano bene i loro animali, come del resto il domatore conosce bene le sue bestie. A mio avviso gli animali pericolosi sono proprio quelli degli zoo, dei circhi, e anche quelli appunto dei parchi nazionali. Le particolari condizioni, e costrizioni, in cui devono vivere hanno finito per alterare il loro carattere.

CURTAT – Qualunque siano le loro condizioni, una categoria di animali rimane essenzialmente pericolosa. Penso ai serpenti.

BONATTI – Ciò che rende pericoloso un serpente è il più delle volte la sua misura. Quelli grandi – ho incontrato per esempio dei pitoni e degli anaconda – non attaccano. I più piccoli invece, che spessissimo sono velenosi, è difficile vederli e quando si ritirano spesso non si sa dove finiscano. Così noi, ignari, ci avviciniamo al loro nascondiglio ed essi reagiscono sentendosi minacciati.

CURTAT – Non è comunque molto facile vivere in compagnia dei serpenti e altri insetti velenosi.

BONATTI – Non è molto facile per noi, ma io vedo per esempio che gli indios dell'Amazzonia hanno assai pochi incidenti di questo tipo. Semplicemente perché hanno ancora viva in loro un'istintiva conoscenza del territorio e degli animali, con cui coesistono. Ciò nonostante, e si può capire, tutto questo non sempre può proteggerli al cento per cento. Per quanto mi riguarda, sono stato punto qualche volta da insetti molto velenosi.

CURTAT – Aveva dei medicamenti?

BONATTI – Raramente, ma gli indigeni conoscevano mirabilmente la farmacia della natura. E ne è la prova il fatto che io sia qui.

LEONI – Lei ha viaggiato su tutti i fiumi del mondo... Ce n'è qualcuno che può assomigliare al Po?

BONATTI – Io ho sempre sentito la suggestione che promana dai fiumi. Vede che il Po me lo sono sempre portato dietro? Ho viaggiato per fiumi importanti come il Rio delle Amazzoni, sono andato sul Nilo, sull'Indo, ma la mia prima avventura è stata l'attraversare sul fiume Yukon una buona porzione di Canada e arrivare fino al centro dell'Alaska. Ebbene, in questo viaggio, giornalmente, il mio pensiero era sul Po. Continuavo, scendendo lungo il fiume, a trovare delle analogie con il Po, nelle anse, nelle curve, nel paesaggio; provavo lo stesso piacere con il quale si ricordano i propri genitori...

LEONI – Quali terre l'hanno colpita particolarmente?

BONATTI – L'Indonesia e il Sud America, che è il continente più ricco in senso assoluto, inesauribile. Anche in Africa ho ricordi molto belli. I pigmei dell'Ituri, quelli veri, però. Mi risulta che, qualche anno dopo, Mobutu ne fece un rastrellamento; li sradicò dalla loro terra e molti morirono, molti furono dispersi, altri s'abbrutirono.

CURTAT – Lei non ha paura di tornare in certe regioni e trovarle decisamente massacrate dall'uomo?

BONATTI – Non soltanto le regioni ma gli stessi uomini. Per esempio, ho vissuto nel Burundi l'orribile genocidio (1972) che, in quattro giorni, procurò ottocentomila morti a una popolazione inferiore ai quattro milioni d'abitanti (è incredibile il silenzio del mondo su cose anche gravissime, come questa appunto, ma che non rientrano nell'interesse politico di qualche potenza). Ricordo in particolare: ero decollato da Kampala per Bujumbura, sul grosso aereo di linea viaggiavano insieme a me altri cinque passeggeri, tutti di colore. Si volava a poche centinaia di metri dal suolo, si vedevano dunque i villaggi. Ciò che mi sorprendeva era che, in ogni luogo, c'era una moltitudine di gente, un po' come nei giorni di mercato. Ora io conoscevo già quel territorio burundese e sapevo per certo che quel fatto era dovuto ad altre ragioni, che però mi restavano ignote. Queste altre ragioni le ho poi scoperte una volta arrivato a Bujumbura, quando i soldati mi hanno piantato un mitra sul ventre. Fortunatamente l'amico che mi avrebbe ospitato era là a prelevarmi, così ho potuto partire con lui rapidamente, risparmiandomi anche di dover sostenere che io fino a quel momento non avevo visto nulla. La moltitudine che avevo scorto dall'aereo e che gremiva le piazze dei villaggi, non era altro che una folla di morti... Un francese, che in quei giorni si era trovato a essere involontario testimone di una esecuzione, ebbene, anche lui venne ucciso.

Alpinista? Ma lo sono veramente?

Kuffer – Un mito pietrificato, allora, è questo *grattacime*? Così potremmo figurarcelo dopo tanti superlativi. E tuttavia Walter Bonatti, nel suo piccolo alloggio milanese, sembra tutto il contrario di quello che è effettivamente. A 54 anni, malgrado i suoi capelli bianchi, egli conserva una prestanza di atleta e dai suoi occhi chiari filtra la più viva intelligenza. Quella del cuore, plasmato da esperienze sovente pungenti, perché la meschinità più sordida non l'ha risparmiato durante la sua carriera di «conquistatore dell'inutile». Ma dopo tutto, quale smagliante sorriso è il suo! E nessuna traccia in casa sua di quella penosa disposizione di cose che si trova sovente nelle abitazioni degli alpinisti, i quali non sanno parlare che di montagna.

Bonatti – Alpinista? Ma lo sono veramente io? Sono stato guida alpina, è vero, e ho dovuto prepararmi seriamente per vivere fino in fondo l'avventura della montagna. Ma mi sono sempre difeso dall'essere uno «specialista». Ed è questo innanzitutto che mi ha provocato l'incomprensione dei miei simili, che non concepiscono che si possa vedere al di là delle montagne. Amare il mare o interessarsi ai pigmei, percorrere la Terra del Fuoco o l'Amazzonia? Ma che stranezze!

RUMIZ – Bonatti, tu vivi a Roma. Riesci ad amare la metropoli o ti senti un immigrato? Riesce difficile immaginare un Bonatti lontano dai grandi spazi...

BONATTI – Abito a Roma non tutto l'anno, ma per lunghi periodi, unicamente perché ci vive la mia compagna. Tra i due, chi ha meno difficoltà a spostarsi sono io. Ecco la ragione per cui vado a Roma. Ci vivo, ma con la città non ho rapporti, non ti dico perché non li voglio avere, ma perché non c'è feeling. Mi sento, effettivamente, un immigrato.

RUMIZ – Chi è il Bonatti privato?

BONATTI – Sovente sui giornali io appaio come mi vogliono vedere e non come sono. Ecco, da qui il grande equivoco. Per il resto, credo di essere sempre lo stesso. È giusto che sia così e non può essere diverso. Perché io non posso prescindere dall'uomo. Vedermi solo come alpinista è un vedermi per metà. Le mie scelte sono coerentemente le stesse, non sono di un tipo sulla montagna e di un certo altro fuori della montagna. La coerenza per me non è un'imposizione, è una necessità, una scelta.

RUMIZ – La tua assenza di fatalismo è molto lombarda...

BONATTI – E infatti sono lombardo.

D'ELIA – Mica è facile scegliere l'avventura come Bonatti.

BONATTI – Dice? A me sembra incredibile che un essere umano non ne senta il bisogno. Siamo un po' snaturati per vivere come viviamo, penso.

GAGLIANO – Molti dedicano tutta la vita alla montagna, come un amore esclusivo, lei l'ha abbandonata. Per una delusione?

BONATTI – Una delusione c'è stata, non della montagna, ma del suo mondo. A torto o a ragione sono stato molto invidiato, quindi attaccato, criticato, «sporcato». È il rovescio della medaglia. Anche il calciatore subisce queste cose, ma lui ha una grossa contropartita: ci campa bene, ci guadagna. Io sulla montagna non ho mai guadagnato, non ho mai speculato. Ci ho vissuto, appena appena. Però non la rinnego. Ho imparato tutto da lei, le devo molto; ma alla fine mi stava come un abito un po' stretto. Quel che ho fatto dopo è una logica continuazione. Se ti è nato il gusto di scoprire, non puoi non sentire il bisogno di andare più in là. Il mio Cervino di ieri è la foresta di oggi.

RINIERI – Per te la montagna è stata il simbolo massimo di quello che Buzzati chiamava la suprema quiete?

BONATTI – È una bella immagine della montagna così come l'ha vista Buzzati. Buzzati indubbiamente è il Kafka italiano, è il cantatore della morte, quindi non può che essere sua questa visione, che io condivido.

GAGLIANO – Perché l'avventura? È bisogno di rischio?

BONATTI – L'avventura per me è un fatto vitale; e non esiste senza rischio. È ciò che dà sapore alle cose. Ma è un rischio controllato. Il che vuol dire prepararsi bene: il fisico, la psicologia, la tecnica. Non credo alla fortuna né alla sfortuna. Ma l'avventura deve avere una sua purezza, dev'essere senza compromessi. Quando vado tra i leoni non prendo il fucile, quando affronto grandi spazi non uso radioline, non mi faccio seguire da aerei o elicotteri. Guardi, più che uno specialista io sono un uomo fatto di debolezze: il bello è vincerle, la natura, spesso, è quasi un pretesto, lo scenario.

RINIERI – Ma tu hai mai sofferto la solitudine?

BONATTI – Moltissimo, in città per esempio, tra gli altri, moltissimo. Questo genere di solitudine è la vera tristissima solitudine che molti provano, e io forse più di tutti appunto per mia natura. Invece non mi sono sentito affatto solo né triste quando mi sono trovato in azione nel mio mondo, e anche tra le pareti di casa mia quando ho potuto ripiegarmi su me stesso.

GAGLIANO – A volte, tra i pigmei o tra gli indios Waikas, lei sembra ammirare l'uomo primitivo, voler confrontarsi con lui...

BONATTI – Non dico che dobbiamo tornare indietro, dico che non dobbiamo ignorare le nostre origini. Ciò che il progresso ci ha dato da una parte ce l'ha tolto dall'altra. Certe qualità si trovano solo in popolazioni primitive, noi abbiamo sopito un sacco di doti. L'intelligenza viva spesso la troviamo di più in quella gente. Rispettano la natura di cui vivono, usano e non sprecano, sanno ancora sorridere. Trattano gli animali per quel che sono. Noi invece nella nostra presunzione vorremmo civilizzare anche gli animali. Andiamo a fare i safari fotografici, portiamo la follia anche lì... Tutto deve rispondere al nostro metro: un gatto è simpatico, un leone è feroce e regale, un serpente è da schiacciare solo perché striscia...

BARELLI – Cosa ne pensa di questo nuovo desiderio generalizzato di avventura, e della strumentalizzazione che ne fa l'industria del turismo?

BONATTI – Ci troviamo di fronte più che ad avventurosi a vittime di una certa politica dell'avventura.

BARELLI – Questo significa che oggi l'avventura vende, è un mercato che tira.

BONATTI – Senz'altro, ma non bisogna cercare di sembrare, bisogna cercare di essere. Che senso ha andare in capo al mondo pilotati in tutti i sensi? Un individuo che spende il suo tempo, e in fondo gli costa anche, troppo spesso non ha nemmeno la fantasia di costruirsi la propria evasione, la propria vacanza, deve andare in agenzia e farsi pilotare. Per me è inconcepibile: io userei parole molto forti per definire questo fenomeno che non ha senso se non per le organizzazioni turistiche che ne traggono profitto.

BARELLI – Ma alla base di tutto questo c'è secondo lei un desiderio di avventura della gente, una volontà di evadere?

BONATTI – Io lo prendo con le pinze, quello che la gente vuole, perché la gente vuole l'ibrido: detesta la confusione, dice, e poi va al mare: uno addosso all'altro! La gente si nutre di luoghi comuni.

CAMPIONE – Fino a che punto un personaggio come Indiana Jones è frutto della fantasia?

BONATTI – Indiana Jones è stato creato dal cinema ed è giusto che sia così. È un personaggio che deve concedere tanto allo spettacolo. Tuttavia l'avventura non si può vivere così, ma in una dimensione diversa e reale, senz'altro meno spettacolare.

PALLOTTELLI – In tutto questo che dici, quanto conta il coraggio, quanto conta la fantasia?

BONATTI – La fantasia, come ho già detto, deve essere illimitata, devi saper sognare. Il coraggio non è mai soltanto la molla che ti spinge in avanti. Il coraggio deve essere adoperato anche per frenare qualche entusiasmo troppo pericoloso. Spesso riuscire a fermarsi è molto più duro che andare avanti. Infine il coraggio, secondo l'accezione più comune e più volgare del termine, può essere una cosa molto deleteria, addirittura negativa. Troppo spesso è boria, è sciocca presunzione.

RINIERI – Che rapporto ci può essere tra la forza fisica e la forza morale per compiere un'impresa che gli altri definiscono sovrumana?

BONATTI – Nessuna classificazione può esserci tra la forza fisica e la forza morale, perché devono andare strettamente unite, in assoluto equilibrio. Questo vale anche per l'alpinismo, che è forse un'attività dove la prestazione atletica sembra essere molto evidente, anzi è prevalente. Ma la sola forza atletica in montagna non porta molto lontano.

ZURLO – Lei ha detto che non è più epoca di esplorazioni, ma che l'avventura rimane una dimensione fondamentale dell'essere uomini. Non è una contraddizione?

BONATTI – Penso di no. È finito, è vero, il mondo di Livingstone e sembrano ormai mitiche le leggendarie epopee come quelle di Amundsen, Shackleton, Mawson, Scott. Reimmaginare e ripercorrere oggi quelle straordinarie imprese sarebbe patetico. Ma non per questo viene meno la possibilità di avventura tra mondi e situazioni nuove. Cambiano forma e metodi, ma è su questa strada che l'uomo conosce più a fondo se stesso e si libera da ogni condizionamento.

GREUB – È vero che il successo non viene mai perdonato?

BONATTI – Purtroppo le mie esperienze mi hanno portato a questa amara conclusione. Più vai avanti più il successo ti si ripercuote contro come un boomerang. Fui considerato un mito ma non ho mai accettato questo tipo di definizione, è cristallizzante. Sono solo un uomo ma cresciuto. E poi la gente e i mass-media sembrano voler creare i miti per poi divertirsi a distruggerli.

ZURLO – Esiste un personaggio della letteratura nel quale si riconoscerebbe più volentieri: l'Ulisse dantesco o forse una creatura di Hemingway?

Bonatti – No, sono soltanto me stesso e questo comunico a chi mi vuole ascoltare. Non amo raffigurarmi e immaginarmi in quello che non sia l'immediata prossima realtà.

Campione – Esploratore, giornalista, scrittore. Qual è l'etichetta che le piace di più?

Bonatti – A volte è pericoloso averne troppe. In Perù, ad esempio, ho passato un brutto momento. Ero in una zona «calda», al confine con l'Ecuador, e dovevo andare in un certo posto. Avevo tutte le autorizzazioni possibili e immaginabili, compresa una del ministero degli Esteri del Paese sudamericano. Forse ero troppo in... ordine. Certo è che i militari mi hanno depistato isolandomi nel cuore della foresta, da loro presidiata. Avevano pensato che fossi una spia. E infatti, mentre ero là relegato a Lima, senza mezzi per uscirne, i loro servizi di informazioni ricostruivano tutto il mio soggiorno: dove ero stato, con chi avevo parlato, chi avevo incontrato e così via. Sono i rischi del mestiere e di chi va in giro da solo. Oggi è diventato difficilissimo, per motivi economici e di sicurezza, viaggiare singolarmente in certi Paesi.

Wermelinger – C'è qualcun altro, oggi, che può fare le tue stesse cose?

Bonatti – Tutti quelli che sanno sognare, e che hanno il coraggio di affrontare le proprie scelte.

Non credo nell'eroismo del ragionier x

TRENTA MINUTI CON WALTER BONATTI
di Margherita Del Buono e Giulio Damicone

DEL BUONO – Il nostro ospite di questa sera, che lui stesso si definisce alpinista e giramondo, è Walter Bonatti. Chi non conosce Walter Bonatti. Eccolo. Come prima domanda le voglio chiedere: lei avverte questa evidente differenza di personalità rispetto all'uomo comune?

BONATTI – Be', sì, in quanto l'uomo in generale, e forse non è tutta colpa sua, obbedisce soltanto ai modelli comuni che gli vengono proposti. Ecco, in quello io non mi sento comune.

DEL BUONO – Il suo libro dal titolo *Ho vissuto tra gli animali selvaggi* inizia con questa frase di Mark Twain: «Una bella vita non è mai logica». Quindi lei ha scelto questa vita illogica. E che cosa le ha insegnato?

BONATTI – A essere logico, in fondo; oppure a non esserlo, qualche volta. Sembra quasi un gioco di parole, ma non è così. Come lei avrà notato, pongo questa mia illogicità tra virgolette, con ironia. Cioè, secondo me, oggi chi è logico, nel senso che non abdica alla propria individualità, diventa paradossalmente illogico rispetto a ciò che il sociale propone. Ecco, in questo verso io mi ritengo illogico.

Del Buono – Cioè perché vive in un recinto, vive in un branco di pecore, è per questo?

Bonatti – Be', non voglio dire così, però quel tipo d'uomo non vive certo da individuo, e spesso non ragiona neppure con la propria testa, purtroppo.

Damicone – Questo succede oggi, da vent'anni, cent'anni, o da sempre in un certo tipo di civiltà?

Bonatti – Io non lo so, questo non lo posso dire. Io sono figlio del mio tempo e questo è ciò che vedo.

Damicone – Lo ha sempre notato, dico, da quando era piccolo?

Bonatti – Ebbene sì. Con il passare degli anni, maturando, l'ho avvertito sempre più. Questo bivio si è sempre più divaricato, mi ha sempre più allontanato dalla cosiddetta normalità.

Del Buono – Ma la paura che tutti i comuni mortali provano di fronte a certe situazioni rischiose, lei l'ha mai provata?

Bonatti – Le dirò che io stesso sono il risultato della mia paura, poiché il mio coraggio nasce appunto dalla gran paura che ho sempre provato di fronte a ciò che è pauroso. L'aver ragionato e trovato il modo di superare questa paura, ebbene mi ha fatto diventare coraggioso. Ma il mio essere coraggioso è dunque un ragionamento, non un rischio; è un coraggio calcolato il mio, e mai un azzardo, se non in misura di quanto si può essere soggetti all'imponderabile.

Del Buono – Quindi è questa la sua grande conquista, la sua più grande conquista?

Bonatti – No, non ne farei proprio una graduatoria. Diciamo che è uno dei miei buoni risultati.

Damicone – Adesso vorrei chiedere una cosa io, riferendomi al discorso precedente che si faceva sulla logica, sulla normalità, diciamo. Secondo lei, detto così a freddo signor Bonatti, è maggiormente utile alla società odierna la conquista di una vetta prima di allora incontaminata, oppure quarant'anni di servizio in una banca?

Bonatti – Mi spiace di dover polemizzare ma io non credo nell'eroismo del ragionier x, perché non ci vuole eroismo secondo me a fare qualcosa che alla resa dei conti ci si è rassegnati a fare, supponendo che non si tratti invece di pura scelta. Comunque ritengo che neppure scalare montagne su montagne voglia dire fare dell'eroismo. Eroismo, secondo me, può essere al giorno d'oggi restare se stessi, cioè mantenersi individui e come tali conservare pulizia e dignità.

Damicone – Sì, d'accordo signor Bonatti, solo che io avevo posto la domanda su una strada leggermente diversa, cioè, io parlavo più che di coerenza con se stessi – coraggio indubitabile dal suo punto di vista secondo l'opinione che lei esprime – io parlavo di utilità per poter continuare a oliare la macchina sociale. Cioè, voglio dire, l'eroe polare, per esempio, una volta che ha conquistato il Polo due sono le cose, o, come purtroppo è successo tante volte, resta lì congelato, oppure torna a casa e il Polo è uguale con e senza di lui. Mentre il ragioniere che nessuno conoscerà mai, che nessuno citerà mai nell'enciclopedia, nel suo piccolo ha fatto qualcosa perché la società vada avanti. Ecco, volevo sapere se lei era d'accordo su questo insomma.

BONATTI – Io sono d'accordo su questo come sono d'accordo sul modello che rappresenta l'eroe polare. Ognuno dà il proprio apporto al progresso, il ragionier x fa la sua parte secondo la sua misura, e così fa l'eroe polare affermando il coraggio e la volontà di cui l'uomo è capace. Sta poi al resto dell'umanità di tenerne conto oppure no.

DAMICONE – Ma per esempio, scusi se batto un pochino su questo chiodo, le chiedo da profano, qual è l'apporto di Amundsen, l'apporto concreto dell'eroe polare? Cioè, è il fatto che lui sia arrivato in un punto in cui nessuno era arrivato prima?

BONATTI – Nel momento storico in cui lui aveva conquistato il Polo, ovviamente il Polo rappresentava una grossa meta per l'umanità, se non altro come conoscenza del pianeta. È chiaro che ogni vittoria vale in rapporto al momento storico in cui essa si manifesta. Parlare oggi di Amundsen può sembrare cosa inutile o superata, ma non lo era affatto nel 1911 quando quest'uomo raggiunse per primo il Polo Sud.

DAMICONE – Quindi lei trova, diciamo, che è giusto che alcuni uomini abbiano sacrificato la vita per queste cose.

BONATTI – Certamente. Se in queste hanno creduto è giusto che le abbiano fatte, anche a costo di rischi.

DEL BUONO – Senta, c'è stato un attimo durante le sue numerose avventure in cui ha desiderato ardentemente di trovarsi improvvisamente a Milano?

BONATTI – Ebbene, la debolezza fa parte anch'essa della natura umana, e vincere la debolezza rende l'uomo sublime, questo è certo. Varie volte mi sono trovato a desiderare di non essere nella condizione che stavo vivendo. Era chiaramente una forma di umana debolezza, ma come l'ho poi superata? Semplicemente ricorrendo alla mia consapevolezza e coscienza di trovarmi lì, perfettamente preparato, quindi in regola, per fare quello che stavo facendo; cosa che per me valeva molto. Ogni eventuale debolezza doveva dunque essere spazzata via, esorcizzata. Soltanto una cosa avrei invece dovuto temere: l'imponderabile.

Del Buono – Ha mai provato un grande senso di solitudine?

Bonatti – Certo che di solitudine è pieno il mondo, ma io preferisco parlare della solitudine positiva piuttosto che di quella angosciosa.

Del Buono – Come nel suo viaggio in canoa per esempio?

Bonatti – Ecco, quella sì è una solitudine straordinaria, esaltante. È una solitudine che mi ha fatto sentire più me stesso, dopo quell'esperienza mi sono ritrovato più uomo.

Del Buono – A che età ha sentito questo richiamo per la natura?

Bonatti – Io credo di averlo sentito sempre, perché se ritorno indietro, nei frammenti dei miei ricordi d'infanzia, mi ritrovo per esempio affascinato dalla corrente di un fiume, il Po. Laggiù passavo dai miei zii le vacanze scolastiche, e stavo ore intere a osservare questo defluire di acque. Idealmente mi lasciavo portare alla deriva fino all'Adriatico, al mare, negli oceani tropicali. La fantasia mi ha fatto sempre viaggiare molto.

Del Buono – Quindi l'aveva proprio nel sangue.

Bonatti – Penso di sì.

Damicone – Lei è un uomo soddisfatto di se stesso?

Bonatti – Be', non si è mai completamente soddisfatti di se stessi ed è anche giusto non esserlo. Comunque mi sento realizzato, questo sì. Sento di procedere sulla mia via, che è quella giusta poiché ci credo. Sento dunque di potermi realizzare e dare modestamente il mio apporto a chi mi vuole in qualche modo come un riferimento.

DAMICONE – Ecco lei mi ha dato l'aggancio per farle un'ulteriore domanda. Lei mi ha detto che si sente realizzato. Quanta di questa sua realizzazione, di questa sua compiutezza, secondo lei, investe appunto gli altri? Cioè, in questo suo continuo desiderio di sentirsi completamente se stesso non ha un po', mi scusi, escluso il resto del mondo, escluso il resto della società? Cioè il suo modo di essere non significa anche, diciamo, andare sulle cascate Vittoria? Non significa anche isolarsi in qualche modo dalla società in cui si vive e di cui lei prima non mi ha dato del resto un parere molto lusinghiero?

BONATTI – Mah, io vado sulle cascate Vittoria e poi... e poi ritorno. Quindi, per amore o per forza, io rientro nella società, ammesso di esserne uscito. Per il resto, non so, forse non afferro fino in fondo la sua domanda. È chiaro che se io vivo in una società, e seppure il realizzarmi mi porta in capo al mondo, è lo stesso chiaro che io verso questa società abbia dei doveri, e sono doveri che sento e adempio.

DEL BUONO – Lei non stima molto il genere umano.

BONATTI – Non è che non lo stimi, ma spesso non lo sento amico. Quindi dico che mi fido più di me stesso che degli altri, ecco tutto.

DAMICONE – È sposato, Walter?

BONATTI – Ho avuto anche questa esperienza.

DAMICONE – Ha avuto.

BONATTI – Ho avuto.

DEL BUONO – Speriamo positiva.

BONATTI – Certo, alla fine risulta sempre positivo quello che si è vissuto.

DAMICONE – Sarebbe forse un po' troppo lungo fare un elenco dei posti principali che lei ha visitato, probabilmente tutto il mondo. Però vorrei chiederle se c'è qualche posto in cui lei non è andato e spera di andare in un prossimo futuro.

BONATTI – Il mondo purtroppo è spesso fatto di luoghi comuni. Allora trovarsi a Tokyo piuttosto che a Roma o a New York è la stessa cosa. Ma il mondo verso cui io sono portato è quello che sta tra Tokyo e Washington, per dire, e questo per fortuna è ancora molto grande e inconsueto. Ma per me diventa ancora più grande perché l'ho assunto come mezzo e condizione per esplorare me stesso. Con tale premessa credo quindi di avere ancora tante ma tante cose a disposizione per conoscermi sempre di più.

DAMICONE – Si parla spesso, specialmente in questi ultimi anni, dell'estinzione di molte specie animali, purtroppo. Dell'estinzione parziale, o forse anche in certi casi di cosa avvenuta. C'è molto di vero o c'è anche una percentuale di allarmismo in quello che si dice in proposito?

BONATTI – C'è molto di vero, e del resto gente qualificata come Cousteau ce lo ripete continuamente. C'è molto di vero anche se spesso appunto si specula sulla notizia. Per quanto posso io stesso testimoniare dirò che nel mio ultimo viaggio nell'Antartide ho trovato, già oltre il Circolo di Convergenza Antartica, varie rocce imbrattate di catrame, e questo fa molto pensare. Se l'inquinamento è già in atto, nel mare ma anche sospeso nell'aria, e parlo di Antartide non di coste mediterranee, a un certo momento potrebbe iniziare un'eccezionale deglaciazione del continente bianco, con tutte le conseguenze immaginabili; e questo è soltanto uno dei mille pericoli che ci minacciano.

Damicone – Viene ancora praticata troppo frequentemente la caccia grossa?

Bonatti – Io francamente non riesco a concepire la caccia grossa, oggi; né grossa né piccola, veramente. Cioè, posso comprenderla se riferita alle generazioni che ci hanno preceduto: l'uomo è stato cacciatore per sfamarsi. Certo, e per questo scopo va benissimo, ma come sport francamente no. Per me la vita di un animale selvatico e la vita di un uomo, oggi, non fanno quasi differenza.

Damicone – Ma esiste ancora come sport?

Bonatti – Purtroppo esiste, altro che!

Del Buono – Senta, ci vuole descrivere una situazione in cui lei ha avuto veramente paura. C'è stata?

Bonatti – Sono tante le volte che ho avuto paura. Per errore mi sono trovato una volta isolato su una montagna tropicale, circondato dalla foresta vergine per centinaia di migliaia di chilometri quadrati, e senza alcuna possibilità di venirne fuori con i soli miei mezzi. Da sempre abituato a levarmi da solo dai vari pasticci, quella era invece la prima volta che mi trovavo a dover dipendere completamente, e assolutamente, dagli altri. E questo mi ha davvero spaventato.

(*Nota Aggiunta.* Ero stato irresponsabilmente abbandonato da un elicottero, ero solo, e mi trovavo sull'Auyan-Tepui, un vasto altipiano isolato e sospeso sulla foresta venezuelana da un salto di mille metri. Mi avevano lasciato in un luogo sbagliato, e dato il terreno estremamente impraticabile, non avevo alcuna possibilità di raggiungere il ciglio del burrone strapiombante sul quale avrei potuto calarmi con le corde.

Completamente abbandonato dunque, e in quelle condizioni, passai undici giorni a lottare con la fame e la disperazione prima che un altro elicottero venisse finalmente a salvarmi.)

DEL BUONO – Esiste qualcosa di impossibile per lei?

BONATTI – Tutto ciò che non ho ancora fatto potrebbe forse essere per me impossibile. Non è detto però che questo impossibile rientri nei miei progetti.

DEL BUONO – Senta, la vita che ha condotto finora, la sua vita così avventurosa, l'ha portata ad avere più comprensione per gli uomini, a comprenderli di più, a capirli?

BONATTI – Sono portato a capire più un certo tipo di uomini che altri, ma questo naturalmente mi ha allontanato sempre più dal gruppo eterogeneo.

DAMICONE – Agli inizi della sua carriera, adesso non credo sia più così, ma agli inizi io immagino che lei abbia avuto, diciamo pure, delle difficoltà di sostentamento; cioè, certo non ha avuto lo stipendio fisso al 27 del mese, no?

BONATTI – Ho avuto anche quello.

DAMICONE – Ha avuto anche quello? Però, diciamo, quando ha iniziato questa strada, la sua strada?

BONATTI – Guardi, io ho fatto di tutto. Potrei dire che se la vita si misurasse per intensità di cose vissute, ebbene io avrei almeno duecento anni. Quindi, fra l'altro, ho avuto anche l'esperienza dello stipendio al 27 del mese, e ancora tante altre anche di gran lunga peggiori.

DAMICONE – E quando questo stipendio non c'è stato più, ci sono stati dunque anche periodi in cui lei ha vissuto, diciamo così, momenti di magra.

Bonatti – Sì, sarebbe quasi più semplice definirla una vita di magra. Io non sono ricco né tengo a esserlo, comunque non potrei mai diventarlo con la mia mentalità. Ma questo per me non è cosa importante. Tuttavia, le mie vere ricchezze, che sono ben altre, io sono abituato a pagarle, in qualche modo.

Damicone – Non le interessa possedere denaro?

Bonatti – Sì, non mi interessa essere ricco, eppure pago anche la mia condizione di non possedere denaro.

Del Buono – Senta, io prima le avevo chiesto di parlarci di un suo momento di paura, adesso invece le vorrei chiedere di descriverci un suo momento di grande gioia.

Bonatti – Ecco, i momenti di gioia sono almeno altrettanti. Sì, perché io ritengo di aver vissuto su una specie di altalena, un'altalena che ha avuto oscillazioni meravigliose, indimenticabili; appunto passando e ripassando in continuazione dalla grande paura alla sublime esaltazione. La vita secondo me è veramente un pendolo: più si soffre e più poi si gioisce, e più si gioisce e più dopo si soffre.

Del Buono – È vero.

Damicone – Volevo chiederle, signor Bonatti, il lavoro che lei svolge, che continua a svolgere, non la induce ad avere una concezione particolarmente materialistica della vita, oppure è l'esatto contrario?

Bonatti – Direi proprio che è l'esatto contrario, perché vivendo a contatto con la natura, quella più autentica, sono stato educato dalla stessa a ricercare in me la soluzione di ogni problema; e per arrivare a questa soluzione ho dovuto sempre ruminare tutto il mio vissuto. Quindi, così facendo, credo di essermi arricchito interiormente, e tutto questo mi ha portato non verso il materialismo bensì al suo opposto.

DAMICONE – Ho capito, quindi lei è credente, diciamo pure.

BONATTI – In un certo senso lo sono.

DAMICONE – Cioè... lei vede Dio in ogni cosa? Oppure lei...

BONATTI – Io «vedo» certamente l'esistenza di una ragione superiore che ci governa, ma la sua dimensione è cosmica. Riconosco anche l'immensa saggezza dei Sommi di ogni religione cui dobbiamo riferirci.

DEL BUONO – Senta, Walter, in questo periodo gli uomini soffrono sempre di nevrosi, di angosce; succede anche a lei questo?

BONATTI – Be', sì, in misura di quanto vivo in città. Però appena mi distacco dalla baraonda urbana mi ritrovo subito integro.

DEL BUONO – Lei non ha bisogno di psicofarmaci?

BONATTI – Direi proprio di no.

DAMICONE – Lei fuma, Walter?

BONATTI – No, non fumo; però è cosa senza merito poiché semplicemente non mi piace fumare. Ho però altri vizi, le assicuro.

DEL BUONO – Quali sono?

BONATTI – Be', sono troppi da elencare.

DAMICONE – Lei trova particolarmente infelice la vita nella città anche dal punto di vista climatico? Cioè, giro la domanda in un altro modo, lei evidentemente si è trovato nella sua vita a contatto con i climi più diversi, e questo l'ha in un certo senso immunizzata contro i leggeri divari che si possono avere tra estate e inverno dentro la città.

BONATTI – Sì, indubbiamente. È però più facile immunizzarsi ai grandi geli e ai grandi caldi, al grande umido e al grande secco, piuttosto che all'aria mefitica – e non soltanto in senso fisico – che produce la calca umana.

DAMICONE – E se un giorno, signor Bonatti, fra cento anni, il suo fisico non potrà più assisterla nelle sue imprese?

BONATTI – Ne riparleremo fra cento anni.

DEL BUONO – Senta, c'è un tipo di musica che a lei piace particolarmente, che ascolta particolarmente?

BONATTI – Le dirò che tutta la bella musica mi piace. Prima fra tutte è la musica della natura che mi piace, i suoni della natura; però anche quella che si intende solitamente come musica vera e propria, da quella classica a quella leggera, mi piace anche il folk. Dirò in proposito che trovo la musica andina molto affascinante, credo anzi che nessuna musica folkloristica quanto quella andina rispecchi profondamente l'animo, il carattere, e anche la sofferenza della gente cui appartiene.

DEL BUONO – Ecco, come saluto a Walter Bonatti io vorrei chiedere questo: cosa spera Walter Bonatti e cosa si augura per un mondo nuovo?

BONATTI – Io mi auguro che l'uomo abbia capito la lezione, ossia, che prima di qualsiasi altra cosa egli deve rispolverare quei vecchi valori che erroneamente ha creduto superati. L'uomo di oggi deve dunque ritornare a essere più umano, se vuole sopravvivere al «mondo nuovo» che lui stesso ha creato.

Da Rai, «Abruzzo Insieme Sera», 22 aprile 1981

K2 – Trent'anni dopo

ALFONSO BERNARDI – Perché, Bonatti, hai voluto rompere il silenzio su quell'episodio?

BONATTI – Quando mi accinsi a raccogliere i miei appunti nel volume autobiografico *Le mie montagne*, mi posi subito questo impegno: dire la verità, nulla nascondere, né velare con falsi pietismi. È ora di guardare in faccia la realtà, di narrare con piena sincerità i nostri drammi, confessare le nostre e altrui colpe, affinché si faccia tesoro delle esperienze, affinché non abbiano a ripetersi errori, perché la fortuna non può sempre esserci vicina... L'aver rievocato quelle ore nel capitolo sul K2 non deve sorprendere, né si può dire che poteva o doveva essere per sempre dimenticato quel lontano episodio: fa parte della mia vita!

Da «Il Resto del Carlino», 30 novembre 1961

DIBATTITO CONDOTTO DA VITTORIO DE LUCA, MARCELLO BALDI (REGISTA), EMANUELE CASSARÀ (GIORNALISTA) E WALTER BONATTI

DE LUCA – Trent'anni fa una spedizione del Club Alpino Italiano conquistava quota 8.611, la montagna del Karakorum, il K2. Fu un'impresa storica, un'impresa destinata a essere ampiamente commentata nel corso di questi trent'anni. Noi abbiamo qui in studio alcuni autorevoli personaggi. In primo luogo uno dei protagonisti, Walter Bonatti. Abbiamo un regista, Marcello Baldi, autore del film-documento sul K2, e un giornalista, Emanuele Cassarà, osservatore attento dei problemi dell'alpinismo. Come modo migliore per rievocare questo evento storico cerchiamo di vedere alcuni brani del film di Baldi opportunamente scelti.

***

De Luca – Naturalmente queste prime sequenze del film ci ricordano che l'impresa che comprendeva undici alpinisti aveva dietro un'organizzazione formidabile: s'è parlato di oltre mille uomini che hanno collaborato all'impresa.

Cassarà – Il K2 era la Luna, e loro erano astronauti verso la Luna.

De Luca – C'è una certa enfasi descrittiva in questo evento eccezionale.

Baldi – Sì, sì. Io devo riconoscerlo per primo. A parte che c'è una teoria dietro questa enfasi, cioè la rapidità con cui fummo costretti a scrivere in fretta e furia il commento, questo non fa testo. Ma all'epoca c'era proprio un certo modo di fare i commenti ai film, al quale noi stessi non siamo potuti sfuggire.

Cassarà – Dal punto di vista cinematografico questa opera, comunque, pur abbastanza piena di retorica, è un'opera magistrale per essere stata girata e montata trenta anni fa.

BALDI – Devo dire che noi abbiamo voluto caparbiamente, allora, impostare il film per primi – un film di alpinismo, un film di relazione su un'impresa alpinistica – con i criteri dello spettacolo cinematografico. Ed è per questo che siamo riusciti a catturare l'interesse del grosso pubblico, quello che normalmente è lontano da questo tipo di relazione.

***

DE LUCA – È interessante fare subito una riflessione. Questo film-documento probabilmente alle nuove generazioni dice poco, ma alle generazioni intermedie dice molto. Oggi i giovani parlano del K2 perché è diventato anche un sinonimo quando bisogna fare un'ascesa, quando bisogna faticare, quando bisogna salire. Ecco, vorrei chiedere al giornalista Cassarà una riflessione sull'impresa che fu un capolavoro dal punto di vista tecnico, dal punto di vista medico e psicologico.

CASSARÀ – L'alpinismo è un'attività eternamente in discussione e discussa. Sempre ha bisogno di giustificarsi e di spiegare i perché. Però in questo caso le idee erano chiare, l'Italia alpinistica doveva realizzare un'impresa che sancisse la propria capacità alpinistica a quel tempo. Il K2 era stato fotografato da Vittorio Sella alla fine dell'Ottocento, vi era tornato il Duca degli Abruzzi nel 1909 già concependo la via di salita poi seguita da Bonatti, Compagnoni e gli altri. Naturalmente il K2 è stata un'impresa che io mi permetto di dire imperiale: tredici tonnellate di materiale. Però a quel tempo, storicamente, non si poteva concepire in altro modo. I francesi avevano aperto le ostilità con gli «ottomila» scalando l'Annapurna nel '50, e gli inglesi nel '53 avevano vinto l'Everest dopo che gli svizzeri erano quasi arrivati in vetta nel '52. I tedeschi vincono il Nanga Parbat nel '53, l'Italia...

De Luca – Finalmente.

Cassarà – L'Italia vuole imporre la propria firma sulla seconda vetta del mondo, montagna fra le più difficili. Sedici tentativi nella storia di assalto al K2, soltanto sei riusciti. Il primo riuscito è quello degli italiani. Questo dà l'idea che non è inflazionata tuttora come montagna, ha conservato le prerogative di ostacolo molto severo.

De Luca – Ecco, a proposito di ostacoli, qui noi abbiamo un grande protagonista di quella impresa, Walter Bonatti. Aveva ventitré anni. Bonatti, cosa fu per lei l'impresa del K2, cos'era?

Bonatti – Una sigla magica, un sogno impossibile, e naturalmente per i miei ventitré anni non avrei mai immaginato di essere protagonista della sua conquista. Senonché un certo giorno mi trovai nella lista dei prescelti. Dopo una selezione che fu molto difficile, molto selettiva appunto. Ecco: selezioni mediche, poi fisiologiche, insomma eravamo gli astronauti di trent'anni fa. In effetti siamo stati le cavie degli astronauti di oggi perché le nostre esperienze... il professor Margaria per primo, che ha studiato il fenomeno di noi uomini componenti la spedizione del K2, ha portato queste preziose esperienze a Cape Kennedy. Ecco, io sono, come gli altri dieci miei compagni, il risultato di questa severissima selezione per il lancio nello spazio, che allora si chiamava K2.

***

Baldi – Ecco, per esempio, queste sono immagini che sono state girate direttamente dagli scalatori, ai quali avevamo dato allora delle indicazioni sommarie sull'uso della macchina da presa. Erano delle «Bell & Owell» a cui avevamo tolto l'olio perché non si congelassero e non si inceppassero. Gli avevamo detto: cercate di non avere il sole in macchina, girate. Sole non ce n'era in questo caso, e hanno portato a casa queste immagini di estrema suggestione.

***

De Luca – Ecco, Bonatti, possiamo dire quali furono le cause della morte di Puchoz? L'équipe medica a suo tempo aveva reso ampiamente abili tutti, ma c'è un imponderabile. Quali furono i motivi?

Bonatti – Nonostante la bravura del dottor Pagani e la nostra preparazione, Puchoz si può dire che è morto semplicemente di un raffreddore, un raffreddore che nello spazio di ventiquattr'ore si tramutò in edema polmonare. E allora nessuna medicina preventiva, né curativa, né le bombole d'ossigeno poterono cambiare la sorte di Mario Puchoz. Noi ci sentimmo sprofondati oltre che nel dolore anche nel terrore che ogni piccolo incidente potesse esserci fatale.

De Luca – Quindi influì sulla spedizione moltissimo. Questo momento fu drammatico.

Bonatti – Drammatico in tutti i sensi, sì. Ebbe delle conseguenze su di noi, dal punto di vista psicologico e umano, molto, molto forti.

***

De Luca – Undici alpinisti, Bonatti, e molti, molti collaboratori naturalmente. Tutta la fase di preparazione quanto durò, quali forze vennero impiegate?

Bonatti – Be', per forze intende quelle di noi protagonisti?

De Luca – Be', voi protagonisti sì, ma anche forze sul piano della collaborazione: medica, organizzativa.

Bonatti – La massima, la massima possibile dal punto di vista medico.

De Luca – Quindi moderna. Per quei tempi fu ad alto livello.

Bonatti – Ad alto livello soprattutto. E poi alla carenza dei mezzi tecnici si era sopperito con l'impeto, con la nostra volontà di riuscire, assolutamente. Benché il regime della spedizione, diciamo, fosse militare, in realtà siamo stati noi nel nostro intimo a voler conquistare il K2, a ogni costo.

De Luca – Quindi fu un'impresa della volontà.

Bonatti – Sì, di tutti noi undici uomini componenti la spedizione, anzi dieci a questo punto.

De Luca – Ecco, a questo punto molti si chiedono: ma quale fu la fase più emozionante e anche più intensa dell'impresa? Io direi di vedere la terza parte di questo film-documento di Baldi, la conquista appunto della vetta, il K2.

***

De Luca – Su questo film volevo chiedere una cosa a Baldi. Ecco, tu a distanza di trent'anni, su questo film-documento, che cosa puoi dire? Ci sono delle integrazioni o delle precisazioni da fare?

Baldi – Il film come documento è piuttosto completo, c'è però, e mi è rimasto qui da trent'anni come un magone, c'è un buco nero, un mistero. Quella famosa notte di Bonatti con l'hunza Mahdi impazzito a oltre ottomila metri, sulla quale io ho dovuto allora necessariamente sorvolare per mancanza e di immagini e di informazioni. Siccome questa trasmissione per me è l'ultimo mio contributo professionale a questo film – che vorrei fosse completo anche nella documentazione – per questo ho chiesto esplicitamente che fosse qui Walter Bonatti perché mi spiegasse, mi chiarisse, mi illuminasse questo buco nero che ancora io non ho chiarito.

De Luca – Risponde Bonatti, naturalmente. Oppure Cassarà, volevi aggiungere prima qualcosa?

Cassarà – Volevo dire che siamo commossi tuttora dopo trent'anni. Però trent'anni sono passati, e anche per chi fa informazione. E per dovere storico occorre precisare anche tecnicamente come è stato possibile la vittoria mentre nei giorni decisivi in cui non c'era più Desio, non c'era più il Club Alpino, c'erano soltanto quattro uomini che giocavano con la propria pelle. E gli alpinisti quando giocano con la propria pelle sono giustamente pignoli. Invece, a mio parere – lo dico prima che parli Bonatti – c'è stato un fiume di polemiche, di parole, ingigantite proprio da queste accuse, contraccuse, Bonatti, Compagnoni, Lacedelli. Dopo trent'anni possiamo anche sorridere su queste cose, anche se un giovane come Bonatti, che gli crollava una certa... il sogno di una montagna, credeva che fosse tutto perfetto, dopo ha visto che insomma i rapporti umani sono delle cose più difficili che i rapporti con le montagne. Ecco, volevo dire che sarebbe forse bastato che il Club Alpino nei suoi atti ufficiali avesse precisato tecnicamente che cosa era avvenuto in quel particolare momento.

De Luca – Ma qui abbiamo il protagonista che può dircelo direttamente. Cosa avvenne?

Bonatti – Vediamo un po' di sintetizzare questo atto nero di questa meravigliosa conquista. Dunque, innanzitutto io tengo a precisare, e lo sottolineo, che sono qui perché tu Marcello Baldi l'hai voluto e voi Rai l'avete voluto. Aggiungo che la mia storia del K2 l'ho scritta ampiamente, dettagliatamente, inconfutabilmente su un mio libro di cui non sto neanche a dire il nome perché come qualcuno ha creduto in passato, può credere anche oggi che...

De Luca – Si chiama *Le mie montagne*.

BONATTI – Io non l'avrei neanche detto, comunque voglio evitare che qualcuno pensi che io sia qui a pubblicizzare il mio libro. Tu giustamente Emanuele hai parlato di storia; la storia non è un'opinione, la storia è fatta di fatti, che per me adesso è molto difficile sintetizzare perché il tempo è ristrettissimo; in più ci troviamo qui in un contesto di celebrazione, polemizzare quindi non è proprio nella mia intenzione.

DE LUCA – Non si possono fare chiarimenti opportuni?

BONATTI – Diciamo che in quella fatidica notte le cose avvennero in modo diverso da come la cosiddetta relazione ufficiale le ha raccontate. Ma... a me questo, naturalmente, non poteva star bene. Quando alcuni anni dopo ho scritto un mio libro, ed è qui dove incomincia la mia amarezza, quando ho scritto un mio libro, dicevo, con il suo contenuto mi sono trovato a urtare un'opinione pubblica già informata da una relazione cosiddetta ufficiale, ossia in contrasto con l'ufficialità di una versione, che non corrispondeva al vero in tutti i suoi elementi. Ecco, da qui l'amarezza che purtroppo mi sto portando dietro ancora adesso.

DE LUCA – Ma come l'ha vissuta lei quella notte, Bonatti?

BONATTI – L'ho vissuta drammaticamente, naturalmente. Sarebbe troppo lungo raccontarla, posso invece dirne gli effetti. Da quel momento mi è crollato un mondo, e l'amicizia per me ha cambiato volto. Io mi aspettavo... tutti siamo uomini soggetti allo sbaglio, però, proprio perché siamo umani e pieni di debolezze io mi sarei aspettato, nella mia semplicità, e nella mia ingenuità, una manata sulla spalla magari ammiccando: «Scusa, Walter, le cose sono andate così». Io capisco che i miei compagni lassù forse erano stanchi quanto me, forse anche più di me, e forse anche un po' rintronati dalla quota, però, santiddio, è gravissimo che due uomini, noi, in quelle condizioni, a quell'epoca, rimanessero là nella notte sul famoso muro di ghiaccio a morire, praticamente; perché noi eravamo senza niente e senza aiuto. Io miracolosamente mi sono salvato, ma lo devo soltanto a me stesso, il mio compagno Mahdi invece si è congelato. Ecco, questo addebito di responsabilità non è avvenuto. Ma non è avvenuto anche perché i cosiddetti atti ufficiali non sono stati riveduti, l'autorità non ha avuto il coraggio di rivedere e approfondire le cose, di fare un punto fermo, di fare la storia insomma. E si sono fermati all'opinione.

De Luca – A questo punto il dibattito è diventato anche affascinante. La rievocazione storica ha momenti anche di tensione e di grande interesse. Il pubblico però si chiede a questo punto del dibattito: in quella notte a quell'altissima quota, quella notte tra il 30 e il 31 luglio di trent'anni fa, cosa accadde? Cassarà vuoi dire qualcosa?

Cassarà – Il peccato d'origine di fare, di tenere la spersonalizzazione della spedizione, portò a misconoscere, o a non registrare nel modo storicamente e tecnicamente esatto che cosa accadde quella notte. Ma uomini di questo tipo, come Bonatti, Compagnoni, Rey, Lacedelli, Abram e Gallotti meritano delle precisazioni in sede almeno storica. Si è detto: la spedizione è stata una vittoria di tutti. Però io so che han dato medaglie d'oro, d'argento e di bronzo. Allora già questo è una contraddizione. Cosa è successo quella notte? Il 30 luglio, stando agli atti ufficiali, stando ai fatti, oltre che alle varie documentazioni di Bonatti che su questo è abbastanza...

De Luca – Documentato.

Cassarà – È anche duro, e giustamente secondo me. Quattro uomini decidevano il K2 senza la radio, senza supporti di nessun genere, malgrado le tredici tonnellate e l'esercito che c'era alle loro spalle. Erano quattro uomini soli con un'altissima montagna. Allora Compagnoni e Lacedelli si mettono d'accordo con Bonatti e Mahdi. L'accordo è tacito, si sa che Compagnoni e Lacedelli devono andare in vetta, anche Bonatti lo sa, non può aver dubbi su questo, tanto è vero che lui scende. Dice: voi salite al nono campo, io scendo a prendere le bombole d'ossigeno per l'assalto finale. Allora Compagnoni e Lacedelli risalgono a cercare di installare il nono campo. Si mettono più o meno d'accordo sul punto dove sarà installato; dico, stando agli atti ufficiali, io certamente non c'ero. Bonatti parte da una quota dell'ottavo campo 7.627, scende al campo sette a 7.345 metri, si caricano le bombole d'ossigeno – diciannove chili – sulle spalle, lui e l'hunza Mahdi, che Bonatti in qualche modo riesce a eccitare, a convincere a seguirlo in questa avventura disperata e, dopo essere sceso, risale di nuovo da 7.345 a 7.627 e da qui prosegue a risalire; cosa questa che era già da un punto di vista di prestazione atletica, eccezionale. Io non penso, come qualcuno ha sostenuto, che Bonatti volesse fare il furbo: «Tento» così si è insinuato, «così domani mattina mi trovo anch'io lì». Dopo un exploit di fatica di questo tipo non poteva pensarlo. Arriva alla sera del 30 luglio sotto le rocce dove doveva esserci il campo, dove lui però non l'ha trovato. Chiama, invoca, venite fuori. Gli altri dicono: «Metti le bombole lì, lasciale lì e vattene via»; ormai è buio. Le cose a questo punto sono... personali. Bonatti ha la sua versione, Compagnoni e Lacedelli la loro, anche se, ripeto, gli atti ufficiali non hanno fatto dettaglio. Bonatti dice: «Non posso muovermi di qui perché il terreno è pericoloso e Mahdi, l'hunza, non ce la fa a scendere su questo terreno; potrei scendere io ma lui no. Fate qualcosa». Gli altri non hanno fatto qualcosa. Perché probabilmente non potevano, o perché credevano in buona fede che lui in qualche modo fosse riuscito a scendere con l'hunza Mahdi. Invece lui non riesce a scendere, e a poche decine di metri da questa fatidica tenda passa una notte a 8.100 metri seduto sulla neve. Il mattino dopo Mahdi, quasi impazzito, scappa e non si sa come riesce, con la luce del giorno si capisce, a scendere. Bonatti lo segue. Gallotti dice: «L'ho trovato (Bonatti) in una grande forma fisica». Era chiaramente in grande forma, erano infatti i suoi giorni di grande forma del K2, però non poteva naturalmente pensare di proseguire con Compagnoni e Lacedelli in vetta. Questo stando agli atti ufficiali che sarebbe bello, almeno in sede storica anche se al pubblico non interessa, per uomini di questa levatura chiarire una volta per tutte.

BONATTI – E io vorrei concludere questa celebrazione del K2 con un applauso alla vittoria appunto del K2, e un sorriso su queste polemiche che sono... che sono molto dietro di noi. Lasciamole, oggi, dietro di noi!*

DE LUCA – Ecco Bonatti, volevo farle in chiusura, se mi consente, due domande...

CASSARÀ – È diventato dopo, lui, il grande Bonatti, per l'amarezza e la rabbia, e la sete anche di...

DE LUCA – Ma perché è anche un grande campione...

CASSARÀ – Perché essendo un campione ha reagito in modo positivo e... ed è diventato Bonatti, dopo.

* Illusione! Provocanti e inconciliabili atteggiamenti assunti soprattutto dal Cai, l'ente ufficiale della montagna, mi indurranno da lì a poco a stendere un libro di documenti e testimonianze dal titolo *Processo al K2*. Insolentemente la presidenza del Cai, nella riunione del suo consiglio centrale (15/9/1984), ritiene di pubblicare, proprio in quella ricorrenza, un articolo che «nell'ufficializzare la celebrazione del trentesimo, ripercorra brevemente le tappe della importantissima conquista, *attingendo dai documenti ufficiali...*».

De Luca – Due domande a Bonatti. Secondo lei, l'alpinismo, come è mutato dal K2 a oggi con le nuove generazioni?

Bonatti – Be', meglio di me dovrebbe rispondere Cassarà, perché lo storico dell'alpinismo è lui. Io da molti anni sono fuori, diciamo, dal giro. Per me l'alpinismo continua a essere il mio alpinismo, perché io sono figlio del mio tempo, e quindi della mia mentalità e della mia sensibilità.

De Luca – Quindi c'è sempre un messaggio, anche per le nuove generazioni della società dei consumi.

Bonatti – Naturalmente. L'uomo si evolve, cambia nei suoi interessi e dovrebbe arricchirsi sempre più. La montagna è una disciplina straordinaria, direi è ancora più valida oggi che di valori umani, come sappiamo, abbiamo sempre più bisogno e se ne incontrano sempre meno.

Da Rai 2, «Trent'anni dal K2», 24 luglio 1984

***

Berchi – Vent'anni dopo la sua esperienza alla Nord del Cervino c'è una cosa che più di altre le interessa ricordare?

Bonatti – Non mi riferisco a quella salita ma a tutto, a tutta la mia vita. Io credo che ogni uomo abbia bisogno di comunicare le proprie esperienze, di rendersi utile agli altri e ciò diventa più evidente andando in là con gli anni. La cosa che non perdonerò mai al mondo della montagna è di avermi messo in condizione di autoemarginarmi, il che è molto peggio dell'emarginazione voluta dagli altri, perché a quest'ultima puoi reagire, ma alla prima no. Mi è stata tolta, in fondo, la possibilità di vivere del mio mondo, e per vivere intendo, sì ricevere, ma soprattutto dare. È stata creata intorno a me un'atmosfera talmente insostenibile da farmi desiderare di dimenticare il mondo della montagna.

BERCHI – Chi l'ha costretta in questa condizione?
BONATTI – Non c'è un volto, o meglio, è il volto dell'incomprensione, dell'inimicizia, dell'intolleranza che sento nell'aria.

BERCHI – Insisto, chi le ha messe nell'aria?
BONATTI – Non la montagna. Piuttosto coloro che l'amministrano in tutti i suoi aspetti morali.

BERCHI – Diciamo allora che era un personaggio scomodo e difficile?
BONATTI – Forse sì, comunque il risultato è quello.

BERCHI – Ma era anche un idolo?
BONATTI – Io non ho mai voluto esserlo e sai perché? Perché darti dell'idolo è proprio il modo migliore per neutralizzarti: «Tanto lui è un idolo, un mito...». Così mi cristallizzi nell'idolo. Troppo comodo. Come ho detto prima non posso dimenticare le carognate che mi sono state fatte.

BERCHI – Il famoso bivacco all'aperto a 8.100 metri durante la spedizione al K2 fu una di quelle «carognate»?
BONATTI – Se vogliamo citarne una per forza, sì. Non è stata certo una dimostrazione di cameratismo né un atto corretto. Ma vedi, tutti siamo umani e tutti sbagliamo. La carognata vera è venuta dopo, quando non solo non si sono voluti riconoscere gli errori ma si è voluto sfruttare il mio silenzio per imporre qualcosa di ufficiale contro il quale, specialmente in questo Paese, è quasi impossibile andare. Comunque, il K2 non si limita al bivacco. Quella è l'esperienza che mi riguarda personalmente. In più c'è il falso storico.
Su questo uscirà un mio libro, *Processo al K2*, dove troverai tutto quello che cerchi. Il succo è che nella versione ufficiale ci sono delle cose che in realtà non sono avvenute.

BERCHI – Ecco che Bonatti torna a far rumore...

BONATTI – A questo punto il libro non mi appartiene più. Per me è un atto liberatorio. Dopo trent'anni di ingiustizie, di provocazioni, ho ritenuto di dire basta e il contenuto del libro apparterrà semmai a coloro che l'hanno causato.

BERCHI – A dir la verità spiace concludere con questa nota di amarezza...

BONATTI – Gli amici veri però ci sono. Ma proprio in quanto tali sono pochi e ci tengo a conservarli. Questo ti permette di andare ben oltre le amarezze. Non ti pare?

ZURLO – Ma sul K2 che cosa accadde veramente?

BONATTI – Non intendo riparlare di questa storia. Al riguardo uscirà appunto un mio libro e questo non sarà uno strumento per espandere nuovi frammenti, ma una sintesi di quanto ho detto o scritto per arrivare a una visione complessiva e totale di quella vicenda. Sarà la storia del Mio K2, destinata a chi mi ferma per strada o mi spedisce lettere per avere informazioni su quell'argomento.

MAGNI – Ma qual è questa verità del K2?

BONATTI – Non è quella scritta nelle versioni ufficiali. E i risvolti diversi sono molti.

MAGNI – Perché ce l'hai con il Cai?

BONATTI – Perché ha sempre fatto come Ponzio Pilato ed è rimasto a guardare per trent'anni.

KUFFER – Questa del K2 è una storia assolutamente rivoltante, a dire il vero. Dove si vede nel mondo sovente idealizzato dei «fratelli di cordata», lo sciovinismo nazionale e le peggiori bassezze personali intaccare una «gloriosa» conquista himalayana.

In due parole, ricordiamo che Walter Bonatti, il più giovane membro della spedizione italiana al K2, nel 1954, s'è visto trascinare nel fango, nel 1964, da un grande giornale di Torino venendo accusato, dietro l'istigazione perfida di uno dei vincitori del K2, d'aver voluto superare gli stessi che lui, a rischio della propria pelle, stava rifornendo di ossigeno. La polemica fece grande scalpore all'epoca, e Bonatti ottenne certi riconoscimenti e riparazioni in tribunale. Ma se egli da allora ha ristabilito la versione autentica della conquista di quella montagna – riscrivendone più estesamente in una nuova edizione del suo famoso libro *Le mie montagne* – mai, in compenso, il Club Alpino Italiano ha fatto il minimo gesto per riconoscere i fatti. Inoltre, in due altre riprese, nel 1956 allo sperone Moore, e nel 1961 al Pilone di Frêney, alcune scandalose accuse lo attaccarono in seguito alle tragedie dove, molto più tardi, verrà riconosciuto che egli fu ineccepibile.

Bonatti – Quando si rischia la propria vita per della gente che di questo vi ringrazia con delle mascalzonate, è difficile superare la propria amarezza. Ma, finalmente, l'esperienza traumatizzante del K2 si è rivelata arricchente. Essa mi ha insegnato a misurare il vero pregio degli uomini, e a meglio riconoscermi, poi a scoprire il valore che rappresenta la solitudine, e non certo quella morbosa e acida ma quella che aiuta a trovare la verità in ciascuno di noi. Il nazionalismo fanatico delle prime spedizioni himalayane, la gelosia, o la vigliaccheria delle «ufficialità», sono delle componenti della vita sociale. Si ha a che fare con esse, come si ha a che fare con il caos della vita contemporanea. Quanto a me, ho avuto la fortuna di restare sempre padrone di me stesso. Ciò che mi fa assai più paura dei conflitti, sono in definitiva, l'insopportabile routine, l'addomesticamento e la perdita dei valori essenziali per il gusto del facile. Ahimè, siamo troppo pochi a tenere per la libertà...

La Terra siamo noi

AUDISIO – Di Walter Bonatti si perdono le tracce nel '79. Lascia orme in Africa, Australia, Sud America, Asia, Antartide, in mari lontani. Il suo è un mondo vasto, solitario, quasi preistorico, abitato dal grande freddo o dall'immenso caldo. Su questo mondo si china l'uomo facendo frusciare la macchina fotografica nel silenzio straniero di altre razze. Ne escono immagini tutt'altro che soffocate. La Grande Avventura ha finalmente un volto, il suo messaggio è universale e così la fama di Bonatti. Riceve premi, riconoscimenti. Che non sono i primi perché fino al 1965 l'uomo ha scalato in modo straordinario montagne temibili.

Se Bonatti viaggia in pezzi di continente intatti, la storia non fa altrettanto. Scoppiano guerre, contestazioni, crisi, consumismi. In un film di Antonioni perfino un frigorifero salta in aria, stanco della sua pienezza. Dove va Bonatti invece non scoppia nulla se non il fragore di una natura selvaggia. Poi, nel '79 appunto, il silenzio. Bonatti tace. Nel momento in cui turisti rumorosi iniziano a frugare nelle intimità del mondo e gente sempre più numerosa abbandona città convulse, tutti ansiosi di lasciarsi alle spalle il logorio della vita moderna. Oggi Walter Bonatti ha cinquantatré anni, una testa argentata come la luna e mani che fanno pensare a cose delicate, compiute con grazia, ma non senza forza. Ha un corpo furtivo e una giovinezza stanca, nessuna cicatrice, di quelle visibili. Vive con l'attrice Rossana Podestà. Ha una voce morbida che a volte vi pianta dentro come un coltello la sua fierezza. Nel '79 dunque, dopo quattordici anni di viaggi insaziabili e diciassette di alpinismo estremo, tutti da prima pagina...

BONATTI – A «Epoca» arriva Andreina Vanni, ultimo, se non sbaglio l'ottavo di una serie di nuovi direttori. Devo incontrarla. Ma per farlo mi tocca un'anticamera di mesi e mesi mentre prima avevo libero accesso in quella stanza. Una volta davanti, lei mi fa: «I suoi viaggi, i suoi servizi non vanno più bene, bisogna cambiare». Cambiare come? chiedo. «Troppo facile, glielo dicessi io» mi risponde. A quel punto era chiaro che il rapporto si era guastato, essere sopportato non è che mi andasse tanto... Dire che me ne andai o che fui costretto a farlo in pratica è la stessa cosa. Per onestà aggiungo che fino a quell'attimo «Epoca» non aveva lesinato i mezzi per le mie avventure: se serviva potevo anche affittare un aereo, la decisione spettava a me. Era comunque un dare-avere reciproco. Grazie ai miei servizi il giornale vendeva trentamila copie in più e rivendeva gli articoli all'estero: a «Life», «Stern»...

AUDISIO – Bastò tanto per interrompere un flusso caloroso di idee, curiosità, esperienze sempre «ai limiti»?

BONATTI – Altre riviste mi chiesero di andare con loro, per continuare a fare il Bonatti. Non ci andai. E così il giorno dopo. Quando a chiamare fu il turno di altri. E così anche oggi, che è passato di mezzo qualcosa come un tre anni e anche più. E che un paio di miei scimmiottatori, sinceri, tornano per dirmi: sai Walter, il posto è proprio come l'avevi descritto tu.

Curtat – Durante le sue peregrinazioni attraverso la natura del globo, lei ha trovato sovente la montagna. Si è allora risvegliato in lei l'alpinista?

Bonatti – Certamente, ed è questo che mi ha permesso di realizzare alcune intense spedizioni, in Kenya in particolare, ma anche, direi soprattutto, di avviare spedizioni solitarie. In Australia per esempio ho intrapreso completamente solo la traversata della grande depressione centrale, una cosa che mi è costata qualche emozione. Ho dovuto cambiare di itinerario al primo terzo di percorso, poiché il fango bloccava il mio progredire. Ero solo, assolutamente solo con una mappa molto scadente, una semplice bussola, e cibo appena sufficiente per qualche giorno di marcia in direzione di una fattoria isolata, invisibile, la sola presenza di vita per un raggio di duecento chilometri attorno a me. Bisognava dunque che io cadessi esattamente su quel punto abitato, al primo colpo. Ed è ciò che è stato. Lo sa lei che in tali circostanze c'è una quantità di risorse umane completamente assopite che all'improvviso si risvegliano in noi? E poi io credo che la solitudine contribuisca senz'altro ad aumentare queste risorse.

Chappaz/Deweze – E tutto questo richiedeva impegno quanto nell'alpinismo?

Bonatti – Non era spettacolare e immediato come l'alpinismo, dove si vede il piccolo uomo sempre rapportato alla scala della grande montagna, e questo fatto, ossia questo rapporto diretto e temibile tra il piccolo uomo e il gigante su cui si misura, è immediato e per tutti facilmente comprensibile.

Il nostro secolo ha perduto i suoi legami con la grande natura, vergine, selvaggia, che era ancora onnipresente fino al secolo scorso. La gente non si rende più conto oggi di cosa sia la grande natura selvaggia, non ne ha più nemmeno la vaga idea. Se tu pensi a un piccolo uomo solo nel deserto, difficilmente riuscirai a darti conto dell'ambiente che lo circonda, perché non la conosci più quell'atmosfera. Il rapporto delle difficoltà, il loro contesto, non si vedono, sfuggono. Risulta incomprensibile dunque l'uomo in solitudine, nella natura immensa e con la coscienza di rappresentare il solo essere umano a perdita d'occhio, e ancora più lontano. Questa sua dimensione dunque non è eclatante come lo sarebbe invece con evidenza sulla parete liscia; eppure è lo stesso grandissima e io ne ho avuto conferma proprio vivendo le mie esperienze in capo al mondo. È per questo che laggiù nei grandi spazi fisici e della mente io ho avuto l'impressione, ma non è soltanto un'impressione, di essere andato più avanti, non di essermi arrestato e tanto meno di essere andato all'indietro. Detto questo, i rischi in cui sono incorso erano limitati soltanto all'imponderabile. Io non sono un amante del rischio per il rischio.

CHAPPAZ/DEWEZE – Si ha l'impressione che l'himalaysmo, attualmente, sia di arrivare sulla cima di una montagna e, se possibile, cercare di piantare una bandiera, fare delle foto, rientrare e dire: «Ecco, io sono andato in cima!». Si finisce per credere che l'obiettivo sia scelto più in funzione dell'effetto che farà sugli altri piuttosto che per pura passione.

BONATTI – Ciò dipende dal proprio grado di autocritica. Come dicevo, la misura che conta è quella del proprio volere. Non esiste un'importanza assoluta. Tutto è relativo. Tu puoi soltanto inventare delle regole per te stesso, anche se non è escluso che qualcuno nelle tue regole ci si possa riconoscere, e allora facendole proprie le seguirà. Ma se tu vuoi avere una ricompensa materiale o morale, ebbene, allora bisogna adottare le regole riconosciute dalla maggior parte degli altri. Al presente questi altri hanno posto il «massimo limite» in cima all'Himalaya, oppure, a casa nostra, in cima ai sassi impossibili.

BERCHI – La salita al Cervino non era nata come una «solitaria».

BONATTI – Infatti è così. Era una scalata da fare, più che con alcuni «compagni» di cordata, con gli amici veri. Non mi interessava né ora mi interessa un linguaggio alpinistico sterile, esclusivamente tecnico, in cui si scelgono i compagni di cordata solo in base all'abilità. Con Gigi Panei e Alberto Tassotti formavamo una cordata di amici. Partimmo da Zermatt, salimmo la prima parte della via, poi il maltempo ci bloccò e ci obbligò a ripiegare. Tassotti dovette tornare alla Scuola Militare Alpina di Aosta dove era sottufficiale. Panei aveva impegni con la squadra nazionale di sci, di cui era allenatore. Io rimasi a presidiare il campo per qualche giorno. Nel frattempo i giornali europei avevano fiutato la notizia e già si parlava di francesi, tedeschi e altri che si apprestavano a tentare dove noi avevamo fallito.

BERCHI – Dove Bonatti aveva fallito...

BONATTI – In sostanza sì. In quel periodo io ero un personaggio che faceva comunque notizia, anzi forse facevo più notizia quando qualcosa non mi riusciva. È un po' spiacevole ma è così. Succede in tutti i campi. Su Tassotti non si poteva più contare per i suoi impegni di militare; un giorno Panei mi telefonò dicendo che anche per lui la questione era chiusa, non poteva raggiungermi. Allora io sono insorto, credo di averlo insultato per telefono e, attaccando il ricevitore, gli urlai: «Va bene, allora vuol dire che partirò da solo!». Panei non poté lasciarsi commuovere come io speravo, ma intanto quella frase pronunciata quasi inconsciamente andava prendendo forma. Così l'indomani sono partito per affrontare il Cervino da solo e ora porto con me un magnifico ricordo di quei giorni e di quella grande montagna.

PUNSOLA I MITJANS – Nell'impresa solitaria invernale alla parete nord del Cervino portavi un piccolo orso di pezza nello zaino. Che cosa significava?

BONATTI – Una cosa molto particolare. Me l'aveva regalato, come buon augurio, il bimbo di un amico di Zermatt, alla mia partenza per la parete nord. Dà valore al fatto di averlo portato con me la considerazione che ogni grammo ha il significato di un quintale in imprese di questo genere. Poi era successo che in capo a quarantott'ore l'orsacchiotto era diventato l'amico con cui parlare, poiché in queste imprese solitarie si prova un gran bisogno di comunicare con qualcuno, chiunque esso sia. Non si pensi che sia follia, però è così. Discendendo tutto solo il fiume Yukon, in Alaska, ancora una volta avevo finito per conversare con la mia canoa. Queste cose danno la misura della solitudine in cui l'uomo viene a trovarsi durante imprese tanto severe.

BERCHI – Lei una volta ha scritto una frase bellissima: «La montagna ha il valore dell'uomo che vi si misura, altrimenti, di per sé, essa non sarebbe che un grosso mucchio di pietre».

BONATTI – Ne sono sempre più convinto. Anzi, allargherei ancora di più il campo al di là e oltre le montagne, nella vita. La società di oggi, ad esempio, ha quel che si merita, vive il riflesso della sua intolleranza, della sua sterilità, della sua insensibilità. Eppure, ci lamentiamo che le cose vanno tanto male ma, alla fin fine, siamo sempre noi i responsabili, ciascuno di noi. Siamo come tanti cucchiai d'acqua che fanno l'oceano. Riflettiamo un attimo. Tutto ciò che abbiamo imparato, che l'uomo ha imparato, è sacrificato al consumo, al consumismo.

BERCHI – C'è anche un modo di «consumare» le montagne?

BONATTI – Certo. Vedi, io parlo per la mia esperienza, non giudico nessuno, ma se si consuma tutto come ci si può lamentare che non ci sono più montagne? Gli orizzonti bisogna coltivarli, non demolirli.

Berchi – Come?

Bonatti – Rispettando certi valori. Ad esempio, parliamo dei tempi miei, venti o trent'anni fa quando nasceva quell'affarino da niente che è il chiodo a espansione (particolare tipo di chiodo che viene inserito nella roccia viva anziché nelle fessure naturali, in fori praticati con un piccolo trapano portatile). Quel chiodo ha demolito molti orizzonti; ha demolito la ricerca della via, il senso dell'ignoto, del rischio calcolato. Tutti valori in gran parte scomparsi per un alpinismo ridotto a gesto atletico, consumato il quale è finito tutto. Invece, bisogna sostituire al compromesso tecnico ciò che abbiamo dentro noi stessi e avere il coraggio di dire: «Io di qua non so passare». Forse qualcuno passerà più tardi, forse no. «Forzando» delle vie invece si distrugge una bella cosa e si riduce un campo d'azione.

Berchi – Poco fa diceva che abbiamo quel che ci meritiamo e parlava del malessere che si percepisce tra la gente. Vede una via d'uscita?

Bonatti – La complessità della società ci lascia certo ben poco spazio; non per questo si deve abdicare al dovere di portare ciascuno il proprio piccolo contributo.

Berchi – Quale è il contributo di Walter Bonatti e delle sue imprese?

Bonatti – Guarda, la cosa che ho cercato di vivere e che consiglierei anche agli altri è la coerenza. Coerenza con te stesso, con la tua natura, con la tua sensibilità, dando valore a certe cose e restando fedele a quelle. Ma poi, in fondo, questa coerenza ci accorgiamo di non averla mai, siamo sempre lì, in balia dei venti. Lo so, una coerenza perfetta non è possibile, a nessuno; io, per quel che mi riguarda, ho sempre teso a raggiungerla e soprattutto sulle cose più importanti della vita, della mia vita.

BERCHI – Uno dei suoi libri più belli, *I giorni grandi*, è dedicato a Reinhold Messner, «giovane e ultima speranza del grande alpinismo tradizionale». Una dedica ancora valida a tanti anni di distanza.

BONATTI – Io avevo intravisto in quello che allora era poco più di un ragazzo una linea molto vicina alla mia, quindi ho voluto incoraggiarlo.

BERCHI – E quella linea è rimasta?

BONATTI – Nessuno meglio di lui potrebbe rispondere a questa domanda. A me, allora, era sembrato sulla mia linea. Certo, Messner fa del business. Fa bene o fa male? Non lo so. Io dico solo che è uscito, in questo senso, dalla mia linea; io per esempio non ho mai avuto sponsor per le mie imprese.

BERCHI – Qualcuno, con un po' di cattiveria, potrebbe dire che per lei era facile perché ai suoi tempi la sponsorizzazione semplicemente non esisteva...

BONATTI – Dicano quello che vogliono. Io credo nelle scelte che ho fatto anche se ho rivisto tante cose, perché la vita ci insegna a essere critici e ad ammettere le proprie debolezze. Però su certe cose sono stato fermissimo, a costo di passare per fesso. Tu credi che se io oggi, alla mia età, volessi un finanziamento per andare a fare qualche cosa, non lo troverei subito? Dovrei vendermi. Bene, io non mi vendo a nessuno. E mettici il punto esclamativo... Erano sì altri tempi, comunque io in questi tempi non mi riconosco.

CHAPPAZ/DEWEZE – Tu non accetti mai compromessi?

BONATTI – Può darsi che ne abbia accettato qualcuno senza saperlo. Evidentemente la società è costituita interamente da compromessi, e tu non puoi certo vivere in una grotta. Ma questo succede al di fuori della mia disponibilità. Quando il compromesso ha presentato un pericolo che avrebbe cambiato qualcosa in me, ebbene ho tagliato i ponti.

BERCHI – Parliamo di un certo modo di arrampicare. Oggi si usa molto spesso la parola «gioco». Si parla di una filosofia per cui il valore starebbe nel passaggio, nell'atto atletico in se stesso. Tant'è vero che la vetta interessa sempre meno, basta un sasso per provare le stesse emozioni o quasi. Che ne pensa? È possibile giocare arrampicandosi?

BONATTI – Io credo di aver fatto le mie cose sempre seriamente. Vivere, impostare la propria esistenza mi pare sia una cosa seria, anche se un po' di ironia, di gioco, ci vogliono. Ma solo un po', se no si va nella farsa in cui tutto diventa possibile e ammissibile.

BERCHI – Parliamo di una parola alla moda: l'avventura. Tra una Parigi-Dakar e un Camel Trophy o un corso di sopravvivenza è interessante sapere il parere di uno come Walter Bonatti che è stato una specie di Indiana Jones in carne e ossa. Che cos'è l'avventura?

BONATTI – È l'esatto opposto degli esempi che hai citato, tutti casi di avventura consumistica. L'avventura è ciò che mi consente di misurarmi con me stesso tirando fuori lealmente il meglio e il peggio di me. Per il resto io non disturberei quella parola anche se può darsi che qualcuno si senta avventuroso in occasioni come quelle. Io non ci riuscirei, ma ognuno ha la sua strada e la mia è quella che ti ho detto.

BERCHI – Lei non ha mai accompagnato i *trekkings*?

BONATTI – No, per un semplice motivo. Ho visto posti stupendi in capo al mondo. Inizia ad arrivare un piccolo aereo, poi uno più grande, poi un albergo, poi i voli charter. Ho visto inquinamenti letali al paesaggio e alla gente, soprattutto. Io non nego a nessuno il diritto di andare in quei posti, però ci sono anche dei doveri e sono veri e propri doveri morali.

BERCHI – Quindi l'avventura non è un'evasione dalla vita ma un modo di viverla?

BONATTI – Esatto. Tu continui a essere te stesso, al Polo Nord o aspettando il tram. La vita è una.

BERCHI – Solo che chi sta aspettando il tram non si sente molto avventuroso.

BONATTI – D'accordo. Ma, a parte il fatto che io ho incominciato da zero e che comunque non mi sento di dare ricette, resta il punto fermo che quando uno è infelice non deve star lì a consumarsi nella sua infelicità, ma deve lottare per essere se stesso.

BERCHI – Quale è stata la sua avventura più grande?

BONATTI – Non esiste un'avventura più grande. Come ho già detto la mia è un'avventura unica. E che continua. Come una pianta, tutto quello che ho fatto nasce da una sola origine e non si perde, ma rimane, come ricordo e come progetto nuovo.

BERCHI – Lei ha scritto che l'importante, in fondo, è diventare più uomo. C'è riuscito? E che cosa significa diventarlo?

BONATTI – Ho sempre cercato di migliorare il meglio di me. Ovviamente è un lavoro che non finisce mai, ma l'obiettivo finale – se così si può dire – è tutto lì, vivere la propria avventura superando se stessi.

BERCHI – C'è un'impresa che avrebbe voluto vivere?

BONATTI – Tutte quelle che non ho realizzato! Comunque io credo di aver raggiunto i miei limiti dato che tutti siamo un po' figli dei nostri limiti. Altri, poi, li hanno magari superati, ma non sempre lo sviluppo è evoluzione; può anche essere involuzione. Per dirlo occorrerebbe un «meridiano di Greenwich», un punto fermo su cui paragonarsi. Ma esiste? E poi anche le involuzioni possono essere delle spinte per ripartire in avanti.

BERCHI – C'è un alpinista che ha ammirato particolarmente?

BONATTI – Ce ne sono molti ma ho sempre cercato di evitare di appiattirmi su un modello. Butto lì dei nomi: Lionel Terray, Gaston Rébuffat. In America ho recentemente conosciuto gente stupenda come Allen Steck. Poi ci sono tantissimi alpinisti dell'Ottocento che ammiro per il loro modo di guardare le montagne e a prescindere dal successo o dal fallimento.

PUNSOLA I MITJANS – Quando vai su una montagna difficile, tutto solo, pensi che potrebbe succederti di non tornare più a valle? Che cosa ti passa per la testa?

BONATTI – Se lo credessi per un momento, di non tornare più a valle, non partirei di sicuro. Certo, fare dell'alpinismo è vivere pericolosamente, però, nonostante siano in molti a pensarlo, non è follia. È bensì vivere intensamente ai limiti della vita, ma sempre mantenendo un controllo perfetto della situazione. Naturalmente, come in tutte le cose della vita, esiste l'imponderabile; non per questo però si dovrebbe rinunciare a ciò in cui fermamente si crede.

BERCHI – C'è stato un momento in cui ha avuto paura?

BONATTI – Certo che sì. Non voglio citare episodi specifici.

Ho sempre avuto paura – come ho detto a proposito della solitudine – là dove mi era impossibile agire, dove non dipendeva più da me ma da altri o dalle cose.

Berchi – E in queste occasioni si è mai sorpreso a pregare?

Bonatti – Se intende pregare nel modo «tradizionale», no. Ma si può pregare anche pensando, sperando, lottando.

Berchi – È mai più ritornato sulla «sua» Nord del Cervino?

Bonatti – No, e non lo farò. Le imprese non son fatte per essere ripetute. Sono tornato dopo venticinque anni sul Grand Capucin, quasi in pellegrinaggio, per rivedere quella roccia, per toccarla. Pensa che dopo tanti anni, certi passaggi mi sembrava di averli vissuti la settimana prima! Erano fotografati nella mente forse perché certi momenti si vivono con tale intensità che non li perdi più. Non esistono «tue» montagne, esistono tue esperienze; sulle montagne possono salirci altri ma le tue esperienze non te le tocca nessuno. Non le puoi nemmeno vendere, al massimo puoi regalarle, che è un'altra cosa.

Benedetto – Bonatti salì in vetta al Bianco la prima volta nel '52, a ventidue anni. Ci tornerà decine, centinaia di volte, fra exploit, qualche pausa, tragedie. Nel '61, inchiodato per sette giorni sul Pilone Centrale, perse il compagno di cordata e tre alpinisti francesi morirono per sfinimento. Anche oggi, vigilia del bicentenario della prima scalata di questa vetta, non rinnega il primo amore ma ne parla quasi con sofferenza. Qualcuno, egli dice, ha tradito la montagna, sul Bianco come in Himalaya. È la polemica di un uomo che dal K2 in poi ha sempre fatto notizia. Per esibizionismo (come ieri, su queste pagine de «La Stampa», l'accusavano alcune guide) o forse perché anche la verità, qualche volta, va esibita.

Signor Bonatti, lei del Bianco conosce ogni segreto. Ecco,

non pensa che il problema sia proprio questo, che di segreti non ne siano rimasti?

BONATTI – Il Bianco è vecchio, ma non è esaurito, è esaurita una forma di esplorazione. Quando il Monte Bianco era sconosciuto, l'uomo ha dato vita e forma alla sua curiosità: scalando ha spezzato un tabù, ha sentito la necessità di affermarsi. Ecco, si può dire che la fantasia per un certo tempo si sia incarnata nell'alpinismo sportivo. Ma vinto l'ostacolo, occorre andare oltre. Si profilano nuove Colonne d'Ercole e anche quelle vanno superate, fino alla consapevolezza che le vere Colonne d'Ercole sono in noi, e con quelle dobbiamo misurarci.

PUNSOLA I MITJANS – Che opinione hai della scalata moderna; è molto diversa da quella che tu praticavi?

BONATTI – Non esiste scalata moderna, antica o futura, esiste soltanto la scalata, e come tale non è che un mezzo per raggiungere le proprie aspirazioni. Adesso c'è la moda della scalata acrobatica. Ebbene, quando vado al circo, apprezzo molto i numeri che fanno gli acrobati e gli equilibristi, come di pari grado apprezzo anche le esibizioni, quasi altrettanto considerevoli, di alcuni atleti della montagna. Essi però non esprimono che il gesto di appendersi a una roccia. E il gesto in sé è vuoto, a mio avviso necessita di qualcosa di più, che è difficile spiegare. Direi che il gesto in sé, per quanto pregevole possa essere, non contiene la filosofia della montagna.

KUFFER – È anche il punto di vista di un solitario quello di Walter Bonatti, che è l'incarnazione di un uomo libero a confronto con gli elementi e la propria debolezza. Ma perché questa inclinazione alla solitudine?

BONATTI – Lo sono sempre stato, o sono diventato un solitario? Ciò che è certo, è che alcune esperienze mi hanno fatto perdere molte illusioni che avevo nei riguardi degli altri, incominciando con la vicenda del K2.

PERONCINI – Cosa ha insegnato a Bonatti la montagna?

BONATTI – In montagna sperimenti, e affini, doti spartane che ti vengono imposte dalla natura stessa. Poi pensi, ingenuamente, di poter applicare quanto hai imparato anche nella vita di tutti i giorni. È un errore gravissimo. La montagna è dura ma sincera. L'uomo, invece, è meno rigido ma più cattivo. Trovare un equilibrio non è facile. Si tratta di avere rapporti umani positivi senza perdere, per questo, quanto la natura ti ha fatto apprendere. È tutta la vita che lotto in questa direzione. Qualche risultato l'ho avuto. Ma la riuscita, in senso totale, non posso dire di averla ancora raggiunta.

PERONCINI – La sua vita non è stata semplice. Ha sempre dovuto fare i conti con la sua coscienza. Il suo premio è stato quello di essere riuscito a essere sempre, assolutamente se stesso. In tutto questo quanto ha contato la montagna?

BONATTI – Le esperienze che contano sono quelle che paghi sulla tua pelle. Se avessimo tenuto conto della saggezza millenaria espressa dall'uomo, saremmo stati perfetti, monotonamente perfetti. La natura ha le sue leggi. È estremamente chiara e sincera. Non ti frega mai. La montagna, ad esempio, ha regole precise, che conosciamo. Sta al nostro senso della misura cercare di non andare oltre. Con l'uomo, spesso, è tutta un'altra cosa... Per quanto mi riguarda, gli insegnamenti che ricordo con più tenerezza sono quelli che ho avuto dai cosiddetti «primitivi» che mi è capitato di incontrare in giro per il mondo. Sono stati per me dei maestri di vita. Da questa gente ho sempre imparato moltissimo.

AUDISIO – Ci sono ancora posti non mordicchiati dall'uomo? Dove il Duemila non arriverà, ma l'avventura sì.

BONATTI – Per me il mondo è tutto contaminato. Dove oggi arriva un piccolo aeroplano domani toccheranno terra i charter. Non c'è angolo della Terra che si sia salvato. Sono stato in posti selvaggi e bellissimi dove oggi non tornerei, per l'amarezza che mi darebbero. Voglio ricordarli così com'erano e non come sono diventati. Che delusione: i Masai che si acconciano solo per denaro, selvaggi che danzano solo per i turisti. E la colpa è nostra, abbiamo importato falsità, paghiamo per vedere il selvaggio così come ce lo siamo immaginati senza nemmeno pensare che i veri selvaggi siamo noi.

AUDISIO – Ma anche i molti hanno diritto ad arrivare dove arrivano i pochi.

BONATTI – Non a queste condizioni, che sono terribili. Se vogliamo giocare facciamolo, ma le regole del gioco ci sono e non bisogna scansarle. Davanti agli animali non andiamoci armati, ché un colpo e via e il problema è risolto, ma andiamoci da uomini. Capisco l'obiezione: come, in faccia al leone mai più con il fucile? E che fare di fronte ai serpenti che in mille film rappresentano il concentramento della perfidia, lasciare che ci mandino all'altro mondo? Ma è proprio qui lo sbaglio: pensare che gli animali ragionino con la nostra stessa carica di violenza, siamo noi antagonisti a loro e non viceversa. Non ci viene mai in mente che si può coesistere ognuno rispettoso dello spazio altrui, ma tutti immersi nella stessa natura.

SPIRITO – Quanta montagna ha amato Walter Bonatti attraverso i libri? E come si sente nei panni del «deus ex machina» per alpinisti novizi?

BONATTI – Il primo libro si intitolava *Sui ghiacciai dell'Ada-*

mello, non ricordo nemmeno di chi fosse. Rimasi letteralmente affascinato dall'atmosfera dei ghiacciai dell'Adamello, e dire che non era neppure un gran libro. Ma era una delle prime letture che mi portavano in questo mondo per me fatato. Ero un ragazzino, e sognavo sulle immagini di queste grandi distese di ghiaccio, immagini che mi costruivo io stesso dalla lettura. Poi i primi testi importanti sono state le opere di Emile Javelle, un autore dell'Ottocento. Javelle sapeva spiegare molto bene il legame, diciamo così, tra spirito e montagna, e per me, che sono un alpinista in senso tradizionale ma mi sono avvicinato alla montagna come motivo per «sentirmi e per sentire», quei libri erano molto indicativi. Cosa significa per me essere un «riferimento»? È una grossa responsabilità, una responsabilità che mi sono presa fino in fondo. E non è un impegno facile da gestire, fa parte degli obblighi che si acquisiscono rappresentando, anche tuo malgrado, qualche cosa.

DAMATO – Diciamo che sei un uomo misterioso, di te si sa poco, sparisci per mesi, a volte per anni. Qualche volta si ha eco sui giornali delle tue avventure, delle tue esplorazioni con i grandi reportage che fai sui grandi rotocalchi italiani. Che cosa hai fatto ultimamente?

BONATTI – Si sa forse poco anche perché io mi guardo bene dal far sapere certe cose mentre le vivo. Preferisco raccontarle dopo. Ora sono appena reduce dal Sahara dove sono stato con Rossana e un carissimo amico. Ma prima ancora dell'Africa sono stato, qualche mese fa, in Patagonia. Per me è un grande amore la Patagonia, è una terra che ho amato subito appena l'ho conosciuta, parlo di una trentina di anni fa. Ecco perché sono tornato trent'anni dopo a rivedere quei posti e a rivivere le emozioni che sempre mi ha regalato.

DAMATO – Ecco, tu dici che una terra come la Patagonia va affrontata ad armi pari. Che cosa vuol dire?

BONATTI – Ebbene, oggi che la tecnica fa tutto, l'occhio della tecnica vede tutto e provvede a tutto, è chiaro che parlare di esplorazione nel senso tradizionale può fare un po' sorridere. L'esplorazione esiste ancora, ma dentro noi stessi e per noi stessi. Secondo me l'esplorazione oggi dev'essere fatta con la propria immaginazione e fantasia, con la propria sensibilità, dando cioè spazio a queste tre cose, e non sono le uniche. Così facendo si arriverà all'avventura vera, quella che conta e che può fare a meno della tecnica. Perché tecnicamente oggi in Patagonia tutto è possibile, l'hanno anche dimostrato. Laggiù attendono ancora pareti intoccate, ma prima o poi le scaleranno, e a mio avviso non compiranno nulla di nuovo; eseguiranno soltanto un qualche cosa che tecnicamente, e a priori, è già risolto. Allora, io dico, diamo spazio all'uomo piuttosto che alla sua tecnica.

DAMATO – Senti, tu stai pubblicando un libro che si chiama *La mia Patagonia*, i grandi paesaggi di una terra che tu hai visitato a distanza di trent'anni. Perché *La mia Patagonia*? È perché vista secondo il tuo angolo visuale e secondo un amore particolare?

BONATTI – Esatto, perché ricollegandomi a quanto ho appena detto si può fare del nuovo con mezzi vecchissimi. Ciò è possibile se quel che si fa rientra in una prospettiva sempre più umana e viene affidato alla sensibilità. Quella del mio libro è la mia Patagonia così come io l'ho sentita, affrontata e vissuta, ossia ad armi pari; nel senso che là, messi l'uno di fronte all'altro, c'era la grande natura intatta e il piccolo uomo che ero io, forte soltanto di se stesso e dei propri entusiasmi.

TENDERINI – La regione scelta era stata il versante cileno della Patagonia.

BONATTI – Sì. La Patagonia più nota, sul versante argentino, è tutt'altra cosa: è abitata, le foreste non sono così impenetrabili. C'è vita animale, ci sono *estancias*, *estancieros*, strade, ponti e sentieri. Dalla parte cilena invece c'è il nulla. Per dare un'idea di questo nulla: le autorità cilene, alle quali mi ero rivolto per avere delle delucidazioni o comunque dei consigli, mi hanno pregato di fare alcune rilevazioni che loro stesse non avevano mai avuto modo di eseguire. Tanto ancora è vergine questa regione. Io volevo vivere questa avventura a misura d'uomo e per assicurarmi questa dimensione ho scartato in partenza qualsiasi apporto tecnico. Ho scelto una terra sconosciuta, lontana da qualsiasi centro abitato, quasi irraggiungibile con mezzi normali. Se io avessi voluto vivere soltanto l'impresa clamorosa, avrei fatto come altri che si fanno seguire da aerei o da elicotteri, che assicurano un collegamento e portano rifornimenti. L'impresa per l'impresa non costituisce problema, ma non costituisce nemmeno interesse, perché si specula su un tradimento, si parla di avventura mentre l'avventura non c'è perché non c'è l'isolamento che mette alla prova. La solitudine non esiste più e tutte le virtù che possedeva l'uomo antico risultano compromesse. Io volevo muovermi in una dimensione autentica: ecco perché ho usato definizioni «a misura d'uomo», ed «esploratore antico».

TENDERINI – Dire Bonatti e Patagonia è dire almeno Cerro Mariano Moreno, traversata del Cordon Adela... Ma Bonatti non ne vuol parlare, di proposito. Per lui una scalata o un viaggio in una regione selvaggia sono la stessa cosa; così come il Bonatti alpinista e il Bonatti che si avventura con audacia, ma sempre con modestia e con rispetto, nel cuore di distese incontaminate o tra popolazioni primitive, è sempre lo stesso uomo. Non è che con la prima solitaria invernale alla Nord del Cervino Bonatti abbia chiuso un capitolo e ne abbia aperto un altro – o forse sì, ma si tratta di capitoli conseguenti nello stesso grande romanzo. *Avventura* è il seguito di *Le mie montagne*. E i libri fotografici di Walter Bonatti sono il seguito dei suoi libri scritti.

BONATTI – Ogni volta che ho provato delle emozioni, le ho fermate con la macchina fotografica per trasmetterle ai miei lettori. Nei miei viaggi ho sempre con me la macchina fotografica e il taccuino d'appunti su cui annoto le mie impressioni che poi sviluppo a casa come sviluppo le fotografie. Immagina un triangolo, fatto dall'emozione che io provo da cui partono due frecce che vanno una alla macchina fotografica e una al taccuino, per poi ricollegarsi tra loro.

TIBERTO – Il viaggiatore, l'esploratore forse non è sempre stato spinto dall'idea di conoscere un territorio, di conquistarne la conoscenza, ma forse la molla principale veniva dall'idea di conquistare l'altro, l'uomo che abitava il territorio.

In fondo, a pensarci bene, è un'antica violenza, una violenza in nome dell'avventura. Non è vero, Walter Bonatti?

BONATTI – Può darsi. Comunque penso che l'avventura non sia un passare da una realtà a un'altra, ma continuare una realtà, una realtà che in quanto tale ha mille sfaccettature. Per me la sua prima sfaccettatura scintillante è stata l'alpinismo, e all'alpinismo non potevano seguire che gli spazi del mondo intero. Ecco perché sono passato poi ai deserti, ai mari, eccetera.

TIBERTO – Ma che cosa è successo in vetta a quella montagna il giorno in cui probabilmente hai deciso: ecco, la prossima volta viaggerò in una dimensione diversa.

BONATTI – Non c'è stato un momento preciso. È stata una

maturazione lenta e costante che via via ha dischiuso in me, sempre più, appunto questi orizzonti più vasti. Diciamo che dalle cime, con un'immagine se vogliamo un po' retorica, io ogni volta ho buttato lo sguardo un po' più in là dell'orizzonte, alla ricerca di qualcosa di nuovo, che finalmente poi ho trovato.

TIBERTO – Noi stiamo parlando così, a battute rapide. In fondo stiamo facendo una poesia di quella che dovrebbe essere una grandissima prosa dei racconti di viaggio di Walter Bonatti. Che cosa è cambiato ultimamente nel modo di viaggiare? E non solo nel modo del viaggiatore Bonatti ma tra la gente, la gente che incontri nei viaggi; che sensazione ti dà, che cosa vedi di diverso?

BONATTI – Può sembrare che io faccia altre cose che non hanno nulla a che vedere con l'origine del mio viaggiare. In realtà però io scopro sempre più che viaggiare non significa fare l'atleta, né il saltimbanco, né la prima donna, né tutte queste cose abbastanza deteriori alla resa dei conti. Finisco invece per entrare sempre più in me stesso, nella mia propria intimità. Questo, quindi, non è scrutabile dagli altri, ma è un'immagine che noi abbiamo di noi stessi e soltanto per nostro uso e consumo. Noi possiamo dire delle cose, possiamo raccontare delle avventure, aneddoti su ciò che ci è capitato, ma non possiamo più che tanto mettere a nudo la nostra anima. Anche perché non riusciremmo quasi a farlo neanche per noi stessi, pieni come siamo di contraddizioni, e di tanti punti bianchi, sconosciuti. Tutte cose che danno, in fondo, la carica per ulteriori viaggi. Come potremmo dunque raccontare ad altri queste cose sperando di essere capiti?

TIBERTO – Forse per Bonatti non ci sono più parti di mondo da esplorare, e in effetti, solo scorrendo le proposte delle agenzie di viaggio, non vi è posto dove non ci si possa recare vuoi con un viaggio tradizionale di gruppo, vuoi con un viaggio su misura del tipo «Speciale Avventura». Come è possibile allora scegliere delle località dove si possa essere certi di non incontrarvi la comitiva o il vecchio compagno di infanzia in viaggio premio con l'azienda?

Bonatti – Hai detto bene. Mentre dicevi queste cose confermavo a me stesso che in realtà io sto esplorando il mio passato, i miei ricordi.

Tiberto – Torniamo allora alla frase di prima. In fondo tra noi c'è sempre un gioco di parole, di piccole frasi, è come una cascata. È il viaggio in sé, ho chiesto prima, oppure è la memoria del viaggio? Vedi allora che mi dai ragione?

Bonatti – Qui giriamo intorno alle parole, perché il viaggio in sé in fondo può anche non interessare affatto, perché tu giustamente dici: il mondo è già tutto esplorato, perché dunque ripetersi? E specialmente io che ho vissuto una vita così intensa, così densa di viaggi? Certo, forse può sembrare che non abbia più nulla da esplorare, ma in realtà io trovo intorno a me un mondo sempre più vasto da osservare, e questo proprio in virtù delle cose che ho fatto prima. Quanto ho fatto non mi riduce il campo d'azione, me lo allarga invece sempre di più. Ma noto che in realtà continuiamo a girare intorno alle stesse parole, poiché il punto d'arrivo è sempre lo stesso.

Tiberto – Tornare in Patagonia piuttosto che su una vetta che hai già conquistato una volta, due volte, tante volte, può avere forse lo stesso significato, in quanto cosa che si ripete nello stesso tempo; ma che cosa è cambiato allora nell'uomo che rifà le stesse cose?

Bonatti – L'uomo in fondo non è che il totale delle proprie esperienze e nell'esperienza metto anche l'affinamento della propria sensibilità. Quindi un paesaggio, già conosciuto ed esplorato, improvvisamente e miracolosamente si dilata. Ecco perché ritorno in Patagonia e non su quella vetta che dici tu, perché la vetta è più probabile che resti circoscritta a se stessa, mentre la Patagonia è un universo che fin dalla prima volta mi ha riservato emozioni grandissime. Quando sono andato la prima volta in Patagonia, trent'anni fa, ho avuto veramente la sensazione di superare le Colonne d'Ercole, di essere non solo in capo al mondo ma in un altro mondo. Ho provato quindi un'emozione così violenta che non potevo esimermi dal tornarci, e continuo tuttora a ritornarci scoprendo sempre qualcosa di nuovo: ma dentro di me, non nella Patagonia.

TIBERTO – Noi da sempre, da quel molto o tanto tempo che ci conosciamo, abbiamo giocato al gioco della verità. Ora sei sicuro che tornando in Patagonia, in un territorio che per struttura non è così facile all'evoluzione, tu voglia in fondo ritornare in un passato che non si evolve ma rimane fermo? C'è in te la paura che il tempo trascorra troppo rapidamente?

BONATTI – No, io non intendo confinare queste mie esperienze, questi miei ricordi in un qualcosa di morto, che non si evolve. No, tutto si evolve, altro che. Diciamo che in questo momento io non so forse tradurre in parole giuste il mio pensiero, la mia carica emotiva, ma non è affatto come tu dici, questo lo posso affermare pienamente.

TIBERTO – Viaggiare non è un fuggire per una qualche paura?

BONATTI – No. Non escludo che a volte ci possa essere anche un quid di fuga, questo però non prevarica la ragione principale, che non è certo quella di fuggire ma di raggiungere.

Peroncini – Bonatti, qual è la sua forza più grande?

Bonatti – Sicuramente la coerenza. Come tutti mi sono posto delle domande. E quando ho trovato le risposte, ho saputo accettare il rovescio della medaglia traendone molta forza.

Peroncini – È questo che rimprovera ai contemporanei, la mancanza di coerenza?

Bonatti – Se posso permettermi un rimprovero, sì. Di coerenza oggi ce n'è sempre meno.

Peroncini – A un giovane che si sente un po' stretto nei panni di questa società, cosa consiglierebbe?

Bonatti – Prima di tutto di guardarsi bene dentro, per cercare di scoprire cosa vuole. Una volta capito questo, deve essere pronto a sopportare le responsabilità che ne derivano.

Peroncini – Il bilancio della sua vita?

Bonatti – La mia vita la paragono a una scala. Anche quando gli altri hanno creduto che mi fossi fermato o avessi cominciato a scendere, in realtà ho continuato a salire e continuo a farlo. Perché vivo e accumulo esperienze, maturo, cerco, rumino e vado avanti.

Pini – È uscito un numero speciale di «Airone» al cui interno c'è un servizio proprio di Walter Bonatti, dedicato alle montagne dell'Atlante, quelle definite da Erodoto le «Colonne del Cielo». Come le è nata l'idea di questo servizio?

Bonatti – Non è un'idea mia. Il servizio e la consulenza editoriale di quel numero mi sono stati proposti dallo stesso giornale, e io ne sono rimasto subito entusiasta. Avendo passato una vita in montagna ovviamente non potevo che essere sensibile a una proposta del genere, e lo sono stato ancora di più quando si è deciso di dare agli argomenti un taglio più culturale che tecnico. Da questa monografia sulla montagna è così uscita un po' la storia dell'uomo e della sua mitologia, gli argomenti passano infatti da Atlante al trono di Zeus, ai sentieri di Annibale. È dunque questo tipo di montagna che il giornale e io abbiamo voluto affrontare.

PINI – A Biella si è tenuto di recente un convegno per la salvaguardia della montagna. Ma quanto siamo noi realmente sensibili di fronte a questo problema?

BONATTI – Io non c'ero a Biella, e avevo buoni motivi per non esserci. Comunque, dall'eco che mi è arrivata, so che si è parlato di molte cose, anche eclatanti e teatrali; a mio giudizio però non si è discusso della cosa più importante che è quella di risalire alla vera origine del problema ambientale. Dell'inquinamento, per esempio, si è parlato soprattutto del suo effetto ma quasi mai della sua causa. Io ritengo che la prima forma di inquinamento, da cui derivano poi tutte le conseguenze, sia quella che ci portiamo dentro nell'anima. Se le nostre intenzioni sono inquinate, non potranno uscirne che manifestazioni equivoche, che a loro volta finiranno per storpiare ogni cosa, appunto inquinandola.

PERONCINI – Perché lei non condivide i progetti di organizzazioni come Mountain Wilderness che, insieme ad alpinisti di grido come Messner, vorrebbe chiudere la montagna ai mezzi di risalita meccanici?

BONATTI – All'inizio avrei dovuto fare parte anch'io di Mountain Wilderness, perché il programma era positivo. Ritengo comunque che non basti solo denunciare gli effetti di una certa situazione. Una battaglia ecologica con queste intenzioni dovrebbe risalire alle cause per trovare soluzioni valide. Non basta dire che la montagna è sporca. Bisogna sensibilizzare la gente. Questa dovrebbe essere la filosofia di base di Mountain Wilderness. Non è certo abbattendo le funivie del Monte Bianco che si possono risolvere tutti i problemi.

PERONCINI – Come si può stabilire un rapporto vero, o forse più semplicemente normale, con la montagna?

BONATTI – È un fatto di coscienza. Bisogna che sorgano iniziative nel senso di una maggior sensibilizzazione dei consumatori, dei fruitori, della montagna. È tutto lì. Non è distruggendo funivie che si potrà incidere sulla realtà perché il fenomeno è a monte, e molto complesso. Non si presta a iniziative clamorose. Inquinamento non è solo gettare scatolette per via. È anche portare masse di turisti superficiali a contatto con popolazioni cosiddette primitive, creando squilibri devastanti che finiscono per ripercuotersi in profondità. Abbiamo sotto gli occhi un mondo, una situazione, che non può essere guarita con un cerotto. Bisogna risalire alla radice, alla base dei problemi. Qui si gioca un fondamentale problema personale, quello della responsabilità individuale, del punto di riferimento costituito da ognuno, perché il piedistallo che ti mettono sotto i piedi, alla fine te lo ritrovi sulle spalle. Ed è giusto che sia così.

LEONI – Lei considera la Terra grande o piccola?

BONATTI – Piccola per la distruzione che se ne sta facendo, ma anche grande perché al di là dei luoghi comuni c'è tutto da scoprire. E qui non intendo riferirmi alla scoperta tradizionale, bensì all'esplorazione introspettiva. La Terra siamo noi.

Dai giornali francesi (1986-87)

GIUNTINI – Incomincerò con una domanda sciocca, ma siccome non ne ho trovato la risposta da nessun'altra parte... Da dove ti viene il nome: Walter?

BONATTI – Ebbene, Walter è un nome tedesco. E siccome io non sono un italiano del Tirolo, capisco che si possa fare questa domanda. Mio padre ha fatto la guerra del '14 contro i tedeschi. Naturalmente non poteva amarli, tuttavia era rimasto affascinato dal loro carattere, dalla loro determinazione. E si era detto: se un giorno avrò un figlio lo chiamerò Walter, perché abbia forse anche lui questa determinazione nella vita. È curioso no? Me l'ha confessato un giorno.

GIUNTINI – Efficace, la ricetta di tuo padre! Ma parliamo del grande alpinismo degli anni Sessanta. Tu hai messo termine alla tua carriera a trentacinque anni, perché? Si è giovani a trentacinque anni...

BONATTI – Sì, si è giovani. Ma una pagina dell'alpinismo era girata, e io dentro questa pagina. Mi sono ritrovato a trentacinque anni con due soluzioni: o ripetermi, e questo non mi interessava, oppure continuare la mia avventura altrove.

Giuntini – Altrove, poteva essere l'Himalaya. Tu eri già stato al K2, al Gasherbrum...

Bonatti – L'Himalaya mi sarebbe piaciuta per fare dell'himalaysmo estremo, nuovo. Però trentacinque anni era forse essere già un po' in là d'età per fare quelle cose. Ma la più esatta verità è che la montagna mi aveva fatto comprendere che io amavo soprattutto l'avventura nel suo contesto più vasto. La montagna era una tappa, ma avevo bisogno di spazio e di orizzonti nuovi. Avevo bisogno del mondo intero.

Giuntini – Allora, dopo, che cosa hai fatto? La guida?

Bonatti – No, non la guida. La guida alpina l'avevo fatta prima, per qualche tempo, e soltanto per campare. Ma non comprendevo questo rapporto quasi commerciale con il compagno di cordata. Al capo della mia corda io volevo avere un amico, un vero compagno, non chiunque che, per il fatto di avermi pagato, avrei dovuto portare da qualche parte. Questo proprio no. Dunque, rispondendo alla tua prima domanda, dopo l'invernale del Cervino ho vissuto invece un'esperienza favolosa. Il settimanale italiano «Epoca» mi ha dato l'occasione di diventare giornalista. Ma per fare un giornalismo di avventura e di scoperta, come forse si praticava nell'Ottocento.

Un giorno il direttore del giornale, che già mi conosceva come alpinista, mi ha inviato nell'estrema Siberia nordorientale per fare un reportage... d'inverno! Certamente deve aver pensato che fossi un buon inviato speciale, forse alla Stanley, perché in seguito ho avuto carta bianca per fare tutto quello che volevo. Sì, proprio così, ed è stato fantastico.

Al ritorno ero poi impaziente di vedere le fotografie che avevo scattato. Mi si lasciava qualche tempo per redigere i miei «pezzi», poi, senza intervallo, via di nuovo in qualche altra parte del mondo. I miei racconti venivano pubblicati settimanalmente occupando ogni volta sedici pagine, a volte persino ventiquattro. Erano inserti centrali, e il lettore poteva staccarli e poi rilegarli. «Epoca» ha venduto questi reportage alle riviste di tutto il mondo.

GIUNTINI – Quanto tempo è durato questo periodo di sogno?

BONATTI – Quattordici anni e mezzo. Straordinario, no? Però il giorno che ho sentito che si cercava di impastoiarmi, me ne sono andato. Non volevo fare del giornalismo comandato e condizionato. Non partivo per fare un preciso reportage eseguito in un certo modo, ma per vivere un qualcosa che avevo scelto, e che avevo dentro.

GIUNTINI – Nessuna cattiva avventura?

BONATTI – Come inviato di «Epoca», ce n'è una di cui mi vergogno. È stata, e rimane, la mia vergogna. Volevo vivere «Le verdi colline d'Africa», nei luoghi e nelle stesse condizioni di Hemingway. Così, come Hemingway, ho dato la caccia al leopardo, nello stesso ambiente che lui aveva scelto e con tutte le premesse del caso. Vale a dire che avevo un campo base confortevole, disponevo di boys di colore, e la sera mi concedevo persino il gin-tonic. Tutto questo, dunque, e fino all'immensa stoltezza di abbattere un leopardo. Non fui io direttamente a farlo, lo colpì il «mio» cacciatore professionista, però fu come fossi stato io. Tutto questo non ha proprio nulla di eroico, è anzi stupido. Ne ho anche rimorso.

GIUNTINI – Sei ecologista?

BONATTI – L'ecologia oggi è una forma moderna di fare politica, e in questo senso io non sono ecologista. Ma nel senso più vero del termine, sì io sono ecologista. Amo gli animali e mi preoccupo di preservare la natura. L'uomo non può salvarsi che ritrovando un dialogo con la natura.

GIUNTINI – Quale è stata la prima tua grande avventura? L'apertura della via sul Pilastro del Dru, il «muro infernale», in cinque giorni?

BONATTI – Ah! Questa sì che è stata un'avventura! Puoi dirlo. Non fu soltanto una scalata estrema. No, questa non è stata la mia prima avventura, comunque il primo merito è stato quello di riuscire a immaginarla. Quando ero ragazzino, quando vivevo a casa dei miei parenti sulle Prealpi bergamasche, ebbene guardavo la linea azzurrina delle montagne, lontane, e sognavo. Per me, erano l'insormontabile... E tuttavia, erano montagne inferiori ai duemila metri. Amavo anche le rive del Po. C'erano distese di sabbia e la grande corrente... Nella mia testa ne facevo dei deserti e degli oceani. Quando si è piccoli queste cose sembrano talmente immense...

GIUNTINI – L'avventura, secondo te, è innanzitutto nella testa?

BONATTI – Certamente! Si può essere avventurosi anche senza uscire dalla propria casa. L'avventura incomincia con l'immaginazione, con la fantasia. L'avventura è la vita, può anche essere il vivere di tutti i giorni. Non è soltanto l'exploit. Vedi, «Epoca» è ormai dietro di me da sei anni, eppure la mia avventura continua ugualmente. Ora scrivo libri, faccio conferenze... È come se mi trovassi su una scala: io salgo sempre, anche se gli altri non lo sanno. Ma io lo so. È la scala della vita. E il solo fatto di vivere in armonia con se stessi, è già un salire.

GIUNTINI – Per ritornare alla montagna, tu la sognavi molto una via prima di andare ad aprirla?

BONATTI – Sì, sognare era molto importante. Non mi fissavo degli obiettivi nel tempo; ma, per esempio, sognavo una bella parete nord, e quel giorno che era possibile, la scalavo. Qualche volta invece sognavo una cosa, e poi cambiavo d'avviso e ne sognavo un'altra. Non mi sono mai imposto nulla, nei miei sogni.

GIUNTINI – Chi ti spingeva a intraprendere ascensioni tanto estreme, come il Pilastro del Dru, o le Jorasses d'inverno, e tutto il resto?

BONATTI – Le mie emozioni. Ho sempre obbedito alle mie emozioni e al mio istinto. L'istinto, a volte, è assai meglio della ragione. È una forma di ragione antica, dunque filtrata. È davvero un peccato che l'uomo moderno trascuri il suo istinto. L'istinto, aggiunto ad altri valori e a tutta la conoscenza acquisita nei millenni, aumenta straordinariamente il tuo potenziale, la tua ricchezza interiore. Questo ti dà la possibilità di fare grandi cose e di viverle pienamente.

GIUNTINI – Tu pensi che gli avventurosi, in fondo, siano dei solitari?

BONATTI – Io non voglio rispondere per gli altri, ma per quanto riguarda me, io lo so, la solitudine è preziosa. Non è un'angoscia ma un bisogno. L'avventura, anch'essa, viene dall'anima. Quando si è soli, è allora che si può compiere un viaggio all'interno di se stessi, per conoscersi dentro, criticarsi, e anche per comprendere meglio gli altri e il mondo che ci circonda.

GIUNTINI – È l'alpinismo che ti ha fatto conoscere i benefici della solitudine?

BONATTI – Sì, penso proprio di sì. L'alpinismo, soprattutto quello in solitaria, mi ha insegnato a far retrocedere i miei limiti, a scoprire di più me stesso, le mie possibilità, e anche a raggiungere una stupenda comunione con la Grande Natura. Necessariamente desideravo andare sempre più oltre. Così ho dunque praticato l'alpinismo al massimo livello consentito dalla mia epoca. E dopo, ciò che mi aveva spinto sul Cervino, ancora mi spingeva nello stesso modo verso i deserti e le foreste vergini.

GIUNTINI – Allora, cosa pensi tu della moda attuale dell'avventura? È ancora della vera avventura?

BONATTI – Due cose, e bisogna distinguerle bene: c'è ancora della vera avventura, ma ce n'è anche di falsa. È giusto ciò che dici: c'è oggi una moda dell'avventura. Ed è quella maggiormente praticata da gente che non sa neanche più inventarsi il proprio tempo libero. Questi vanno in un'agenzia di viaggi e acquistano dell'avventura preconfezionata, la comprano come si compra un pullover. È un'avventura sulla quale magari non è stato speso neppure un sogno. È un'avventura di tutta sicurezza, vacanziera ed esotica magari, ma finisce lì. Tutto questo non è che illusione vuota, e chi la sceglie, certo non ha nemmeno pallidamente il senso dell'avventura. Meno male che ce ne sono altri, come per esempio quel giovane medico che ultimamente è andato al Polo Nord tutto solo.

GIUNTINI – Jean-Louis Etienne?

BONATTI – Ecco sì, Etienne. È bello ciò che ha fatto. Dove pongo una riserva è però là dove si fa una comparazione con il passato; ma forse può darsi che di questo sia causa l'informazione. Mi spiego: egli è andato al Polo, tutto solo, con dei mezzi moderni, del buon materiale, un'alimentazione studiata. Tutto questo va bene. Ma non va più bene se poi si dice: «Questo tizio è meglio di quel tale dell'inizio del secolo, e il tizio è ancora più forte del talaltro». Qui io dico no! Non è onesto ragionare così. I pionieri, con le limitazioni del loro tempo, rientravano a piedi dal Polo, non in aereo... quando rientravano. Ogni exploit, ogni avventura, deve essere ricollocata nella sua epoca, e a questa rapportata. Non si insiste mai abbastanza per chiarire queste cose, che invece vengono sempre sbandierate come si fa con i rilanci nelle vendite all'asta: «Lo ha fatto con più forza di questo, è stato più veloce di quello...». No, questo non si deve dire! Hillary e Tenzing, con i mezzi progrediti dell'epoca di Messner, avrebbero molto probabilmente raggiunto l'Everest, senza ossigeno, un quarto di secolo prima. Allora, vedi che cosa si potrebbe anche dire?

GIUNTINI – Tu incontri sovente uomini d'avventura? Ne conosci personalmente?

BONATTI – No. Ho ammirato per lungo tempo Thor Heyerdal. Ma il giorno che ho appreso che sulla sua imbarcazione, replica fedele di quella degli Antichi, aveva una potente radio satellitare, sono allora rimasto molto deluso. Non bisognava raccontare che egli avrebbe rifatto la via degli Antichi, con gli stessi loro mezzi e le stesse loro condizioni. Per me, gli ultimi cavalieri dell'avventura restano Chichester, Moitessier, Bombard. Loro sì erano autentici! Mi indispone anche sentire comparato a Cristoforo Colombo quel «solitario» che ha traversato recentemente l'Atlantico su una tavola a vela, ma appoggiato da una nave, al seguito. Così infatti è stato detto.

GIUNTINI – Sei molto contrariato da questo problema delle comparazioni tra gli avventurosi di ieri e quelli di oggi...

BONATTI – Certamente. E se vengono fatte in questo modo mi inalbero pure!

GIUNTINI – Allora, quale definizione daresti all'avventuroso moderno? Che cosa bisogna fare per avere diritto oggi al «titolo» di avventuroso?

BONATTI – Bisogna prima di tutto essere onesti. Raccontare, se si vuol raccontare, ciò che si è fatto con tutti i dovuti perché, e dire anche di quali mezzi ci si avvale. Non farne una competizione con gli altri, né con quelli di oggi né tantomeno con quelli di ieri. L'avventura è sempre più con se stessi. L'uomo intorno a sé non ha più nulla da esplorare: la Terra, gli oceani, anche la Luna, già li conosce. La sola cosa che ancora gli resterebbe da esplorare è se stesso, la propria anima, i propri limiti. Ma ciò impone regole precise.

GIUNTINI – Quali regole?

BONATTI – Io credo che l'avventura debba essere creativa. Ecco una regola. Perché l'uomo ha sempre delle risorse per inventarsi tutto, anche gli spazi. Questa è una cosa bella, e non dovrebbe andare perduta.

GIUNTINI – L'abbinamento di performance e avventura, per te, è cosa incompatibile?

BONATTI – Ascolta, io non amo che si parli di avventura quando, fingendo di esplorare, in realtà non si vuol compiere che una performance atletica. Sono due cose differenti. Innanzitutto una performance da Guinness dei primati oggi decade molto presto. E poi, dimmi, quando tutto il tuo spirito, tutta la tua energia e tutta la tua volontà sono delegati ai muscoli e al record, che cosa resta per l'avventura, per il sogno, per l'immaginazione, per la conquista? Ognuno è libero di fare ciò che vuole, naturalmente, ma non si ha diritto di raccontare poi non importa che cosa.

GIUNTINI – Ciò che fanno attualmente i giovani alpinisti ti è sgradevole?

BONATTI – Non voglio dire questo. Sono informato di ciò che fanno attraverso le riviste. Ma in realtà io non li conosco, né ormai ho gran voglia di conoscerli, poiché sento che fra noi non può esserci dialogo. Comprendimi bene, non è disprezzo il mio e ancora meno è gelosia, come a volte sento insinuare, è semplicemente una non sintonia tra noi, in quanto io ho vissuto un'epoca e una montagna diverse dalle loro.

Non giudico i giovani scalatori, tuttavia sento che non ho grandi cose da comunicare che abbiano qualche possibilità di essere accolte da loro. Perché? Perché come ho appena detto è difficile per entrambi rientrare in una dimensione che non ci appartiene. Così è, semplicemente.

GIUNTINI – Oggi, se vuoi essere forte in falesia, in alpinismo o in himalaysmo, devi praticamente specializzarti... quasi sempre, con rare eccezioni. È questo un ostacolo all'avventura?

BONATTI – Lo penso, sì. L'uomo per sua inclinazione è universale. La specializzazione, essendo per sua natura restrittiva, uccide, o per lo meno limita l'avventura. Ciò rientra un po' nello stesso spirito che mi aveva portato a fare una campagna contro il chiodo a espansione: con questi piccoli aggeggi di ferro, si distrugge l'impossibile, si va dove si vuole, così, piantandoli indiscriminatamente nella roccia viva, dopo averla perforata. Ora, l'impossibile non bisogna distruggerlo, ma vincerlo. Questa è avventura.

GIUNTINI – Dunque, arrampicare senza chiodi né corde è meglio, è così?

BONATTI – Siamo all'ironia... Ma se tu lo vuoi. Questo, a volte viene fatto, però su una via che si conosce a menadito e dove fai lavorare soltanto i muscoli e il cronometro. Non rientra nel mio modo di vedere l'avventura.

GIUNTINI – Come hai vissuto il tuo stato di «vedette»?

BONATTI – Detesto queste definizioni, e considero una stupidaggine comportarsi come «vedette». Chiunque può diventare una «vedette»: persino un mascalzone.

GIUNTINI – E qualche volta hai coscienza di essere un mito?

BONATTI – Ah, no, questo no. Un mito è sterile e morto. Io sono vivo!

GIUNTINI – Non ti senti qualche volta un po' anarchico?

BONATTI – No. Sono un cittadino che paga le proprie tasse e rispetto la legge. Ma ho il diritto di dire che questa legge, così com'è, non mi piace!

GIUNTINI – E il tuo terreno d'avventura preferito, qual è?

BONATTI – Nessuno in particolare; amo ogni terreno, le montagne, i deserti, gli oceani, le foreste. Dal momento che li ho scelti. Ho invece un continente preferito: l'America del Sud. Amo queste terre per le loro genti, la natura, i contrasti...

GIUNTINI – E una montagna preferita?

BONATTI – Neppure quella. Avevo, e conservo, una relazione particolare con il Monte Bianco. Lo consideravo un po' come un padre. Un padre che mi dava lezioni, mi insegnava molte cose, mi puniva anche o mi premiava.

GIUNTINI – E quando oggi tu ritorni in montagna, è sempre con la stessa felicità?

BONATTI – Non provo più la febbre delle grandi lotte, come in altri tempi, poiché le ho trasferite in altri campi. Perciò quando vado in montagna sono più disteso. Alla resa dei conti, è un'altra cosa. Per mia natura, io sono molto portato a ricordare e a sognare. Allora il passato assume molta importanza per me, non è qualcosa di morto. Faccio rivivere i ricordi, li traspongo nel presente. Il mio presente è ricco del mio passato. Si finisce per essere il prodotto di ciò che abbiamo fatto. Per me, l'età, la vecchiaia, non sono qualcosa di negativo. Si è un po' come dei ruminanti: quello che si è fatto si mette dentro, e si rimastica. La vita non è la somma degli anni vissuti, ma la somma delle esperienze. E anche la montagna, oggi, continua a portarmi un mucchio di cose.

GIUNTINI – Se ti si offrisse una seconda vita, cosa ne faresti?

BONATTI – Le stesse cose fatte nella precedente! Seguirei esattamente lo stesso iter, cercando naturalmente di farle possibilmente in modo ancora migliore.

GIUNTINI – Quali sono i tuoi progetti, a corto e a medio termine?

BONATTI – E anche a lungo termine: restare me stesso, libero di pensare e di agire, in armonia con me stesso. Rimanere infine integro, degno e coerente.

GIUNTINI – E i tuoi progetti d'avventura?

BONATTI – Domani è un altro giorno.

SHAHSHAHANI – Che cosa oggi, nella tua concezione, riduce di più l'avventura in montagna?

BONATTI – Tutto è cambiato. Per esempio, comunicare con chi è sotto, attraverso una radio o altro, trovo che sia una cosa assai deformante. A partire da qui, il ragazzo che rompe la sua piccozza chiama l'elicottero che lo tolga dall'impiccio (è ciò che ha fatto Eric Escoffier sulle Jorasses), oppure si fa più semplicemente evacuare. Ciò detto, gli alpinisti d'oggi compiono delle performance rimarchevoli. È molto bene che ciascuno faccia ciò che gli piace, su questo io sono d'accordo. Sorrido però quando cose come quelle appena esposte vengono comparate al passato e in più con la pretesa di passarle per fatti positivi. Ma quello che invece non mi fa ridere è quando, così facendo, ci si pretende anche puri, e si portano etichette pubblicitarie incollate un po' dappertutto.

GROSJEAN – Tu sei stato, e rimani, una star: è facile vivere questa cosa?

BONATTI – Il successo non ti viene mai perdonato: le guide di Courmayeur, e anche una certa stampa dell'epoca, me l'hanno fatto pagare caro. E questo è l'aspetto negativo della cosa. Non si decide di essere celebri, ma questo accade. Imporsi all'attenzione degli altri è una esigenza umana, è gratificante. La celebrità non significa niente: un terrorista può esserlo ai massimi livelli! Ma essere seguiti, compresi, amati, è una grande cosa. Io non ho mai dato importanza al fatto tecnico, ma al risultato e al suo significato. È per questo che non ho mai, neppure per curiosità, posato uno spit (chiodo a espansione) in vita mia. Se non si punta che all'exploit sportivo, si proverà, è certo, la miseria del declino; ci si ritroverà un giorno nudi nel vuoto. Bisogna sapere a un certo momento rientrare nella propria individualità, che è il solo spazio possibile. L'altro, non esiste praticamente più. L'alpinista, più di ogni altro, dovrebbe saper captare le cose, arricchirsene perché ha i mezzi per farlo, avendo conosciuto certi spazi e la piena responsabilità dei propri atti. La montagna dovrebbe preparare ad andare più lontano. L'alpinismo è molto più che un muscolo e una tecnica. Non basta saper arrampicare; la curiosità e l'immaginazione sono ben più importanti, per anticipare e vedere.

CAFFIER – Walter Bonatti, lei è l'alpinista più conosciuto al mondo. Lei ha rinunciato alle grandi scalate da una ventina d'anni. Ma ha solcato il mondo come giornalista e continua a inseguire l'avventura nei luoghi poco frequentati. La sua ultima spedizione l'ha portata nella Patagonia cilena, perché?

BONATTI – La mia avventura personale mi ha spinto a ritrovare le condizioni che sono state quelle dell'uomo primitivo, che per la prima volta ha avvicinato questa terra e ha dovuto organizzarsi per sopravvivere. Perché la Patagonia è rimasta una delle poche terre dalle difficoltà di ogni genere, quasi insormontabili.

Caffier – Oltre la sua frattura al piede sopravvenuta al secondo giorno della sua spedizione in Patagonia, il cibo ha rappresentato un grande problema. Lei sperava di poter cacciare, ma ciò è proibito. Lei contava di pescare, ma non c'erano pesci. Perché non aver assicurato alle sue retrovie un campo base che avrebbe permesso di arrivare al compimento dell'impresa?

Bonatti – L'impresa per l'impresa non mi interessa. Comunque dal punto di vista sportivo essa non sarebbe difficile. Se lei avesse un battello o un elicottero che la rifornissero regolarmente di viveri e altro, se lei avesse la radio, che è la negazione della solitudine, dunque, la certezza di comunicare e tutto ciò che ne deriva, ebbene, non cambierebbe forse completamente l'ordine dei valori?

Caffier – Lei è un uomo di rigore per chi considera l'avventura una specie di religione. Lei si eleva con forza, per esempio, contro la sponsorizzazione di cui beneficiano le spedizioni solitarie o di gruppo.

Bonatti – Mi ripeterò ancora una volta sull'argomento. Da quando c'è stata civilizzazione, c'è stata sponsorizzazione. Annibale, Cristoforo Colombo erano sponsorizzati. Nel Medioevo, nel Rinascimento, i grandi artisti hanno beneficiato dei mecenati. I potenti si gratificavano donando agli artisti la possibilità di realizzarsi: ciò era nobile da ambo le parti. Oggi, se un signore mi dice: «Bonatti, tu vuoi realizzare un bellissimo sogno; eccoti in regalo una cifra». Io la prendo e dico grazie. Ma con il mio grazie tutto finisce lì. Ma se questo signore mi chiede di riportargli un equivalente determinato rapportato a ciò che mi offre, io rifiuto. L'impresa diventa un agguaglio, un prodotto commerciale, e questo a me non sta bene, la trovo cosa, anche, non dignitosa. Trovo che questo non sia dignitoso. Un uomo d'avventura, idealista in quanto tale, non può vendersi. Lo sponsor, con il suo contrattare e mercificare, diventa coercitivo e opera una pressione, anche tacita, sullo sponsorizzato, che a sua volta può giungere anche a forzare uno stato di cose, stravolgendo persino la storia di ciò che ha compiuto.

Caffier – Mentre lei è in giro per il mondo, altri continuano a scalare. L'alpinismo è rimasto sempre ciò che era?

Bonatti – Si parla oggigiorno di raggiungimento di cime di ottomila metri come si trattasse di memorabili imprese. Io dico che alcune conquiste di qualche ottomila sono state effettivamente delle grandi imprese, ma trent'anni fa, quando l'impossibile era grande, quando lo sconosciuto era vasto e i mezzi pochissimi e rudimentali. Non bisogna confrontare le cose d'oggi con le impossibilità di ieri. Nei materiali d'oggi tutto è razionale, leggero, resistente, funzionale. La farmacoterapia si sostituisce alle bombole d'ossigeno: essa solleva dalla fatica muscolare e cerebrale. Grazie all'evoluzione dei mezzi, ecco che l'impossibile retrocede ogni giorno di più, fino a rendere pressoché normale, ad alti livelli si intende, una cosa ieri impensabile. L'eccezione, per definizione, non può essere che prerogativa di un pugno d'uomini. Ogni anno invece, decine e decine d'uomini e donne, giovani e meno giovani, di oltre cinquant'anni qualche volta, scalano cime di ottomila metri senza bombole d'ossigeno. L'uomo del 1987 è dunque un superuomo?

Caffier – Quale è stata dunque la nostra ultima grande avventura?

Bonatti – Alain Bombard a mio avviso è stato un grande e

degno avventuroso nel senso ulissiano del termine. E così fu anche Moitessier. Essi, in imprese distinte, sono partiti soli, veramente soli, faccia a faccia con l'ignoto dell'oceano. L'ignoto è qualcosa che corrode dentro. Una radio con sé è piccola cosa, ma è come giocare a poker con tutti assi in mano. Qui invece bisogna lottare con le proprie debolezze, fragilità, entusiasmi, cedimenti, e passare le vere Colonne d'Ercole che sono in noi.

Il mondo naturale e geografico si è ridotto: sappiamo ormai tutto del nostro pianeta. Dunque v'è ancora una ragione in più di invertire l'avventura verso i grandi spazi che sono in noi, e che rappresentano le ultime, vere immensità della Terra. L'avventura è incominciata quando la scimmia è discesa dall'albero, per curiosità. Noi facciamo dei sogni, la nostra immaginazione ci dà delle idee: si tratta di sapere se riusciremo a materializzarle oppure no. Esistono momenti in ognuno di noi in cui si ha la necessità di riflettere per sapere se i valori in cui abbiamo creduto sono sempre validi.

CAFFIER – Dino Buzzati l'ha battezzato il principe dell'alpinismo. Lei si considera come un mito?

BONATTI – Non amo il termine di mito. È sterile e glaciale, paralizzante.

CAFFIER – Che cosa fa quando non è nei grandi spazi della Terra?

BONATTI – Divido la mia vita tra Roma, Milano e l'Argentario. Non ho molte affinità con Roma, anche se vi ho dei buoni amici e trovo che sia una delle più belle città del mondo. Di Milano ho bisogno per vivere, le mie conferenze, i miei diritti d'autore. All'Argentario, a sud dell'Elba, sono sul mare. Con Rossana, la mia compagna, coltiviamo la nostra terra. Piantiamo alberi. Raccogliamo le nostre olive. Produciamo olio per tutta la famiglia.

Il film venuto da Parigi

Con un doppio finale a sorpresa si è concluso ieri a Trento il 35° Filmfestival internazionale del cinema di montagna e d'esplorazione. Ha vinto la Genziana d'oro il film francese *Les conquérants de l'impossible – Bonatti* («I conquistatori dell'impossibile – Bonatti»), un documentario-intervista di Bernard Choquet su un alpinista entrato ormai nella leggenda, Walter Bonatti. (Piero Spirito)

...È l'uomo dalla personalità decisa, dalle prese di posizione categoriche, che più di una volta hanno ferito amicizie e sodalizi pur collaudati.

Vince il personaggio Bonatti, quale emerge dal documentario che il regista Bernard Choquet ha firmato per la serie «I conquistatori dell'impossibile», avviata dalla rete uno della televisione francese. Choquet conferma la sua bravura avendo vinto ancora a Trento nel 1984 con *Gaspard de la Meije*. (Giovanni Padovani)

...È stata una sorpresa, perché il film dal punto di vista strettamente cinematografico non era certo eccezionale, se si escludono alcuni dimenticati filmati d'epoca e il loro sapiente montaggio.

Il riconoscimento in fondo lo ha avuto proprio il protagonista, un uomo dall'eccezionale carriera alpinistica, che ha mantenuto intatto tutto il suo carisma dai tempi delle grandi imprese.

Altro stupore lo ha poi suscitato proprio lui, Walter Bonatti, giunto a Trento dopo molti anni di assenza. Un'assenza dovuta probabilmente alla delusione e all'amarezza per le polemiche che gran parte dell'ambiente alpinistico italiano non gli ha risparmiato sin dai giorni della spedizione italiana al K2, nel 1954. (Piero Spirito)

...Per circa un'ora di proiezione lo spettatore ha di fronte il Bonatti qual egli è, quale egli tiene ad essere. Il Bonatti delle imprese solitarie al Pilier sud-ovest del Dru, alla Nord del Cervino, il Bonatti della tragedia al Pilone Centrale del Bianco, il giovane Bonatti della spedizione Desio al K2, per la quale il tempo non ha ancora rimarginato i segni di una lunga, controversa polemica. Le imprese del passato, nel bel reportage di Choquet, si intrecciano con le prese di posizione di ieri e di oggi, con il suo modo di intendere l'alpinismo... Bonatti, personaggio scomodo, dal podio del grande schermo emette parole severe, scomode, facendo richiamo all'alpinismo come «pratica di vita», non come mercificazione... Ne esce un personaggio a tutto tondo cui si deve riconoscere il grande pregio della franchezza e del coraggio di precise opinioni, in un momento come l'attuale di confusione per la pratica alpinistica. (Giovanni Padovani)

...Il documentario di Bernard Choquet ricostruisce l'avventurosa epopea di Walter Bonatti a partire da uno degli episodi che più ferirono l'alpinista per le conseguenze che ebbe: la tragedia del Pilone Centrale del Frêney nell'estate del 1961, durante un tentativo di scalata da parte di una cordata italofrancese guidata da lui.

La vicenda tenne mezza Europa con il fiato sospeso per quattro giorni, e si concluse con la morte di quattro alpinisti e una serie di infondate e velenose accuse nei confronti di Bonatti. (Piero Spirito)

...Bonatti parla poi di exploit ed aggiunge che l'impossibile bisogna vincerlo, non distruggerlo. Sembrerebbe, tanto è poetica l'espressione, una citazione da Saint-Exupéry. Sembrerebbe anche un pensiero espressamente riferito al documentario *La cima* dello svizzero ticinese Fulvio Mariani, cui è andata la Genziana d'argento per l'alpinismo. Una meta: il Cerro Torre; un personaggio: Marco Pedrini... Collegando le immagini del documentario con il pensiero di Bonatti, vien da elevare un «lamento» per il povero Cerro Torre, ferrato nella parte alta in ogni suo metro. E che pena poi il compressore di Cesare Maestri (poco vanto per il nostro alpinismo, il compressore) ben fissato sotto la cima... A noi pare che la chiodatura a tappeto, compreso il compressore lasciato in parete da Cesare Maestri (e che resta ancora là, forse a futura memoria), uccidendo appunto l'impossibile, tolga senso a questo tipo di imprese. (Giovanni Padovani)

...Nel filmato di Bonatti tutto ciò viene ricordato con «discrezione e serenità», ha notato la giuria del festival, come con discrezione vengono rievocate le altre leggendarie scalate che contribuirono a far nascere il «mito Bonatti». Ma forse ciò che più ha colpito della lunga intervista sono la personalità e la coerenza di un uomo che non è mai sceso a compromessi, e che ancora oggi considera la sponsorizzazione e l'alpinismo commerciale «una prostituzione». (Piero Spirito)

Da «Il Piccolo», 10 maggio 1987, di Piero Spirito
«L'Arena», 13 maggio 1987, di Giovanni Padovani
«La Voce dei Berici», 17 maggio 1987,
di Giovanni Padovani

...Io non credo nella sfortuna, ma questa volta sul Pilone Centrale di Frêney abbiamo avuto veramente cattiva sorte. Aver avuto una settimana di tempo così orribile nel mese di luglio è cosa da non credersi. In quei giorni aveva nevicato persino sui prati in fiore del fondovalle. Lassù eravamo sepolti dalla neve, e i temporali si succedevano alle nevicate e alle tempeste. Avevamo avuto tutto ciò che si può avere di negativo in alta montagna...

...Eravamo in due gruppi diversi. Gli uni non conoscevano le intenzioni degli altri. Ci siamo trovati per caso al bivacco della Fourche.

Pierre Mazeaud – Assolutamente per caso ci siamo incontrati nello stesso rifugio, punto di partenza per la nostra via. E senza alcuna competizione ma al contrario in spirito di puro cameratismo, abbiamo subito tenuto a scriverlo, a relazionarlo sul diario del rifugio. Siamo partiti in sette. Tre italiani: Bonatti, Oggioni e Gallieni. E da parte nostra eravamo in quattro: Kohlmann, Guillaume, Vieille e io.

...Appena ci siamo incontrati, Mazeaud mi ha detto: «Walter, tu per primo hai pensato al Pilone, hai già fatto un tentativo, spetta dunque a te la via». «No» ho risposto, «voi eravate qui già prima di noi, quindi a voi la precedenza; noi andremo da un'altra parte.» Questa è stata la nostra conversazione. Infine qualcuno, ho dimenticato chi fosse, ha detto: «Ma perché non andiamo tutti insieme?». E così siamo andati tutti insieme. Ciò è molto diverso da varie altre storie di alpinisti che si sono incontrati in montagna da nemici, e non da amici, e che tra di loro non si sono certo comportati in modo elegante. Ho molto affetto per Pierre Mazeaud.

...Una delle cause della tragedia è stata la nostra velocità. Perché a quell'epoca – oggi si impiegano tempi differenti ma si dispone anche di mezzi differenti – in sole ventiquattro ore eravamo arrivati circa alla fine delle difficoltà del Pilone. Ci ha sorpresi il maltempo ed eravamo ormai troppo in alto per ripiegare. Allora, essendo il mese di luglio, abbiamo pensato: il maltempo potrà durare un giorno o due, è meglio perciò resistere quassù per poi uscire e scappare verso l'alto, piuttosto che verso il basso, poiché discendere da qui è troppo complicato e pericoloso. Ma il maltempo è stato invece inclemente, terribile e a un certo momento abbiamo dovuto calarci forzatamente. Ed è lì che è cominciata la tragedia...

...È molto curioso notare che i quattro compagni sono morti in ordine di età, a partire dal più giovane. Noi sopravvissuti eravamo tutti e tre sposati. Forse è stato un caso, ma può anche darsi che noi avessimo una ragione in più di dover sopravvivere.

...Mi hanno reso responsabile di non importa che cosa, di tutto infine. Per l'opinione pubblica ero responsabile della morte dei compagni, responsabile di essere disceso su un lato sbagliato della montagna. Non è vero, naturalmente, però la stampa italiana così ha detto e ridetto, e a questo riguardo ha molto polemizzato. Per fortuna c'è stata la stampa francese, nonché gli amici e i compagni francesi che mi hanno reso giustizia. La cosa prese dunque questi due aspetti: nel mio Paese ero trattato come un assassino, e nel contempo in Francia mi assegnavano la Legion d'Onore per tutto ciò che avevo fatto per la salvezza di tutti i compagni nella tragedia del Pilone. E allora? *C'est la vie.*

...Una delle più grandi difficoltà incontrate sul Grand Capucin, a parte i suoi passaggi tecnici, è stata la ricerca di una via possibile. Se questa parete si guarda frontalmente, come stiamo facendo noi adesso, sicuramente vediamo molto bene ogni passaggio, gli strapiombi, le fessure, ma quando si è là dentro, attaccati alle rocce, non si capisce più nulla. Gli strapiombi sono tanto sporgenti che non si vedono che pochi metri di parete sopra di noi. Là ci vuole allora l'intuito. Sul Grand Capucin ho voluto tracciare una via tutta mia, obbedendo soltanto alla mia fantasia. È stata la materializzazione di un pensiero, di un sogno.

...Per me è un'emozione trovarmi qui davanti al Dru, sulla Breccia delle Flammes de Pierre dopo trent'anni. È la prima volta che risalgo fin qui dopo la mia scalata solitaria al pilastro sud-ovest. E nel guardare questo pilastro, e nel vedere gli alpinisti lassù che in questo momento lo stanno scalando, per me è un po' come identificarmi in essi e rivivere il passato, un passato di trent'anni fa come fosse oggi. Allora, a condurmi lassù, era stata una ragione più grande della semplice passione. Era per me un periodo molto triste a causa dei fatti del K2. Ero in crisi, e per superare questa crisi capivo che dovevo vincere me stesso attraverso l'azione, l'affermazione.

...Sul K2 ho vissuto una brutta storia. Il pubblico, la stampa, l'avevano attribuita al fatto che non fossi arrivato io sulla cima. Ma questa è una sciocchezza. La vera ragione fu invece che attraverso l'esperienza del K2 tutta la stima che avevo degli uomini in generale, e degli amici in particolare, era venuta meno. Sul piano umano ero dunque rimasto profondamente deluso da ciò che era avvenuto lassù, e per questo mi ero trovato con un grande vuoto interiore.

...In effetti il mio sacco sul Dru era massacrante. Avevo il mondo in quel sacco, e tuttavia avevo pressoché nulla, perché il materiale alpinistico a quell'epoca era di per sé molto pesante. Naturalmente dovevo disporre di molti chiodi, essendo la prima volta che si scalava il pilastro del Dru, rimasto fino allora inesplorato. Portavo anche un po' di viveri e qualcosa da bere. Il mangiare non costituisce problema dal momento che per pochi giorni che può durare una scalata non si muore certo di fame. Si soffre invece molto la sete, su una simile parete. Così avevo con me una borraccia d'acqua e uno, forse due barattoli di birra. A metà parete decido di gratificarmi bevendo uno di questi barattoli, senonché non avevo tenuto conto del calore e del fatto che la lattina, sbattendo nelle mie mille manovre, era sul punto di esplodere. Morale, quando l'ho aperta con un preciso colpo di martello, tutta la schiuma mi arrivò in faccia. Fu così che quella birra l'ho piuttosto sofferta che bevuta, specialmente sulle mani che già erano molto provate dalle ferite.

...Dal momento che stavo compiendo una scalata solitaria non ho avuto molta fiducia nei miei chiodi quando mi sono trovato alle prese con una spaccatura molto larga. Allora mi sono diretto verso il grande tetto nero. Da lì ho capito che sulla destra avevo una buona fessura, e per raggiungerla ho compiuto alcune pendolate stando aggrappato alla corda. Poi, a un certo momento, mi sono reso conto che ciò che avevo identificato come un'altra fessura era in realtà una vena di quarzo. La parete era dunque liscia e compatta. Eppure, a quel punto, dovevo assolutamente raggiungere quel luogo, poiché ormai non potevo più né discendere, né salire e neppure attraversare. Per una buona mezz'ora mi sono sentito perso, infine ho avuto una buona reazione. Ecco, ho considerato che mi trovavo là per ritrovare me stesso, appunto per questo lottavo da quattro giorni, non potevo dunque lasciarmi morire. Sono così riuscito a togliermi dai guai adottando una tecnica assolutamente personale e improvvisata. La manovra era consistita nel lanciare a più riprese la corda su alcune scaglie rocciose al di sopra della grande nicchia di rocce chiare, sperando che prima o poi rimanesse in qualche modo incastrata. L'aggancio infine aveva tenuto, e io avevo potuto issarmi a forza di braccia su quella corda.

...A quel punto mi trovavo in «stato di grazia», ero talmente esaltato da ritenere che nulla potesse più arrestarmi. Ho così passato i sessanta metri di strapiombi pressoché in arrampicata libera, e fu come un miracolo. Tutto questo l'ho vissuto in uno stato completamente fuori dalla normalità... Più che l'impresa sportiva è stato straordinario il fatto che un piccolo uomo, da solo, e armato soltanto del proprio cuore, delle proprie debolezze ed esaltazioni, avesse potuto fare una cosa simile. Furono moltissimi a identificarsi nella mia avventura, che è stata veramente un'avventura e non soltanto un exploit sportivo.

...Prima ancora che a Bardonecchia, è a Chamonix che mi hanno festeggiato. Questo per me è stato molto importante, perché mi ha fatto conoscere un aspetto dei francesi che ancora non conoscevo. Dopo tutto, il Dru era il simbolo dell'impossibile per la gente di Chamonix, e un giovane italiano, tutto solo, era salito lassù vincendo quell'«impossibile», rubandolo in un certo senso alla sua gente. Per questo avrebbero dovuto odiarmi, e invece no. Ecco il grande senso sportivo dei francesi, che io ho molto apprezzato, poiché in quell'occasione mi vollero considerare come un figlio.

...Per me queste creste, l'ambiente della Brenva in particolare, rappresentano il massimo di ciò che il Monte Bianco offre agli alpinisti: un concentrato di tutte le difficoltà e del sapere dell'alpinismo. Qui c'è la storia dell'alpinismo, e di questo anche l'università. Sono presenti tutti gli elementi fondamentali: la grandiosità, l'altitudine, i pericoli del maltempo e delle cadute di ghiaccio, gli itinerari sono molto lunghi, complicati e a quote molto elevate. La Brenva è tutto questo. Ma è anche, se vogliamo, il «mio» giardino personale. Ho sempre considerato questa grande parete come un mio piccolo universo... Ai miei tempi sulla Brenva erano stati tracciati, dagli altri e anche da me, diciassette itinerari che io ho ripetuto sovente in tutte le stagioni e in tutte le condizioni; ed essendo questo uno dei luoghi più pericolosi e complessi del Monte Bianco, è facile immaginare, e comprendere, che le cose non sempre si svolsero per me nella maniera più semplice.

...Ma la Brenva per me non è stata soltanto un terreno di tragedia e di sfortuna, ma anche e soprattutto un luogo di gioia e di esaltazione, perché lassù ho vissuto ore, situazioni e spettacoli veramente unici.

...Il massiccio del Monte Bianco è la montagna per eccellenza. Ma io personalmente sono anche indotto a considerarlo quasi come un padre. Sì, è stato per me un padre che nella mia giovinezza mi ha dato preziose lezioni e mi ha anche castigato qualche volta quando non ho fatto le cose alla perfezione. Però non è stato mai troppo severo. Ancora oggi, dopo trenta, trentacinque anni, io vi ritorno come si può tornare a un padre per dialogare, con tutto l'affetto e i ricordi che un figlio cerca nei propri genitori.

...Sono venuto qui sulle rive del Po anche dopo il dramma del Frêney, naturalmente, per rifare all'incirca tutto quello che facevo quando ero ragazzo. Per me è sempre stata una necessità quella di tornare alle mie radici e rivivere l'atmosfera della mia giovinezza. Allora là, e soltanto là, ritrovavo serenità, e anche una nuova forza per rispondere agli ostacoli della vita e superarli. Anche il Po è per me una specie di genitore, una madre che sa accogliermi fra le sue braccia quando ho paura, quando sono debole.

...Abitavo sull'altra riva del fiume, ma con i miei amici venivamo a nuoto fin qui a giocare, e questo attraverso le difficoltà della grande corrente del fiume. Per noi era l'avventura.

...Seduto su queste rive sabbiose spesso sognavo, e viaggiavo a cavallo di un pezzo di legno portato dalla corrente. Arrivavo così al mare, all'Est e all'Ovest, e fino agli oceani. Sì, su queste sabbie io sono cresciuto. Il Po era il mio mare, quelle boscaglie le mie grandi foreste, e queste secche i miei vasti deserti: era ancora l'avventura.

...In autunno quando l'aria è pura, da qui si vede, molto lontana, la catena delle Alpi, azzurre per la grande lontananza. Su quelle ondulazioni cercavo le grandi cime, e per abbracciare ancora più montagne con lo sguardo mi arrampicavo sugli alberi più alti. È proprio lassù che riponevo i miei sogni. Allora, rapportate alla mia infanzia, quelle montagne erano per me come la catena dell'Himalaya.

...Anche sulla Punta Whymper delle Grandes Jorasses non abbiamo avuto una gran fortuna. Questo per colpa del maltempo, ma ancor prima a causa di una incredibile frana di rocce, qualcosa come centocinquanta metri di sperone roccioso che si è abbattuto su di noi. Ciò ha complicato molto le cose. Innanzitutto siamo sfuggiti alla morte per puro caso: la frana ci ha scavalcati mentre ci trovavamo in bivacco e protetti da un grande strapiombo. Pochi detriti sono bastati però a tranciare le nostre corde in tanti pezzi. Il più lungo non misurava che quindici metri... Eravamo nelle condizioni di non poter più tornare indietro, dunque dovevamo salire assolutamente utilizzando gli spezzoni di corda che alla fine erano diventati sei, perché le cadute di pietre ci colpirono ancora una volta. Una prima frana ci ridusse le due corte da quaranta metri in cinque pezzi e una seconda, che miracolosamente non investì Michel, spezzò anche il troncone più lungo... Lassù, quando capii che il problema era superato, provai un'emozione grandissima, un'emozione che non posso più rivivere, perché sono cose che si provano una sola volta.

...In certi momenti ho avuto la presunzione di sentirmi invulnerabile. Ciò è conseguente a quello stato psicologico che io chiamo «stato di grazia», ed è inspiegabile. Credo che tutto questo possa capitare se si vive molto intensamente un certo stato d'animo. In tal caso ci si sente veramente fuori da ogni logica, fuori da tutto, forse perché si è più che mai dentro se stessi.

...Il grande alpinismo competitivo degli anni Sessanta, ammesso che di competizione qui si possa parlare, era di vincere in pieno inverno le grandi pareti nord delle Alpi. Dopodiché, a mio avviso, l'alpinismo estremo tradizionale poteva considerarsi concluso, finito. Allora, di conseguenza, anch'io dovevo finire, poiché sono un alpinista della corrente tradizionale. All'età di trentacinque anni ero così venuto a trovarmi a un bivio: o continuare a fare ciò che avevo già fatto, ripetendomi e in maniera anche poco interessante, oppure fare altre cose che potessero ancora alimentare, con la stessa intensità, la mia avventura. Naturalmente ho continuato a vivere la mia personale avventura, e l'ho fatto semplicemente aprendo il mio orizzonte al mondo intero. Ho così raggiunto gli angoli più sperduti e difficili delle foreste, dei deserti, dei mari, ho vissuto nell'habitat di animali selvaggi e a contatto di popolazioni primitive, ho insomma continuato la mia avventura di uomo della montagna muovendomi non più in verticale ma in una natura orizzontale e qualche volta anche apparentemente monotona.

...Ho avuto la fortuna di incontrare un personaggio che per me è stato molto importante. Era il direttore di una grande rivista italiana, «Epoca», e mi aveva offerto di fare il mestiere di giornalista. Avrei fatto così del giornalismo di tipo ottocentesco, andando in giro per il mondo in tutta libertà a vedere e vivere esperienze che avrei poi raccontato, con parole e fotografie, sulle pagine di questo settimanale di ampia diffusione.

...Quel mio rapporto con il giornalismo d'avventura è durato quindici anni. È stata una buona parte della mia vita, e credo di aver imparato molto da quel mestiere. Per quindici anni avevo fatto tutto con impegno, ma anche con estrema libertà. Però un giorno, quando questa libertà mi sembrò minacciata, io stesso me ne andai dal giornale, spontaneamente. Con questo non ho smesso l'avventura, ho smesso semplicemente di fare il giornalista per «Epoca».

...Oggi scrivo libri. Non sono ricco né mai ho voluto esserlo, sono invece dell'idea che per viversi, così come uno vorrebbe, basti in fondo poco denaro. Occorre però molta fantasia e anche molta saggezza.

...Mi chiedi se potrei ottenere qualche sponsorizzazione per fare i miei viaggi? Ebbene sì, questa sera stessa se volessi, ma non lo voglio, perché considero la sponsorizzazione, nel mio ambiente, una specie di prostituzione (so di essere un po' duro). A questa non si dovrebbe mai arrivare. L'uomo d'avventura è per sua struttura un idealista, e non può ridursi a portatore di pubblicità. Per me questo è inammissibile e inaccettabile. Se io non ho sufficiente denaro per vivere un viaggio insolito, ebbene me ne sto a casa mia, è assai più dignitoso che accettare certe forme di sponsorizzazione.

...L'impossibile e l'ignoto sono grandi dimensioni della montagna, non dovremmo sopprimerle. Bisognerebbe invece misurarsi con esse e cercare di vincerle, ma in maniera umana. Ai miei tempi, una trentina d'anni fa, io ho fatto una grande polemica con gli alpinisti sostenitori dei chiodi a espansione. Non è per il fatto in sé di affidarsi a questi piccoli aggeggi di ferro (che vengono però usati trapanando la roccia per rendere possibile l'«impossibile»), ma bensì mi ero opposto a quei mezzi per il loro implicito significato. Come ho detto, l'impossibile bisogna vincerlo perché abbia un senso, non distruggerlo. Con i chiodi a espansione invece sopprimiamo l'impossibile e con esso, dunque, il fascino dell'alpinismo. Così facendo si passerà dappertutto, sarà soltanto una questione di muscoli, e allora l'immaginazione, la poesia e tutto il travaglio interiore che danno ricchezza all'uomo, all'umano che è in noi, se ne andranno.

Argomenti ripresi dal film
Les conquérants de l'impossible – Bonatti

PIÙ CHE IL REGISTA POTÉ IL PROTAGONISTA
di Mirella Tenderini

TENDERINI – Abbiamo avuto tutti l'impressione che la Genziana d'Oro assegnata al film *Bonatti* intendesse premiare il protagonista più che l'autore. Il filmato di Choquet è ben fatto, ma molti hanno commentato «è un documentario televisivo, non è cinema». Walter Bonatti, che si era sempre considerato poco capito dai suoi connazionali, è sorpreso e commosso dall'accoglienza del pubblico.

BONATTI – Questo film non è un'idea mia. Io ho aderito alla proposta di Bernard Choquet di raccontare in un film le cose che sono poi il discorso che ho sempre fatto per tutta la vita. Io so di essere difficile, polemico... Sapevo che non sarebbe stato facile realizzare un film su di un personaggio scomodo come io sono... ma ho avuto fiducia in Choquet. In questo film ho detto delle cose gravi, e mi sarei potuto aspettare una reazione negativa. Invece, grazie all'abilità di Choquet che ha saputo tradurre benissimo in linguaggio cinematografico il mio pensiero, il pubblico ha seguito, ha capito e ha applaudito. Ma allora il pubblico non è una massa indifferente: è sensibile e partecipe quando si buttano sul tavolo dei problemi e si discutono dei valori. Forse i tempi sono maturi per dire delle cose, per cambiare delle cose. Io spero che seguendo questo esempio altri che hanno cose importanti da dire, le dicano: la gente è preparata ad ascoltarle e a giudicarle.

TENDERINI – Vuoi riassumere in poche parole il tuo messaggio?

BONATTI – Io non ho fatto che raccontare me stesso. Non ho messaggi da trasmettere, ma piuttosto argomenti di riflessione. Io non voglio sovvertire il mondo: sarei presuntuoso e persino stupido se pretendessi di farlo, però vorrei dire che c'è anche un altro modo di viversi e di vivere la montagna rispetto a quello che l'informazione ci propone oggi. Vorrei offrire le mie esperienze come qualcosa a cui potersi riferire, se si vuole, in alternativa ai modelli correnti. Sta poi ai singoli giudicare, scegliere, riconoscersi o non riconoscersi in quello che dico.

TENDERINI – Auguriamoci allora che questo film arrivi a un pubblico più vasto, che venga programmato e trasmesso dalle reti televisive...

BONATTI – Sì, però non vorrei che per motivi commerciali che né io né Choquet possiamo controllare, questo film venisse immesso in un circuito negativo. Ci sono purtroppo programmi «spregiudicati» (intendo dire «squalificanti») in cui non vorrei proprio vedermi. Davvero se questo dovesse succedere mi sentirei annullato nell'essenza del discorso che intendevo fare e mi pentirei addirittura di averlo fatto, questo film.

BONATTI AFFERMA: ALPINISMO SENZA ETICA
di Franco Rho

Ci voleva Bernard Choquet, un francese, per affermare che non c'è un dopo Bonatti, come non c'è un dopo Messner, come non c'è stato un dopo Gervasutti, un dopo Cassin e non c'è un dopo di niente e di nessuno sia in alpinismo, sia in tutte le altre discipline sportive. Nessun grande sportivo è dopo; ogni grande sportivo è la sua stessa pagina. Cambiano i tempi perché il tempo trascorre; immutato resta il valore delle imprese ed ogni valore si riflette sulle realtà presenti, quindi è attuale. Anzi, se la cronaca può sbagliare nel giudizio (e quanti giudizi ha sbagliato su Bonatti!), la storia non è fallace: esalta i meritevoli e condanna i cretini; insomma è giusta.

Choquet, vincendo la Genziana d'oro al Festival di Trento con il suo film *Bonatti*, ha fatto la storia di un uomo o meglio di un episodio dell'uomo: la tragedia del Pilone Centrale al Bianco nell'estate 1961. Quattro uomini morirono e gli avventati – o i meschini – accusarono l'alpinista bergamasco di non essere immune da qualche responsabilità. Come se Bonatti, dotato di poteri magici e maligni, avesse addensato di propria volontà una tormenta senza fine intorno al Pilone di Frêney. Calunnie, naturalmente, e tanta imbecillità da parte di chi le ascoltava condividendole senza nemmeno prendersi la briga di valutare tutti gli elementi e i comportamenti di chi visse quella vicenda. Ma questa vicenda – ve n'erano state altre prima, perché il mondo non perdona chi si distingue come Bonatti – lasciò una traccia amara nello spirito del grande scalatore. Ventisei anni sono trascorsi e, dopo tanto tempo, un episodio diventa storia e storia è diventato appunto il Pilone della tragedia. Forse perciò l'affermazione di Choquet non è piaciuta a qualcuno; e tantomeno sono garbate certe affermazioni dello stesso Bonatti sul professionismo alpinistico sponsorizzato all'eccesso e su certi alpinisti che s'arruffano e baruffano per contendersi, senza troppa passione per la montagna e con notevole sterilità morale, il denaro degli sponsor.

Choquet ha reso giustizia a Bonatti e, sia pure indirettamente, lo ha riportato all'attualità dimostrando che non c'è un dopo, anche se lo scalatore ha abbandonato l'alpinismo estremo nel 1965, quando avrebbe potuto ancora rincorrere successi a catena. Non c'è un dopo perché il confronto fra le filosofie e le scuole è costante e continuo. Forse non si discute ancora di Preuss che non voleva i chiodi in parete? Bonatti non discute la evoluzione dei mezzi (equipaggiamento e materiali) bensì la involuzione degli alpinisti professionali, di quelli che emergono per le loro qualità tecniche con scarsa propensione per altre qualità come la correttezza. Non tutti naturalmente, ma sono molti, forse troppi. Però, se i mezzi ci sono, se la ricerca e l'industria ce li forniscono, perché non usarli? Vogliamo rinunciare alla sicurezza che il moderno equipaggiamento e i materiali di oggi ci offrono? Vogliamo vestirci come il nobile di Saussure che per andare al Bianco indossava una *redingote*?

Bonatti non ha mai detto questo, non ha mai sostenuto che il titanio nello zaino fa schifo perché pesa poco; non ha mai sostenuto che sia meglio il grana padano degli omogeneizzati. Ciò che egli critica è la mancanza di misura nell'utilizzare i mezzi e i materiali. Ognuno deve trovare in sé quella misura che di fronte alla montagna la coscienza gli suggerisce. Vincere con moralità, se vogliamo scomodare un sostantivo un po' solenne. In ogni professione esiste un'etica, esiste un codice di comportamento; ci sono regole precise anche nel pugilato che è uno sport violento; perché l'alpinismo dovrebbe sottrarsi alla regola? Mi sono sentito dire: «Ma li vedi, questi ragazzi del *free climbing*? Vent'anni fa non avresti immaginato che l'uomo potesse davvero trasformarsi in un ragno; gli vuoi dettare un codice?». Be', il *free* è pura acrobazia, è il Barnum della parete e con l'alpinismo non ha niente a che fare; tanto è vero che i praticanti del *free*, quando si spostano sulla montagna autentica, magari un ottomila – ma basta la Brenva – ripongono i pantaloncini corti e la fascia da tennista per adattare equipaggiamento, materiali e soprattutto la testa ad una sfida vera. Non c'è un dopo di niente e di nessuno, quando non si fa il *sassismo* ma l'alpinismo, due specialità che non vanno confuse perché diverse, con qualche vago punto in comune come ad esempio la forza fisica e la grande capacità di equilibrio. Niente altro.

Bonatti continua a sostenere che un alpinista deve trovare la propria misura nell'etica, nella moralità. Non per la retorica della montagna sacra; semplicemente perché chi non accetta un codice di comportamento potrà anche fare cose che sembrano grandi, ma non sarà mai grande e verrà quasi sempre espulso dalla disciplina praticata. Cioè, non farà testo o, se preferite, non passerà alla storia e soprattutto non avrà lunga durata nella vicenda internazionale dell'alpinismo, nemmeno andando a elemosinare le simpatie di telecronisti o giornalisti. Le ragioni di Bonatti sono limpide anche se c'è chi vorrebbe mortificarlo a discuterne e viene invece mortificato, alla lunga, dai silenzi delle platee. L'inconsistenza può rumoreggiare, ma di lei non resterà che la polvere.

Oggi rumoreggiano convegni, congressi, tavole rotonde per accertare o scoprire che cosa sia l'alpinismo moderno; si ascoltano poche osservazioni serie, si vede troppo fumo esalato dagli intossicati di protagonismo. Poi ci si siede a tavola allungando le gambe, convinti di aver scoperto il verbo e di averlo annunciato all'inclito. Una mosca che arrampicasse sul vetro non potrebbe fare meglio e in ultima analisi il più delle volte gli ascoltatori restano interdetti perché non hanno capito niente e l'unico risultato è quello di aver visto gente arrotolarsi in bocca le parole come fossero spezzatini da ristorante a cinque stelle. E guai a chi, come Bonatti, non segue le mode dell'inutilità; guai a chi sostiene che inutile è oggi ammantare l'alpinismo professionale di falsa spiritualità: l'inconsistenza mostra alla lunga la frusta. La spiritualità – diciamo il naturalismo, la purezza, la contemplazione, per non essere troppo gravi – esiste nella forza dei dilettanti, ma il discorso non viene fatto su questa categoria di tenaci sudatori per esclusivo godimento della propria anima o spirito che dir si voglia.

L'alpinismo presenta fenomeni nuovi, nuove realtà nel professionismo, nelle imprese estreme, di gran livello; ma non è detto che le filosofie emergenti siano vangelo e che siano autentiche filosofie; anzi, molte sono criticabili anche se si nascondono dietro al paravento dell'ideale. Dietro c'è roba, e ci sono uomini poco seri o senza misura. Perché, parafrasando sia pure uno slogan televisivo, l'alpinismo è una disciplina riservata ai soli uomini veri. E questi, sponsorizzati o no, hanno una misura e una regola di comportamento. Basta guardarli agire senza troppe parole. Come ad esempio ancora agisce il recente Bonatti patagonico. Quasi muto come un pesce.

Una settimana di chiacchiere

CONVERSAZIONE CON SILVIA METZELTIN

METZELTIN – Ho il piacere di presentare ai nostri ascoltatori un ospite che per me è un po' speciale in quanto io sono alpinista, e il nostro ospite è niente meno che Walter Bonatti. Walter Bonatti è uno dei massimi personaggi di riferimento per gli alpinisti, però è anche conosciuto presso il grande pubblico come fotografo e inviato speciale di grandi riviste italiane. Walter Bonatti quindi sarà con noi soprattutto per raccontarci i suoi viaggi avventurosi per il mondo, spesso in luoghi dove le montagne nemmeno ci sono. Per me è un po' imbarazzante presentare Walter Bonatti come alpinista. In fondo gli alpinisti sanno già tutto di lui, delle sue grandi solitarie, dei famosi exploit negli anni Cinquanta e Sessanta, proprio quelli che lo hanno portato alla ribalta di una notorietà internazionale che va ben al di là anche del mondo alpinistico. Però, da venti anni a questa parte, Walter Bonatti, pur andando naturalmente sempre in montagna per suo piacere, ha cambiato attività. Questo nel senso che professionalmente è passato dall'attività di guida alpina a quella di giornalista, inviato speciale per grandi riviste italiane come «Epoca». Fotografo, giornalista, scrittore ma non più soltanto di montagna bensì di quelli che si possono chiamare i grandi spazi di avventura nella nostra Terra. Ed è proprio di queste esperienze che Walter Bonatti ci parlerà durante questa settimana in cui sarà con noi a questi microfoni. Intanto, anche per curiosità personale, vorrei pregarlo di spiegarci dapprima quale sia stata in fondo la vera molla che lo ha spinto verso questo cambiamento di professione, che del resto se non erro non è nemmeno stato il primo. In fondo non credo che sia stata una tua scelta casuale, oppure è stato un caso?

Bonatti – Può forse sembrare un caso perché di solito, almeno per quanto io ne so, sono pochi gli alpinisti che a un certo momento decidono di allargare i propri orizzonti, decidono di scendere dalle montagne per inoltrarsi in un deserto, in una foresta, navigare un fiume o scendere su un fondale marino.

Metzeltin – Già, di solito quando scendono dalle montagne mettono un po' le pantofole.

Bonatti – Ecco. Tu sei molto carina nel dire pantofole, io sarei stato un po' più cattivo. Sì, io ritengo di aver continuato la mia avventura. Sono sceso dalle montagne semplicemente, perché dalle montagne avevo avuto tutto. Un tutto tra virgolette naturalmente, perché non può essere che un tutto relativo. Tanto che la stessa spinta, la stessa molla che ieri mi portava sulle pareti che tu sai, mi ha poi condotto in capo al mondo per continuare a vivere la mia avventura, anche se necessariamente non si svolgeva più in un mondo verticale. Però, quello che io cercavo prima sulle montagne l'ho voluto ricercare poi, e l'ho trovato, appunto nei grandi spazi da te accennati.

Metzeltin – Senti, ma cosa comporta in fin dei conti un cambiamento che se non è radicale da un punto di vista interiore è pur sempre importante da un punto di vista esteriore? Perché penso che lavorare per un grande giornale sia poi una cosa molto diversa che lavorare invece risiedendo in una località di montagna.

BONATTI – Sì, e questo infatti è stato per me molto positivo. La vita in fondo è fatta per essere vissuta, quindi... Tu conosci un ambiente, ci vivi, lo assimili; però la vita è fatta di mille, infiniti ambienti. Fare dunque un certo tipo di giornalismo è stata veramente un'esperienza nuova e galvanizzante, per la quale ho messo a buon frutto, appunto, tutto l'insegnamento avuto dalla montagna.

METZELTIN – Vale a dire tutte le doti che io oserei definire soprattutto di carattere. Però, in realtà, stavi di fronte a una professione nuova, che era tutta da acquisire.

BONATTI – Sì. E questo, se vuoi, è stata anche una prova di umiltà. Sì, perché io, che ero sceso dalle montagne da conquistatore, da campione, mi ritrovavo a essere un apprendista.

METZELTIN – E non eri più giovanissimo, nel senso di essere un ragazzino.

BONATTI – Ho dunque messo ancora alla prova il mio spirito di adattamento. E procedevo per gradi, incominciando dall'abbiccì, mi sono creato una mentalità giornalistica, o per lo meno mi sono impegnato a farlo. Poi soltanto i miei lettori potranno dire se ci sono riuscito e in quale misura. Ho quindi imparato a scrivere e a farlo in modo conciso, e ancora ho imparato a fare fotografie, nonché a girare per il mondo assumendomi precise responsabilità, vivendo esperienze che poi avrei raccontato a quei lettori che si fossero trovati sulla stessa mia lunghezza d'onda.

METZELTIN – Senti, ma in tutto questo insieme di cose, qual

è la cosa che ti è sembrata più difficile da acquisire, che ti è costata più fatica, diciamo?

BONATTI – Be', non è una novità, ancora oggi mi ritengo un principiante per quanto riguarda il mio adattamento al sociale.

METZELTIN – E questo forse lo hai in comune con tanti altri alpinisti. Sei un punto di riferimento per gli alpinisti, e credo tu lo sia anche sotto questo aspetto molto particolare, non è vero?

BONATTI – Io non so se questo sia un buono o cattivo riferimento. Credo comunque che chi è nato libero, libero debba rimanere.

METZELTIN – Intendi spazi di natura fisica oppure...

BONATTI – Anche psicologici e intellettuali.

METZELTIN – Per cui tu potresti anche vivere in un ufficio?

BONATTI – Certo, se necessario. Io potrei anche impormi di vivere in un ufficio, però avendo sempre come meta i miei spazi. Spazi che se anche non li vivo al momento in cui sto in ufficio, lì però li sogno e invento condizioni per andare poi a viverli altrove.

METZELTIN – Quindi al massimo puoi stare in ufficio, diciamo così, a tempo parziale, ecco. Per cui, in fondo, la tua difficoltà maggiore è stata quella dei rapporti sociali del tuo ambiente di lavoro.

BONATTI – E di tutto l'ambiente umano in generale. Poiché nell'ambiente circoscritto del lavoro, che è spesso di amici, prima o poi si finisce sempre per capirsi. Ma io quando dico sociale lo intendo in senso totale. Mettermi per esempio in una confusione cittadina, o correre allo stadio, ebbene, anche se posso capire il calcio come espressione sportiva a me l'idea di ammassarmi tra altre centomila persone mi fa impazzire. Dirò che a tutto questo potrei aderire una volta, per curiosità, poiché sono aperto a tutto; per il resto non faccio il minimo sforzo a ignorare questi tipi di adattamento.

METZELTIN – Allora il fatto di scegliere di essere il giornalista dell'avventura, per te è stata una scelta giusta.

BONATTI – Direi proprio di sì. Per me è stata una scelta giusta e oggi lo posso ben dire. Il direttore di «Epoca» di allora, Nando Sampietro, aveva visto in me il tipo che poteva portare un'ondata nuova di giornalismo, parlo di circa venticinque anni fa. Un'ondata nuova che poi in realtà è vecchissima, perché già nell'Ottocento ci sono stati famosi giornalisti che sono andati a esplorare il mondo segreto e ce lo hanno poi raccontato nei loro storici articoli. Parlo di Stanley, per esempio, e altra gente di quello stampo.

METZELTIN – Solo che allora non c'erano le possibilità che oggi si hanno. Né quelle dei rotocalchi né quelle della radio come è per noi in questo momento, né c'era la televisione per poter diffondere queste cose, insomma. In fondo io, e forse anche i nostri ascoltatori, siamo incuriositi di sapere come nasce veramente un servizio dell'avventura. Perché noi lo vediamo poi sulla carta stampata, ma in realtà come nasce un servizio di questo tipo?

BONATTI – Può nascere in tanti modi, quanti sono i tipi di avventura, per esempio. Con la parola avventura purtroppo si intendono, e si confondono, un sacco di cose diverse fra loro. Io ti posso parlare di come nasce la mia avventura, di come questa è nata fin dall'inizio. Dunque, intorno al 1963-64 ero già discretamente noto e apprezzato da un certo pubblico, avendo io fatto in montagna ciò che sai. Fu così che il direttore Nando Sampietro molto intelligentemente, ed essendo di ampie vedute, aveva visto in me l'inviato adatto per inaugurare questo nuovo tipo di giornalismo. Già ero collaudato sulla montagna, quindi secondo lui dovevo possedere doti di perseveranza, di resistenza fisica e di quanto altro comporta il fare dell'alpinismo estremo, quindi anche del giornalismo estremo. C'è stato allora un viaggio di prova, un viaggio che risultò per tutti molto interessante.

METZELTIN – Ha scelto lui la meta, o l'hai scelta tu?

BONATTI – Il viaggio di prova l'ha scelto lui, naturalmente, lui e i big della Mondadori. E dicendoti adesso dove mi hanno inviato capirai come sono stati veramente in gamba e lungimiranti. Mi hanno mandato nel cuore dell'inverno al Polo del Freddo, cioè nell'estrema Siberia di nordest, al di là del circolo polare e nel punto più freddo del mondo abitato. Là sono rimasto un mese insieme ad altri due giornalisti italiani e due giornalisti russi. Russi e italiani insieme eravamo tutti stranieri in una terra che a quel tempo, parlo di venticinque anni fa, era considerata veramente alla fine del mondo. Tu sai che la Yakutia è stato l'ultimo territorio che Stalin ha preso con la forza prima della sua entrata in guerra nel secondo conflitto mondiale. Quindi noi cinque, a quel momento, eravamo tra i pochissimi occidentali che avevano potuto accedere in quelle terre. Come prova del nove, la mia esperienza è stata indubbiamente positiva, e da allora la direzione del giornale mi ha dato totalmente carta bianca. Come nasceva dunque la mia avventura? Innanzitutto riesumavo le mie fantasie di bambino, le mie letture di ragazzo sulle quali avevo sognato non ti dico quanto. Tutti noi a una certa età sogniamo su ciò che leggiamo, e questi sogni io li ho ravvivati facendone il motivo dei miei viaggi. In tutti questi viaggi, circa un centinaio, sono dunque andato, l'ho detto, a inseguire i miei sogni di bambino, e dovutamente studiati me li appuntavo poi su una mappa in corrispondenza di una appropriata posizione geografica. Oggi l'organizzazione e i charter arrivano un po' dappertutto, ma allora ti assicuro che non era così, dei luoghi selvaggi si sapeva pochissimo, pochi c'erano stati. Dove io arrivavo era quasi sempre un'impresa, ed era proprio questo genere di avventure che sottoponevo come programma di viaggio al mio direttore. Il quale, devo dirlo, mi ha sempre dato il suo benestare, e non certo per spassionata adesione alle mie richieste, bensì condividendone e apprezzandone il contenuto. Credo infatti che ciò avesse implicitamente un singolare interesse giornalistico, poiché la rivista in quegli anni ha per così dire «tirato» moltissimo, sia in Italia ma soprattutto all'estero dove questi miei reportage venivano ripresi dalle più diffuse riviste e apprezzati dai loro lettori. Ecco, andò così il mio esame di giornalista d'avventura.

METZELTIN – Mi piace molto l'idea che una persona possa recuperare, da adulta, quelli che sono stati i suoi sogni da bambino. Penso che sia cosa abbastanza rara, e in questo devo dire che sei stato forse anche un po' fortunato. Direi che questo è un aspetto della tua vita certamente invidiabile. Ricordo che tagliavamo le pagine di questi tuoi servizi su «Epoca». Però devo ammettere che non mi ricordo più se tu allora volessi sottolineare qualcosa in particolare in quello che ci presentavi. Forse al momento questo ci è sfuggito. In realtà volevi dunque sottolineare qualcosa di particolare nei tuoi reportage?

BONATTI – Effettivamente sì. Ma ancor prima di questo io volevo vivermi secondo il mio bisogno di spazio. Devo poi dire che compiendo questa serie di particolari avventure, come quelle ad esempio che mi vedevano in contatto diretto con animali selvaggi e popolazioni primitive, via via sentivo sempre più la necessità, per me stesso e per chi mi avrebbe poi seguito attraverso i miei resoconti, di riflettere e fare considerazioni al riguardo. Ascoltare e meditare dunque, ma anche far capire, ad esempio, quale può essere l'emozione di ritrovarsi nella dimensione antica che l'uomo, al tempo delle sue lontane origini, certamente aveva e poi, a vantaggio forse di altre virtù, ha perduto, o per lo meno ha lasciato assopire in sé. Devo dire che la mia azione non è stata mai una lotta contro qualcosa, bensì una comunione con la natura vera, un cercare di capirla e di convivere con essa e con le sue genti primitive e con i suoi animali cosiddetti feroci. E questo, te lo assicuro, non è stata una chimera poiché qualche volta credo di esserci davvero riuscito. Così facendo ho cercato di rendere all'uomo d'oggi, sia pure per pochi momenti, alcune delle virtù e paure che alle sue origini egli già aveva posseduto. Era stato un qualche cosa che gli aveva consentito, non dico di dialogare con la natura selvaggia, ma almeno di non fraintendersi con essa.

METZELTIN – Insomma, come tu hai sempre rifiutato i chiodi a espansione quando eri più addentro nell'alpinismo, così hai poi fatto i tuoi viaggi senza portarti nemmeno un fucile?

BONATTI – Hai detto bene. Il mio non portarmi un fucile nella foresta e nella savana equivaleva appunto al non usare certi compromessi nell'alpinismo. L'alpinismo come sappiamo è un gioco, come tutto è gioco quello che si vive nel corso della vita; ma ogni gioco, in quanto tale, ha le sue regole, e vanno rispettate, sennò diventa per lo meno un altro gioco.

METZELTIN – Già, ma essere in montagna con un tipo di chiodi piuttosto che un altro, e invece trovarsi di fronte a una tigre, poniamo, senza un fucile, non è un gioco un po' diverso?

BONATTI – No. Lì per lì potrebbe sembrare un gioco pazzo, una roulette russa, però se arrivi per gradi alla prova che vuoi sostenere – e poi tu mi conosci abbastanza e sai che io sono piuttosto fifone che coraggioso, il mio coraggio nasce infatti dalla gran fifa che ho sempre avuto – se io, dicevo, assimilo totalmente e razionalmente le mie esperienze, giorno dopo giorno, ebbene non posso che arrivare, e ci sono appunto arrivato, a una conclusione positiva. È chiaro che se d'acchito guardiamo soltanto all'immagine fisica del piccolo uomo, io in questo caso, che si addentra in una foresta, la foresta di Sumatra dove sono rimasto quaranta giorni da solo in cerca della tigre, che ho poi trovato e con essa ho convissuto, ebbene sì, può sembrare una follia; ma la realtà è più complessa e diversa. Cioè, io in quei quaranta giorni ho capito e imparato molto su quella tigre, il più possibile, e la tigre a sua volta ha sentito che io non ero lì per cacciarla. Se non prendesse troppo tempo potrei raccontare qualche curioso aneddoto sull'argomento...

Metzeltin – Dài, raccontaci qualcosa sulla tigre.

Bonatti – Allora ci proverò. La tigre dava segni di capire che io non ero lì per spararle nel sedere. Premetto che il mio campo era fatto di quattro pali incrociati con un quinto palo posto sopra e al quale avevo appeso l'amaca. Era quindi un bivacco ai quattro venti nel bel mezzo della giungla, e sulla pista della tigre. A questo punto già sapevo che quello splendido animale sarebbe tornato prima o poi a passare di lì. E una notte così accadde. Però l'avrei scoperto soltanto il mattino seguente vedendo affiorare le sue tracce sul terreno molle. Erano tracce che ormai avevo imparato a leggere. Infatti è anche dalla pressione delle tracce, e dalla distanza che separa le une dalle altre, che si può capire il carattere, l'umore dell'animale. Questa tigre si era avvicinata nella notte fino a sfiorare il mio campo, a poche decine di metri dall'amaca in cui dormivo, e lo aveva fatto con passo assolutamente tranquillo. Poi, senza scatti di alcun genere, aveva piegato sulla destra, era entrata nel folto, e infine, dopo cento metri, aveva ripreso il cammino sulle sue vecchie tracce abituali. Dico abituali perché le loro piste di trasferimento sono sempre fisse e precise. Da gran signora quindi, quasi ignorandomi, mi aveva evitato e subito aveva ripreso il suo cammino.

METZELTIN – Da gran signora, hai detto, ma non affamata però, perché...

BONATTI – No, nessun animale, anche il più feroce e affamato attaccherà mai l'uomo, perché ne ha una paura ancestrale. Questo è quanto io ho imparato. Si dice che l'animale feroce, diremo meglio la belva, attacchi l'uomo... A volte accade infatti, ed è una disperata reazione dell'animale che noi erroneamente consideriamo come aggressione. In realtà la sua è soltanto una difesa alla minaccia che noi rappresentiamo per lei in quel particolare momento. Se noi non conosciamo, o comunque non osserviamo le regole di questi animali, la distanza critica per esempio che è il suo limite di guardia, ossia la vicinanza massima cui possiamo accedere senza costituire per lei un pericolo, ebbene oltrepassato questo limite, automaticamente scatta nella bestia un senso istintivo di difesa. E dico difesa, mai offesa.

METZELTIN – Certo, quindi avremmo qualcosa da imparare dagli animali anche sotto questo aspetto.

BONATTI – Direi proprio di sì, e al riguardo penso di aver imparato tanto da questi animali. Riprendendo ora la domanda che tu prima mi avevi posto, ribadisco di aver cercato spesso, attraverso le mie avventure che forse lì per lì potevano sembrare pazzesche, ho cercato, dicevo, di dimostrare che se l'uomo imparasse di più a capire la natura, e a non usare sempre il metro umano per considerarla, ebbene le cose apparirebbero più chiare e sarebbe meglio per tutti. Perché tu non puoi proprio misurare gli animali con la complessa logica umana, sennò succede proprio quello che spesso accade, ossia riusciamo a farci azzannare persino dal nostro cane. Ecco, se noi riuscissimo a recuperare davvero un po' delle nostre antiche cognizioni... ebbene non uccideremmo un serpente soltanto perché striscia.

METZELTIN – Certo. Ma allora tu saresti capace di uccidere un animale per cibarti?

BONATTI – Purtroppo ho dovuto farlo. Proprio perché mi ero trovato ormai ridotto allo stremo. Qualche volta ho dovuto abbattere un animale, o qualcuno lo ha fatto per me, ma per cibarci, soltanto per sopravvivere. E questo in fondo rientra nelle regole della giungla, e sono regole che governano l'esistenza degli animali. Gli animali uccidono per mangiare, per la loro sussistenza. Mai uccidono per uccidere, se sono normali, cosa che invece fa spesso l'uomo abusando di potere e anche per sadico sport.

METZELTIN – Ahimè sì, l'uomo lo fa. E lì, quindi, non ti è sembrato affatto di essere in contraddizione con qualcosa? Ti è sembrato naturale?

BONATTI – Naturale come la legge che ho appena ricordato, ossia per la sopravvivenza quando ho rischiato di morire di fame.

METZELTIN – E questo ti è capitato più in ambienti tipo giungla, foresta vergine, oppure...

BONATTI – Proprio così. Si pensa che più è folta la foresta vergine e più dovrebbe offrire di che sopravvivere. Invece è esattamente il contrario. Tu riesci a sopravvivere meglio in un deserto piuttosto che in una densa foresta. La storia dell'esplorazione è piena di casi mortali che si sono verificati nelle foreste vergini. In realtà qualche animale si è potuto ambientare anche là dentro, ma appunto perché la foresta è tanto densa tu non li vedi neanche, e magari sono lì a pochi passi da te. Non li snidi dunque perché il folto è tremendo, e ancora meno puoi cacciarli.

METZELTIN – Così anche quando è vitale cacciarli non riesci a scovarli.

BONATTI – Mancanza totale di cibo, ecco il perché di moltissime sciagure.

METZELTIN – Pensando proprio alla foresta vergine, per te questi ambienti naturali, che potremmo definire un po' estremi, sono tutti uguali o ce ne sono alcuni che ti affascinano di più e altri che invece temi maggiormente?

BONATTI – Le mie esperienze mi hanno fatto conoscere le cose più curiose, contrastanti; tutte però sono state a loro turno le più importanti e le più affascinanti, perché nel momento in cui le ho scelte le ho molto desiderate, e ho fatto di tutto per viverle intensamente e trarne esperienza. Quindi non c'è fra queste una cosa che io possa ritenere migliore di un'altra. Sono state tutte stupende perché volute e avute in un certo modo. C'è però un continente che mi affascina più degli altri ed è quello sudamericano. Vuoi per la gente, vuoi per la sua storia, e vuoi anche per i suoi contrasti naturali. Trovo che sia davvero una terra molto singolare. In soli duecento chilometri, sulle coste peruviane, si va dall'oceano al deserto assoluto, e dalla montagna ghiacciata alla giungla più impenetrabile.

METZELTIN – È vero, è un continente che trovo anch'io molto affascinante. Stavo però pensando che forse c'è un elemento naturale che potrebbe averti attirato di meno, e cioè il mare.

BONATTI – Non è così. Il mare mi attira invece tantissimo. Quando l'ho scoperto, scoperto nel senso che sono sceso sui suoi fondali, ebbene ne sono rimasto conquistato, proprio come fu all'inizio sulle vette.

METZELTIN – Hai quindi fatto anche attività subacquea?

BONATTI – Sì, abbastanza, e nei mari più fortunati. Fortunati in quanto erano, e spero lo siano ancora, ricchi di tutto e intatti. Il mare dei Caraibi, per esempio, quello della Sonda, la barriera corallina dell'Australia. Ecco, mari di questo genere ti offrono veramente un mondo incantato e insospettato. Ti danno il non plus ultra di ciò che il mondo sommerso può offrire al suo visitatore.

METZELTIN – Pescicani compresi, però?

BONATTI – Sì, compresi i pescicani.

METZELTIN – Ma come fai a comunicare con i pescicani per dir loro che tu non vuoi aggredirli?

BONATTI – Ecco, ci sono animali che non sono riuscito a capire più di tanto, e tra questi il pescecane, il coccodrillo e il bufalo africano. Tutti e tre sono assolutamente imprevedibili. Non so se in questi anni si sia trovato il modo per non farsi assalire dal pescecane, ma fino a quando io ho praticato l'immersione, ebbene, certi tipi di pescicani erano veramente temibili. A quell'epoca non si sapeva ancora con certezza se fossero più sensibili al movimento piuttosto che al colore o ad altre cose. Fatto sta che ogni volta che mi sono trovato a tu per tu con uno squalo mi sono fatto piccolo piccolo e immobile, e, quando ho potuto, mi sono messo con le spalle contro uno scoglio, un corallo magari, che in quel momento potesse offrirmi un minimo di protezione. E alla fine eccomi qui a parlarne con te.

METZELTIN – Già, ma fino a quanti metri ti sei avvicinato al pescecane?

BONATTI – Be', diciamo che uno squalo bianco sulla costa australiana è giunto fino a pochissimi metri da me. E una volta nei Caraibi un branco di barracuda mi ha addirittura circondato. Ero con un amico... Ma a raccontarti tutte queste cose ci vorrebbe troppo tempo... Allora eravamo nei Caraibi e si pescava. È chiaro che a quei tempi non si era ancora sensibilizzati al problema ecologico. Durante una lunga immersione ci eravamo trovati con un pesce fiocinato e sospesi a mezza profondità per l'inevitabile tappa di decompressione. Di colpo abbiamo visto l'azzurro del mare punteggiarsi di musi di barracuda. Presto ci siamo trovati al centro di un vortice di questi barracuda. Era un serio problema e l'abbiamo affrontato dandoci di schiena, l'uno contro l'altro, puntando gli arpioni verso gli assalitori. Infine siamo riusciti a emergere e a far capire a quelli della nostra barca, purtroppo lontana, di avvicinarsi e venirci a raccogliere. Ci eravamo messi davvero in un bel guaio, e anche questa dunque è stata una preziosa lezione.

METZELTIN – Lezione nel senso che non sei mai più andato a fare questo tipo di esperienze?

BONATTI – No, no. Lezione nel senso che – d'altra parte già lo sapevamo – non si deve far sentire a un predatore di mare, in questo caso il barracuda, l'odore del sangue. E questo vale anche per i piranha dell'Amazzoni. Ma che cosa non leggiamo in certi racconti al riguardo, e non vediamo in certi film dove si specula anche sulla possibile ferocia dei piranha. Ma è tutto una favola. Il piranha ha il carattere del barracuda, perciò se non sente odore di sangue ci puoi stare in mezzo, come io ho fatto per mesi interi, nuotando e tuffandoti tranquillamente, sicuro che non ti assalirà.

METZELTIN – Basta che non ti tagli un dito.

BONATTI – Ebbene sì, se ti tagli un dito allora le cose cambiano. Per questo bisogna conoscere bene le leggi che regolano il mondo animale.

METZELTIN – Certo, in fondo è proprio un peccato che di queste leggi noi se ne sappia così poco. E anche tu le hai sapute leggendo dei libri, oppure te le sei sperimentate sulla tua pelle?

BONATTI – È attraverso le letture che è nata in me la curiosità, naturalmente. Poi c'è stato il bisogno della verifica. Non parliamo poi di certi film che ti fanno vedere lucciole per lanterne. Sì, dunque, io mi sono ispirato ai libri. Il resto poi l'ho imparato dal vivo, a volte assimilando le lezioni dei miei stessi errori, come nel caso dei barracuda.

METZELTIN – Che avrebbero potuto costarti caro.

BONATTI – Sì, effettivamente.

METZELTIN – Allontaniamoci un momento da tigri e pescicani e vediamo un po' come si prepara in pratica un viaggio di questo genere. Tu hai detto che dai sogni sui libri hai poi elaborato i tuoi viaggi, ma tu sei uno di quelli che si preparano tutto con pignoleria, oppure sei di quelli che oggi decidono di partire e domani se ne vanno.

BONATTI – In questo senso io sono un po' in contraddizione, poiché detesto fare il ragioniere, che in fin dei conti non sono. Per fare certi viaggi però bisogna organizzarli bene, altrimenti rischi di fallire cose importanti anche per piccole stupidaggini. Nella maggior parte dei miei viaggi difficili è stata per me una liberazione il momento in cui ho cominciato a passare all'azione, anche se si trattava di una marcia, che so, di duecento chilometri da farsi in qualche giorno, oppure della traversata di un deserto. Questo perché, trovandomi finalmente nel mio elemento, e ben conoscendo i miei limiti, io sapevo come comportarmi e mi sentivo padrone della situazione. Così era per quanto riguarda l'avventura vera. L'altra invece, che avevo appena conclusa, ossia l'organizzazione, mi ha sempre fatto impazzire, anche perché questi viaggi si svolgono prevalentemente in Paesi politicamente e burocraticamente difficili. Non parliamo quindi dell'altalena snervante che ciò comporta, tra ambasciate e consolati, funzionari e dipartimenti di vario genere. La burocrazia di questi approcci ha sempre costituito per me un vero e grosso problema. Superato il quale è diventato poi tutto facile, perché da quel momento tutto sarebbe dipeso soltanto da me, sarebbe stato dunque come giocare in casa.

METZELTIN – Senti, ti sono state poste delle difficoltà particolari per questi tipi di viaggi, oppure hai dovuto subire la solita normale burocrazia di tutti?

BONATTI – In alcuni Paesi, dove burocraticamente sarebbe stato per me più facile, non v'erano le indispensabili premesse, ossia non v'era materia prima per poter vivere il mio tipo di avventura. Gli altri Paesi invece sono stati quasi sempre molto difficili. Di me non sapevano nulla, c'era quindi da vincere la loro comprensibilissima diffidenza, a volte quasi insuperabile. In quei casi il segreto per spuntarla era stato sovente, oltre la mia personale esperienza, una certa sensibilità da parte mia che riuscivo a manifestare nei vari colloqui preliminari, nonché una certa simpatia che riuscivo a guadagnarmi in chi mi avrebbe poi rilasciato lo speciale e prezioso permesso.

METZELTIN – Conquistando qualcuno che poteva capire che tu in fondo volevi andare soltanto a cercare di «parlare» con una tigre, e non per fare dello spionaggio politico.

BONATTI – Esatto. Ma una volta sono finito anche in prigione, in Africa, e questo per non aver saputo decifrare certe regole del Paese ospitante, regole che non stavano scritte da nessuna parte. Ma senza riferirmi a paesi tanto difficili, andiamo per esempio in Australia che è una nazione supercivile. Ecco, per compiere una traversata della depressione alcalina dell'Eyre Lake – così lo chiamano di nome, ma lago non è di fatto – mi sono trovato paradossalmente a dover affittare un aereo per poter rimbalzare da una fattoria all'altra alla ricerca di un automezzo che potesse condurmi il più vicino possibile alla depressione alcalina, ossia fin dove fosse stato possibile arrivare con quattro ruote...

METZELTIN – E perché non volevano dartelo?

BONATTI – Perché, avendomi chiesto tutti, quanto avrei guadagnato a fare quell'impresa, io, naturalmente, avevo risposto «niente». E allora per quale ragione e con quale senso, secondo loro, avrei fatto una cosa simile, dal momento che non mi avrebbe procurato alcun vantaggio in denaro? Mi ero rivolto a più persone e in località differenti, ma la conclusione, più o meno dichiarata, era stata sempre la stessa. A volte brutalmente mi ero sentito rispondere: «Io ho una Jeep, o una Toyota, ma a lei non la darei neanche per un milione di dollari».

METZELTIN – E se tu invece avessi detto «io vado in quel luogo per un milione di dollari», te l'avrebbero data la Jeep?

BONATTI – Vedi, proprio non è il mio forte misurare tutto in milioni di dollari; alla fine però sono riuscito lo stesso a ottenere un veicolo. Ma questo è per dirti che le difficoltà spesso arrivano persino a questi paradossi.

METZELTIN – Certo, questo uno non se lo aspetterebbe nemmeno. Avrei pensato all'Australia più come a un Paese dove appunto potersi muovere liberamente e senza questo genere di ostacoli, che poi non sono nemmeno burocratici bensì legati al pregiudizio, forse alla ristrettezza mentale della gente.

BONATTI – Hai detto bene, nessuna località è vietata in Australia, però se tu non hai il mezzo per arrivarci, in qualche modo te lo dovrai procurare. Se questo però non ha senso per chi può darti una mano, perché non rientra nel suo modo di vedere le cose, ebbene tu non otterrai quel mezzo e non andrai mai là dove vorresti.

METZELTIN – Già, è fin strano che in questi Paesi, dove in fondo la gente potrebbe essere più aperta anche perché vive in spazi più liberi, in realtà, e forse perché c'è andata per dover guadagnare denaro, vede tutto nell'ottica del denaro. L'emigrante qualche volta non gode neanche di questi magnifici spazi, che noi andiamo a cercare per divertimento, ma è ormai prigioniero di quest'ottica del denaro, che proprio qui invece noi vogliamo sfuggire. È veramente una beffa.

BONATTI – Esatto. Sono, o sono diventati, troppo pratici e questa praticità va spesso a detrimento della fantasia, di quella umanità di cui noi latini siamo un po' i depositari, diciamolo pure.

METZELTIN – Sì, certo. Ora senti, il fatto che tu di solito sia andato in giro da solo, corrisponde in te a una scelta precisa oppure è stato un pochino un caso?

BONATTI – No, non è un caso, non è un calcolo, è una necessità. Evidentemente, io ho la tendenza alla solitudine. Un po' sono nato solitario, però lo sono anche diventato. Lo sono diventato per le delusioni avute. Allora, dato che io e me stesso ci conosciamo benissimo, ci capiamo e andiamo anche sempre d'accordo. Cosa questa che invece non succede spesso con gli altri. Ecco perché ancora una volta alla compagnia preferisco la solitudine.

METZELTIN – Senti però, organizzare un viaggio di questo tipo e da soli, un viaggio di avventura vera e non di quella commercializzata, penso che implichi maggiori difficoltà; e in che cosa consistono dunque queste difficoltà per uno che vada da solo?

BONATTI – Dunque, lasciamo stare le difficoltà del genere economico, poiché io in quanto inviato di una grande rivista praticamente, sia pure in senso relativo, non ne avevo, e questo è già molto. Le altre invece, quelle che ci fanno muovere oppure ci bloccano nell'azione durante una vera avventura, ebbene queste sono prevalentemente di carattere interiore, e sono anche le più vere e spesso insuperabili. È l'ignoto di ciò che sta davanti a noi che spesso ci fa mollare, ci fa fallire ancor prima di trovarci in una reale impossibilità di agire. Noi alpinisti conosciamo bene questo genere di difficoltà. Sappiamo benissimo che chi non abbia assimilato la montagna in tutte le sue manifestazioni, in tutto il suo carattere, si può trovare di fronte alla probabilità di non riuscire a passare in certi luoghi, e spesso desiste ancor prima di trovarsi il passo realmente sbarrato. Questo succede se non si è dunque più che forti interiormente e consapevoli dei propri mezzi.

METZELTIN – Sì, questo rientra forse nel discorso cui tu avevi accennato prima. Cioè quello che in fondo anche persone che vengono viste come supercoraggiose, come te, in generale non sono temerarie ma hanno sempre un fondo di paura. Per cui se vai da solo c'è in te una certa dose di timore in più, e questo realmente ti può frenare nell'affrontare certe situazioni.

BONATTI – Quindi è sempre un costante mettersi alla prova, ed è proprio quello che io in fondo sempre cerco di fare.

METZELTIN – Ma se tu vai con un'altra persona, questo mettersi alla prova non esiste più?

BONATTI – Sì, ma per poter dividere un'esperienza tanto difficile e piena di sorprese bisogna essere assolutamente in sintonia con questa persona; cosa questa sempre più difficile. Comunque i solitari, oggi, sono visti sempre più con sospetto.

METZELTIN – Be', questo nasce forse anche dal fatto che, in generale, oggi l'avventura dell'uomo solo, vale a dire dell'uomo autosufficiente in quanto si gestisce veramente da solo, sta per finire. Attualmente infatti le cosiddette grandi avventure in genere, che avvengono sulla Terra o nello spazio, sono gestite da altri. Cioè, c'è uno che agisce, ma dietro ha però uno staff che può essere di medici e di allenatori, per Moser o per Profit, oppure può essere addirittura uno staff tecnologico per gli astronauti. Anche tu, in fondo, stai facendo ancora una delle ultime cose che l'uomo solo riesce a fare nella nostra epoca.

BONATTI – Detto come chiacchiera, e posto tra virgolette, è questo il mio «messaggio»: andiamo pure sulla Luna, va benissimo, e mettiamoci anche in équipe per fare tutto il resto che stiamo facendo, però non dimentichiamoci mai che siamo esseri umani, perciò soggetti alla fantasia e all'improvvisazione, ma anche alla precarietà e alla solitudine. Per noi c'è quindi il rischio che obbedendo acriticamente all'organizzazione e alla logica dell'équipe, fredde e spersonalizzate, si atrofizzi in noi tutto quello che ha portato l'uomo al suo alto grado di sensibilità.

METZELTIN – Questo a me sembra essere un discorso molto bello, che io personalmente approvo in pieno, e penso che lo condivida anche la maggior parte degli ascoltatori. Perché forse, proprio in questo mondo così pieno di tecnologia, c'è una richiesta sempre maggiore di approfondire altri aspetti dell'uomo, o almeno di non lasciarli perdere, come quello ad esempio della fantasia, che anche secondo me è importantissimo e che in fondo esiste nelle nostre avventure alpine; non è vero, Walter? Inoltre il significato della paura da te espresso è in realtà un sentimento molto bello, molto umano. È quello che ti fa vedere quali sono i tuoi limiti, che forse vorrai anche superare. Ma quali sono i tuoi limiti del momento?

BONATTI – Aggiungerò che senza la paura non può esistere nessuna forma di coraggio.

METZELTIN – Be', c'è anche da dire che, in fin dei conti, forse un po' anche grazie alle tue paure tu sei ancora qui. Mentre altre persone che fanno cose di grande rischio non ci sono più. E allora la paura, giustamente, è anche una specie di metro per misurare le proprie possibilità del momento rispetto a una determinata situazione.

BONATTI – Però esiste l'imponderabile. Ma dove non esiste l'imponderabile? Allora, se tu davvero vuoi un qualche cosa in cui credi veramente, non puoi certo rinunciarvi per paura dell'imponderabile. Altrimenti, se proprio fosse per noi insopportabile e invincibile il pensiero dell'imponderabile, tanto varrebbe allora metterci in un letto e aspettare di morire.

METZELTIN – Ma di che cosa in particolare tu hai paura, a parte le burocrazie di cui hai già parlato, quando tu sei fuori, nel tuo elemento? Quali sono gli aspetti che veramente ti fanno paura nel tuo vissuto di avventura?

BONATTI – Credo innanzitutto che debba far paura tutto ciò che non si conosce. Quindi io faccio del mio meglio per conoscere, e conoscendo riduco la mia paura. Personalmente provo inoltre una particolare paura quando mi trovo al centro di una condizione di cui, per qualche ragione, non posso più essere arbitro, quando insomma non sono più io ad avere in mano la situazione che si presenti disperata, e so quindi di dover dipendere da altri. Ecco, allora sento la vera paura, che può anche rasentare l'angoscia.

METZELTIN – Già, ma allora ti riferisci ancora a una paura quasi di tipo kafkiano, che però è legata agli altri esseri umani e non al tuo tipo di avventura.

BONATTI – Esatto. Ecco perché fin dall'inizio ho voluto chiarire...

METZELTIN – Ma tu, quando ti muovi nella natura, non hai mai paura di niente? Per esempio, io in montagna ho paura delle scariche, delle valanghe. Tu non hai paura delle scariche di sassi?

BONATTI – Altro che. Però noi alpinisti sappiamo benissimo che osservando l'andamento meteorologico, la temperatura, gli orari, nonché scegliendo un equipaggiamento idoneo, e tenendo conto di una certa qualità di neve, di ghiaccio, di stagione, eccetera, ebbene riduciamo enormemente questo genere di pericolo. Quel rischio quindi che lì per lì può sembrare del cento per cento viene ridotto soltanto a valori minimi, se non addirittura portato ai limiti dell'imponderabile.

METZELTIN – Esatto, e questo è un rischio che si può anche accettare.

BONATTI – Già, altrimenti non si vivrebbe. E poi l'uomo, in fondo, e secondo certe teorie, non è forse lui stesso un risultato dell'imprevedibile caso?

METZELTIN – Certo. Passi dunque il rischio per ottenere qualche cosa di bello, ma che sia un rischio piccolo e accettabile. Senti, Walter, per questi tuoi viaggi tu restavi via parecchio tempo, penso. Non erano certo delle uscite da weekend, o da quindici giorni tutto compreso, insomma.

BONATTI – Certamente no.

METZELTIN – Ecco, perciò dopo mesi di assenza tu come ti trovavi poi al rientro in Italia?

BONATTI – Dunque, ti dirò subito che per questi viaggi rimanevo fuori almeno tre mesi. Al massimo, e in un solo colpo, anche sei mesi. Questo può darti la misura di quanto fossero lunghe le mie assenze rispetto ai soliti viaggi. Erano dunque lunghe assenze ed erano brevi al tempo stesso. Sei mesi per chi come me li aveva vissuti tanto intensamente e completamente fuori dal mondo abituale, ebbene arrivavano a riempire lo spazio di anni interi. E il loro effetto su di me, a ogni mio ritorno, era per lo meno curioso. Quando rientravo nell'ovile, chiamiamolo così, io che avevo vissuto fino a quel momento rispondendo soltanto alle leggi della natura – ben definite quindi come sono il bianco o il nero, la vita o la morte – e dove tutto, sempre, ha un suo perché tangibile e un suo volto preciso, mi trovavo di colpo in mezzo a un vivere sofisticato, mediato e spesso incomprensibile quale è il nostro vivere abituale, che comunque è sempre caotico e nevrotico. Ebbene, ti dirò che almeno per i primi giorni, una settimana forse, mi sembrava di vivere in un mondo di pazzi. Trovavo tutto folle, ridicolo, senza senso, inutile. Ma dopo quei primi giorni, naturalmente, anch'io finivo per rimettermi sui binari di quella «logica», altrimenti rischiavo di essere proprio io il pazzo incomprensibile.

METZELTIN – E davvero ci riuscivi? Diciamo, questa rimessa sui binari ti costava molto oppure ti veniva naturale dopo un certo tempo?

BONATTI – Direi che avveniva in modo naturale. L'uomo,

in fondo è un essere talmente perfetto che riesce a adattarsi a tutto, persino a quelle cose che pochi giorni prima erano sembrate mostruosità.

METZELTIN – Così dunque ti rassegnavi, con la speranza di poter presto fare un altro viaggio.

BONATTI – Io penso di essere stato, in fondo, un gran fortunato perché...

METZELTIN – Scusa se ti interrompo. Volevo dire che in mezzo a questa che tu chiami fortuna, qualche volta, forse, avrai dovuto pagare per quella che è stata questa tua vita così ricca.

BONATTI – Certo, ed è anche giusto che ciò costi. Tutto ciò che vale deve essere pagato proprio perché vale, altrimenti non varrebbe. Dicevo che sono stato molto fortunato nel senso che, così vivendo, ho finito per scremare il meglio dei vari modi di vivere. Infatti sono sempre stato qui nella nostra normalità abbastanza tempo per potermi caricare e ritornare poi in capo al mondo a realizzare i miei sogni. E là, tra la natura selvaggia, non ho mai soggiornato tanto da giungere all'abbrutimento. Dico questo poiché penso che se sradichi l'uomo moderno dalle sue comodità e dai vizi dei luoghi comuni di cui ormai è fatto e si nutre, ebbene egli rischia veramente di abbrutirsi. Sorrido quando qualche amico se ne esce dicendo: vorrei mollare tutto e andare a vivere su un'isola lontana e deserta. Ebbene sì, a queste battute io non posso che sorridere, perché se realmente egli così facesse credo che in pochi mesi si ridurrebbe in stato da manicomio. L'uomo d'oggi ormai non è più abituato a quegli estremi isolamenti, ma soprattutto ha disimparato a vivere nella e della natura selvaggia. Là egli non saprebbe più come fare a sopravvivere, anche se gli piovessero le banane in bocca. Capisci?

METZELTIN – Sì, anche se una solitudine di tipo materiale gli fosse sopportabile, questo non sarebbe mai per l'altra solitudine di tipo culturale. Su quest'isola deserta dovrebbero dunque arrivare i libri, la radio, la televisione, insomma quelli che sono gli strumenti di cultura, perché noi siamo anche esseri culturali.

BONATTI – Sono d'accordo, e te lo dice uno che si considera figlio della natura, si nutre di natura ed è per certi versi un selvaggio. E tuttavia devo riconoscere che non potrei mai sopportare la dura realtà di coloro che attraverso le terre emerse hanno saputo arrivare per primi a insediarsi negli estremi luoghi del pianeta. Siamo ormai diventati troppo deboli e incapaci per riuscire ancora a adattarci e sopravvivere ai tremendi sforzi fisici e di tensione che comportano i luoghi isolati e privi di organizzazione.

METZELTIN – Ma è forse causa di questo anche l'eccessivo nostro adattamento alla cultura di oggi. Sono passati cento anni, o forse poco più, da quando gli ultimi pionieri andavano a insediarsi in terre primitive, dove in fondo volevano soltanto sopravvivere e null'altro. Mentre noi oggi viviamo in un'epoca di connotazioni culturali diverse e non possiamo più fare a meno di questa cultura.

BONATTI – Sì, c'è anche da dire che quei pionieri, rispetto a noi, avevano altri tempi, altri ritmi. Disponevano, per se stessi, di quasi l'intera loro vita. Noi invece siamo in definitiva, lo dobbiamo ammettere, degli esseri destinati, per nostra stessa scelta, soltanto a produrre e consumare, per poi ancora produrre e consumare, senza fine.

METZELTIN – Ma come sei negativo. Io direi che noi oggi vogliamo anche di più.

BONATTI – Vogliamo sempre di più ed è vero, vogliamo infatti una cosa e anche il contrario della stessa. Quindi... Tutto ciò brucia e fa vivere in fretta, ci priva del tempo ma soprattutto della meditazione, ci nega di essere noi stessi. Tutto questo è quindi un di più che finisce per renderci deboli.

METZELTIN – Sì, forse io lo vedo in maniera un po' meno negativa, nel senso che anche a me piacciono i sei mesi di viaggio in Paesi lontani. Però poi i sei mesi di cultura, qui da noi, mi stanno bene, in un certo senso. E questo non credi sia più adatto al nostro vivere moderno? Noi non possiamo vivere oggi come nel secolo scorso, per tanti motivi, e anche questa tecnologia avanzata noi non possiamo negarla, io personalmente sono dell'idea di prendere il lato buono di questa tecnologia, e tu?

BONATTI – È esattamente così. Per questo ti dico che mi reputo un fortunato; proprio perché vivendo come vivo finisco per cogliere il meglio di questo e di quello; e non è forse come dici tu?

METZELTIN – Allora ti posso chiedere il prezzo che paghi per tutto questo?

BONATTI – È spesso quello di non essere capito. Sì, perché il vivere da uomo normale viene inteso dai più, paradossalmente, come un modo anormale di vivere.

METZELTIN – Diciamo che ci si pone in una situazione forse un po' marginale.

BONATTI – Infatti io mi sento assolutamente sprovveduto di fronte alle piccole e grandi trappole del sociale.

METZELTIN – Diciamo che in un certo senso sei rimasto ingenuo, sei rimasto come quando eri un ragazzo che sognava le avventure.

BONATTI – Sì, ingenuo, ma di una ingenuità che io considero spesso come un vanto. Altre volte invece mi pesa quanto un difetto, e questo lo sento soprattutto nell'inghippo del sociale. È sempre parte del prezzo che dicevamo. Ma ogni medaglia ha il suo rovescio e questo è il prezzo della mia scelta. Ringrazio comunque di avere la mia di medaglia, e mi reputo doppiamente fortunato perché so di esserlo, fortunato.

METZELTIN – Quindi accetti anche questa parte più difficile della tua vita.

BONATTI – Naturalmente.

Da Radio della Svizzera Italiana – Rete 2,
«Radiopomeriggio», 12 ottobre 1987

13 ottobre

METZELTIN – Ti faccio una domanda quasi retorica, tanto per introdurre i nostri ascoltatori all'argomento di cui parleremo. Che cosa è per te, o secondo te, l'avventura?

BONATTI – Be', non è affatto una domanda retorica né banale, poiché oggi effettivamente tutti parlano di avventura. Avventura è una parola presente ormai in ogni discorso, è diventata un po' come il prezzemolo di ogni cosa della vita. Effettivamente le si attribuiscono troppi significati, perdendo spesso di vista quello vero. Per me avventura è tutto ciò che non è organizzato e dà spazio all'immaginazione, all'inventiva, al caso, alla nostra fantasia.

METZELTIN – È bellissima questa definizione. Se così è, allora notiamo quasi con orrore che la nostra società oggi permette ben poca avventura. Ormai che cosa non è più organizzato al giorno d'oggi?

BONATTI – E forse dunque è proprio per questo che si nomina spesso l'avventura, che si abusa di questo termine, proprio perché in realtà ce ne è concessa ben poca.

METZELTIN – Quindi si usa quasi a livello di manipolazione. Ci viene proposta un'avventura sulle scatole dei biscotti, ma l'avventura vera in fondo ce la vogliono togliere.

BONATTI – Be', dovremmo recuperare questa dimensione: perché l'uomo nasce Ulisse. Non vorrei rischiare anch'io la retorica, però ritengo che sia proprio nell'indole dell'uomo di essere avventuroso. La sua prima avventura, quand'era ancora allo stato primordiale, forse è stata quella di scendere dall'albero, per curiosità. Ecco, la curiosità è un elemento molto importante per arrivare all'avventura. Giungerei perciò a dire che è la sua stessa curiosità ad aver creato l'uomo così com'è.

METZELTIN – Certo, questo fatto della curiosità sembra anche a me molto importante. È valida premessa per l'avventura fisica, per l'avventura di viaggio alla quale ci stavamo riferendo, ma anche per l'avventura intellettuale di cui abbiamo parlato ieri, ed è un'avventura che anch'essa presuppone molta curiosità. Dovremmo concludere quindi che per ogni uomo curioso si dovrebbe salvare una fetta di avventura.

BONATTI – Proprio così.

METZELTIN – Senti Walter, noi ieri abbiamo parlato di libri, ossia di una possibile mediazione dell'avventura per lo meno come idea di riuscire a praticarla, a viverla. Abbiamo parlato di libri, sia di quelli che si leggono e sia di quelli che si scrivono. Tu ci hai raccontato qualche cosa dei libri che ti hanno portato a sognare l'avventura. Te ne ricordi adesso qualcuno in particolare?

BONATTI – Altro che. Anche perché quando ho cominciato

a vivere le mie grandi avventure, grandi in quanto mi portavano in capo al mondo, ebbene quei primi viaggi io li ho fatti con un libro alla mano, quello cui si riferiva quel viaggio, naturalmente.

METZELTIN – Veramente li portavi?

BONATTI – Sì, e li tenevo alla mano per confrontare il contenuto. Pensa, una delle prime affascinanti verifiche di questo tipo l'ho fatta su un libro di Jack London. Adesso non ricordo se si trattasse di *Radiosa aurora* oppure di *La figlia delle nevi* che entrambi, come sappiamo, si ispiravano al Grande Nord americano. La penna di London aveva compiuto una riproduzione perfetta di quei luoghi e di chi li abitava. All'epoca, evidentemente, esploratori e narratori non potevano avvalersi di una macchina fotografica, quindi all'immagine visiva dovevano sopperire con la parola.

METZELTIN – Quindi tu hai ritrovato, fotografato tra virgolette, sia quello che ti trasmette il paesaggio sia quello che forse poteva trasmettere la vita dell'uomo che in quel momento, quando sei passato tu, non c'era più. Sei riuscito, attraverso il libro, ad avere quello che il paesaggio da solo forse non ti avrebbe dato.

BONATTI – Di quell'esperienza io ho avuto il privilegio di poter disporre di una dimensione in più rispetto ai visitatori di fine secolo: quella di poter ritrarre fotograficamente i paesaggi. Così ogni mia emozione ho potuto fermarla con la macchina fotografica, consentendomi di riviverla nel tempo e anche di portarla a chi poi avrebbe guardato le mie fotografie.

METZELTIN – Già. Adesso mi verrebbe di chiederti se tu ti sei avvicinato, come mezzo di espressione, prima alla fotografia oppure alla forma scritta.

BONATTI – Direi alla forma scritta. Per me la fotografia, ossia l'immagine, è complementare alla scrittura; e direi che persino la forma scritta è a sua volta complementare alla mia ansia di curiosare, di vivere l'avventura.

METZELTIN – Per cui l'avventura è per te completa soltanto quando riesci a descriverla sia con le parole sia fotografandola.

BONATTI – Per certi versi è così. Ho configurato il tutto con un triangolo: emozione uguale a due linee che da qui partono, una va alla macchina fotografica e l'altra al taccuino d'appunti; due elementi che a loro volta vengono collegati da una terza linea e creano appunto un triangolo.

METZELTIN – È bella questa sistemazione geometrica ed è semplice, semplice soltanto perché così schematizzata a tavolino. Ma in realtà è molto più complessa. Dici che prendi appunti quando viaggi, dunque tieni una specie di diario per riuscire poi a scrivere i tuoi articoli, i tuoi libri.

BONATTI – Sì, una specie di diario sintetico ed ermetico, che saprei decifrare soltanto io.

METZELTIN – Perché è a scrittura segreta, oppure...

BONATTI – No, no. Perché si tratta di appunti essenziali, bastano a volte poche righe a ricreare un'atmosfera, tanto da riviverla e poterla spaccare anche in decimi di secondo. Così anche a mesi di distanza.

METZELTIN – Quindi tu porti a casa da ogni viaggio un quaderno di appunti che poi elabori...

BONATTI – E sviluppo.

METZELTIN – E non sapresti invece scrivere direttamente sul posto?

BONATTI – L'ho fatto di rado, anche perché lo trovavo inutile. Avendo la possibilità di fermare, dico proprio fermare fisicamente l'immagine e anche l'emozione provata, questo mi bastava. E poi mentre vivo l'avventura questa è una specie di treno in corsa.

METZELTIN – E già, non hai nemmeno il tempo per scrivere. Ma ti fidi della macchina fotografica? Sai che certe cose riuscirai a ricostruirle grazie agli appunti e alle fotografie, ma se per ipotesi ti cadesse nel famoso fiume Yukon la tua macchina fotografica, che cosa ti succederebbe dopo?

BONATTI – Non ti dico quante volte ho pensato la stessa cosa. Però, forse una volta ancora per fortuna, non è mai accaduto che perdessi tutte le fotografie scattate. È curioso questo mio continuo riferimento al termine fortuna, quando io a questa non credo. Ma sotto sotto, dietro a quello che io chiamo fortuna dev'esserci sicuramente un qualche cosa di inspiegabile. Sì, effettivamente io ho spesso temuto di perdere visivamente le emozioni fermate con la macchina fotografica. Anche perché stavo in viaggio per mesi e mesi, sei mesi a volte, come ho detto ieri. Tornando poi a casa con una quantità di immagini, ebbene per me c'è sempre stata l'ansia e il timore di dover scoprire che una certa avventura non fosse risultata in fotografia. Devo dire però che al novantanove virgola nove per cento tutto è andato sempre molto bene.

METZELTIN – Adesso, come stacco musicale, inseriremo un disco di canti dei cercatori. Mi sembra che non siano proprio quelli dello Yukon, più in armonia con il nostro discorso, ma sono invece del Sacramento, che è un fiume della California. Comunque penso che possano rendere altrettanto bene quello che era lo spirito dell'epoca. Ascoltiamolo.

BONATTI – Effettivamente, sentendo questo motivo, il mio

pensiero è volato al lontano Klondike. In realtà i protagonisti di queste suggestive ballate sono gli stessi che alcuni anni dopo hanno aderito al famoso richiamo della febbre dell'oro del Klondike. E sono ancora gli stessi che hanno poi ispirato Jack London per i suoi romanzi. Racconti in cui lui ha fermato innumerevoli testimonianze di questa gente straordinaria che è andata laggiù, nonché i paesaggi in cui si è svolta la loro odissea. Ricordo una sua pagina che all'inizio mi aveva davvero impressionato. Come si sa i fiumi del Grande Nord durante l'inverno si ricoprono di ghiaccio, per lo spessore di oltre un metro: è come si marmorizzassero; poi a primavera a un certo momento questi ghiacci si rompono e il fiume riprende a defluire. London ha dunque descritto in uno dei suoi romanzi il fatidico momento dell'esplosione primaverile dei ghiacci, e lo ha fatto con parole tanto efficaci e coinvolgenti da non capire più se si trattasse di realtà oppure di fantasia come fino allora io avevo creduto. Ebbene, ho avuto la fortuna di trovarmi nella stagione e nel momento preciso in cui sul grande Yukon si stava manifestando il medesimo fenomeno. E così ho potuto vederlo con i miei occhi. Era pieno giorno quando ebbe inizio la frattura dei ghiacci, ma avrebbe potuto succedere anche di notte. Allora ho visto una cosa inimmaginabile. Di colpo, accompagnata da una serie di esplosioni che parevano cannonate, si spacca tutta la superficie ghiacciata del fiume in mille punti diversi, e vele di ghiaccio alte almeno dieci metri saltano per aria, si ricompongono, esplodono di nuovo, premono contro le rive, vi si schiantano, le dragano. È insomma il cataclisma, l'apocalisse.

METZELTIN – E quanto è largo lo Yukon in quella zona?

BONATTI – Ecco, il punto in cui ho assistito alla rottura dei ghiacci diciamo che è alcune centinaia di metri di larghezza e si trova proprio di fronte a Dawson City, la famosa Dawson che all'epoca veniva considerata la Parigi del Grande Nord e che a quei tempi era giunta ai quarantamila abitanti. Quando la conobbi io contava invece appena seicento abitanti; ecco il suo rapporto con il passato.

METZELTIN – E se per caso qualcuno si fosse trovato ad attraversare questo fiume? Perché so che quando sono così ghiacciati la gente normalmente li attraversa.

BONATTI – Sì, però l'esperienza e la sensibilità di chi vive fra una certa natura ne previene i pericoli. Si finisce per assimilarne le leggi, ci si regola quindi. I conoscitori infatti sanno benissimo quando il ghiaccio comincia a diventare pericoloso, lo sanno da alcuni segni premonitori, sonori e visivi, che all'inesperto possono sfuggire; l'esperto invece si rende conto che da lì a qualche giorno succederà il finimondo.

METZELTIN – Ma secondo te Jack London ha veramente visto tutte queste cose, le ha proprio vissute di persona?

BONATTI – Ecco, Jack London oltre a vederle le ha anche direttamente vissute. I suoi romanzi da quanto mi consta sono spesso assolutamente autobiografici; e come ho già detto, nelle descrizioni di certi personaggi e di certe situazioni è stato addirittura fotografico. Sì, London ha realmente fotografato con la penna le sue storie.

METZELTIN – Starebbe quindi proprio all'opposto di quello che era un autore che io da ragazzina ho molto amato, e cioè Salgari. Egli stava infatti nella sua soffitta a scrivere un romanzo dopo l'altro, spinto dalle necessità materiali, e dalla moglie che gli spillava denaro in continuazione, mi sembra.

BONATTI – Sì, Jack London è stato tutto quello che non era Salgari, e viceversa. I due sono insomma agli antipodi l'uno dell'altro. E tuttavia Salgari aveva la mentalità dell'avventuroso e aveva anche molta fantasia per essersi inventato le cose che più o meno tutti abbiamo letto.

METZELTIN – E in fondo ha fatto sognare generazioni di adolescenti. Io non so se oggi i ragazzi leggano ancora Salgari, mentre in passato varie generazioni di adolescenti avevano veramente sognato sui suoi libri. Penso però che i libri di chi ha vissuto veramente le cose in prima persona abbiano su tutti un'incidenza diversa, e forse sono quei libri che si leggono ancora quando si è adulti.

BONATTI – Credo sia proprio così, almeno a me è capitato così. Infatti, se da bambino erano queste le mie letture preferite e ci sognavo, oggi continuo a sognarci e in più ho la fortuna di viverne e toccarne con mano la realtà descritta in quelle pagine.

METZELTIN – Senti, e il famoso Robinson Crusoe, non ti pare che sia in fondo una via di mezzo fra London e Salgari?

BONATTI – È certamente straordinario anche Daniel Defoe. Devi sapere che io, avendo messo nei miei programmi questa storia, sono andato a cercare la famosa isola che Defoe nel suo romanzo aveva ambientato alle foci dell'Orinoco. In realtà si trova da tutt'altra parte, nell'oceano Pacifico, e il Robinson Crusoe, che è poi la storia del marinaio inglese Alexander Selkirk, si ispira dunque a un fatto reale. Selkirk non ha vissuto buona parte della sua vita sull'isola perduta, così come vuole il romanzo, ma vi è rimasto isolato per poco più di quattro anni. E l'isola di Selkirk è in realtà quella di Más a Tierra situata nell'arcipelago Juan Fernández, a circa settecento chilometri dalle coste cilene. Grosso modo si trova alla stessa latitudine di Santiago del Cile. L'ho dunque raggiunta.

METZELTIN – Come ci sei arrivato?

BONATTI – Ti premetto che ho fatto questo viaggio una ventina di anni fa, però già esisteva la possibilità di arrivarci dal cielo, con un piccolo aereo che in modo piuttosto avventuroso riusciva ad atterrare malgrado il breve e rudimentale campo; basti dire che all'epoca lo attraversavano un paio di ben pronunciate ondulazioni polverose. Sull'isola, relativamente grande, c'era soltanto un piccolo villaggio di pescatori, che spero esista ancora in quella misura. Una volta là ho cercato la grotta di Selkirk, l'ho trovata e presto ho anche identificato il famoso *mirador*, ossia quel luogo sulla montagna dove lui aveva accatastato una certa quantità di legna che avrebbe incendiata quando sull'orizzonte fosse apparsa una nave: la sua salvezza. Così è stato infatti. Ho quindi riconosciuto tutti questi posti e per un certo tempo mi ci sono installato.

METZELTIN – È stato facile riconoscerli, oppure no?

BONATTI – Facile, sì. La mia emozione è stata grande, poiché ritrovare la grotta di Selkirk, farne la mia abitazione per una decina di giorni, e viverci di pesca… Vivendoci dunque così, e sempre riconducendomi alle letture del famoso romanzo, ebbene tutto questo non poteva che procurarmi una straordinaria emozione. Ma un'altra cosa a impressionarmi molto è stata la pesca. Figurati che avevo una lenza, e a un certo momento ho capito che non c'era neppure bisogno di appendervi un'esca, bastava buttarla in acqua così com'era, ad amo nudo, e tirarla su ogni tanto. Così facendo prendevo pesci a volontà, agganciandoli non soltanto per la bocca ma anche per le pinne, per la coda, per le branchie, tanti erano. Ma questa isola era anche, e forse lo è ancora, il paradiso delle aragoste. Le catturavo con estrema facilità tra gli scogli, e le cuocevo alla brace, o alla pietra rovente. Insomma, con un po' di fantasia e un po' di realtà credo proprio di aver vissuto il mio Robinson Crusoe.

METZELTIN – Hai parlato di aragoste. Allora Robinson Crusoe in fondo non stava poi tanto male.

BONATTI – Certo è che nei nostri mari, oggi, i Robinson non potrebbero più sussistere.

METZELTIN – Già. Però, e in un certo senso, forse potrebbero ancora esistere, ma in altra forma. Comunque io trovo eccezionale che esista la possibilità di rivivere, per lo meno da un punto di vista emozionale, quelle che sono state le grandi avventure dell'umanità. Avventure che prima sono state sognate sui libri, da bambino come tu dicevi, e che poi uno cerca in qualche modo di rivivere, non per fare una specie di salto all'indietro nella storia, no, ma per ritrovare certe condizioni ed emozioni autentiche. Le stesse che sono alla base dei valori assoluti nella storia dell'umanità.

BONATTI – Cose inoltre che mantengono vivo il carattere dell'uomo. Ecco secondo me la necessità, l'utilità di queste letture, che non andrebbero dimenticate proprio perché hanno la funzione di risvegliare e coltivare nell'uomo quel sano senso d'avventura che in lui è innato.

METZELTIN – Certo. Qui noi, anche da grandi, ogni tanto ci dovremmo rileggere un Jack London e rivedere il Robinson Crusoe.

BONATTI – Farebbe proprio del bene a chi lo facesse, giovani o adulti che siano.

METZELTIN – A me adesso viene in mente uno scrittore che del resto tu hai conosciuto anche di persona. Ti stimava e ti ammirava moltissimo, era legato anche al mondo della montagna, era Dino Buzzati.

BONATTI – Esatto.

METZELTIN – Rileggendo l'introduzione che lui ha scritto al tuo *I giorni grandi*, mi sono proprio resa conto dell'enorme ammirazione che lui aveva non soltanto per te come persona, ma anche per chi aveva la capacità di accettare i grandi rischi dell'avventura.

BONATTI – Be', il *Barnabò delle montagne* senz'altro è stato suggerito dalla sua esperienza diretta di uomo della montagna. Poi c'è *Il deserto dei Tartari* di derivazione kafkiana, ed è questa la sua «avventura» più culturale ed eccelsa. Naturalmente la sua era un'avventura non di facile accesso ma di importante spessore per tutti.

METZELTIN – Forse l'avventuroso Buzzati riesce a vivere le cose quel tanto in più che il lettore normale non percepisce.

BONATTI – Ed è così che arriva addirittura ad anticipare cose e tempi. E di questo tu ne hai dato dimostrazione proprio ricordando la sua opera.

METZELTIN – Quindi tra questi scrittori dell'avventura abbiamo quelli del vissuto diretto, poi quelli che hanno vissuto per metà, infine quelli che hanno vissuto l'avventura più che altro a tavolino. E tu, che in fondo sei di quelli che la devono vivere completa e diretta, potresti scriverla rimanendo soltanto fra quattro alberi a meditare?

BONATTI – Per quanto riguarda l'avventura immaginata e costruita credo proprio di no, anche perché io, rispetto a questi illustri autori che abbiano ricordato, sono modestissimo e forse neppure capace. Credo proprio che dell'avventura ognuno abbia la propria formula e la propria dose. Nel mio genere d'avventura, che è quello d'azione, io ho bisogno di tante cose, soprattutto di toccare con mano, o almeno di averlo fatto un giorno, i paesaggi, le situazioni e quant'altro possa ispirarmi.

METZELTIN – Tu sei l'uomo d'azione quindi anche lo scrittore d'azione. Be', ci sono illustri precedenti, Saint-Exupéry per esempio. Questo spiegherebbe anche perché tu ti sia affermato prima sul libro di alpinismo, proprio perché è stato quello il tuo vissuto di azione più importante per molti anni. Ma ti è tornato facile metterti a scrivere un libro? Mi sembra che *Le mie montagne* sia stato il tuo primo libro, vero?

BONATTI – Io trovo che la prima condizione per scrivere sia quella di avere cose da raccontare; e io modestamente credo di averne avute e ancora ne ho.

METZELTIN – Certo, però bisogna anche saperle dire, perché c'è gente che vive le proprie cose però non riesce a portarle all'esterno.

BONATTI – Ecco, l'importante a mio avviso è di saperle dire con un linguaggio semplice, accessibile a tutti.

METZELTIN – E fare questo lavoro ti è sembrato facile oppure no?

BONATTI – Dirò che scrivere mi è indubbiamente più difficile che vivere alla Robinson Crusoe, però a lungo andare credo di averlo sufficientemente assimilato.

METZELTIN – Il tuo modo di scrivere è cambiato con gli anni, oppure no? Per esempio, tu ultimamente hai riscritto *Le mie montagne*; io non ho controllato la differenza tra un'edizione e l'altra, ma tu, nell'intimo, che cosa sentivi in questa riscrittura? Hai cercato più una perfezione stilistica o anche di rendere meglio le cose che avevi vissuto allora?

BONATTI – Ho cercato di ripulirlo un po' stilisticamente, ma ho anche voluto essere più esplicito nel mio discorso.

METZELTIN – Senti, Walter, mentre durante la trasmissione di ieri qualcuno ti avrebbe potuto telefonare per chiederti come si fa per non farsi azzannare dai pescicani dei Caraibi, oggi forse qualcuno potrebbe farlo per chiederti come si fa a trovare l'oro, visto che abbiamo appena ascoltato le vecchie canzoni dei cercatori d'oro. Ma tu, andando da quelle parti, ne hai trovato di oro?

BONATTI – Non nego di averci provato nel Grande Nord, e qualche pagliuzza d'oro l'ho effettivamente trovata. Ma ciò che io considero il vero oro di quelle terre, e quello l'ho trovato veramente, sono invece gli ultimi frammenti di umanità, ossia quei pochi pionieri ancora in vita che crearono la storia del Klondike, e che ispirarono appunto le ballate che abbiamo appena sentite. È questo l'autentico oro che continua a brillare nel mio ricordo.

METZELTIN – Quasi però come trasformazione storica, perché allora tu non ti saresti trovato tra i cercatori d'oro di cent'anni fa. Avresti accettato, tu, di fare quel lavoro?

BONATTI – Chissà, non si può dire. È affascinante però pensarlo, fare delle ipotesi. Io sono figlio del mio tempo, ed è quindi giusto che viva l'avventura a misura d'uomo del mio tempo. Comunque questo gioco di immaginare che cosa avrei fatto in altre epoche a me piace molto e lo faccio spesso.

METZELTIN – Allora avresti fatto il cercatore d'oro se fossi nato cent'anni fa?

BONATTI – Vedi, Silvia, non esiste una sola conclusione, e quelle possibili sono tantissime, qualche volta potrebbero essere persino in contraddizione fra loro. Quindi tutto avrebbe potuto essere.

METZELTIN – Ti lasci dunque aperta qualunque possibilità di immedesimarti.

BONATTI – Sì. Il sogno lo rispetto come tale, e per il fatto di aver sognato qualcosa è come l'avessi un po' vissuta.

METZELTIN – Visto che partiamo sempre da questi sogni che nascono dalla mediazione dei libri, ti chiedo: ci sono altri libri, a parte quelli che abbiamo citato, che ti hanno dato degli spunti?

BONATTI – Oh sì, vari altri. Uno che mi salta subito alla mente è il primo romanzo di Herman Melville, *Taipi*, si ispira ancora una volta a una personale disavventura vissuta e sofferta in prima persona, e ambientata nelle isole dei mari del sud. E io ancora una volta sono andato in quell'isola. Fa parte dell'arcipelago delle Marchesi. Oggi so di certo che sono servite da due piccoli aeroporti, ma all'epoca in cui io ci andai non ci si arrivava che per mare, e anche rocambolescamente. Addirittura avevo preventivato di stare in ballo due mesi, sperando nel passaggio occasionale di un veliero, magari di una giunca di qualche mercante cinese che a volte solcano questi mari.

METZELTIN – Bellissimo questo. Proprio come si legge nei libri.

BONATTI – Esatto. Invece ho trovato poi una soluzione assai più fortunata. Le isole Marchesi, come sai, sono amministrate dai francesi, e io in Francia sono abbastanza conosciuto e apprezzato. Il risultato è che ho avuto la fortuna, pensa un po', di usufruire dell'ultimo viaggio che il transatlantico *Cambodja* stava per fare. Infatti, dopo quarant'anni di servizio sulle linee dell'Estremo Oriente e del Pacifico, questa nave rientrava a Marsiglia per essere demolita. Ebbene, quell'ultima volta, eccezionalmente, l'avevano fermata alla fonda in quell'isola delle Marchesi, Nuku-Hiva, per sbarcarmi. Da lì a una ventina di giorni era arrivata poi a prelevarmi un'altra nave francese, adibita al centro atomico delle Tuamotu. Grazie a quelle fortuite combinazioni l'intero viaggio si era svolto in tempo relativamente breve.

METZELTIN – Credo sia stata la miglior cosa che il centro atomico francese possa aver fatto...

BONATTI – Sono così stato sull'isola di Nuku-Hiva e, passo dopo passo, ho percorso tutti i luoghi della vera avventura di Melville.

Nei primi giorni avevo brancolato a vuoto nella foresta, tra picchi e valloni selvaggi, ma senza riconoscere nulla. Già incominciavo a prendermela anche con Melville, lagnandomi che forse la sua storia era stata più un gioco di fantasia che di realtà. Ma a un certo momento si aprono le nebbie e, come capita in certi film, ecco apparire dinanzi a me, imponenti, tre grandi salti d'acqua alti almeno duecento metri. Naturalmente quell'immagine è stata la chiave di lettura dell'intero racconto di Melville, la mossa rivelatrice di quel complesso puzzle cui non riuscivo a dar forma. Con quell'immagine dunque ho potuto ricostruire per filo e per segno l'intero tragitto di Melville, e riviverlo.

METZELTIN – Quindi hai potuto constatare che non era poi tanto fantasioso.

BONATTI – Direi che non lo era per niente, fantasioso. Ebbene sì, tutti i paesaggi che Melville ha narrato, sono risultati assolutamente reali.

TELEFONATA DI GIOVANE ASCOLTATORE – Visto che si parla delle isole Marchesi, io ricordo un libro sul quale ho sognato. Ha lo stesso nome di un'isola di quel gruppo, Fatu-Hiva. È molto selvaggia e il signor Bonatti sicuramente la conoscerà. *Fatu-Hiva, ritorno alla natura*, è di Thor Heyerdal, il noto antropologo e archeologo. Ebbene su quel libro anch'io ho sognato le isole esotiche, però la domanda che volevo porre è questa, cioè cosa ne pensa Bonatti di quel tipo di avventura, che più che avventura è un consumare la natura? Ricordo, citando proprio quanto afferma Bonatti, che la natura non bisognerebbe consumarla ma viverla, e questo vale anche per i popoli, le genti con cui ci si incontra viaggiando. Dunque che cosa ne pensa Bonatti di questo «Jonathan» televisivo, di questo andar in giro con e per gli sponsor, di questo non tanto sopravvivere nella natura ma piuttosto consumarla?

BONATTI – Lei ha fatto centro, e vedo che non ha risparmiato nessuna delle voci a cui davvero si dovrebbero imputare alcune cose. Perché come ho detto a priori – e non è soltanto un mio punto di vista e lei ora lo conferma – l'avventura è tutto ciò che non risponde all'organizzazione, e non si consuma ma si vive. Su questa base quindi io capisco e condivido perfettamente quanto lei dice. Anche lei dunque su Fatu-Hiva ha sognato, si è fatta propria un'avventura e in un certo senso l'ha quindi vissuta. Tutto ciò che si compra, ed è magari preconfezionato, può anche essere divertente, è vero, ma certo non corrisponde ad avventura. Lei ha accennato alle sponsorizzazioni. Ebbene io adesso non vorrei entrare nella specifica polemica perché non si finirebbe mai, dico soltanto che nella maggior parte dei casi sono contrario alla sponsorizzazione. E non tanto in quanto tale, poiché la sponsorizzazione ha permesso a Cristoforo Colombo di scoprire terre sconosciute, come ha permesso a fior di artisti di realizzare le opere che sappiamo. Trovo invece estremamente negative certe forme di sponsorizzazione d'oggi, che trascendono il loro stesso senso fino a spingere i loro beneficiati al di là dei limiti della dignità. Ecco, concedersi e vendersi a quel modo, per me, è un po' come prostituirsi.

METZELTIN – Sono molto contenta che sia un giovane a fare di queste domande. Ciò dimostra che questo bisogno di avventura, proprio come tu dicevi, in realtà è un qualche cosa che non è legato a una generazione piuttosto che a un'altra, ma, come un filo rosso conduttore, passa attraverso le generazioni obbedendo e soddisfacendo un bisogno antico ed essenziale dell'uomo. Che sia poi, come dicevamo, più di azione e più fisico per qualcuno, e un po' più di curiosità intellettuale per qualche altro, in fondo fa lo stesso. Tutti quanti cerchiamo di vivere l'avventura secondo la nostra sensibilità e tutti ne abbiamo molto bisogno. La telefonata di questo giovane conferma infatti questo nostro bisogno esteso a tutti, e indica anche, in fin dei conti, che noi, non più giovanissimi, stiamo parlando di cose che interessano anche ai giovani. Ma ritorniamo ai nostri libri, ai tuoi in particolare. Senti Walter, quando tu scrivi ti sforzi di restare molto aderente alla realtà, oppure potresti...

BONATTI – Quando descrivo la realtà resto aderente alla realtà, quando invece parlo del mio sogno, ebbene allora è un sogno, e qui parlo a ruota libera del mio sogno.

METZELTIN – Io nei tuoi libri non riesco a distinguere la realtà dal sogno. A me sembra...

BONATTI – Sogno e realtà in me si intrecciano quasi sempre, l'uno a supporto dell'altra.

METZELTIN – Tutto infatti mi sembra molto ben intrecciato, ma allora non è proprio tutto così aderente quello che c'è nei tuoi libri.

BONATTI – Quando ho descritto un sogno come tale, stai certa che a priori ho sempre specificato che si trattava soltanto di un sogno. Quando invece ho voluto descrivere una realtà, ossia ho steso per così dire il resoconto di un certo fatto accaduto, ebbene, anche qui credo di essere stato chiaro: reale volevo essere e reale sono stato.

METZELTIN – Quindi anche in una tua riscrittura tu hai soltanto limato, diciamo così...

BONATTI – Sì, in un certo senso. Tu prima mi parlavi del rifacimento del mio primo libro. Questo fu, vuoi per dargli maggior scorrevolezza di lettura e vuoi per ripulirlo di certe cose. Insomma ho voluto essere un po' più severo e selettivo nella riscrittura di quel libro, eliminando cose che con il tempo avevano perduto forse un po' di attualità, quindi di quell'interesse che all'inizio avevano invece avuto.

METZELTIN – Tu sei cambiato nel modo di scrivere? Perché, mi ricordo, sono passati più o meno vent'anni tra la prima e l'ultima edizione di *Le mie montagne*. Hai dunque cambiato modo di scrivere?

BONATTI – Nel modo di scrivere credo non tanto. Penso piuttosto di avere adesso le idee più chiare, di aver dato più risposte ai miei perché. Forse sono anche più immediato e netto nel dire certe cose.

METZELTIN – Riesci dunque a tradurle meglio. Sei più affezionato a qualcuno dei tuoi libri oppure lo sei per tutti allo stesso modo?

BONATTI – Mi piace che tu mi faccia queste domande, perché effettivamente anch'io tante volte rifletto su queste cose giungendo a conclusioni diverse. Quando io licenzio un libro ne sono assolutamente convinto. Con l'andare del tempo però si diventa più severi e selettivi, e si vuol essere anche più chiari. Così arrivo addirittura a riscrivere un libro, vedi *Le mie montagne*. Infatti se prima avevo creduto di poter far capire lo stesso certe cose dicendole tra le righe, più tardi mi sono reso conto di aver favorito la sordità in certi lettori sordacchioni, anche perché, se messi di fronte a certe «verità» svelate con discrezione, loro spesso fingono di non capire. Questo naturalmente non mi soddisfa, e non per ciò che ho detto ma per come l'ho detto.

METZELTIN – E questo ti capita anche quando il manoscritto è ancora dall'editore, quindi lo fai impazzire perché vuoi richiamare tutto e riscrivere oppure dopo, quando il libro è già in circolazione?

BONATTI – No, sempre quando il libro è già in circolazione. Comunque io ritengo di essere molto pignolo, quindi prima di licenziare un libro me lo leggo e rileggo, e mi metto nei panni di vari tipi di lettore. Come vedi lo passo attraverso vari filtri. Tuttavia è vero che l'autore non è mai buon giudice di se stesso.

METZELTIN – Tu sei molto sensibile alle critiche che vengono fatte ai tuoi libri?

BONATTI – Dipende da chi, quando, e in quale contesto vengono fatte.

METZELTIN – Tu però ne tieni conto?

BONATTI – Ne tengo conto certamente, sia nel bene sia nel male.

METZELTIN – Parliamo ora dei tuoi libri che sono più di natura fotografica. Tu ultimamente hai pubblicato due volumi essenzialmente fotografici e particolarmente belli, sia *Magia del Monte Bianco* sia *La mia Patagonia*, usciti uno nell'84 e l'altro nell'86 da Massimo Baldini. Questo tipo di libro oggi ti avvince particolarmente oppure è una fase di transizione verso qualcosa d'altro?

BONATTI – No, non è transizione. Ognuno di questi libri ha una sua precisa fisionomia e nasce fine a se stesso. Io credo in quello che scrivo, per questo lo scrivo. Poi può risultare più o meno bello, più o meno interessante rispetto ad altri, precedenti o seguenti che siano, però sempre faccio ciò in cui credo. Adesso per esempio è il turno di *La mia Patagonia*, un libro appunto consacrato a questa terra. Ma so che sta per uscire anche un tuo libro sulla Patagonia, e sono assai curioso di leggerlo.

METZELTIN – Sì, è però in chiave diversa.

BONATTI – Ho scoperto che siamo i soli autori che negli ultimi trent'anni abbiano dedicato un volume alla Patagonia.

METZELTIN – Sì, dopo il famoso Alberto De Agostini. Così dunque questi due ultimi tuoi libri si potrebbero quasi definire volumi fotografici.

BONATTI – Esattamente. Sono volumi fotografici nati appunto come tali, e volutamente ho dato pochissimo spazio al testo. La mia scrittura, in questi due libri, ho voluto che fosse rigorosamente breve e densa di cose; credo di esserci abbastanza riuscito.

METZELTIN – Sì, i testi sono molto incisivi, però il volume...

BONATTI – È fotografico perché fotografico voleva essere.

METZELTIN – E ti piace questa strada del volume più fotografico, più da guardare che da leggere?

BONATTI – Sì, mi piace e meglio rispecchia il famoso triangolo. È dunque una parte di me. Chi vuol conoscere il mio pensiero deve leggermi, ma deve anche guardare le mie fotografie.

METZELTIN – E possibilmente vederti in carne e ossa e andare a fare anche una gita con te, magari. Però, tu forse senti delle differenze, per esempio, tra fare un servizio per un giornale e scrivere un tuo libro?

BONATTI – Enormi differenze. Perché mentre il libro lo scrivo per chi mi sceglie e vuole leggermi, tra noi quindi si instaura un rapporto diretto e immediato, ciò non avviene attraverso la mediazione del giornale. Innanzitutto, per quanto mi dilunghi sul giornale, non produco che un frammento di discorso, un frammento che viene indirizzato anche a chi non gliene importa niente delle cose che dico. E tuttavia mi trova lì su quelle pagine. Questo è un tipo di pubblico sbagliato, magari neppure disposto ad accogliermi. Con questo lettore devo perciò usare un linguaggio più generico e persino un po' arido; non posso dunque approfondire certi argomenti.

METZELTIN – Pensavo però che il lettore non se ne accorgesse, perché a parte la questione degli argomenti più generici e del tuo modo un po' più distaccato di rivolgerti a lui, io non mi sono mai accorta di questa grande differenza nei tuoi scritti.

BONATTI – Be', questo allora lo considero un buon punto a mio favore.

METZELTIN – Ma adesso mi viene da pensare a una cosa. Tu che sei così legato all'espressione fotografica e che hai saputo anche svilupparla nel tempo, dimmi: mi sembra che le tue fotografie di oggi non siano come quelle che facevi vent'anni fa, benché già quelle di allora fossero molto belle. Non hai mai pensato di fare un salto, non dico di qualità ma di tecnologia, passando per esempio alla ripresa cinematografica, alla televisione?

BONATTI – No. Prima di tutto dirò che io ho cominciato a fare la fotografia come uomo di giornale. Quindi il protagonista, per ovvie ragioni, doveva essere posto sempre in evidenza. Poi via via, maturando e affinandomi, ho trovato una mia formula ideale, ossia quella che esclude sempre più il protagonista, io in questo caso, dal centro dell'immagine, dal primo piano, pur tuttavia facendone sentire la presenza, facendo capire che dietro la macchina fotografica c'è lui con la sua emozione. Parlando ora di cinematografia penso che essa risponda a leggi e a necessità completamente diverse rispetto alla fotografia. Se applicata poi al mio caso, di solitario e autosufficiente, risulterebbe un mezzo troppo complesso e pesante di accessori. Se poi si mirasse a un prodotto professionale, vale a dire di qualità, allora, e per sua natura, addirittura richiederebbe un copione, una regia, comunque tempi diversi; risulterebbe insomma un'operazione tutt'altro che diretta e spontanea, bensì pilotata e condizionata.

METZELTIN – Però in fondo potrebbe sempre essere una specie di racconto.

BONATTI – Sì, ma con la stessa differenza che passa tra un Salgari e un Melville.

METZELTIN – Ma questo racconto lo vivresti pure sul posto; ti porti via la tua cinepresa, o il videotape, o che so io...

BONATTI – Potremmo discutere sull'argomento fino a domattina, però non mi convinceresti mai, perché ciò che dico l'ho già fatto a livello di esperimento.

METZELTIN – Ah, ci hai dunque provato a farlo. No, perché io trovo questa cosa molto interessante, visto che proprio oggi il film cosiddetto di avventura...

BONATTI – È costruito.

METZELTIN – Ecco, è costruito. Però viene anche sempre più richiesto dal pubblico. La gente è contenta di vedere queste cose. Per cui ci sarebbe anche da chiedersi se il film di avventura forse non è fatto in modo...

BONATTI – Attenzione! Attenzione, non facciamo confusione tra avventura e spettacolo.

METZELTIN – Sì, questo è vero. Io penso che in fondo la gente preferirebbe l'avventura vera, ma spesso invece le viene proposto lo spettacolo.

BONATTI – Spettacolo passato però per avventura vera, la gente viene quindi tradita.

METZELTIN – Viene un po' tradita, e per evitarlo – in fondo il discorso voleva arrivare lì – forse si potrebbe fare qualche cosa che sia più vicino alla realtà che veramente vive il protagonista.

BONATTI – Una formula deve esserci. Diciamo che fino a oggi io non l'ho sentita. O, forse, semplicemente non sono stato capace di trovarla. Rimane comunque il fatto che la cinematografia non è mai rientrata nel mio modo di essere e di sentire.

METZELTIN – La fotografia non è dunque un prodotto propriamente tecnologico per te. Mi sembra di aver capito che tu in fondo sei relativamente staccato dal mezzo meccanico, anche quando riprendi una fotografia.

BONATTI – Sì, è vero, e questo vale non soltanto per la fotografia. È anche vero che io non sono mai alla ricerca dell'effetto fotografico fine a se stesso. Sono un uomo d'avventura e come tale provo sensazioni, vivo emozioni, quindi, come ho già detto, le fermo semplicemente avvalendomi anche della macchina fotografica.

METZELTIN – Con una macchina fotografica qualunque?

BONATTI – Professionale ma non particolare.

METZELTIN – Non riusciresti a fare una foto d'effetto per esempio?

BONATTI – Effetto non significa necessariamente virtuosismo. Se faccio per esempio una proiezione di diapositive durante una mia conferenza, non ricorro a teatrali dissolvenze. Questo perché, anche se lo dico scherzando, ritengo di avere cose da dire al mio pubblico, cose in cui l'immagine non può essere che complementare al mio discorso. Perciò non ho alcun bisogno di aggiungere ai miei paesaggi certi effetti tecnici, come per esempio le dissolvenze e le multivisioni. Questi per me sarebbero soltanto aggiuntivi al mio discorso reale ed essenziale.

METZELTIN – Ma il fatto di rifuggire quasi da una fotografia a effetto, non ti potrebbe nuocere in un lavoro di tipo giornalistico?

BONATTI – No, perché io non faccio il cronista di moda né di altro tipo. Io racconto semplicemente me stesso attraverso ciò che faccio, e sono sempre cose vere e rigorose; devo e voglio attenermi quindi a quella realtà. Per raccontare me stesso agli altri, non ho bisogno di meccanismi né di finzioni di alcun genere. È chiaro che se la mia immagine fosse messa invece al servizio di altri argomenti, magari effimeri e speculativi, o anche soltanto subordinati a certi effetti tecnici e teatrali, ebbene troncherei subito quell'attività, né permetterei ad altri di usare la mia immagine a quello scopo.

METZELTIN – Per te un obiettivo a occhio di pesce, quelli che ti consentono di riprendere la Terra quasi quant'è tonda, è già un artificio?

BONATTI – Ecco, qui ci troviamo al limite da me accettato. Non parlo dell'esagerato obiettivo *fish-eye* ma di un più ragionevole grandangolare, e accetto anche la lente polarizzante. Spesso il grandangolare è per me quasi una necessità, perché quando mi trovo in una buia giungla, per esempio, e davanti a me non ho che uno spazio ridottissimo, di pochi metri, ebbene non potrei proprio riprendere il mio soggetto se non ricorressi al grandangolare. Quando poi mi trovo a fotografare in alta montagna, è il polarizzante che mi consente di ottenere la giusta incidenza di luce per porre in rilievo il mio soggetto. Altrimenti l'eccesso di luminosità, o l'incidenza dei raggi solari e le negative riverberazioni degli stessi sulla neve, non mi consentirebbero di fotografare. Ecco, è in quest'ultima misura che io accetto certi artifici, limitatamente dunque a quanto ho appena detto.

Metzeltin – E allora il virtuosismo in questo campo, in che cosa consiste per te?

Bonatti – Io ho fatto parte della redazione di un grande settimanale, e da molto vicino ho visto impaginare altri noti rotocalchi, di virtuosismo quindi me ne passava sotto il naso parecchio, ogni giorno, e spesso si trattava di immagini filtrate, virate, poi v'erano giochi e ricostruzioni di laboratorio, sovrapposizioni di immagini, eccetera. Cose quindi costruite, e allora a quel punto tanto valeva eseguirle con un pennello e dei colori, almeno sarebbero state più genuine e artistiche in quanto espressioni di fantasia pura e abilità pittorica.

Metzeltin – Senti, ma un lettore normale può rendersi conto di questi artifici, di questo virtuosismo che in fondo è quasi fine a se stesso, e che forse serve soltanto a far aumentare la tiratura del giornale?

Bonatti – Io credo di sì. Se parliamo di un reportage sulla moda, io penso che si possano accettare primi piani e sfondi artificiali color verde, rosso, giallo; tutte diavolerie quindi che io non discuto. Se invece parliamo di un reportage d'avventura, di cose reali e veramente vissute, ebbene qui allora siamo nel mio campo e ciò mi compete. Perciò, io dico, perché forzare la natura, la quale, vera com'è, è già piena di sensazioni? Per quale motivo falsare una realtà di per sé già estremamente densa di tutto ciò che io autore vado cercando, prima per viverlo e poi per trasmetterlo fotograficamente?

14 ottobre

METZELTIN – In fondo tu non sei nato avventuroso, o meglio tu sei nato avventuroso nel tuo intimo, ma non è che tu abbia avuto, che so, un papà che a quindici anni ti abbia detto: senti, caro Walter, io ti do ogni mese un assegno di tot dollari per tutta la tua vita, e tu visto che hai voglia di fare l'avventuroso vai e vivi l'avventura. Non mi sembra che sia stato così, vero?

BONATTI – Non è stato davvero così. Ma anche se così fosse stato, probabilmente tanto avventuroso non sarei diventato. Anche l'avventura più bella probabilmente sarebbe scaduta ai miei occhi.

METZELTIN – Certo, è vero, perché in fondo tutte le avventure vere devono essere autogestite dall'inizio alla fine. Però non si può neanche andare in giro senza il becco di un quattrino, non è vero? E tu non sei potuto partire per le tue avventure fin dall'età di quindici anni. Come hai cominciato il tuo salto nella vita?

BONATTI – Tuttavia, continuando il tuo discorso, anche senza il becco di un quattrino, se uno vuole veramente un qualcosa, alla fin fine, e in qualche modo, riesce a raggiungerlo.

METZELTIN – Certo, ed è anche meglio così. E tu sei di questo l'esempio vivente. Io penso che ai nostri ascoltatori piacerebbe sentire un po' come è stato questo tuo salto nella vita. Intendo quella di tutti i giorni, cui sono soggette anche tutte le altre persone che non vivono le avventure in giro per il mondo.

BONATTI – Ero ragazzino quando finì la seconda guerra mondiale, e questo lo dico per far capire quanto in quel momento fosse difficile trovare un lavoro. In questo Paese dunque, disfatto e ancora senza prospettive, bisognava reinventare tutto partendo quasi dal nulla. Posti di lavoro, almeno per noi giovanissimi, non ce n'erano proprio. Tuttavia appena finite le scuole secondarie era necessario in casa mia che anch'io cominciassi a lavorare. Così il mio primo e fortuito lavoro fu quello di apprendista contabile. Mi ci vedi?

METZELTIN – No, non ti vedo proprio in veste di apprendista contabile.

BONATTI – Nel contempo però continuavo a studiare seguendo i corsi serali. Il mio obiettivo – anche questo è ironico – doveva essere quello di diventare un perito industriale, quindi un tecnico. Mi sarei dunque venuto a trovare esattamente nella posizione opposta a quella del mio temperamento, ma questa era la sola via che potesse farmi sperare di ottenere un lavoro sicuro. Ero stato ammesso alla lista di assunzione presso uno degli stabilimenti metallurgici Falck, ma quel promesso impiego di contabile tardava a venire, e soltanto perché davanti a me c'era ancora il servizio militare da fare. In breve, in attesa dell'impiego che mi competeva, accolsi di buon grado l'offerta che mi venne fatta di lavorare provvisoriamente nel cosiddetto reparto, vale a dire in quei capannoni dove a quel tempo si facevano i lavori più umili e massacranti. Naturalmente non potevo essere adibito che a mansioni generiche, poiché ero molto giovane e in quel campo non avevo alcuna specializzazione. Là ho fatto veramente ogni tipo di lavoro manuale. Mi consola il fatto che tutte quelle fatiche, data anche la mia età ancora in pieno sviluppo fisico, mi hanno aiutato almeno a formarmi un buon assetto muscolare. È stato invece disperante quando venni assegnato alle vasche degli acidi, quello solforico per esempio; erano vasche in cui venivano immersi temporaneamente i nastri d'acciaio per essere poi lavorati. Ma non vorrei soffermarmi oltre su queste cose, perché...

METZELTIN – Certo. Però basta sentir dire acido solforico per capire che non doveva essere bello.

BONATTI – E inoltre mi rendevo perfettamente conto del danno fisico che a lungo andare avrei subìto. A quel tempo ero già un atleta, praticavo la ginnastica artistica e avevo già partecipato ad alcune competizioni nazionali. Prima di essere alpinista sono stato infatti un ginnasta. La mia ginnastica non era certo finalizzata all'alpinismo, che soltanto più tardi ho praticato, era bensì uno sport fine a se stesso. L'idea quindi che queste esalazioni potessero «cuocermi» dentro, distruggermi a poco a poco – in quegli anni non c'erano per quei lavori le dovute protezioni, se non quella di dover bere latte a volontà – ebbene questo mi faceva impazzire, e ciò ha favorito maggiormente la mia spinta all'evasione. Tanto che da lì a qualche anno, quando finalmente maturò il posto di lavoro che mi competeva, appena sei mesi dopo prendevo il volo per le montagne. Sì, poiché a quel punto mi ero dato ragione di molte cose. Già ero passato attraverso la fame causata dalla guerra, quando ero ancora bambino, poi venne il non meno difficile dopoguerra, e adesso ad attendermi si profilava lo squallore; a questo punto non potevo che essere disposto ad affrontare tutte le incognite di un altro salto nel vuoto pur di cambiare qualcosa. Va detto che a quei tempi lasciare un lavoro certo per l'incerto, di qualsiasi genere fosse questo lavoro, veniva giudicato un folle salto nel vuoto.

METZELTIN – Certo, il famoso posto sicuro in fondo la gente non lo lascia volentieri nemmeno oggi, ma trenta-quarant'anni fa lo faceva ancora meno volentieri. Effettivamente il salto nel mondo della montagna era, sotto certi aspetti, un salto nel buio più ieri che non oggi.

BONATTI – Ma io sentivo che sulla montagna, contrariamente a quanto mi capitava in città, avrei potuto vivermi giorno dopo giorno così come io ero. Ciò era già di per sé gratificante, e poi non c'era più grigiore davanti a me ma luce e vasti orizzonti.

Un altro importante motivo che mi indurrà molti anni più tardi a compiere un altro salto, che costituirà una vera e propria svolta della mia vita, è stato quello di voler trasferire il mio campo d'azione dalla montagna al mondo intero. Dell'alpinismo non sopportavo più i panni diventati troppo stretti sulla mia pelle. Con il passare degli anni avevo capito sempre più chiaramente che in fondo la mia vera indole era quella di vivere l'avventura nella sua espressione più vasta, un'avventura quindi non settoriale come offriva l'alpinismo ma più estesa e universale. Dovevo quindi allargare i miei orizzonti, scendere dalle montagne per me ormai impoverite di mistero, e volgermi ai 360 gradi di un mondo che mi era ancora sconosciuto.

METZELTIN – E quindi hai dovuto cambiare professione un'altra volta, perché in fin dei conti tu avevi già fatto uno sforzo per vivere la montagna anche a livello professionale; infatti tu eri diventato una guida alpina, ma di quelle vere.

BONATTI – Sì, ma ovviamente non mi era bastato, non costituiva il mio punto d'arrivo, e capivo che tutto quello che avevo fatto non poteva essere che un mezzo per allargare ancora di più i miei confini. È un cammino questo che ancora oggi per me è tutt'altro che esaurito.

METZELTIN – Giusto, giustissimo. Questo è un esempio che io personalmente proporrei ai giovani, perché è quello di una continua evoluzione nella vita di un individuo. È un fatto importantissimo, e se questa evoluzione richiede anche un salto di professione, perché no, bisogna avere il coraggio di farlo. Se non si moriva di fame trent'anni fa, anche se era più difficile vivere, di fame ancor meno si muore oggi, direi.

BONATTI – Certo. Morire di fame è a mio avviso assai meno doloroso che morire di non libertà.

METZELTIN – Senti, Walter, tu hai fatto molti viaggi nel mondo, forse non intorno al mondo però nel mondo ne hai fatti molti; non li hai mai contati?

BONATTI – Potrei provarci adesso. Comunque, basandomi sull'elenco dei servizi giornalistici che ho realizzato, credo di averne compiuti un centinaio. Ci sono poi tutti gli altri non relativi al giornale.

METZELTIN – Un centinaio relazionati sono già tanti. Noi non riusciremmo certo a dare qui una visione completa di tutti i tuoi viaggi, però alcuni potremmo vederli più da vicino. Per questo mi sono munita di qualche mappa del mondo intero, di quelle che si sottraggono in maniera più o meno legittima sulle aerolinee quando si fa qualche viaggio. Dunque vorrei che tu ci parlassi un po' delle tue avventure, di quelle che magari sfuggono un po' nel dettaglio quando le vediamo su un giornale, su una rivista.

BONATTI – Guardando questa carta, chiaramente finalizzata dalla compagnia aerea che l'ha prodotta, trovo ossessivi i mille segni che rivestono tutto il globo. È disarmante vedere un mondo ormai avvolto irrimediabilmente nei tracciati di voli, strade, ferrovie, tutto ciò insomma che l'uomo ha costruito per condizionare e incatenare se stesso.

METZELTIN – Ma sei anche un po' negativo però, perché in fondo tutto questo ci permette di andare in giro.

BONATTI – Dici che sono negativo, però vedi anche tu come è ormai affollata la carta. Tuttavia consola sapere che al di là di questi segni convenzionali sussiste una grande parte di mondo ancora pressoché intoccato. È proprio quello che io ho scelto per i miei viaggi, e rimane ancora tanto grande che a tutt'oggi, epoca ormai di conquiste stellari, non si sa dove esattamente nasca il Rio delle Amazzoni.

METZELTIN – Qui in Europa i grandi spazi si sono effettivamente ristretti, enormemente limitati. Anch'io devo dire che a ogni mio ritorno in Europa rimango quasi angosciata all'idea di avere una frontiera ogni duecento chilometri, e di vivere in spazi materialmente tanto ristretti. Ma andiamo a vederci un Paese che non ha quasi frontiere all'interno di decine di migliaia di chilometri quadrati. Per esempio qui dove c'è un buco verde senza città, senza niente, dove scorre il Rio delle Amazzoni.

BONATTI – Ci sarebbe però da discutere su questi buchi verdi, e accertare se proprio siano rimasti tanto verdi o non siano invece diventati piuttosto grigi. Oltre all'Amazzonia ci sono comunque altri enormi spazi verdi, come il Grande Nord americano e la Taiga russa. Ecco, sono queste le autentiche riserve per chi ami «volare» nei liberi spazi.

METZELTIN – Senti, queste aree così grandi, diciamo senza

quasi confini, costituiscono comprensibilmente una specie di premessa ideale per quasi tutti i viaggi di avventura autentica; però di questi spazi sulla nostra carta ce ne sono parecchi, ci sono quelli verdi, quelli gialli, quelli marrone, ossia quelli fatti essenzialmente di foresta, di deserto, oppure di montagna. Tu sei stato affascinato da tutti e in egual misura, oppure ce n'è uno che hai preferito nelle tue scelte?

Bonatti – Dunque, io ho iniziato con gli spazi bianchi, che corrispondono alle montagne ghiacciate, e così ho fatto perché li avevo più a portata di mano. Essendo lombardo e avendo le Alpi tutt'attorno, è chiaro che con il mio temperamento ne fossi attratto. Così le mie prime Amazzonie e Himalaye furono proprio queste ondulazioni bianche che si profilavano all'orizzonte. Poi, crescendo e sentendomi come alpinista un po' costretto tra le cime dei monti, ho buttato lo sguardo appunto sui deserti, sulle foreste, sui mari, e altro ancora. E a questo punto devo dire che non ho più avuto preferenze sui vari tipi di natura. Sono stato ovunque e ogni cosa è risultata per me la più bella, la più importante, la più ricca di sensazioni. Perché questo? Semplicemente perché ogni cosa fatta è stata da me voluta e vissuta.

Metzeltin – Io vorrei portarti a un momento non dico preciso della tua vita ma più facilmente individuabile. Forse c'è stato un giorno in cui sei sceso da una montagna e hai detto: accidenti, qui c'è qualcosa di diverso che io vorrei vivere. C'è stato questo momento?

Bonatti – Sì. Diciamo allora che nel '54, quando sono stato nel Baltisan prendendo parte alla spedizione del K2, per me c'è stato un vero impatto con quel mondo straordinario, che non esito a definire una specie di Shangri-La. Trovare questa specie di paradiso perduto tra altissime montagne, quasi come Hilton aveva immaginato i paesaggi del suo romanzo, ebbene, in me è come si fosse accesa di colpo una lampadina. Nel tempo ho poi riflettuto molto su quei paesaggi e sulla gente che abita quelle valli, gente certamente semplice e povera di mezzi, ma estremamente ricca di umanità. Ecco, è stato questo l'inizio del mio «volo» che si compirà soltanto dieci anni più tardi. E su quell'onda, i miei primi passi dopo le montagne saranno verso l'estrema Siberia di nord-est e precisamente in Yakutia. Poi venne il Grande Nord americano, ossia il Canada e l'Alaska.

METZELTIN – Che hai conosciuto in stagioni invernali oppure in quelle estive?

BONATTI – Dunque, l'estrema Siberia nella stagione invernale, perché mi ero proposto di vedere e capire come fosse possibile che gente uguale a noi, sebbene più acclimatata ai grandi freddi, potesse vivere e resistere a una temperatura tanto estrema, come quella appunto che si incontra nei villaggi di Verkhoiansk o di Oymyakon, dove si sono registrate temperature minime rispettivamente di meno sessantanove e meno settantun gradi centigradi. Nota che ti sto parlando di temperature registrate a latitudini ancora abitate, seppure in regioni subpolari, poiché è ovvio che nell'Antartide, essendo un continente estremo, fa ancora più freddo. L'Antartide è però senza vita. Riferendomi dunque a latitudini abitate per l'intero anno, e considerando che chi ci sta vive in quelle estreme condizioni per almeno nove mesi all'anno, mi sono chiesto come potessero riuscirci. Per saperlo non c'era quindi che andare laggiù e vivere con loro per un certo tempo, cosa che ho fatto.

METZELTIN – E le tue conclusioni quali sono state?

BONATTI – Ti dirò le mie conclusioni, ma non prima di aver espresso la grande ammirazione che ho per quella gente, che riesce a vivere con le mani rattrappite per gran parte dell'anno. In tutto questo c'è da dire che v'è anche una logica del tipo uovo di Colombo. Incominciamo con il dire che nella Yakutia il gran freddo si manifesta per motivi molto logici. Ci troviamo per esempio a latitudine molto elevata, al di sopra del circolo polare. C'è poi il fatto che siamo in un settore estremamente continentale, per cui fa molto caldo d'estate e molto freddo d'inverno. Infine ci troviamo al centro di una regione montagnosa; infatti tutt'attorno si elevano alte catene di montagne, come i monti Verkhoiansk e altri ancora, che proteggono l'intero territorio dai possibili venti provenienti da ogni direzione. Pensa che quando spira una leggera brezza dal settentrione, quindi dal Polo Nord, il freddo, sembra quasi un paradosso, si attenua. Questo perché il Polo è mare, e l'acqua, anche se gelata alla superficie, è sempre conduttrice di calore. Tutto questo strano mondo è situato nel cuore della Taiga, una delle più vaste foreste della Terra: non manca certo la possibilità di far fuoco. Allora – ed è questo l'uovo di Colombo – basta accendere tre fuochi, accamparcisi nel bel mezzo, anche a venti, trenta metri dalle fonti di calore, ed eccoci, quasi miracolosamente, a una temperatura non dico mite ma in cui si può resistere benissimo, tanto da poter lavorare anche a mani nude.

METZELTIN – Però bisognava proprio andare a scoprirlo di persona quel genere di uovo di Colombo.

BONATTI – E non fu soltanto questo lo straordinario. L'intero viaggio è stato per me una grande lezione. Pensa che a quel tempo avevo già scalato montagne di ogni tipo, ero già stato sulle Ande e sull'Himalaya, quindi avevo già al mio attivo una certa esperienza di luoghi gelati, e tuttavia per me esistevano ancora limiti di freddo mai conosciuti prima. Per difendermi dalle insidie di questo eccezionale gelo ho dovuto persino imparare a respirare in un certo modo, ossia prendendo alcune precauzioni che mai mi era capitato di dover fare. E tutto questo l'ho imparato proprio dagli indigeni. Da allora gli indigeni di ogni dove sono sempre stati per me dei veri maestri, e ancora oggi lo sono, perché da questa gente credo che avrò sempre qualcosa da imparare.

METZELTIN – E ti hanno insegnato qualcosa volentieri?

BONATTI – Tutti e ovunque mi hanno insegnato sempre qualcosa, e senza mai averne l'aria. Spesso lo hanno fatto visibilmente, dimostrativamente, magari senza pronunciare una sola parola, anche perché io non avrei potuto capirli non conoscendo la loro lingua né loro la mia. Forse c'è da dire che in me a lungo andare dev'essersi sviluppato una certa deformazione professionale, ossia un senso di costante e acuta osservazione. Infatti ciò che colpisce la mia attenzione finisco per immagazzinarlo in qualche misura, traendone poi profitto. Osservando per esempio il comportamento degli indigeni per me era stato poi relativamente facile cercare di imitarli.

METZELTIN – Senti, di che cosa vive questa gente della Taiga russa, oltre a farsi i tre focherelli entro i quali poter lavorare?

BONATTI – Sono per eccellenza cacciatori e pastori di renne. Gli animali da pelliccia nella Taiga non mancano proprio. Negli ultimi decenni il governo russo ha provveduto a una certa assistenza per questa gente; anche perché – ma questo è il mio pensiero – gli conviene garantire la presenza degli indigeni in questi posti. È un buon metodo per presidiare l'immenso territorio che, data l'indole nomade di questa gente, rischierebbe di rimanere vuoto e incustodito. Infatti se noi osserviamo sulla carta geografica questo immenso vuoto circondato per esempio da una Cina che è esplodente come numero di abitanti, ebbene è facile intuire il pericolo cui ho appena accennato.

METZELTIN – Già, anche perché mandare lì altre persone abituate a climi differenti sarebbe pura follia. Nessuno riuscirebbe a resistere, se non qualche avventuroso come te...

BONATTI – Tuttavia, io, là, non ci vivrei. Ci sono stato per un mese e mi è bastato. È stata una preziosa esperienza, ma la mia conclusione è che resta un Paese soltanto da visitare. Punto e basta.

METZELTIN – E ci sei stato appunto durante l'inverno.

BONATTI – Sì, in pieno inverno. Un mese intero tra gennaio e febbraio 1964.

METZELTIN – Invece hai conosciuto il Grande Nord degli Stati Uniti e del Canada durante la stagione estiva?

BONATTI – Sì. E dato che siamo partiti dall'alpinismo potrei dirti che anche qui, in un mondo a volte piatto e assolutamente disabitato – parlo di circa venticinque anni fa prima della costruzione dei famosi oleodotti che in qualche modo hanno invaso e marcato questi grandi spazi – anche qui, dicevo, io ho fatto dell'alpinismo pur muovendomi nelle foreste e sui fiumi. Perché sia lo spirito che mi animava sia il criterio con cui avanzavo, erano gli stessi di qualche mese prima sulla Nord del Cervino: niente radio, nessun collegamento effettivo, nessun ricorso tecnico di alcun genere, bensì totale solitudine e autosufficienza. Le stesse condizioni dunque che sempre avevo adottato per le mie scalate solitarie. Anche per questo è stata un'esperienza straordinaria ed è durata un mese. Dall'oceano, e dopo aver scavalcato il famoso Chilkoot Pass, sono disceso con una canoa canadese per laghi e fiumi fin nel cuore dell'Alaska, un viaggio solitario di 2.500 chilometri.

METZELTIN – E riuscivi a essere sempre autosufficiente per quello che riguarda il cibo?

BONATTI – Avevo con me una certa scorta di viveri, che integravo come potevo, con il pesce per esempio.

METZELTIN – Ma tu qui da noi hai mai pescato al lago, al fiume, o al mare?

BONATTI – No. Qui non ho necessità di sopravvivenza, e anche come sport non lo condivido.

METZELTIN – E non hai avuto nessun problema a navigare con una canoa? La canoa canadese non mi sembra così facile da manovrare.

BONATTI – Non è facile, è vero. Basta però impratichirsi. E poi navigando giorno dopo giorno per tanti chilometri finisci per farti un tale allenamento da non arrenderti più davanti a nulla.

METZELTIN – Non avevi mai praticato prima la canoa?

BONATTI – No.

METZELTIN – Hai imparato sul posto. E non ti sei mai ribaltato?

BONATTI – Sì, mente stavo imparando. I miei maestri, due canoisti indigeni dei migliori, mi hanno portato subito nel famoso Miles Canyon, presso Whitehorse. È un budello di rocce a picco lungo un miglio, e a fine secolo, nella famosa corsa al Klondike, aveva costituito per i pionieri il primo grosso ostacolo da superare lungo lo Yukon. Infatti, quando mi ribaltai sono stato trascinato per un po' alla deriva insieme ai blocchi di ghiaccio che in quei giorni defluivano. Il gelo, ricordo, mi colpì come una fucilata. Però questa esperienza mi è stata molto utile: mi aveva insegnato a conoscere i limiti d'equilibrio della canoa canadese, e a capire che avrei dovuto prendere precauzioni tali da non correre mai più rischi del genere. Il corso di un grande fiume come lo Yukon è complicato, pieno di incognite, le sue rive sono spesso inabbordabili, è inoltre gelido, largo e con rapide improvvise. Insomma rappresentava per me una vera impresa e ora avevo ben chiaro che anche commettendo il minimo errore avrei corso pericoli grandissimi.

Ma applicando la stessa logica della montagna, che qui avevo trasposto al fiume, potei così schivare questa serie di trappole e realizzare una gran bella avventura.

METZELTIN – Ma in questo tipo di viaggi ti facevi dei piani precisi per ogni giorno, oppure partivi quando ti andava di partire e arrivavi fin dove arrivavi?

BONATTI – I piani precisi per un intero viaggio li facevo al tavolino in casa mia prima di partire. Ma non potevano essere che soggetti, poi, a mille variazioni, per mille cause diverse e spesso imprevedibili. Questo perché dei luoghi che avrei raggiunto si sapeva sempre molto poco, e magari erano anche notizie sbagliate. Soltanto sul posto potevo controllare l'esistenza di eventuali errori, ricevendone in tal caso l'impatto e le conseguenti complicazioni. Ravvedendomi a volte dovevo desistere dal continuare, più spesso invece modificavo i miei piani. Però una volta stabilito che cosa fare vivevo allora alla giornata, perché soltanto a questa potevo affidarmi.

METZELTIN – Quindi non seguivi più i piani prestabiliti ma ti andava bene tutto quello che stavi facendo.

BONATTI – Sì. In certi casi però, invece del mese preventivato ce ne volevano magari due.

METZELTIN – In cambio però vivevi la tua avventura giorno per giorno.

BONATTI – E la vivevo con totale scioltezza.

METZELTIN – Adesso allontaniamoci un po' dal freddo nordamericano e andiamo un po' più a sud, al caldo, sul tropico magari. Mi dicevi prima che in fondo non si sa ancora oggi dove sia la sorgente esatta del Rio delle Amazzoni, mentre si va già sulla Luna e della Luna si conosce tutto. Questa è in fondo una cosa bellissima, sapere che ci sia ancora qualcosa da esplorare sulla nostra Terra. Ma sei proprio sicuro che non si sappia ancora dov'è la sorgente del Rio delle Amazzoni?

BONATTI – La tua non può essere che una provocazione, poiché sai benissimo che io ho dedicato anni e anni alla ricerca delle sorgenti di questo fiume.

Per quanto mi riguarda, è stato anche per vivermi in stretto rapporto con la grande Madre Natura che a più riprese ho visitato e cercato di toccare con mano le sorgenti più lontane del grande fiume amazzonico; che se per poco non è il fiume più lungo del mondo è però in assoluto il più ricco di portata d'acqua. Basti pensare che il diciotto per cento delle acque dolci dell'intero globo sono raccolte in questo immenso bacino idrografico. Il mio primo viaggio a quelle sorgenti risale esattamente al 1961, poi ne è seguito un altro nel '67, e un altro ancora nel '70. Insomma i miei viaggi a tale scopo furono in tutto quattro, e alla fine facendo un inventario, posso dire di aver conosciuto almeno una ventina di corsi d'acqua che si possono considerare sorgenti del Rio delle Amazzoni. La più importante dovrebbe essere quella che gli americani hanno contrassegnata con una targa di bronzo murata sul posto, dove è scritto: «Qui nasce il Rio delle Amazzoni, il fiume più grande del mondo». Però io per caso, anzi volutamente, sono andato là nella stagione secca, quando è difficile far confusione, e le cose sono apparse in modo assai diverso. Nella stagione secca, dunque, quella che era stata ritenuta la sorgente del Rio delle Amazzoni si era presentata ai miei occhi come un'incerta pozzetta d'acqua melmosa. E tuttavia questa rimaneva consacrata, come ho detto, dalla perentoria targa di bronzo...

METZELTIN – La possibile confusione potrebbe forse nascere dal fatto che siccome sulle montagne circostanti c'è molta neve, se non si va nella stagione giusta, quella appunto secca in cui sei andato tu, c'è rischio di confusione, e a crearla possono essere proprio i torrenti di scioglimento del manto nevoso.

BONATTI – Questo è vero e vale per tutte le altre sorgenti che affluiscono al Rio Marañón, tributario dell'Amazzoni. Ma qui bisognerebbe stare un giorno a parlare di queste cose. Comunque devi sapere che le più lontane sorgenti del Rio delle Amazzoni non provengono da ghiacciai, né da nevai, ma nascono invece in una gialla steppa che a prima vista si direbbe del tipo africano, anche se si trova a oltre cinquemila metri. È cosa davvero curiosa. Ed è per questo che la sorgente imposta dagli americani mi ha insospettito. Da buon curioso, quindi, e non facilmente arrendevole, ho deciso di girare e rigirare in quel settore geografico, così ho finito per scoprire un'altra sorgente più a monte. Una sorgente che ancora una volta indicherei caldamente a chi volesse farne oggetto di serio studio. Quella da me scoperta si trova dunque alcuni chilometri più lontano, e in luogo che subito appare ben più probabile di quella improbabile degli americani. È più verosimile, ripeto, e si manifesta, anche in piena stagione secca, come un bel ruscelletto di acqua limpida.

METZELTIN – Perciò in un posto dove il Rio delle Amazzoni si può anche bere.

BONATTI – Sì, davvero lì si può bere l'acqua che vi scorre. Diciamo ancora che il corso dell'Amazzoni, a partire da questa nuova sorgente, risulta essere più lungo di alcuni chilometri. È poca cosa se comparata ai seimila chilometri circa dell'intero corso del fiume, ma grande è il premio che essa rappresenta dopo tanti anni di appassionato girovagare da quelle parti.

METZELTIN – Sì, perché è in fondo una scoperta che si può definire geografica.

BONATTI – Ho fatto però un errore. Avrei dovuto già all'indomani del mio viaggio omologare questo risultato, avrei dovuto relazionarlo al National Geographic Society, a Washington; ed è cosa che invece, scioccamente, non ho fatto. Ma non l'ho fatto soprattutto perché – era il 1978 e '79 – vivevo un momento molto difficile della mia vita e mi trovavo totalmente assorbito da una serie di problemi personali (delusioni dal giornale per cui lavoravo, dimissioni dallo stesso, divorzio da mia moglie, e altro ancora). Qualche anno più tardi ho scritto un libro, *Avventura*, in cui racconto tutta la storia della mia ricerca delle sorgenti dell'Amazzoni; il libro però, di per sé, non equivale all'omologazione di una istituzione geografica. Di quel luogo posseggo comunque una chiara documentazione fotografica.

METZELTIN – Certo, queste scoperte sono belle in sé, ma anche dal punto di vista emozionale.

BONATTI – Ho inoltre avuto l'ambizione, e la soddisfazione, di dire: bene, adesso parto dalle sorgenti del Rio delle Amazzoni e discendo lungo le sue valli fino a raggiungere il cuore della grande selva amazzonica. L'ho fatto, lungo il Rio Marañón.

Ma qui non sto a raccontarti quante furono le vicissitudini incontrate.

15 ottobre

METZELTIN – Vogliamo ora passare all'Asia? Penso che anche tu avendo conosciuto le alte montagne dell'Asia abbia ancora qualcosa da raccontarci, e forse come esperienza di passaggio da quella che è stata una vita più centrata sull'alpinismo a una vita allargata ai viaggi.

BONATTI – Effettivamente l'Asia, e più precisamente la catena dell'Himalaya, o meglio ancora del Karakorum, è stata il mio avvio al sogno, il mio primo impatto con il grande esotico. Ho dunque avuto la fortuna di avere un inizio straordinario perché, tu che conosci il Karakorum, sai che esso ricorda effettivamente altri mondi immaginari piuttosto che il nostro pianeta. La prima sensazione da me provata percorrendo quelle valli è stata forse pari a quella di atterrare su un altro pianeta: le pareti a picco delle Cattedrali, delle Torri di Paju, di Trango che si elevano per migliaia di metri al di sopra della valle ghiacciata, e poi gli immensi ghiacciai vallivi, le infinite e sterili morene, ebbene tutto questo non ha nulla in comune con i paesaggi a noi familiari. Sì, è proprio lì che ho cominciato a dare grande spazio alla mia fantasia, al mio sogno. Ho sentito fin da allora il desiderio di andare oltre, al di là dei confini delle montagne; idealmente mi sono così spinto verso gli altipiani del Tibet, della Mongolia, e più a meridione verso il Kashmir. Con il pensiero già le scavalcavo alla ricerca di nuovi orizzonti.

METZELTIN – Benché queste montagne in fondo fossero ancora più grandi di quelle che tu forse avevi immaginato.

BONATTI – Be', la sensazione che fossero ancora più grandi di quanto io pensassi, l'ho avuta infatti nel Karakorum. Per l'Himalaya del Nepal invece è stato esattamente il contrario. Diciamo che se il Karakorum mi faceva pensare ad altri mondi, le montagne e le valli del Nepal mi ricordavano invece le Alpi del Vallese, nel senso che le loro proporzioni mi apparivano più ridotte e normali, gli stessi insediamenti umani e il mondo vegetale nel Nepal sono ancora presenti a quote molto elevate, mentre nel Karakorum invece, a parità di quota, c'è il nulla e la sterilità è totale.

METZELTIN – Dunque sei rimasto più affascinato dal Karakorum che dall'Himalaya, come paesaggio montuoso.

BONATTI – Indubbiamente sì. È il Karakorum per me la grande Himalaya intesa come invalicabile catena. Ecco l'ideale tetto del mondo, sia in senso fisico che psicologico.

METZELTIN – E del contatto con le popolazioni, quelle che vivono fra queste montagne – anche se è vero che il Karakorum è meno abitato dell'Himalaya – tu hai avuto delle esperienze particolari visto che hai conosciuto queste regioni già negli anni Cinquanta?

BONATTI – Ti dirò che muovendomi nelle valli del Baltistan sono rimasto molto affascinato, l'ho già detto, da questa gente che mi faceva pensare alla fantastica Shangri-La di Hilton. Per contro devo dirti però che il mondo musulmano in generale non mi ha mai incantato, anzi. A livello di pelle avverto un qualche cosa di irrazionale e inspiegabile che non mi fa entrare in sintonia con quel mondo, per altro affascinante. Quindi, in quella direzione mi trovo un po' con le ali tarpate. Di quel mondo musulmano mi interessa molto la natura dei suoi paesaggi, ma poco o niente di quanto riguarda l'indole della sua gente.

METZELTIN – Pensavo che forse è una sensazione a fior di pelle, a direzione unica, perché io so che tu sei stato molto amato dai tuoi portatori baltì e che ancora oggi parlano di una certa roccia dove tu hai arrampicato. Ancora oggi indicano a tutti: «Qui Bonatti climb, Bonatti climb». Per cui si vede che tu hai saputo forse dare loro qualche cosa e loro viceversa avevano un mondo così chiuso per cui tu non sei riuscito a penetrarlo.

BONATTI – Sì, stando a questo aneddoto sembra in effetti che io possa aver dato loro qualche cosa; del resto anche loro hanno dato molto a me. Ma qui parliamo di baltì, quindi musulmani ben diversi da quelli cui io alludevo. Insomma, questi sono musulmani d'alta quota, dunque straordinari.

METZELTIN – Dall'Asia delle montagne andiamo un po' a vedere un'Asia che di solito gli alpinisti trascurano, benché ci siano delle montagne. Mi riferisco in particolare all'arco vulcanico dell'Indonesia dove su quei crateri gli alpinisti vanno ben di rado. Però tu sei stato a esplorare anche queste zone, così selvagge e un po' diverse dal solito.

BONATTI – Sì. Però più che a esplorare nel vero senso della parola sono stato là a curiosare. Questo per essere stato affascinato dal resoconto della catastrofe del Krakatoa, il famoso vulcano che nel 1883 ha provocato la più grande esplosione avvenuta sulla Terra a memoria d'uomo. Tu, come geologa, sai meglio di me che quell'intera montagna è sprofondata in una caldera di migliaia di metri provocando un grande cataclisma. I boati furono uditi fino a cinquemila chilometri di distanza.

METZELTIN – Sì certo, le sue ceneri hanno girato nell'aria di mezzo mondo, per anni.

BONATTI – Allora la curiosità mi ha spinto fin là a vedere con i miei occhi, e a toccare con mano, ciò che era rimasto del famoso Krakatoa. Non ti dico la difficoltà per arrivarci. Dovevo partire da Giava, oppure da Sumatra; Giava era però più vicina. Non c'erano imbarcazioni idonee e soprattutto – ma lo scoprirò dopo – i pescatori di quelle coste non volevano saperne di avvicinarsi con le loro barche a quelle lave diaboliche. E finalmente ho trovato qualcuno disposto ad accompagnarmi. Senonché, giunti in prossimità del Krakatoa, pure questi hanno tentato di cambiare rotta e dirigersi verso le isole più addomesticate di quel complesso vulcanico, isole che ormai sono rivestite di fitta foresta e popolate di vita animale. Proprio non volevano saperne di portarmi sulle lave del Krakatoa, ossia su quel cono che a partire dal 1883, dopo l'inabissamento del vulcano, era andato via via riformandosi. Infatti fu soltanto nel 1942 che dal mare emerse un piccolo scoglio fumante che da allora, dopo essere scomparso e riapparso più volte, aveva finito per concretarsi definitivamente tra esplosioni ed eruzioni varie. Era così nato l'Anak Krakatoa, cioè il figlio del Krakatoa, ed era proprio lì che io ero diretto. A malapena dunque sono riuscito a farmi sbarcare sull'Anak, con l'intesa che sarebbero venuti a riprendermi dopo otto giorni. Ti assicuro che lì per lì ho dubitato che volessero farlo. In totale l'esperienza del Krakatoa è stata per me straordinaria. Su questo isolotto, alto, all'epoca in cui ci andai, circa trecento metri, e avente una circonferenza non superiore ai tre, quattro chilometri, io ho proprio vissuto una settimana indimenticabile; per otto giorni ho toccato con mano ogni cosa, portando sempre negli occhi e nella mente il grande cataclisma di ottant'anni prima. In alcuni momenti mi è sembrato persino di ritrovarmi alle origini della Terra, poiché simili sconvolgimenti non possono che far pensare al mondo ancora in formazione. Là mi sono aggirato dunque dappertutto, sono entrato nei crateri, mi sono arrampicato fino a raggiungere gli sfiatatoi, ho camminato tra i vapori, è stata insomma una settimana vissuta davvero intensamente.

METZELTIN – Ci sono ancora tracce di attività vulcanica attuale?

BONATTI – Sì. Il vulcano è quiescente, dunque tutt'altro che spento. Sono anzi certo che il Krakatoa che io ho conosciuto oggi non esiste più, le sue forme si sono certamente modificate. Con me portavo anche l'attrezzatura subacquea, e la mia curiosità mi aveva indotto a scendere giù in quel mare cupo. Così ho scoperto che il Krakatoa, specialmente sul suo lato orientale, precipita nell'abisso con una pendenza costante di forse quarantacinque gradi. È proprio lì che ho avuto qualche disavventura con i pescicani, piccoli per fortuna.

METZELTIN – Anche lì ci sono pescicani?

BONATTI – Ebbene, direi che è proprio da quelle parti che abbondano. Il mare di Sonda è infestato di squali. Il mio intento era di pescare in immersione per procurarmi cibo fresco, avevo dunque una fiocina ed effettivamente mi era facile catturare del buon pesce, anche se le acque erano molto torbide; si vedeva fino a un paio di metri, o poco più. Fiocinavo facilmente, però non riuscivo mai a portare pesce in superficie poiché, sempre, mi piombava addosso un pescecane, non più lungo di settanta, ottanta centimetri, però inflessibilmente si avventava sulla mia preda portandosela via. Morale, non sono mai riuscito a tirare fuori dall'acqua un solo pesce.

METZELTIN – I pescicani non restavano agganciati alla tua fiocina?

BONATTI – No di certo. Altro che rimanervi agganciati. Pensa che a volte erano tanto rapidi nei movimenti che neppure riuscivo a vederli; ma ricevevo uno strattone tremendo, seguito da un'ombra scura che si dissolveva subito nell'acqua cupa. Ti confesso che ho avuto anche un po' di paura, e alla fine ho rinunciato al pesce fresco.

METZELTIN – È già cresciuta la vegetazione su quelle lave del Krakatoa?

BONATTI – È commovente vedere come queste ceneri vulcaniche, ancora calde, accolgano la vita in forma di semi che vengono dal mare e dall'aria. Come sappiamo, gli agenti colonizzatori delle terre emerse sono stati appunto il mare e l'aria; vuoi perché gli uccelli hanno portato le sementi vuoi perché dal mare sono arrivati con i relitti alcuni tipi di piante che lì hanno attecchito o germogliato. E allora si vede questa tenera vegetazione tropicale che a poco a poco si allunga sulle sabbie nere, si protende sulle lave, vi si arrampica prendendone possesso e colonizzandole. Suscita veramente tenerezza questa avanzata della vita verso l'interno. Il posto da me scelto come bivacco, in cui sono rimasto per otto giorni, l'avevo sistemato al riparo di una equisetifoglia, una casuarinacea cespugliosa non più alta di cinque, sei metri, eppure i suoi ampi rami protesi a ombrello davano già l'illusione di trovarsi in una piccola foresta. Da questa pianta traevo infatti ombra, frescura, e mi accompagnava anche il piacevole fruscio delle sue chiome al vento. Insomma, non ero io la sola espressione di vita e di movimento sull'isola.

METZELTIN – Ma per sopravvivere avevi a disposizione soltanto la pesca?

BONATTI – No, avevo con me una relativa scorta di viveri, portati da Giava. Se lo posso fare, sempre mi premunisco portando alcune riserve di viveri, e in questo caso, essendo arrivato sull'isola con una barca, non ho certo avuto problemi di trasporto. È chiaro comunque che un po' di pesce fresco mi avrebbe fatto molto piacere.

METZELTIN – E i pescatori sono venuti poi a riprenderti dopo gli otto giorni pattuiti?

BONATTI – Sì, fedeli e puntuali sono venuti a riprendermi. Devo dire che il reimbarco è stato abbastanza facile, a differenza dello sbarco di otto giorni prima fatto in condizioni quasi drammatiche. Le onde erano tali da impedire ogni operazione di trasferimento a terra. Era ormai sul far della notte quando ho deciso di buttarmi a nuoto, e dalla riva ho poi teso una corda su cui abbiamo potuto trascinare il mio bagaglio, sia pure attraverso una successione di ondate.

METZELTIN – Senti, Walter, com'è il clima di questa fascia tropicale, che mi sembra soprattutto piovoso, caldo ma piovoso? Tu non risenti in forma negativa di questo clima?

BONATTI – Ti dirò che io, uomo del freddo, ho sempre creduto che avrei sofferto molto il caldo. Poi qualche amico medico mi ha rassicurato dicendomi che chi sopporta bene il freddo tollera altrettanto bene anche il caldo. E così è stato. Comunque è logico che il grande freddo o il grande caldo facciano un po' soffrire; io però sono forse di quelli che reggono abbastanza bene i due estremi.

METZELTIN – Però nelle zone tropicali sicuramente c'è qualcosa che nelle zone fredde non c'è, vale a dire un ben maggior pericolo dal punto di vista igienico e delle malattie.

BONATTI – Sì. Infatti noi indichiamo spesso le foreste, le giungle come ricettacoli di pericoli, dati anche dalla presenza di animali feroci. Ma i veri esseri feroci qui sono in realtà soltanto gli insetti, nonché i virus e i batteri. Sui tropici dell'Estremo Oriente c'è effettivamente molto pericolo in questo senso, quanto ne esiste anche in Africa. Stranamente invece certe zone del Sud America sono quasi del tutto sane, si possono persino bere le acque dei fiumi, specialmente di quelli scuri tipo Rio Negro.

METZELTIN – E tu quali precauzioni particolari prendevi per l'acqua?

BONATTI – Le più elementari, ossia bollivo sempre l'acqua destinata a essere bevuta, parlo anche di quella sulle montagne dove si presenta limpida e apparentemente pura. Ecco, io ho sempre preso queste precauzioni. Un'altra cosa raggiunta con l'esperienza, con la pratica graduale e progressiva, è stata quella di creare in me, il più possibile ma sempre dentro i limiti di sicurezza, gli anticorpi. Così facendo penso di aver evitato un sacco di guai, come infezioni e malattie del genere.

METZELTIN – Ma gli anticorpi ti si sono creati perché ti sei lentamente vaccinato vivendo nel Paese con le dovute precauzioni, oppure…

BONATTI – Sì, mi sono vaccinato in modo naturale come tu hai detto. Tuttavia quando uno vive nel modo in cui io vivevo per mesi interi, a contatto con tutte quelle insidie, il pericolo resta lo stesso grande.

METZELTIN – E non sei mai stato vittima di qualcosa?

BONATTI – No. Una sola volta in Amazzonia ho avuto forti febbri tropicali; erano forse gli inizi di qualche cosa che poi, per mia fortuna, non si è sviluppata.

METZELTIN – Be', in fondo è stata l'unica brutta esperienza che hai avuto, e in fondo nemmeno nella fascia tropicale asiatica. Senti, oltre al Krakatoa tu hai conosciuto altri luoghi lungo questo arco vulcanico così famoso?

BONATTI – Sì, e sempre nell'immenso sistema di isole indonesiane. L'Indonesia, lì per lì, non si direbbe tanto grande, eppure è vasta quanto l'Europa.

METZELTIN – Certo. Io credo di aver studiato che sono 3.500 le sue isole, o qualcosa di simile.

BONATTI – Soltanto di fronte a Jakarta, a poco più di cento chilometri, esiste un arcipelago chiamato «Le duemila isole». È sintomatico, no?

METZELTIN – Allora le 3.500 studiate saranno certamente di più.

BONATTI – È effettivamente un mondo di isole. Sì, in Indonesia sono ritornato varie volte e ho girato un po' dappertutto, da Sumatra a Giava, a Borneo, a Celebes e Ambon, e sono stato anche nel Nusatengara, ossia quel sistema di piccole e grandi isole che si protende tra l'Australia e la Nuova Guinea. Un altro luogo che mi ha molto affascinato, e anche molto impressionato, è stato l'isola di Komodo. È per antonomasia l'isola di alcuni fossili viventi, vale a dire del Varanus Komodoensis, che alcune teorie vorrebbero imparentato con i lontani tirannosauri. Questo varano è un bestione che spesso supera i tre metri di lunghezza, e a trovarselo davanti si ha veramente l'impressione di essere di fronte a una forma di vita di epoche lontane.

METZELTIN – Ma ce ne sono ancora molti?

BONATTI – Ai miei tempi sì, ce n'erano davvero molti. Forse abbonderanno ancora, sembra però che il turismo organizzato sia ora giunto anche lì, purtroppo. Le conseguenze sono facilmente immaginabili: tutto cambia, in qualche modo si altera, e a farne le spese sono la natura selvaggia, gli animali, e anche le popolazioni che lì abitano in equilibrio con l'ambiente.

METZELTIN – E adesso vogliamo parlare un po' della Nuova Guinea, dove so che tu sei stato?

BONATTI – È un'isola straordinaria che ho visitato nella sua parte più selvaggia, vale a dire quella porzione indonesiana della Nuova Guinea propriamente definita Irian Jaya. Sono venuto qui certamente per conoscere l'isola e la sua gente primitiva, i Dani, ma anche perché attratto da una osservazione che il grande viaggiatore Heinrich Harrer fece nel corso di una sua esplorazione lungo un fiume importante di quel territorio. In un suo famoso libro, mi pare si intitolasse *I Come from the Stone Age*, riferisce appunto che nel corso della sua esplorazione durata mesi interi, l'orizzonte davanti a sé si era improvvisamente rischiarato e tra le nubi erano apparse, lontanissime, alcune alte montagne ancora sconosciute. Harrer non aveva espresso che questa vaga osservazione, e sulle mappe, in corrispondenza di quella incerta posizione, effettivamente erano segnati un nome e una vaga quota: Monte Trikora, 4.750 metri. Non si sapeva altro, ma questo bastò a galvanizzarmi e a indurmi a cercare la misteriosa catena. Ebbene ce l'ho fatta, e con l'aiuto appunto dei Dani. Partiti dal grande altipiano centrale, abbiamo così iniziato la marcia in carovana lungo i loro sentieri di caccia, e questo per giorni e giorni attraverso fiumi, valli e foreste vergini, tra una vegetazione stranissima e primigenia. E finalmente siamo arrivati in vista della misteriosa montagna. Quando la vidi per la prima volta restai davvero impressionato. Ricordo che stavo preparando il bivacco per la notte, all'interno di un'ampia grotta rocciosa, quando improvvisamente si erano aperte le nebbie, e in quella schiarita mi trovai di fronte a una montagna altissima di rocce calcaree che appariva imbiancata di neve recente. Nota che mi trovavo in una delle foreste più torride del mondo, eppure a 4.700 metri luccicava la neve. È curiosa la definizione che danno alla neve i Dani. È all'incirca così: il sale freddo che in breve se ne va.

METZELTIN – Neve che loro non devono avere mai toccata, ma soltanto vista in cima a queste loro montagne.

BONATTI – Già. Per la prima volta avevo così visto e fotografato il Trikora, e il resoconto che poi ho steso credo sia servito senz'altro a invogliare prima, e poi a orientare, successive spedizioni.

METZELTIN – Ma tu senza l'aiuto di queste popolazioni Dani non saresti potuto arrivare lo stesso alla base della montagna?

BONATTI – Sì, ci sarei potuto arrivare anche da solo, ma impiegando molto più tempo e correndo chissà quanti rischi in più. In questi tipi di viaggio, e quando ho potuto farlo, sempre mi sono avvalso dell'aiuto e dell'esperienza degli indigeni, e questo in ogni parte del mondo. In altri casi mi sono invece mosso da solo e fin dove ho potuto.

METZELTIN – E anche in questo caso, ossia in una terra i cui abitanti forse praticano ancora riti cannibaleschi, tu sei stato da loro aiutato lo stesso e ben accolto?

BONATTI – Ti dirò subito che fra questa gente ritenuta estremamente selvaggia e antropofaga, cito per tutti gli endocannibali Waikas del Sud America, io mi sono sempre trovato molto bene e totalmente al sicuro, a volte anche più sicuro di quanto non fossi stato in una nostra grande città dopo le dieci di sera.

METZELTIN – E questo perché? Ti sembra che forse con loro ci siano leggi di comportamento più naturali da rispettare; un po' insomma come capita con gli animali?

BONATTI – Sì, infatti esiste una certa affinità con le leggi naturali degli animali. Naturalmente però queste loro regole vanno conosciute e rispettate, come del resto le rispetta lo stesso indigeno per se stesso. Questa gente è immediata ed essenziale in tutto, e inizierà un dialogo con te soltanto quando tu incomincerai a spartire veramente la loro sostanziale realtà. A comprovare quanto dico ti parlerò di una mia personale esperienza. Sono stato, molti anni fa, nell'ex Congo, lo Zaire, alla ricerca di una sorgente ancora sconosciuta dell'Ituri, che è il grande tributario del fiume Congo. Ma questo per me era soprattutto un pretesto per muovermi nella vasta foresta dei pigmei, insieme ai pigmei, e ponendomi nelle stesse loro condizioni. Il tutto per accedere veramente al loro mondo e poter vivere il più possibile le loro realtà. Ma ciò comportava anche il venirmi a trovare totalmente alla mercé della fame, sete, stanchezza, e poi in balia dei temporali e dei fulmini, e significava inoltre marciare nel folto per giorni e giorni con acqua e fango fino alle ginocchia, alle anche qualche volta, eccetera, eccetera. Ebbene sono tutte cose attraverso le quali sono passato di buon grado. Allora, quando tu ti sottometti, diciamo, a tutto ciò che quella natura impone, e lo fai come lo fanno loro, ossia senza riserve e anche senza ostentazione e presunzione di alcun genere, ebbene soltanto allora i pigmei incominceranno ad avere l'aria di considerarti come uno di loro, al quale dare e dal quale ricevere, semplicemente, con umiltà. Nei tuoi riguardi diventeranno allora veri, ed è un atteggiamento ben diverso da quello che spesso assumono, nella migliore delle ipotesi, soltanto per non deludere le tue aspettative di intruso. E qui potrebbero anche giocare a prenderti in giro, è cosa questa che li diverte sempre molto.

METZELTIN – Senti, Walter, a quale livello si sviluppa la comunicazione con questa gente, perché io non penso che tu riesca a imparare le lingue di tutte queste popolazioni, come quella dei Dani per esempio.

BONATTI – Per intendersi con queste genti può essere persino superfluo il parlare. È chiaro che là nei luoghi più facili dove mi è stato possibile trovare un interprete, servendomi magari di una lingua veicolare anche se straniera per entrambi, ebbene mi sono preso questo interprete. Però anche quando ciò non è stato possibile, devo dire che quasi in egual misura mi sono trovato bene fra questa gente. Quello che si adotta in tal caso è lo stesso linguaggio del bisogno, spesso fatto soltanto di gesti e di atteggiamenti che però permettono di capirci a meraviglia. Naturalmente con questa gente non si discute di filosofia ma ci si trasmettono semplicemente le necessità contingenti della giornata, necessità fatte anche di cordialità e allegria; e su questi argomenti ci si può capire subito e benissimo. Captare un gesto, un suono, una parola, uno sguardo, spesso è quanto basta a entrare in sintonia, e serve assai più di un vero discorso.

METZELTIN – Certo, con una filosofia che in realtà è implicita nel gesto...

BONATTI – E nel comportamento.

METZELTIN – Andiamo adesso subito a sud della Nuova Guinea. Si fa per dire perché c'è sempre un bel mare di mezzo. Andiamo dunque in Australia. Tu sei stato dappertutto, quindi anche in Australia, la domanda è inutile.

BONATTI – In effetti ho pizzicato un po' dappertutto questa nostra sfera, rendendomi conto però di quanto sia grande. Dire di essere stato in Australia proprio non equivale ad averla conosciuta, l'ho però girata parecchio in lungo e in largo, ne ho compiuto il periplo e ho visitato anche la sua famosa barriera corallina, naturalmente mi sono immerso qui e là nei suoi fondali. Ma a prendermi più tempo è stato senza dubbio il suo Centro Rosso, dove affiora come una scheggia piovuta da altri mondi l'Ayers Rock, lo splendido monolito di arenaria che fa pensare proprio a un'antica meteorite caduta sulla Terra. Anche gli antichi aborigeni di quel continente avevano risposto nell'esistenza cosmica di Ayers Rock la dimora delle loro divinità. Sono...

METZELTIN – I vari Olimpi.

BONATTI – Sì. Uguali elementi spesso accomunano gli aborigeni di ogni dove. Ma la mia vera avventura australiana è stata la traversata solitaria della vasta depressione alcalina di Eyre Lake, che si trova nel centrosud del continente, ossia nel deserto che sta tra Adelaide e Alice Springs.

METZELTIN – È proprio nel cuore dell'Australia. Su questa cartina si vede benissimo.

BONATTI – Intendiamoci però, non impressionarti, perché nel cuore dell'Australia passa una vera autostrada. Quindi la traversata dell'Australia in se stessa è proprio un bel niente. Questa strada può servire semmai, come è servita a me, per portarsi al centro del continente e da lì giungere poi alla vera Australia primitiva e avventurosa.

METZELTIN – Ma allora questa autostrada passa per regioni completamente desertiche, nelle quali poi come si fa a penetrare?

BONATTI – Be', se vuoi fare lunghi viaggi nel deserto ti affiderai a un adeguato automezzo. Per viaggi invece più brevi e avventurosi puoi anche tentare di andarci a piedi, come ho fatto io. Non sempre però avrai la garanzia di riuscirci.

METZELTIN – Ma lì, e rispetto al deserto del Sahara, il problema di trovare acqua è altrettanto grave se non peggio?

BONATTI – È altrettanto grave. L'Australia possiede forse più riserve d'acqua sotterranea di quante non ne abbia il Sahara, bisogna però forare molto, ovviamente, per andare a pescarla. La zona alcalina di Eyre Lake è invece il terminal di un enorme bacino di drenaggio: un'area di oltre settecentomila chilometri quadrati. L'iperbolico lago visto alla superficie si presenta quindi come un deserto di sali cristallizzati. Può succedere però che in esso, specie nel suo lato sud, si trovi raccolta una certa quantità d'acqua. Ma più frequentemente, e anche sul resto della sua superficie, capita che il terreno alcalino si inumidisca trasformandosi in fango colloso e cedevole. E tutto questo magari perché è piovuto a mille chilometri di distanza sulle montagne del Queensland.

METZELTIN – Però non si può bere quell'acqua salmastra del lago.

BONATTI – No, sicuramente. L'acqua in questo caso rappresenta soltanto uno dei vari problemi che un simile luogo può riservare a chi come me intenda avanzare su quelle superfici. Io infatti mi ero proposto di traversare quel lago fantasma, ma arrivato a un certo punto, quando alle mie spalle già avevo una marcia di oltre cinquanta chilometri di assoluto deserto, era cominciato ad affiorare il fango. Allora ho avuto paura e ho desistito. Ciò malgrado però non ho più potuto tornare sui miei passi, perché il Toyota che mi aveva portato attraverso il deserto e fino all'inizio della mia marcia, se ne era logicamente andato. Allora ho dovuto inventarmi un itinerario d'emergenza per poter giungere fino al più vicino avamposto umano presente in quel deserto. Era la fattoria Moolorina e figurava anche sulla mappa che portavo con me. Ma per arrivarci non avrei dovuto sbagliare di un solo grado la mia direzione. Inoltre, e in totale, avrei dovuto percorrere in quattro giorni – questo era il limite della mia riserva d'acqua – una distanza di duecento chilometri di assoluto deserto. Il vero problema era dunque quello di non cadere nel minimo errore di direzione lungo un terreno assolutamente piatto e senza precisi punti di riferimento. Avevo con me una semplice bussola da quattro soldi, perciò ho dovuto soprattutto affidarmi al mio miglior fiuto. Alla fine arrivai puntualmente a Moolorina.

METZELTIN – Be', è stata veramente un'impresa non indifferente. Ma che cosa sarebbe potuto succedere se tu avessi continuato nel deserto senza incontrare quel punto abitato?

BONATTI – Ebbene è molto probabile che sarei morto di sete da qualche parte.

METZELTIN – Sei stato bravo a salvarti la pelle anche quella volta. E poi dove sei andato una volta giunto a questa fattoria, di cui, vedo, ancora ti è rimasto ben impresso il nome?

BONATTI – È un nome che ricordo, altro che. Questa fattoria dunque, assai diversa dalle nostre, aveva la radiotrasmittente assai distaccata dal vero e proprio nucleo, si trovava a una decina di chilometri più a sud. Naturalmente io dovevo al più presto comunicare la mia posizione perché un piccolo aereo venisse da una lontana cittadina a raccogliermi. Chiedo allora a colui che sembrava essere il fattore se può darmi uno strappo con la sua Jeep fino al posto radio. Gentilmente lui acconsente, senonché giunti a destinazione domando quanto gli è dovuto per il disturbo. E lui, con tutta naturalezza, mi fa: dieci dollari. Glieli do, naturalmente, e ancora oggi sento di essergli grato, ma l'episodio è per dirti quanto questo signore sia diverso da noi. Non dimenticare che essendo appena reduce da quell'estrema avventura, io non potevo apparire ai suoi occhi che come un redivivo, una specie di *ecce homo*. Ebbene, che aggiungere di più?

METZELTIN – Certo, ma forse dipende anche dal fatto che in Australia, credo, siano proprio arrivati i coloni da tutte le parti del mondo.

Bonatti – Ciò non esclude però che in Australia ci sia gente molto dura, ma è molto dura anche in senso non sempre negativo. Ho appena raccontato un episodio, che non vuol essere certo un giudizio esteso a tutti gli australiani, rispecchia bensì la soggettività di un caso. L'australiano resta comunque un tipo d'uomo molto pratico, può arrivare persino a chiederti che senso abbia fare una cosa che non ti procuri un immediato tornaconto in denaro, a me questo è capitato; ma sono anche tipi, lo dico quasi a smentirmi, che di questi viaggi che io ho fatto nel loro Paese, e che ho poi raccontato con ampi reportage giornalistici, sono poi stati i più grandi estimatori.

16 ottobre

Metzeltin – Ieri un giovane ascoltatore ha chiesto: io vorrei sapere quanto c'è di spirituale, nel senso gandhiano del termine, nella ricerca dei viaggi di Walter Bonatti. E mia madre ha detto: io sono proprio curiosa di sapere quale filosofia di vita sta dietro ai viaggi di Bonatti. Quindi, vedi Walter, non ti hanno chiesto come si faccia a convivere con tigri e pescicani, come si faccia a non farsi uccidere nella giungla, invece ti hanno chiesto cose ben diverse. Adesso io non so se vorrai rispondere a queste domande.

Bonatti – Trovo che tutte e due le domande portino alla fine a una medesima conclusione. Perciò rispondendo a una credo che implicitamente risponderò anche all'altra. Dunque mi si chiede il perché di questa mia scelta di vita. Ebbene, rispondo, credo che sia per me il mezzo migliore per conoscermi, per meglio dialogare con me stesso, per misurarmi con me stesso e con le cose, per scoprirmi infine sempre di più dentro e fuori. Lo scopo è dunque quello di vivermi in sintonia con il mio modo di essere. Così facendo credo di poter costituire anche per gli altri non dico un modello, perché questo non lo vorrei proprio, ma sicuramente un riferimento. Facendo inoltre capire che si può vivere anche in modo diverso dalle molte altre forme che ci vengono proposte e a volte imposte dal sociale. E qui sottolineo la parola vivere, che non vuol dire campare. Dunque considero questo mio modo di vivere una specie di granello di sabbia che va ad aggiungersi alla grande duna dell'esperienza umana. E il tutto, in definitiva, non può che far parte dei misteriosi perché della vita.

METZELTIN – Io spero che i nostri ascoltatori possano essere soddisfatti di questa risposta. Io personalmente lo sono, e addirittura vorrei in un certo qual senso riassumere il tutto in qualcosa che tu ieri hai detto e che a me è sembrato bellissimo, e che quasi vorrei prendere a motto anch'io per girare il mondo: viaggio per imparare e non viaggio per insegnare. Bene, e adesso continuiamo il nostro viaggio intorno al mondo con la cartina davanti a noi. Ieri eravamo in Australia e adesso andiamo avanti per i mari, verso l'America del Sud.

BONATTI – Passiamo allora per l'isola di Pasqua, che io vorrei definire subito l'isola del silenzio. Ebbene Pasqua, come tutti sappiamo, è un'isola magica, in tutti i sensi, ma è anche la più separata dal mondo: la terra che gli è più vicina è niente meno che a 3.600 chilometri di distanza. Su Pasqua sono arrivato partendo dalla Nuova Zelanda, era il 1969. Mi ha subito sorpreso il trovare questa terra ancora intatta, incontaminata. Per incontaminazione intendo l'assenza del facile turismo organizzato, che solitamente va in un posto e lo consuma come qualsiasi altro prodotto di consumo, comprendendo ben poco di ciò che appunto ha lì a portata di mano da vivere. Sono arrivato sull'isola di Pasqua quando era ancora un angolo fuori dal mondo, perduto e intatto: c'era soltanto un unico e piccolo villaggio di pescatori. È una terra grande quanto l'Elba e di forma triangolare. Mi ero insediato là accampandomi un po' ovunque sull'isola, curiosando qui e là. Ovviamente il mio primo interesse fu rivolto ai famosi *moais*, le grandi e misteriose statue di pietra che caratterizzano l'isola.

METZELTIN – Il mistero permane ancora oggi?

BONATTI – Sì, dal momento che le interpretazioni, le intuizioni su Pasqua sono molte e spesso fra loro contrastanti. L'incerto è ancora grande. Più sicuro è invece quello che si sa sugli antichi pasquani; si sa per esempio che quelli dalle orecchie lunghe erano eternamente in lotta con quelli dalle orecchie corte, e altre cose di questo genere. Mi ha molto interessato anche la cosiddetta fabbrica dei grandi monumenti di pietra, di cui l'isola è costellata. Tutti questi testoni antropomorfi sono ricavati da un unico tipo di roccia tenera, tagliata in grandi blocchi da pareti spesso a picco.

METZELTIN – Allora ci sarà qualcuno adesso che andrà ad arrampicare sull'isola di Pasqua.

BONATTI – Be', io stesso mi sono arrampicato un giorno su quelle rocce, dove ho fatto anche una scoperta macabra. Procedendo lungo una fenditura, e già in prossimità della cima del Rano-Raraku, a un certo punto mi sono imbattuto in uno scheletro umano. La storia che sta alla base di quei resti apparve subito controversa. Il mio giudizio è che quello scheletro apparteneva a un pasquano che, scivolato sulla cima del montagnozzo, è andato a incastrarsi, ferito, nella profonda fenditura senza poter più uscire e senza poter chiamare un soccorso. Pare però che molti anni prima della mia visita uno scienziato cileno fosse improvvisamente scomparso. Naturalmente tra le varie supposizioni fatte sul rinvenimento dello scheletro, affiorava anche il dubbio che si trattasse proprio dei resti dello scienziato scomparso. Io ho comunque rilevato che quei resti non presentavano segno di alcun tipo di protesi, un dente metallico per esempio, e neppure v'erano oggetti lì accanto che potessero smentire che si trattasse invece di una persona molto semplice. Ma tutto questo non è che un episodio completamente estraneo alle caratteristiche dell'isola, un semplice fatto accidentale che aggiunge tuttavia altro mistero all'isola del mistero. La realtà avvincente fu invece quella di poter constatare come le grandi statue venissero tagliate e scolpite soltanto a colpi di pietra. Erano infatti noduli lavici quelli che servirono all'uso, tuttora sull'isola li chiamano *toki*. Ma non meno avvincente era immaginare come le colossali statue potessero essere rimosse dalla cava e trasportate da un capo all'altro dell'isola. Su tale operazione si sono ipotizzate le più curiose trovate, si sono anche tirate in ballo, come analogia, per via del peso, le grandi canoe dei Maori, che intagliate all'interno delle foreste venivano poi trascinate fino al mare. Ma far scivolare dei giganti di legno in una foresta era cosa ben diversa che non fare scorrere dei giganti di pietra su terreni aspri e pelati.

METZELTIN – E già, perché non ci sono molti alberi sull'isola di Pasqua.

BONATTI – Pochissimi, è un terreno prevalentemente stepposo e pietroso.

METZELTIN – E gli abitanti di che cosa vivono?

BONATTI – Di pesca, come quasi sempre avviene su questo tipo di isole. Ma oggi può darsi che vivano soprattutto di turismo.

METZELTIN – Be', in questo senso forse per loro non è totalmente male. Quello che è male, dicevamo, è la forma consumistica di questo turismo organizzato. Ma questo tipo di turismo quando tu sei stato là non c'era per niente?

BONATTI – Non esisteva. C'era soltanto un embrione di piccolo accampamento, che in futuro sarebbe però diventato, lo si capiva, un'organizzazione vera e propria. Ma la mia è soltanto un'ipotesi. Al margine del villaggio c'era dunque un esiguo numero di tende gestite dall'amministrazione locale. Vi ho passato la prima notte, ma quel posto poi non l'ho più rivisto. Mi ero trovato un cavallo, anzi erano due, e me ne sono andato a vivere qua e là sull'isola. Mi accompagnava un vecchio pasquano, un personaggio davvero straordinario. Domenico Pacarati era il suo nome, ancora lo ricordo, aveva settantotto anni, dev'essere quindi morto da lungo tempo. Durante il nostro girovagare, di sera specialmente seduti accanto al fuoco, mi aveva raccontato storie meravigliose, sue di lui e anche della sua gente, e ogni suo riferimento era solito concluderlo: «Come dicono gli antichi pasquani».

METZELTIN – Ed eccoci al Sud America. Da dove vogliamo incominciare a raccontare dei tuoi viaggi?

BONATTI – Io comincerei dal nord, così verrà naturale poi discendere lungo il continente.

METZELTIN – Partiamo dal Venezuela allora?

BONATTI – Benissimo. Il Venezuela per me è stato meta di vari viaggi, quasi sempre rivolti alle foreste amazzoniche. Forse è bene chiarire subito che per Amazzonia venezuelana si intende il bacino fluviale dell'Orinoco. Presso le sorgenti del fiume Orinoco si elevano catene montuose straordinarie, completamente rivestite di vegetazione anche dove la montagna è precìpite. Queste pareti appaiono sovente invalicabili, e non tanto per la loro linea a perpendicolo e per la qualità della roccia arenaria. Ecco, se le cime patagoniche si presentano totalmente corazzate di ghiaccio, queste, e con uguale intensità, sono invece corazzate di verde, ossia di vegetazione intricata e liane pendenti: è insomma un vero inferno verde e grondante.

METZELTIN – E per l'alpinista quindi è ancora peggio.

BONATTI – Sì. Di queste catene stupende ce n'è una che in particolare mi ha attratto e verso la quale più volte mi sono diretto. È la Sierra de Parima, ed è dominata dal Cerro Marahuaca. E ancora una volta ci imbattiamo in un Olimpo, così è infatti per gli indigeni makiritares il Marahuaca, su cui idealmente hanno riposto le loro divinità. Una di queste, Anacáca, è piuttosto irascibile; ingraziandosela però con doni e riti particolari essa consente ai makiritares di raccogliere le buone canne di *curata*, di cui Anacáca è padrone, per confezionare le preziose cerbottane.

Per vari anni dunque, in successive spedizioni, mi sono spinto verso queste montagne. All'inizio l'ho fatto con l'illusione di scalarle, ma poi vi ho rinunciato, sia per le problematiche difficoltà materiali che opponevano, ma sia anche per un senso di rispetto verso quella «divinità» che via via aveva finito per affascinarmi. L'incanto del Marahuaca dunque si è sempre più accresciuto in me con il passare del tempo, al punto che era diventato un pretesto per ritornare nella grande foresta vergine, una natura mitica al massimo livello come uno tende a immaginarla, ossia con fiumi impetuosi, rive selvagge, giungle impenetrabili, serpenti di ogni tipo. Ecco, qui davvero abbondano i serpenti velenosi. Potrei raccontare tante esperienze vissute da quelle parti, ma per tutte c'è un episodio molto indicativo. In queste foreste piene di vita, esplodenti di vegetazione, ebbene, ci si può ridurre a morire di fame. In uno di questi miei vagabondaggi, durato più del previsto, io e i miei compagni indigeni eravamo rimasti completamente senza viveri, avevamo ormai esaurito tutto, persino il sale. Ce la siamo cavata abbattendo alcune scimmie che spinte dalla curiosità seguivano da più giorni la nostra carovana balzando di chioma in chioma, da un albero all'altro. Questo per nostra fortuna continuò fino oltre i limiti del loro naturale territorio. Vale a dire che si erano spinte fino alle fredde e chiuse foreste d'alta quota, dove la vita animale diminuisce fin quasi a scomparire.

METZELTIN – Sto pensando anche a un altro grosso problema che esiste in questo tipo di foresta, quello di riuscire a fare il punto, cioè di capire dove ci si trovi in fin dei conti.

BONATTI – Sì, spesso infatti dovevamo arrampicarci sugli alberi più alti per poter rilevare la nostra posizione e capire dove effettivamente ci trovavamo rispetto all'ambiente circostante. Da queste parti ci si muove così: si risalgono i fiumi fin dove è possibile, poi si continua a piedi in carovana. Dunque io mi trovavo in carovana ormai da lungo tempo, ed ero immerso in una foresta cosiddetta di alta quota, dove per l'appunto è quasi impossibile procurarsi di che mangiare; ma grazie a una scimmia che ogni tanto impallinavamo potemmo sfamarci. Questi poveri e al tempo stesso provvidenziali animali venivano da noi spellati, fatti a pezzi e messi a bollire e ribollire in una grande pignatta di sola acqua, non c'era altro. Alla fine si mangiava e si beveva insieme una specie di brodaglia, persino gustosa quando la fame stringeva particolarmente lo stomaco. Era insopportabile però la vista delle scimmie spellate, sembravano veramente piccoli bambini. Questo era durato per una decina di giorni.

METZELTIN – E dopo dieci giorni di quella dieta dove siete arrivati?

BONATTI – In quello spazio di tempo siamo avanzati il più possibile e poi siamo ritornati in luoghi dove c'erano condizioni migliori, naturalmente.

METZELTIN – E avete ritrovato le vostre tracce dell'andata?

BONATTI – Certamente. Ma questo era soltanto per dire che in quelle foreste paradossalmente si può morire di fame. Con gli indigeni però è difficile che questo accada, ne sanno una più del diavolo e in qualche modo sanno sempre cavarsela.

METZELTIN – Andiamo in Ecuador.

BONATTI – È uno stupendo Paese il cui centro è caratterizzato dalla «Ciclopica via dei vulcani». È un'ampia vallata di circa 350 chilometri di lunghezza e ai suoi lati si elevano alcuni tra i vulcani più belli. Il Cotopaxi per esempio lo è in assoluto e con i suoi 6.000 metri può essere considerato il vulcano attivo più alto del mondo.

METZELTIN – Perché dici che è così bello?

BONATTI – Perché è un cono ghiacciato dalle forme perfette, è inoltre culminato da una ciambella glaciale anch'essa assolutamente regolare. La circonferenza del cratere è di almeno un chilometro, è quindi gigantesco, e tuttavia così proporzionato all'intera montagna da non sembrare neppure tanto grandioso come invece è in realtà. Il Cotopaxi è dunque il vulcano più bello dell'Ecuador, ma bello è anche il più massiccio Chimborazo.

METZELTIN – Certo, già aveva attirato su di sé l'interesse di ben altre persone ancora prima degli alpinisti.

BONATTI – Esploratori e studiosi come Humboldt, per esempio.

METZELTIN – Con Humboldt infatti c'è tutta la storia dell'esplorazione naturalistica del Sud America, che ruota intorno a questi vulcani e in particolare al Chimborazo.

BONATTI – C'è poi il vulcano Sangay sempre attivissimo, ha

un po' il carattere del nostro Stromboli. Non di rado resta inaccessibile per anni interi, tanta è la sua pericolosità. È già in zona di foresta ed è immerso perennemente nelle nubi, nel maltempo. È insomma un vulcano molto misterioso. Ma a impressionarmi più di tutti gli altri vulcani, dopo il Cotopaxi, è stato il Tungurahua. È alto poco più di 5.000 metri, è quiescente come lo sono in maggior parte i vulcani ecuadoriani, ma a mio avviso ha una caratteristica davvero affascinante ed è quella dei fiori, una quantità enorme di fiori che lo rivestono fin quasi sul ciglio del cratere. A partire dalla valle profondissima della sua base, che se ben ricordo non raggiunge la quota di 1.500 metri, e fin sulla cima – figurati dunque l'enorme dislivello che qui si deve superare – ebbene le pendici di questo vulcano costituiscono una vera giungla di fiori. C'è la zona dei fiori rossi, quella dei fiori gialli, dei fiori violetti, e poi c'è la mescolanza degli uni e degli altri; dal tutto si diffonde un profumo intenso, dolce e fin quasi narcotizzante. Insomma non so trovare una comparizione per dire quanto è bello; sembra veramente appartenere al sogno. E finalmente quando cessa la vegetazione, a oltre 4.500 metri, di colpo ci si ritrova su un vero vulcano di lave sterili e fumose.

METZELTIN – In che stagione ci sei andato per vivere questa magnifica fioritura?

BONATTI – Se ben ricordo è stato nel mese di dicembre, dunque nel periodo equivalente alla nostra estate.

METZELTIN – Nella stagione quindi delle piogge, mi sembra. Il clima non era perciò tanto facile. È equatoriale, quindi piove molto e anche lì ci sono molte nebbie. Questo spiegherebbe anche il perché la vegetazione arrivi così in alto.

BONATTI – Certo. Scendendo poi al sud si incontrano le Ande peruviane. C'è innanzitutto la Cordillera Blanca, poi quella di Huayhuash, di Raura, e via via tutte le altre più meridionali, fino al grande lago Titicaca dove ha inizio l'altra grande e stupenda Cordillera Real de Bolivia. E a questo punto è come parlare di paradisi per alpinisti e non, perché i monti e le valli appena nominate sono veramente straordinari e la gente che vi abita è forse la migliore della Terra.

Ma qui vorrei parlare di un mio sogno, un sogno che rimarrà per me irrealizzabile, ossia quello di vedere e toccare con mano qualcosa che possa in qualche modo collegarsi con l'esistenza della mitica Paititi, la città perduta del grande impero incaico. Von Hagen, il famoso viaggiatore e scrittore, nei suoi libri ha fatto spesso affascinanti riferimenti al mistero di Paititi, e io ne ero rimasto sedotto a tal punto che una volta sono persino partito in quella direzione. Incappai subito in una precoce stagione delle piogge, così troncai quel mio viaggio ancora sul nascere.

METZELTIN – Ma tu eri andato seguendo un piano preciso? Le descrizioni di Von Hagen erano sufficienti in qualche modo per avere un aggancio pratico, per muoversi sul terreno?

BONATTI – Be', io stesso le facevo essere sufficienti anche se non lo erano affatto, dal momento che non possedevo altri riferimenti migliori. In effetti in questo campo eravamo, e forse lo siamo ancora, a livelli molto avventurosi, se ne sa ancora troppo poco per essere certi di qualcosa.

METZELTIN – Quindi quando oggi si dice che la vera avventura di esplorazione sulla Terra è finita, non è vero per niente.

BONATTI – Chi lo dice, evidentemente ha poca immaginazione.

METZELTIN – Benissimo. Benissimo per noi, per te, per tutti quelli che hanno ancora voglia di sognare su cose che sono in fondo quelle legate proprio a un filone tradizionale dell'avventura e dell'esplorazione. Ma tu su questa grande catena hai trovato però altri cammini degli Incas, anche marginali, anche se non ti hanno portato alla famosa Paititi?

BONATTI – Non su queste montagne ma nei territori più meridionali. Sappiamo che il grande impero incaico, che era più vasto di quello romano, era attraversato da grandi vie di comunicazione lunghe migliaia e migliaia di chilometri. Quella Strada Reale degli Incas che presumibilmente passava anche da Paititi, univa Quito e Talca e spingeva le sue tracce fino alle praterie argentine di Tucuman; e proprio da quelle parti aveva come punto di riferimento, e al tempo stesso anche come cippo di confine, una montagna splendida, che io ho poi risalito. Si tratta del vulcano estinto Licancabur, uno splendido cono lavico alto come il Cotopaxi e altrettanto regolare. È però spoglio di ghiaccio, fatta eccezione per qualche *penitente*, ossia quelle formazioni di gelo, affusolate, che si elevano dal suolo come stalagmiti, ben protette dentro il cratere, mai di fuori, perché siamo nel clima del deserto più arido della Terra, quello di Atacama. Ho dunque raggiunto la sommità di questo vulcano per poter abbracciare con lo sguardo i grandi spazi del dominio incaico. Ero da solo, unicamente in compagnia delle mie riflessioni, ed è stato molto bello. Ho scalato il Licancabur durante una notte di luna piena e all'alba ero già sulla cima dinanzi ai vasti orizzonti.

METZELTIN – E lassù non hai trovato nessun reperto incaico? Poiché sembra che su queste montagne se ne possono ancora incontrare.

BONATTI – La leggenda vuole che in cima al Licancabur, a 6.000 metri di quota, esistesse anticamente un luogo sacro al quale potevano accedere soltanto i sacerdoti. Io naturalmente di tutto questo non ho trovato nulla, del resto se lassù ci fosse stato realmente qualcosa è logico che l'avrebbe trovato chi era salito prima di me. Invece sulla sommità del monte, dentro il cratere, appare oggigiorno soltanto un piccolo laghetto circolare, null'altro. L'ipotesi però che quello fosse un luogo di rituali e di riflessione al cospetto dei grandi spazi, ebbene mi ha fatto pensare al mondo tibetano.

METZELTIN – È molto bella la tua constatazione, ossia se tu arricchisci il tuo viaggio di contenuti culturali, cosa che tu sei riuscito a fare già in partenza, tutto il vissuto assumerà poi una dimensione diversa. Perché salire sul Licancabur senza sapere quale sia stata la grandezza di questo impero che ci ha preceduto nella storia, forse ridurrebbe un po' le possibilità di esperienza reale sul posto.

BONATTI – Ebbene sì. Direi proprio che in questo caso il Licancabur sarebbe stato pur sempre una bellissima ascensione, ma soltanto sportiva e fine a se stessa.

METZELTIN – Certo, sarebbe rimasto un contenuto di emozione naturale, ma anch'io penso che questa parte storica abbia un valore molto grande in questo tipo di viaggi, che pur sono viaggi di avventura autentica, genuina, e in cui c'è tanto da esplorare.

BONATTI – Sono queste premesse a favorire poi, appunto, le emozioni di un certo obiettivo che ci si è prefisso.

METZELTIN – Abbiamo appena sentito un canto boliviano, e mi stavi dicendo che questo tipo di musica ti ricorda anche quella delle alte terre cilene.

BONATTI – Sì, effettivamente. Io trovo che a partire dalla Colombia e venendo giù lungo il continente, effettivamente non c'è musica, non c'è canto popolare meglio di questi andini che si sposino così bene con il carattere della gente che qui vive. Tanto da non poter più dissociare gli uni dalle altre. Ascoltando dunque queste note immediatamente mi riappaiono i paesaggi andini con i mille ricordi che mi hanno lasciato. Mi invade perciò una piacevolissima malinconia.

METZELTIN – È vero. Forse è un po' la stessa malinconia che danno proprio questi paesaggi, che sono allegri e tristi insieme.

BONATTI – È chiaro che le radici di tutto questo affondano dio sa fin dove. È risaputo infatti che queste popolazioni hanno sempre subìto e sofferto ancor prima della dominazione inca, poi con gli stessi Incas, e anche più tardi nel susseguirsi di poteri totalitari e regressivi latifondi. È gente quindi che anche musicalmente non potrebbe essere ed esprimersi che così.

METZELTIN – Certo è un vero peccato. A volte però questi casi tristi generano belle espressioni artistiche che fanno pensare, fanno riflettere.

Allora, dopo il sacro Licancabur…

BONATTI – Qui finiva il grande impero inca. Ma spingendoci ancora più a sud, per un lungo tratto le alte montagne restano scarsamente innevate. E si arriva ai 7.000 metri circa dell'Aconcagua, la cima più alta delle due Americhe, anch'essa costituita da rocce vulcaniche. Noi alpinisti parliamo spesso delle quote impossibili sparse sulle catene del mondo, e diciamo che ciò che è possibile a 6.000 metri è diverso da ciò che si può fare a 7.000, e a 7.000 già riescono più cose di quante non se ne possono fare a 8.000 metri. Ma su queste montagne andine le possibilità relative alle quote sembrano essere ancora diverse e un po' confuse. Infatti noi sappiamo che l'Aconcagua è soggetta a sacche d'aria prive o quasi prive di ossigeno, e quando tu ci capiti dentro, ebbene per carenza d'ossigeno rischi la morte, ma ancor più facilmente il congelamento, per via dell'impoverita irrorazione del sangue.

L'Aconcagua è una montagna tecnicamente facilissima, eppure ha causato decine e decine di disgrazie mortali, e proprio per queste ragioni. Vuoi per la rapidità con cui solitamente si accede a queste quote rarefatte, e vuoi appunto per la presenza di queste sacche d'aria troppo povera, che procurano come effetto quello che gli indigeni chiamano *soroche*. Infatti quando uno soffre di *soroche*, che è poi mal di montagna, è perché manca d'ossigeno e in tal caso può anche diventare facile preda del gelo.

METZELTIN – Certo, per cui in fondo su queste montagne bisogna sempre tenere in conto che i 7.000 metri delle Ande possono corrispondere a un 7.500 e magari qualche volta anche a un 8.000 metri dell'Himalaya; tenuto conto anche della rarità di vegetazione che tra l'altro non favorisce una produzione di ossigeno. Ma tu ti sei avvicinato all'Aconcagua e l'hai anche scalata, non è vero?

BONATTI – Sì, l'ho scalata e non avrei potuto esimermi dal farlo; anche perché essendo in assoluto la più alta dei due continenti tenevo ad arrivare sulla sua cima. Una debolezza, come vedi.

E ancora più a sud si arriva infine al nostro grande amore: la Patagonia. Dico nostro perché so che è anche la tua grande passione.

METZELTIN – Sì, anch'io non posso nascondere di essere affascinata da queste terre.

BONATTI – Siamo dunque arrivati in Patagonia, e su questo argomento potremmo davvero parlare fino a stasera. Di questa terra vorrei subito mettere in luce un aspetto emblematico, quello dei fiordi cileni che...

METZELTIN – Che è anche la zona meno nota.

BONATTI – Sì, è la meno nota, e in certi tratti resta tuttora inesplorata. Comunque riunisce in sé due elementi nettamente in contrasto tra loro, vale a dire la glaciazione di tipo antartico e la vegetazione che ha un carattere addirittura tropicale. La Gunnera, per esempio, una pianta che abbonda a quelle latitudini, è originaria delle foreste brasiliane; e tuttavia qui si incontra rigogliosa fino a ridosso dei grandi ghiacciai.

Se vuoi potremo anche spendere due parole per meglio capire il perché di questo singolare connubio ghiaccio-tropico.

METZELTIN – Certo, perché può essere interessante per chi ci sta a sentire sapere che uno di questi ghiacciai cui ci possiamo riferire, quello della Laguna San Rafael, si trovi in realtà a una latitudine che, pensate, corrisponde a quella pressappoco della Svizzera. Soltanto che si trova nell'emisfero sud, ed è quello che arriva con le sue muraglie di gelo fino al mare. Quindi è come se da noi i ghiacciai svizzeri potessero arrivare con le loro fronti fino al Mediterraneo.

BONATTI – C'è da dire inoltre che si tratta di un'estensione glaciale di circa 30.000 chilometri quadrati che si riversano nella pampa dal lato est e nell'oceano Pacifico dal lato ovest. Cerchiamo adesso, in modo semplificato, di dare una spiegazione a questo fenomeno della vegetazione tropicale presente in questa terra glaciale. Secondo la teoria della deriva dei continenti, e quella degli spostamenti dell'asse terrestre, la Patagonia si trovava nella notte dei tempi in climi tropicali. Poi, nel corso dei mutamenti, essa aveva conservato molta della sua originale vegetazione che via via si era adattata a condizioni sempre più rigide.

METZELTIN – Questa è una cosa interessante e coinvolge la nostra stessa vita attuale. Il viaggiatore che oggi va in quelle regioni vive in fondo le stesse condizioni che vivono le piante.

BONATTI – Sì, e noi questo lo abbiamo provato su noi stessi. Sui ghiacciai della Patagonia d'inverno si toccano temperature polari: però, laggiù nel profondo di quei fiordi – lunghi a volte un centinaio di chilometri – la temperatura dell'acqua marina non scende mai al di sotto dello zero. Diciamo che la sua escursione media tra l'estate e l'inverno è soltanto di pochi gradi centigradi, ossia da una massima di sedici arriva a una minima di tre gradi sopra lo zero. Noi sappiamo che l'acqua è un conduttore di calore; allora, le tempeste tremende che arrivano lì cariche di umidità e di gelo, provenendo dal Pacifico influenzato a sua volta dall'Antartide, radono le ondulazioni che fanno da sponda ai fiordi, per poi avventarsi, siderali, sulla grande cordigliera. Sotto però, ben protetto in riva ai fiordi, esiste un miracoloso microclima in cui l'aria si mantiene temperata, proprio per via dell'acqua a temperatura costante. Tutto questo permette dunque alla nostra «foresta tropicale» di sopravvivere. È quindi straordinario vedere nella Laguna San Rafael gli enormi ghiacciai, dalle fronti a picco per vari chilometri, circondati da vere e proprie selve degne del tropico. Sembra davvero di vivere uno di quei sogni un po' assurdi che si fanno generalmente dopo un abbondante pranzo.

Ma passiamo lo Stretto di Magellano e arriviamo al mitico Capo Horn. Là ho vissuto un'esperienza assolutamente personale e singolare, cioè quella di restare per otto giorni in solitudine su quell'estrema isola. Con queste premesse mi è stato facile immaginare cosa abbiano potuto vedere e provare i naufraghi delle settantanove navi che là, a memoria d'uomo, hanno fatto naufragio. Anche questa è un'isola poco più grande dell'Elba. Della settimana che ho passato laggiù racconterò un solo aneddoto, ma basterà a dare un'idea della singolarità di questo estremo scoglio. Durante la prima notte passata sull'isola, una violenta tempesta mi aveva danneggiato la tenda, dovevo perciò assolutamente trovare un riparo naturale. Vagando qua e là alla ricerca, mi sono accorto a un certo momento di procedere con insolito disagio attraverso una zona di fitti cespugli, coriacei quanto strani, e in cui affondavo faticosamente. Ebbene, ci volle un po' per capire che stavo avanzando sulle chiome di un fitto bosco di Notofagus, il famoso faggio australe, che appariva compatto e rasato come i venti dominanti possono da queste parti modellare le piante. Si trattava di una piccola valle tutta omogeneamente rivestita dello strano bosco, che finiva per smorzarsi gradatamente sui due lati della depressione. È ovvio dire che avevo scoperto la mia salvezza, poiché apertomi un varco con il machete potei scendere ai piedi dei Notofagus e adattare lì ciò che rimaneva della mia tenda. Era come una buia galleria di alberi gocciolanti, però costituiva il riparo più sicuro dal vento. Sono rimasto accampato là dentro per una settimana.

METZELTIN – In solitudine completa, oppure c'era qualche animale?

BONATTI – Qualche animale c'era indubbiamente, ma di piccola taglia. I più grossi, fuori dal bosco, erano senza dubbio i pinguini, per altro simpaticissimi e con i quali spesso mi intrattenevo a giocare.

METZELTIN – È bella l'idea di poter giocare con i pinguini. E adesso dove facciamo finire il nostro viaggio?

BONATTI – Be', torniamo a casa.

METZELTIN – Per te tornare che cosa significa, e tornare dove?

BONATTI – Ecco, per me significa tornare a casa mia, dove poter ruminare quello che ho appena vissuto, e incominciare così a sognare altre partenze.

METZELTIN – Ma questo, materialmente, se posso chiedertelo, dove lo fai?

BONATTI – Ebbene, come tu sai io vivo in una specie di triangolo, che chiamo scherzosamente il mio triangolo delle Bermuda. È costituito da Milano, Argentario e Roma. Per questo, e purtroppo, marcio spesso sull'autostrada; però, compatibilmente con le mie possibilità, tendo sempre più a starmene all'Argentario, in mezzo agli ulivi.

METZELTIN – Già, io so che questi ulivi non sono per te soltanto oggetto di contemplazione ma anche di duro lavoro.

BONATTI – Ebbene sì, deve essere così, altrimenti...

METZELTIN – Dai, raccontaci qualcosa di questa tua vita, del Bonatti agricoltore mediterraneo.

BONATTI – Bada però che io non scherzo affatto su questa cosa, ne parlo anzi con molto orgoglio. Sì, ne parlo con orgoglio perché così vivendo credo proprio di aver ritrovato la giusta dimensione che già mi era familiare quando ero bambino. Certo, si deve vivere anche di ciò che i tempi offrono, o a volte impongono, penso però che non ci si debba mai far assorbire completamente da queste cose, fino a rendercene schiavi. Come ho già detto nei giorni scorsi guardiamocene bene dal tagliare il cordone ombelicale che ci lega alle tradizioni, al passato. Per quel che mi riguarda io credo di aver trovato una buona soluzione, ed è quella non dico di coltivare la terra, peccherei di presunzione, ma almeno di poter pasticciare, mani nella terra. E in questo senso a volte ottengo persino dei discreti risultati. Ma ancora più facile è raccogliere i frutti che la terra regala attraverso gli alberi. Primi fra tutti questi alberi sono la vite e l'ulivo. È dunque con orgoglio che posso dire di farmi il mio vino e il mio olio, mio e della mia compagna naturalmente.

METZELTIN – Questo però vi costa proprio molto lavoro, anche di tipo materiale, e poi praticamente è quasi come imparare una professione nuova.

BONATTI – La cosa però è bellissima, anche perché si riscopre l'utilità di far caso al calendario, di tenere conto dello stato della luna, eccetera eccetera.

METZELTIN – Ma è vera questa storia delle lune?

BONATTI – Come no, è vera altro che, guai a non tenerne conto. Si deve per esempio imbottigliare il vino con una certa luna, in una certa stagione, in un certo modo; e l'oliva va raccolta soltanto a uno scarso livello di maturazione, altrimenti dà un olio troppo acido e pesante. Pensa che all'inizio ero tanto ignorante in materia da ritenere che potessero esistere due tipi di olive: le verdi e le scure. Ho presto capito che le olive sono scure soltanto quando sono mature, altrimenti sono verdi. A crearmi confusione fino allora erano state le olive verdi conservate in salamoia, quelle che si consumano nei bar oppure si comprano nei negozi.

METZELTIN – Vedo che sei proprio diventato un tecnico.

BONATTI – Non proprio un tecnico, ho citato soltanto elementari rudimenti, che però vanno subito appresi.

METZELTIN – E tu fai tutto questo cammino, diciamo dall'albero al frantoio, alla tavola?

BONATTI – Esatto. Ogni volta con Rossana, la mia compagna, portiamo le nostre olive al frantoio, e come un rito assistiamo alla loro frantumazione. Prima ne esce la sansa, che spremuta dà un liquido oleoso, da questo, passandolo per la centrifuga, si otterrà poi il puro olio. Il processo è talmente breve che, dico la verità, sono rimasto commosso la prima volta nel vedere che in poco più di un'ora eravamo passati dai sacchi di olive alla damigiana d'olio. Tutto è davvero immediato. Non è come il vino che una volta pigiata l'uva devi curare il mosto, e poi spinarlo, farlo fermentare al punto giusto, e tutto nell'arco di mesi e mesi.

METZELTIN – E poi non sei nemmeno sicuro che sia venuto un buon vino. A me tutto questo sembra una cosa bellissima, perché anche qui hai un contatto diretto con la natura e con la storia. La storia del Mediterraneo è in gran parte la storia dell'ulivo.

BONATTI – Sì. In fondo io credo che se in capo al mondo vado a cercare le stranezze, qui invece riscopro la normalità.

METZELTIN – Normalità sì, ma non per tutti. Normalità di tipo mediterraneo. Tu sapresti vivere in un altro Paese che non sia l'Italia, o comunque quest'area mediterranea?

BONATTI – In definitiva ho scoperto che si va in giro per il mondo alla ricerca dei cosiddetti angoli di paradiso, luoghi di evasione bellissimi e che io accetto come tali. Ma per viverci... No, noi siamo troppo legati alle nostre radici, per fortuna. Io faccio una vita da girovago, è vero, trovo tuttavia che il più bel Paese del mondo, per viverci, sia ancora il mio.

METZELTIN – Mi sembra una conclusione molto bella. Ma tu prevedi che ancora per molti anni farai questo pendolo fra il ritorno a casa, la partenza, e il viaggio?

BONATTI – Non so. Io non voglio fare previsioni, ma vivere e lasciarmi vivere, semplicemente, scoprendo giorno dopo giorno l'avventura.

METZELTIN – Scusa la domanda un po' indiscreta, ma gli anni che passano non ti pesano?

BONATTI – Fino a oggi no. O forse peseranno ma non ho ancora avuto modo di accorgermene. Forse invece non me ne voglio accorgere. Non lo so. Comunque sia io credo che l'età sia semplicemente una stagione, e che ogni stagione dia i suoi buoni frutti.

Verso i grandi spazi

FATTI VOSTRI: «INCONTRO CON WALTER BONATTI», «TI SEGUIRÒ IN CAPO AL MONDO»
di Franca Tiberto

«Ha scritto Giacomo Leopardi: "sono gli uccelli, di natura, le più liete creature del mondo". Gli uccelli cantano sempre, questo che state ascoltando è l'usignolo. Potere sentirlo dovunque, persino nelle grandi città, sugli ultimi alberi che resistono all'avanzata del cemento...»

TIBERTO – La voce che abbiamo appena sentito non è quella di un etologo, o di un naturalista, appartiene a Walter Bonatti, in una vecchia registrazione. Presentare Walter Bonatti non è facile, nemmeno in un incontro come quello di oggi, e noi dobbiamo arrenderci. Non sappiamo bene a quale delle sue specializzazioni dobbiamo dare la precedenza, appunto nel presentarlo. È un esploratore? Un alpinista? Un fotografo? Uno scrittore? Professionista di successo in ognuna di queste attività è forse meglio dare la precedenza all'uomo, protagonista del nostro incontro. Chi è dunque Walter Bonatti?

BONATTI – Probabilmente un po' tutto e niente in particolare. L'unica cosa che sicuramente riconosco in me è l'uomo, l'uomo che ha vissuto molte esperienze in giro per il mondo e in stretto, intimo rapporto con se stesso. E questo evidentemente è stato sentito anche da chi mi segue.

TIBERTO – «Ti seguirei in capo al mondo.» Lo aveva detto Rossana Podestà, attrice del cinema italiano, a Walter Bonatti, alpinista, esploratore e fotografo; fotografie di luoghi imprendibili per i comuni mortali. E non sapeva che lui, in capo al mondo, l'avrebbe portata sul serio. Un bel giorno l'ha preso per mano e l'ha condotta con sé in Patagonia. Walter Bonatti alla Patagonia c'è abituato, c'è tornato sette volte da quando trent'anni fa vi mise piede la prima volta, e ogni volta è tornato con emozioni nuove. Ogni volta, se non scopriva nulla di nuovo, scopriva almeno dentro di sé un uomo diverso. Ha sempre detto che la Patagonia lo ha fatto crescere. La Patagonia per lui è davvero importante. E questa volta?

BONATTI – Lo è stato anche di più, importante, perché oltre ad aver avuto un dialogo personale con quella che considero una mia terra di elezione, ci sono andato con una persona per me molto importante: la mia compagna. La sorpresa che ho avuto da questo viaggio, cioè oltre che dialogare con il mio passato e con quella terra che mi ha visto protagonista, è che ho potuto vedere questi luoghi attraverso le impressioni di Rossana, che proprio è nuova a questo tipo di viaggi spinti in capo al mondo tra mille difficoltà di ordine naturale.

TIBERTO – Ancora una volta, Walter, tu hai trovato il modo per riscoprire un territorio con occhi diversi. A un certo punto hai preso per mano la tua compagna e l'hai portata con te; ma ce ne hai messo di tempo. Perché hai aspettato tanto prima di condurre con te Rossana?

Bonatti – Quello che dici è vero soltanto a metà. Ho aspettato tanto a portarla in Patagonia, ma non altrove, perché in realtà, già all'indomani di quando ci siamo conosciuti, l'ho condotta nel mio mondo alpino, sul Monte Bianco. Anzi, proprio quella volta abbiamo vissuto un'esperienza molto spartana, e per Rossana dev'essere stata anche un po' traumatica, perché ci siamo imbattuti in una tormenta pazzesca, nel bel mezzo della Mer de Glace.

Tiberto – A questo punto io ho la sensazione che Walter Bonatti sia un po' emozionato all'idea di avere una intervista a due, perché Rossana è qui e ci sta ascoltando. E forse lui vorrebbe tanto dirmi: ma questa storia perché non te la fai raccontare da lei? È vero, Walter?

Bonatti – Sì, non mi era mai capitato di essere intervistato a due. In effetti sì, preferirei sentirle raccontare da Rossana, le impressioni da lei provate vivendo nel mio mondo.

Tiberto – Sarà Rossana questa volta a continuare. Dunque, senza tanti preamboli e senza riandare alla storia della sua vita precedente, veniamo al sodo di questo ultimo viaggio. Un bel giorno Walter ti prende per mano e ti porta nientemeno che...

Rossana – In un posto per me mitico. Perché legato a tutti i libri che avevo letto di Walter, e a tutte le sue fotografie che già avevo visto ancor prima di conoscerlo. Ed è appunto questa Patagonia, questa famosa e lontanissima Patagonia. Devo dire che appena ho messo piede giù dall'aereo avrei voluto fare come il Papa, cioè chinarmi e baciare la terra. Sarebbe stato abbastanza ridicolo ma quello era il mio istinto. Cioè, la Patagonia è sempre stata per me una specie di sogno, che finalmente stavolta si stava realizzando.

Tiberto – La realizzazione di un sogno comporta molti sogni precedenti. Come immaginavi questo territorio che poi hai avuto la possibilità di vedere, di toccare soprattutto?

ROSSANA – Lo immaginavo esattamente come l'ho trovato. Anche se i rumori, gli odori, l'impatto fisico da me avuto è stato piuttosto notevole. È ovvio che questo non si può capire dalle fotografie. Però le avevo talmente assimilate, le avevo talmente dentro di me che mi ci sono un po' ritrovata. Cioè tutto quello che avevo visto fotografato da Walter, l'ho ritrovato esattamente così come me l'aveva mostrato l'immagine, e questo al giorno d'oggi mi sembra una specie di miracolo. I posti cambiano con una tale rapidità. Invece, per fortuna, la Patagonia è rimasta tale e quale, così come appariva nelle fotografie di Walter di trent'anni fa. È stata davvero una piacevolissima sorpresa.

TIBERTO – Adesso Rossana noi vorremmo sapere di questo grande viaggiatore, di quest'uomo che vediamo qui accanto a noi...

ROSSANA – Mi chiedi pettegolezzi, vero?

TIBERTO – Non proprio, ma quali sono i suoi difetti, ossia quali sono i suoi punti deboli. Lui sembra così inattaccabile, sembra anche così irraggiungibile a un certo momento. Non direi che ha l'aria del superman perché fa di tutto per non sembrarlo. Però ha fatto e continua a fare delle cose che, tutto sommato, non sono proprio alla portata di tutti. Quindi anche per te deve aver trovato una riserva strana, per poterti condurre dove lui di solito va.

ROSSANA – Nella vita lui non è affatto imperturbabile e non è affatto superman, anzi, si fa travolgere dai piccoli avvenimenti quotidiani di una giornata in città. Odia il traffico, diventa pazzo se sta in mezzo alla gente, alla confusione. Mentre invece, quando si trova nel suo elemento, in Patagonia per esempio, o comunque dove ci sono montagne, tempeste e altre cose del genere, allora lì diventa veramente imperturbabile. E questo naturalmente ti dà un'enorme sicurezza. Cioè, vedere che lui mantiene sempre la sua calma, in un momento magari anche difficile – cosa che ci è capitata anche in quest'ultimo viaggio – ebbene ti dà sicurezza e ti dà anche il metro di quanto lui domini bene questo tipo di vita e come gli sia congeniale. Perciò Walter cambia completamente, è molto meglio quando si va nei posti selvaggi di quanto non lo sia in realtà a Milano, o a Roma, o in un altro posto qualunque dove si trovi a contatto, diciamo così, con la civiltà e tutte le altre condizioni un po' ambigue create dall'uomo.

Tiberto – Ritorniamo alla Patagonia, qualcosa di nuovo devi aver scoperto, oltre a tutto quello che avevi letto, perché certamente Walter non è nemmeno un uomo che si ripete.

Rossana – L'ho scoperta sulla mia pelle, cioè ho scoperto che cosa significa fare questo tipo di vita. Non avevo mai incontrato prima un'enormità di spazi, di cieli, di natura così esplodente, ecco. Perciò la Patagonia è già un impatto di per sé importante. Per di più, percorrerla come l'abbiamo percorsa noi in maniera non semplice, per me è stata una grossa esperienza. Devo dire che sono molto contenta di avercela fatta, perché non è che a stare dietro a Walter sia tanto facile; specialmente per una come me che al massimo, ecco, conosce gli alberghi dei Paesi dov'è stata, conosce le città, invece sa pochissimo di questo tipo di vita. E poi Walter ha avuto questa bellissima idea di lasciarmi sola. Non perché questo gli facesse piacere, ma perché doveva scalare una montagna molto difficile, dove io non potevo andarci. Mi ha dunque lasciata sola in un bosco molto lontano da tutto e da tutti, un bosco d'altronde molto bello, però sempre tetro, sempre bosco: per otto giorni. Dovevano essere cinque, ma siccome la sua avventura sulla montagna ha avuto dei problemi, poi forse ve li racconterà lui stesso, allora i cinque giorni sono diventati otto, anzi nove. Fra parentesi in questi nove giorni c'era anche Capodanno, che ho fatto perciò completamente sola. Alle otto di sera, che era poi la mezzanotte di casa nostra, ho fatto un tristissimo brindisi; prima con Walter che sapevo lassù nella tempesta, perché il monte, avvolto nella tormenta, stava davanti ai miei occhi, perciò sapevo il dramma che stava vivendo. Poi ho fatto un brindisi con i miei figli e con i miei amici, un brindisi molto triste e senza champagne, un cin-cin più che altro fatto con la mente. E alle otto e un quarto sono andata a dormire nella mia tenda, sola. L'indomani speravo che lui tornasse, in fondo era il primo dell'anno, invece niente. Mi sono preparata una tristissima pasta con il sale e un dado, perché non c'era molto da mangiare, e poi null'altro, sono rimasta nel brutto tempo, nella tenda in cui spioveva, a sperare che lui tornasse. E così per altri tre giorni. Alla fine, onestamente, mi sono anche un po' disperata, perché non sapevo che cosa fare. Finalmente una sera, da lontano, ho sentito un richiamo. Devo dire che mi sono molto emozionata. Ormai vivevo da nove giorni in solitudine e cominciavo già a parlare con i fiori. Sì, ero arrivata al punto in cui cominciavo a raccontare le mie storie ad alcuni fiorellini, tra parentesi stupendi, che erano lì nella radura vicino al campo. E finalmente Walter era tornato, e allora devo dire che sono stata molto felice. Sembra proprio la fine di una bella favola.

Tiberto – Invece la favola non solo continua ma, dal punto di vista di Walter, forse inizia proprio qui, perché questa è stata la vera grande scoperta.

Bonatti – Sì. Rossana ha raccontato da parte sua quello

che ha provato nella solitudine, una solitudine che tutti e due abbiamo scelto che lei vivesse, ma devo dire che anche da parte mia c'è stata la sorpresa, ma soprattutto la preoccupazione più snervante. Una volta separato da Rossana, e poi perduto là in mezzo alla tormenta sulle creste della montagna più alta, che insieme agli altri due compagni ho tentato di scalare senza riuscirci appunto per il persistere del maltempo, non avrei mai immaginato che in me nascessero tanti dubbi e tante preoccupazioni all'idea di aver lasciato Rossana laggiù, sola e perduta in un bosco, lontana da ogni possibilità di comunicare, circondata da fiumi quasi impossibili a guadarsi in certe ore del giorno, e poi tra boschi impenetrabili e dove facilmente ci si può smarrire. Mi davo conto, ed era per me insopportabile, che Rossana in quelle condizioni poteva essere soggetta a qualsiasi tipo di incidente, anche piccolo magari, ma là poteva essere fatale. Una semplice distorsione per esempio, o altre cose di questo genere, sarebbero bastate per arrivare al peggio, ma appariva anche il fantasma dell'accidentalità di un improvviso attacco, per esempio, di appendicite. Inoltre v'era in quel settore una certa presenza di puma. Io so benissimo che il puma non attacca l'uomo, ma lo so perché è da oltre vent'anni che studio il comportamento degli animali cosiddetti feroci. Rossana invece questo non lo sa. Attorno a lei c'erano dunque i leoni puma, e al mio ritorno lei mi dirà con molta dolcezza, preoccupazione e un po' di ingenuità insieme: «Ecco Walter, qui, guarda»; e mi mostra le tracce di puma, che in quei giorni si erano aggirati da quelle parti. Insomma è stata proprio un'esperienza per entrambi.

TIBERTO – Rossana è davvero così ingenua?

ROSSANA – No, non è che ero ingenua, io sapevo benissimo che il puma non mi avrebbe attaccata. E poi Walter prima di partire aveva posto accanto all'ingresso della tenda una piccozza bella appuntita. Così io ero pronta a dare una bella picconata in testa al puma, se si fosse azzardato ad avvicinarsi. Devo dire che questo animale si è realmente aggirato nei pressi della tenda, perché penso che sia un po' curioso, e anche perché avevamo un bel pezzo di lardo appeso sull'albero appena sopra la tenda. Forse più che la mia presenza era questo che lo interessava. Però devo dire che non ho avuto nessuna vera paura del puma, a dire il vero non ci ho neanche pensato. Il puma per me era una curiosità, anzi onestamente mi sarebbe piaciuto incontrarlo; lo dico adesso però, e comunque incontrarlo da lontano. Sì, in quel caso l'avrei visto volentieri, invece ne ho viste soltanto le impronte.

TIBERTO – Certamente il momento del ritorno, del reincontro tra Walter e Rossana in questo bosco deve essere stato molto particolare, commovente. Anche per Walter rientrare al campo e constatare che la sua donna non solo lo aspetta ed è ancora lì, ma che se l'è cavata dopo nove giorni, questo può essere piuttosto rassicurante, anche per un intrepido quale lui è.

BONATTI – Infatti, se c'è un vincitore in tutta questa avventura, questo è Rossana, perché mentre lei rivivrebbe un'esperienza del genere, io, là, mi sono ripromesso invece di fare in modo che non succedesse mai più di vivere un'esperienza di questo tipo.

TIBERTO – Ti senti davvero un'eroina, Rossana?

ROSSANA – Assolutamente no. Ma dove sarei mai potuta andare da sola in Patagonia, perduta laggiù? Dovevo aspettare Walter, per forza, non c'era altro da fare; anzi, la mia paura era proprio questa: se Walter non torna, io che faccio? A parte l'inquietudine per la situazione in cui lui si trovava, c'era anche il fatto che io lì, da sola, mi sarei mossa con enorme difficoltà. Sono stata da sola, è vero, ma a tre giorni di cammino avevo Walter, e con lui onestamente non sento alcun tipo di preoccupazione.

TIBERTO – Disincantata quasi quanto un'esperta viaggiatrice inglese, Rossana racconta di questa sua avventura in Patagonia; ma certamente al di là di tutte le aspettative qualche sorpresa ci sarà stata. Che cosa di nuovo per te ti ha colpito?

ROSSANA – Intanto, oltre al sogno globale della Patagonia, ce n'era uno in particolare, ed era quello di conoscere lo Hielo Continental. Probabilmente queste due parole non dicono molto a chi ci ascolta, ma lo Hielo Continental è una grossa porzione di Patagonia rivestita da un enorme strato di ghiaccio. Sono all'incirca quattrocento chilometri di lunghezza per un'ottantina e forse più di larghezza. Non posso essere più esatta perché io non sono una tecnica. Comunque questo Hielo da sempre mi aveva affascinato moltissimo. Devo dire che lungo il nostro viaggio più volte abbiamo sfiorato i margini del famoso Hielo, senza però andare mai al suo interno. Con molta ansia quindi ho aspettato il momento di arrivarci, e finalmente questo è successo. Per me vedere questo grosso mostro bianco e freddo, che tira fuori le sue lingue di gelo, lingue che sono poi gli enormi ghiacciai che discendono dalle sue regioni interne, tipo il Viedma, il Moreno e altri ancora che ogni tanto irrompono tra le montagne, per me dicevo, è stata un'emozione grandissima. Sono stata davvero felice di aver fatto questa esperienza, perché non è facile andare in giro per il mondo e avere ancora queste aspettative così forti che non vengono deluse.

TIBERTO – Proprio anche per l'abitudine che hai avuto nel campo dello spettacolo, nel campo del cinema, forse potresti dirci la scenografia della Patagonia. Ossia se questo genere di spettacolo della natura qualche volta suggerisce una enorme, gigantesca scenografia della vita e del mondo.

ROSSANA – Sì, questo collegamento è piuttosto interessante, perché alle volte la natura è così stranamente bella che sembra finta. Per esempio, una mattina alle sei, una mattina limpida, che è cosa abbastanza rara per la Patagonia, appare il gigantesco Fitz Roy illuminato dal sole con ancora la luna piena che sovrasta tonda e grande. Ecco, questa è una delle tante immagini della Patagonia che in me sono rimaste nitide. Sembrava veramente di essere di fronte a un paesaggio di cartapesta. Cioè se qualcuno l'avesse disegnato nella stessa maniera, probabilmente si sarebbe potuto attribuire alla fantasia dell'uomo, tanto sembrava irreale. Per fortuna a Walter è riuscito di scattare una stupenda fotografia. E come il Fitz Roy così sono anche questi enormi spazi, questi cieli così... finti; ecco, sono talmente belli che sembrano finti. Perciò tutto questo sembrava a volte una scenografia.

TIBERTO – In qualche modo io volevo farti parlare di cinema, e non ci sono riuscita, perché si vede che questo nuovo amore ha preso spazio nel tuo cuore e anche nel tuo linguaggio. Mi piacerebbe comunque sapere se in tutta questa storia della Patagonia tu ci potresti vedere dei personaggi, e quali personaggi potrebbero essere. Certamente sei abituata a giocare con la fantasia.

ROSSANA – Non voglio assolutamente rovinare la Patagonia con dei personaggi. Assolutamente no. La Patagonia per me deve restare così come l'ho vista, con pochissima gente e ancor meno viaggiatori come noi. È talmente al di fuori di tutto quello che è la finzione del cinema. No, fammi un'altra domanda se vuoi, ma non voglio parlare del cinema riferendomi alla Patagonia.

TIBERTO – E questo è una dichiarazione d'amore, Walter. Cosa ne dici?

BONATTI – Sì, e mi lusinga molto. Rossana ha ragione quando non vuole mischiare la realtà con la finzione, perché la Patagonia potrebbe essere tutto, anzi è tutto, meno che finzione. La Patagonia, continuando il quadro che ha fatto Rossana, è davvero incredibile, e a percorrerla ci si sente davvero ai confini del mondo. Vuoi perché in effetti lo è, geograficamente, e vuoi anche per le sue condizioni climatiche e ambientali. A volte i contrasti sono tanto grandi da dare l'illusione di trovarsi in Amazzonia. Capita che tra gli enormi ghiacciai appaiano scorci di foreste intricate, verdi e opulente al pari di quelle, appunto, dell'Amazzonia. Tutto questo fa della Patagonia una terra che sembra uscita veramente da un sogno. Se questa estrema cordigliera non avesse lo Hielo Continental, ebbene sarebbe tutto un'altra cosa. Sono questi trentamila chilometri quadrati di ghiacciaio compatto che danno un senso di irraggiungibilità a tutto il vasto territorio. È un deserto in quanto praticamente non c'è gente che ci vive, però c'è vita, un'esplosione di vita, di movimento, di rumori. Rumori di valanghe, più sovente, ma rumori anche di uccelli, spesso di cocorite; non è incredibile? Si alternano poi immensi silenzi e fragorose raffiche di vento, sono bufere che non trovi da nessun'altra parte. È insomma il vero opposto di quel mondo destinato a piegarsi alla volontà dell'uomo e a soccombere. Ecco, per me la Patagonia è questo, e ancora molte altre cose.

TIBERTO – Per i nostri ascoltatori non sarà tanto facile immaginare un'attrice del cinema quale è Rossana Podestà per tanti giorni senza gli agi, a cui la sua vita probabilmente l'ha abituata. Che cosa ti è mancato di più in questo periodo?

ROSSANA – Niente, assolutamente niente. Ecco, quando non avevo la tenda e dovevamo fare dei bivacchi e non dei campi, allora mi mancava la tenda e ne sentivo la mancanza. Questo perché ho scoperto che la tenda può sostituire benissimo, ovviamente per un periodo anche lungo ma definito, la casa.

TIBERTO – Così sono andate le cose in questo viaggio in Patagonia. Ma forse c'è ancora qualche risvolto da scoprire. Ci sarà ben stata una situazione comica durante questo viaggio, o forse anche una situazione drammatica. A quale dei due casi diamo la precedenza?

BONATTI – Forse ti aspetti che io ti racconti il lato drammatico. No, ti racconterò invece il lato allegro se non comico del nostro viaggio, vale a dire quel senso di buon umore e di ironia che sempre ci ha accompagnati. Infatti, spesso, eravamo proprio noi stessi nel mirino della critica e dell'ironia; cioè ci sentivamo un po' dei Don Chisciotte. Nel mondo in cui tutti viviamo, ormai così essenziale, così fatto di cose serie trattate seriosamente, ebbene noi avevamo invece tutta la disponibilità a ridere delle nostre serietà.

TIBERTO – Due Don Chisciotte, oppure un Sancho Panza e un Don Chisciotte?

ROSSANA – Io Sancho Panza di sicuro, perché in fondo avere un Don Chisciotte personale non è da tutti i giorni. Anche se in questo caso i mulini a vento non erano solo mulini a vento ma autentiche e reali difficoltà. Ne è prova quell'episodio che ho detto prima, ossia quando sono rimasta quei nove giorni laggiù da sola, mentre Walter lassù sul San Lorenzo stava vivendo un'avventura drammatica. Infatti per ripararsi dalla tempesta lui e i suoi compagni hanno dovuto scavare per parecchie ore un buco sul pendio di neve per potervi trovare riparo. In questo buco sono poi rimasti circa quattro giorni per il gran vento e la gran tempesta che imperversava. E io, stando là sotto, tutto questo lo immaginavo, cioè non potevo conoscere i limiti della drammaticità perché io lassù non c'ero, però capivo che la cosa era seria. E questo è stato veramente un momento difficile, sicuramente il più difficile di tutto il viaggio.

TIBERTO – Nella storia dei nostri incontri, che ormai si sono ripetuti proprio da questo stesso microfono, ci ritroviamo sempre a un gioco e all'altro gioco; sembra quasi una storia di contrasti la nostra. Walter, lassù sulla montagna nella sua grotta protettiva di ghiaccio, e Rossana nel bosco in cui dialoga con i fiorellini nel suo momento di malinconia e magari anche di solitudine. Ecco, nel vostro gioco dei contrasti quali sono i contrasti più evidenti?

BONATTI – Direi le stesse affinità, che sembrano contrasti ma in realtà sono affinità. Perché le affinità ci hanno fatto incontrare e ancora le affinità ci hanno portato in Patagonia.

ROSSANA – Be', io non sono d'accordo. Walter dice le affinità e questo mi lusinga moltissimo, ma trovo invece che noi due siamo completamente diversi, e forse proprio per questo abbastanza in sintonia. Lui per esempio è un pignolo tremendo e io sono una superficiale spaventosa, lui è un brontolone e a me va sempre tutto bene, lui è pessimista di natura e io invece ottimista. Perciò c'è sempre questo giorno e questa notte, che alla fine poi diventano forse un'alba bellissima.

TIBERTO – Qual è secondo te, Rossana, la caratteristica peggiore di Walter, dopo tutte queste che hai elencato?

ROSSANA – È l'impegno di Walter che mi spaventa, lui è sempre impegnato. Lui si impegna quando deve, non so, attraversare Milano in macchina, lui si impegna quando mi fa il caffè, che fra parentesi fa buonissimo, lui si impegna anche quando deve fare le più piccole cose. E questo per me è molto faticoso. Sia per lui che per la persona che gli sta vicino. Non è vero, Walter?

BONATTI – Be', l'importante è farti un buon caffè.

TIBERTO – Walter, posso riportarti un attimo a un ricordo forse della tua gioventù, non proprio della tua adolescenza? A un percorso che ti ha portato attraverso i boschi fino al Po?

BONATTI – Sì. Ebbene il mio pensiero corre subito a quegli anni quando, ancora ragazzino, accompagnavo con la mente qualche relitto portato alla deriva dalla corrente. Così facendo, a cavallo di un relitto, io viaggiavo, raggiungevo idealmente luoghi straordinari dove effettivamente sono poi arrivato trenta o quarant'anni più tardi.

TIBERTO – Dove sarai fra trenta, quarant'anni, idealmente? Dove vorrai andare in un futuro lontano?

BONATTI – Forse ancora a cavallo di un relitto, verso un sogno impossibile.

TIBERTO – Rossana, dove punti il dito sul mappamondo?

ROSSANA – Be', avendo un esperto qui accanto non mi azzardo molto a puntare il dito. Io aspetto che passi il relitto con Walter sopra, poi mi tuffo anch'io, mi aggancio, e mi lascio portare dal suo sogno.

Da Radio della Svizzera Italiana – Rete 1,
9 dicembre 1986, 9 giugno 1988

K2 – 40° anniversario

L'ULTIMA PAROLA SULLE BOMBOLE DELLA DISCORDIA
di Roberto Beretta

«Comunque vadano le cose in futuro, la storia del K2, per me, finisce su questa pagina». Stabilisce così Walter Bonatti sull'ultima facciata del suo più recente volume, *Il caso K2 40 anni dopo* – dopo *Le mie montagne* (1961) e *Processo al K2* (1985) – da lui dedicato alla ricostruzione di quella discussa, discussissima spedizione.

Un'impresa che doveva essere (e in parte certo fu) l'equivalente nostrano della conquista britannica dell'Everest e il rilancio su scala mondiale dell'immagine italiana del dopoguerra, ma che – a parte il successo finale con Compagnoni e Lacedelli in vetta – non lesinò fin dall'inizio molti spunti polemici: a partire dalla clamorosa esclusione di Riccardo Cassin, uno dei più forti rocciatori dell'epoca, sulla base di motivazioni assurde (si disse che gli «nuoceva l'altitudine»...), per proseguire con la morte in quota (a causa di edema polmonare) di un componente della spedizione e – infine, ma soprattutto – per quello che diventò presto il «caso Bonatti».

Era l'estate 1954, capospedizione il granitico Ardito Desio.

Al momento del «balzo finale» verso la vetta, Bonatti e il portatore pakistano Mahdi – salendo con le bombole d'ossigeno per Compagnoni e Lacedelli – non trovano il campo di costoro nel posto convenuto, sono costretti perciò a proseguire la marcia e a bivaccare senza tenda a quota 8.100. Il giorno seguente le bombole vengono recuperate dalla cordata di punta, che la sera stessa – 31 luglio – raggiunge la cima.

Tutto sembra finito bene, ma la polemica divampa dieci anni più tardi, scaturita da una ricostruzione giornalistica da cui nascerà anche un processo (intentato e vinto da Bonatti) per diffamazione. Le versioni e le «verità» si susseguono, talvolta incredibili: Bonatti è accusato di aver voluto tentare la salita alla vetta da solo, poi di aver consumato l'ossigeno destinato a Compagnoni e Lacedelli (si saprà più tardi che, se anche avesse voluto farlo, non disponeva degli indispensabili respiratori), di essere responsabile del congelamento degli arti di Mahdi. C'è lunga questione anche sulle quote degli ultimi campi, sugli orari e i tempi della salita finale; Compagnoni e Lacedelli dichiarano infine di aver salito la vetta senza l'ausilio dell'ossigeno, che si sarebbe esaurito molto più in basso.

Ora, a quarant'anni dalla conquista, l'ultimo libro di Bonatti (dopo un capillare riassunto della vicenda) dà conto anche di alcuni fatti nuovi. Il primo è la (parziale) «ritrattazione» avvenuta nel 1994 sulla Rivista del Cai, che fin'allora aveva ufficialmente ignorato la versione di Bonatti sulla scalata. Il secondo è una lunga ricostruzione storica curata dal medico australiano Robert Marshall, che per la prima volta si sforza di comporre credibilmente – come in un «giallo» – e in favore di Bonatti anche alcune apparenti «contraddizioni» tra le varie versioni e testimonianze. Il terzo, infine, è quello definitivo: una foto, rinvenuta dallo stesso Marshall in una vecchia pubblicazione svizzera, che mostra Compagnoni sulla vetta mentre ancora calza il respiratore; la prova evidente che l'ossigeno non si era affatto esaurito due ore prima e che dunque la versione «ufficiale» dell'impresa dev'essere riscritta. Come vorrebbero – e finalmente – Bonatti e la storia.

Da «Avvenire», 22 giugno 1995

BONATTI: TUTTA LA VERITÀ SUL «CASO K2»

di Andrea Casalegno

Ostinato, irremovibile, implacabile. Molti commenteranno così la nuova edizione del libro che Walter Bonatti ha dedicato al «caso K2». Possibile che Bonatti non possa accontentarsi di meno della vittoria totale? Che non possa rinunciare a «infierire»? Eppure due anni fa, celebrando i quarant'anni dalla conquista, il Club Alpino Italiano, responsabile della spedizione guidata da Ardito Desio, aveva riconosciuto che la sua versione è sostanzialmente veritiera. Perché allora Bonatti, ripreso *Processo al K2* già uscito nel 1985 e poi ampliato nel 1994, ha redatto una nuova versione, *K2 storia di un caso* per Baldini&Castoldi?

È vero. Bonatti non si è accontentato. E spiega perché in questo libro; che va letto con attenzione, perché non è un libro facile. Non è un testo avvincente, di taglio narrativo, come i due capolavori di Bonatti, *Le mie montagne* e *I giorni grandi*, ora in gran parte rifusi nel best-seller di Baldini&Castoldi *Montagne di una vita*.

Questo, invece è un libro-documento, un collage di materiali, anche giornalistici, che cerca, con audacia sperimentale, non di presentare al lettore una verità già fatta ma di condurlo per gradi a formarsi da sé la propria verità. Già inviato speciale noto in tutto il mondo per i suoi servizi giornalistici, Bonatti, che conosce e capisce i media, ha voluto ripercorrere la vicenda del K2 con i loro occhi, assemblando ritagli di giornale di varie epoche, testimonianze e documenti giudiziari; come la querela per diffamazione del 1964 contro il giornalista della «Gazzetta del Popolo» Nino Giglio (il tribunale darà ragione a Bonatti).

«Il Sole 24 Ore Domenica» ha già ricostruito i fatti rievocando, due anni fa (15 maggio 1994), la conquista italiana del K2. La splendida vittoria sulla seconda montagna della Terra (ma di gran lunga la prima per difficoltà alpinistica: infatti continua a mietere vittime anche tra gli alpinisti di punta) fu ottenuta da Achille Compagnoni e Lino Lacedelli, che giunsero in vetta alle diciotto del 31 luglio 1954. Compagnoni e Lacedelli usarono le bombole d'ossigeno che il giovanissimo Walter (aveva appena compiuto ventiquattro anni) e l'hunza Mahdi avevano lasciato, la sera prima, non lontano dalla loro tendina, a una quota che sulla relazione ufficiale è segnata a 7.990 metri, ma che in realtà è a 8.100 metri.

Ma, per le circostanze narrate dai protagonisti in versioni molto diverse (entrambe riportate nel libro), Bonatti e Mahdi non furono accolti da Compagnoni e Lacedelli nella loro tenda e, lasciate le bombole, neppure riuscirono a scendere al campo VIII. Passarono quindi all'aperto la terribile notte dal 30 al 31 luglio, su un minuscolo gradino scavato nel ghiaccio, rischiando a ogni istante di scivolare. Come scrisse Bonatti nel 1983: «Quella notte sul K2 io dovevo morire».

Il racconto ritorna qui in poche, sobrie pagine: meno di una trentina. Tutto il resto è dedicato ai postumi, polemici e giudiziari, della vicenda. Bonatti contesta molti punti della versione ufficiale: le quote segnate sulle mappe, il racconto di Ardito Desio, i tempi di salita comunicati da Compagnoni e Lacedelli, e soprattutto la loro insinuazione che le bombole si sarebbero esaurite prima della vetta, perché sarebbero state usate da Bonatti e Mahdi la notte precedente.

Ma il Club Alpino non ha già riconosciuto la veridicità della versione Bonatti? In parte sì. Ma Walter non è soddisfatto. «Per compiere una vera revisione il Cai... doveva promuovere una commissione d'inchiesta... Così invece nella storia ufficiale del K2 è la stessa e ormai ultradimostrata menzogna, base di tutti i veleni, che ancora oggi giace inammissibilmente sepolta, ma viva... Insomma, devo dire che, se non proprio la buona volontà, c'è stata per lo meno incapacità da parte del sodalizio di affrontare l'aspetto più scabroso della vicenda.» In altre parole, di smentire ufficialmente tutti i punti da lui contestati della versione di Achille Compagnoni.

Sono parole dure, che inchiodano ognuno alle proprie responsabilità. Per questo a Trento, come ha riferito Pietro Crivellaro («Il Sole 24 Ore Domenica», 5 maggio), molti giornalisti in occasione della presentazione di *K2 storia di un caso* hanno firmato un appello che chiede al Cai la commissione d'inchiesta invocata da Bonatti. Basterà? O ci vorranno altri articoli, altre polemiche, altri libri?

Da «Il Sole 24 Ore», 12 maggio 1996

VIVERE L'AVVENTURA
di Pierangelo Melgara

Non è facile prendere contatto con Walter Bonatti, perché lo spirito inquieto dell'avventura lo porta spesso ancora lontano. Ma, una volta trovato lo spazio per un appuntamento, a tu per tu il discorso si fa immediato e franco, libero da qualsiasi formalità e, inevitabilmente, le prime domande vanno a cadere sullo scandalo del K2 che, suo malgrado, continua e continuerà ad averlo come protagonista, fino a quando chi ha tessuto, o quantomeno avallato, la ragnatela della menzogna non riterrà giunto il momento di liberare la verità. O meglio, di conferirle quella ufficialità che attende da ormai quasi cinquant'anni.

MELGARA – K2: storia di un caso.

BONATTI – Nel mio recente libro *K2 storia di un caso* ci sono tutti i vizi dell'Italia: il nepotismo, il nascondersi dietro un dito, l'accantonare i problemi sperando che si risolvano da soli, il non prendersi le responsabilità, e così via. L'ho scritto non tanto per i miei lettori, quanto per la storia del K2 e per l'Italia di oggi e di allora, per l'Italia che quell'impresa aveva riportato alla considerazione del mondo e che purtroppo è sporcata da una squallida bugia.

MELGARA – È evidente la sua allusione al Cai.

BONATTI – Naturalmente, anche se per me è duro pensare che il Cai sia talmente irresponsabile da soprassedere su una cosa così evidente. Penso che ci siano interessi superiori che vanno al di là e al di sopra del Cai.

MELGARA – Fra l'altro c'è stato un processo da lei voluto a Torino per ristabilire la verità dei fatti.

BONATTI – Volli quel processo (già trentadue anni fa), per ribattere le calunnie rivoltemi da un giornale e dal suo giornalista. Chiedevo giustizia per l'uomo Bonatti. Ma lo scandalo del K2 è un'altra cosa, di cui la vicenda di Bonatti è complementare. Il marcio, infatti, emerse (nel 1964) quando portai delle testimonianze per difendermi. Chi mi aveva infangato non trovò niente di meglio che infamarmi per rendere più credibile la versione falsa, ma ufficiale, della storia del K2.

MELGARA – Adesso, tuttavia, testimonianze fotografiche inequivocabili smascherano ogni falsità.

BONATTI – Avevo già scritto il libro *Processo al K2* (nel 1985) e, in occasione del quarantesimo dell'impresa, *Il caso K2*. Ma non è bastato: Ardito Desio ritenne di dover concedere interviste ignorando tutto e dicendo di avere scritto lui l'unica verità quarant'anni fa. Non potevo accettare che Desio si permettesse di affermare incoscientemente il falso. Quindi ho riscritto questo ultimo libro diventato *K2 storia di un caso*. Per me adesso il cerchio è chiuso e non c'è più nulla da dire.

MELGARA – Un elemento tutto a suo favore è che nessuno è mai stato in grado di addurre prove a sostegno delle proprie tesi e contro le sue.

BONATTI – Dirò di più. Nel libro sono stato volutamente molto pesante, così che chiunque – ritenendo di poter esibire credibili esposizioni – mi avrebbe intentato querela. E ci avesse soltanto provato! Invece, questa brava gente, tiene la coda tra le gambe, smascherata nel suo gioco squallido. Al contrario, solo Desio ha creduto di dover dire ancora qualcosa, e allora ho dovuto fargliela ringoiare. Ne parlo serenamente, perché ormai sono solo spettatore e questa cosa non appartiene più a me ma alla storia, all'Italia, a chi ha provocato questo libro.

MELGARA – Però sono trascorsi molti anni! È dal '54 che la vicenda si trascina.

BONATTI – Per questo dico che è una storia all'italiana, perché noi italiani siamo furbi, improvvisatori, geniali, ma siamo anche irresponsabili e incoerenti. Quando c'è un problema, lo accantoniamo. È il nostro tallone d'Achille. Le testimonianze fotografiche decisive vengono dall'Australia, da un Paese neppure alpinistico. Gli stranieri ci giudicano molto severamente, perché non capiscono come l'Italia, non il signor Desio o chi per lui, permetta che una cosa importante rimanga insoluta. È vergognoso.

MELGARA – Vuole riassumere per noi il punto nodale della questione tra lei, Compagnoni e Lacedelli?

BONATTI – No, perché ci vorrebbe un libro intero e ogni frammento si presterebbe a creare confusione. Nel libro esprimo il mio pensiero in modo ordinato su fatti e personaggi. Aggiungo soltanto che oggi di gente furbastra come Compagnoni, Lacedelli e Desio, ne è pieno il mondo. Il Cai, lo Stato italiano devono decidersi a riconoscere di aver sbagliato, e per me non c'è atto di forza più grande di quello di riconoscere i propri errori.

MELGARA – Eppure forse Lacedelli si è almeno parzialmente ricreduto.

BONATTI – No! Non ha riconosciuto niente. Ha detto solo che è come se fossi arrivato in cima anch'io. Che senso ha? Non significa niente. Non ho scritto questo libro per mettermi in mostra, o per rivendicare qualcosa. Non ho nulla da rivendicare! Da trent'anni sostengo le mie ragioni contro tutte le calunnie che mi sono state rivolte. Il caso Bonatti non esiste che marginalmente nel libro *K2 storia di un caso*. Ho preso in mano lo scandalo K2 e voglio portarlo in porto, rendendo giustizia alla verità. Ora bisogna che tutti insieme riconoscano la falsità della versione ufficiale, che fu il risultato di un calcolo come dimostrai ormai dodici anni fa con il mio *Processo al K2*. Nel quarantesimo dell'impresa sono riapparse anche le fotografie che incredibilmente si sono conservate e di cui nessuno conosceva l'esistenza. Quindi anche visivamente, tangibilmente, la verità è quella da me esposta. Ripeto che oggi il problema è soltanto di riconoscere la verità e di riscrivere la storia ufficiale del K2. Non m'importa che i giornali di tutto il mondo si siano schierati con me: è un fatto molto importante, ma non sufficiente. È l'ufficialità della storia che deve essere corretta. Finché ciò non accadrà, io lotterò senza tregua per ottenerlo.

Da «Quaderni Valtellinesi», 3° trimestre 1996

Alpinismo come modo di essere

LONGONI – Torniamo ai tempi in cui tu abitavi a Courmayeur, dove eri guida alpina e maestro di sci. Perché Walter Bonatti dava fastidio alle stesse guide di quel paese?

BONATTI – Davo forse fastidio alle guide di Courmayeur perché in me non sapevano vedere che una sorta di provocazione. Credo infatti che ce l'avessero con me non in quanto individuo Walter Bonatti, ma perché nelle mie imprese vedevano soltanto un irritante confronto. Loro facevano alpinismo come mestiere, dove tutto si doveva tradurre in soldi. Certo, anch'io facevo la guida allora, perché dovevo pur campare, ma la facevo in misura di quanto mi bastava per vivere. Preferivo invece scalare per me stesso, fare insomma semplicemente dell'alpinismo. Comunque non giustifico l'atteggiamento assunto dalle guide di quel tempo, anche se lo capisco.

COLOMBO/ELLI/ISELLA – Nel 1949, a diciannove anni, Walter Bonatti scala le Grandes Jorasses per lo sperone Cassin, la parete nordovest del pizzo Badile, la Ratti-Vitali all'Aiguille Noire, ponendosi all'attenzione del mondo alpinistico: desiderio di mettersi in mostra oppure volontà di misurarsi con i massimi livelli del tempo?

BONATTI – Non è possibile isolare un'unica motivazione, poiché entrano in gioco questi e altri fattori. Soprattutto a quell'età le tue scelte sono fortemente influenzate dall'ambiente e dagli amici che ti circondano. Successivamente, maturando, si definisce poi una concezione più personale dell'alpinismo.

COLOMBO/ELLI/ISELLA – Poi nel 1951 realizzi un'importante prima ascensione: la parete est del Grand Capucin insieme a Luciano Ghigo. Tale salita viene considerata come la prima soluzione, su verticalità dolomitiche, di un problema del Monte Bianco.

BONATTI – Avevo ventuno anni, feci una scommessa con me stesso nell'affrontare quella parete inviolata e repulsiva che mi attirava perché orrida e al tempo stesso affascinante. Con quell'impresa, io e il mio compagno sfatavamo un tabù, ma il gioco era comunque l'alpinismo classico che ha delle sue regole ben precise. Sul Grand Capucin avevamo trentacinque chiodi tradizionali, che naturalmente usammo più volte. Del resto Cassin, Comici e compagni non avevano fatto nulla di diverso stilisticamente.

UGUCCIONI – Ti sei sempre vantato di «giocare secondo le regole del gioco». Quali regole ha il tuo alpinismo?

BONATTI – Poche e immutabili. Mi sono sempre richiamato – già l'ho detto – all'alpinismo degli anni Trenta: una stagione eroica e irripetibile. Nel 1951, lo ripeto, ho scalato la parete est del Grand Capucin utilizzando, sia per numero sia per qualità, gli stessi mezzi tecnici impiegati negli anni Trenta per vincere le grandi classiche.

UGUCCIONI – Immagino sarai contrario all'uso dei chiodi a espansione.

BONATTI – L'uso di questo mezzo tecnico lo trovo disdicevole. Elimina l'impossibile, toglie sapore alla sfida, uccide l'ignoto, il gusto dell'avventura. Con i chiodi a espansione si può vincere qualsiasi parete, ovunque; l'alpinista non deve più sforzarsi di leggere la montagna, di capirla, di usare la propria intelligenza, e neppure può più sfidare i propri limiti.

UGUCCIONI – Cosa significa aprire una via logica ed elegante?

BONATTI – Significa raggiungere la vetta attraverso i punti deboli della montagna; significa individuare nella difficoltà un percorso semplice, logico e pulito. È la montagna stessa a indicarlo. Certo, bisogna imparare il suo linguaggio.

FEDE – Di te uomo, e anche di te alpinista, Walter, che cosa è rimasto sul Monte Bianco?

BONATTI – Be', potrei dirti gli anni più belli della mia giovinezza. Quindici anni passati lassù e a quell'età, è molto. Il Monte Bianco ha una parete, la Brenva, che a mio giudizio è la parete per antonomasia. Dei diciotto itinerari esistenti su quella parete, cinque sono stati da me tracciati. Prediligo quel colossale scivolo di ghiaccio al punto da considerarlo il simbolo del mio alpinismo.

UGUCCIONI – Come nasceva l'idea di una scalata?

BONATTI – Nasceva dalla curiosità, dalla fantasia e dalle esperienze fatte fino a quel momento. Erano esperienze che mi spingevano a tentare nuove imprese, alcune addirittura impensabili per quell'epoca. Come ad esempio la scalata in solitaria dell'ancora inviolato pilastro del Dru. Quel picco mi appariva perfetto e volevo affrontarlo seguendone il percorso più logico ed elegante. Questo significava capire la montagna, individuarne un percorso logico attraverso le sue grandi difficoltà. Riuscii dunque a scalare il Dru seguendo la via che la stessa montagna mi indicava. Iniziai la scalata il 18 agosto e nei cinque giorni che seguirono, tanto durò l'impresa, vissi in un autentico «stato di grazia», una dimensione sconosciuta ed esaltante, con la certezza, niente affatto razionale, che nulla, in quel momento, era impossibile. Ho sperimentato questo particolare stato d'animo solo due volte nella mia vita di alpinista, sul Dru appunto, e, in parte, sulla Nord del Cervino.

OLIVO – Ne *I giorni grandi* concludeva indicando nuove frontiere oggi già valicate: Himalaya in solitaria, invernali e dirette: fino a dove si può rinviare l'impossibile?

BONATTI – Sì, indicavo nuove frontiere. Da conseguire però con limitati mezzi tradizionali. Ma se poi si elimina l'ignoto, se ci si aiuta con la farmacoterapia, con la fisiologia e con i tanti supermezzi tecnici oggi in voga, ebbene cambia tutto. Non vorrei essere polemico ma rispondo con una domanda: che cos'è oggi l'impossibile, quando ormai la scienza e i ritrovati tecnici risolvono ogni difficoltà? Non c'è più nulla di intoccato che riservi incognita, problema, dunque avventura. Tutto si risolve o si riduce a solo gesto atletico.

UGUCCIONI – Nella spedizione al K2, nel 1954, successe di tutto: al ritorno ti accusarono di aver consumato parte dell'ossigeno contenuto nelle bombole destinate ai due alpinisti che raggiunsero la cima, Compagnoni e Lacedelli. E non era vero. Fosti vilmente calunniato. La verità è che bivaccasti a 8.100 metri di quota passando una notte d'inferno, su un gradino di ghiaccio, aggrappato alla piccozza.

BONATTI – È stata una pagina davvero amara della mia vita, e qui preferisco non parlarne. Come detto, ho affidato il racconto di quella vicenda, che non è la mia storia ma la storia del K2, a tre libri. Certo, al ritorno non ero più lo stesso: ero diventato diffidente, avevo perso tutta la fiducia negli altri.

Tsr – L'inglese Whymper ha realizzato la prima ascensione del Cervino, e paradossalmente il Cervino parla inglese ed è divenuto una montagna svizzera. Io penso che forse un certo Walter Bonatti all'epoca, dopo cento anni, voleva correggere questa impressione che il Cervino fosse solamente una montagna svizzera. È vero?

Bonatti – Onestamente non ho mai fatto questa riflessione, anche perché non ho mai ritenuto che il Cervino appartenesse alla Svizzera, o all'Italia, ma al mondo intero. Appartiene specialmente a noi appassionati di alpinismo, ma nondimeno anche a tutti coloro che nel Cervino vedono e apprezzano la bellezza della sua imponente struttura. Francamente, e lo sottolineo, non ho mai voluto dare una nazionalità al Cervino. Non si può dare una nazionalità a un simbolo!

Uguccioni – Siamo dunque arrivati al 1965, l'anno della straordinaria scalata del Cervino, una pagina memorabile della storia dell'alpinismo. Dopo quell'impresa ti sei messo in cammino per il mondo, vivendo avventure straordinarie e realizzando reportage fotogiornalistici per il settimanale «Epoca». Eppure, c'è, ancora oggi, chi fatica a capire perché tu abbia fatto quella scelta e te ne fa quasi un rimprovero.

Bonatti – È vero; alcune persone sembrano non capire che l'esistenza è un cammino, un'evoluzione, una crescita. Penso che l'importante sia sapersi ascoltare, seguire la propria curiosità e la propria fantasia in ogni stagione della vita. È quello che ho fatto. L'opportunità che «Epoca» mi aveva dato era davvero straordinaria: potevo andare dove volevo, quando volevo e come volevo. Potevo dar materia ai miei sogni, vivere le avventure che già da bambino sognavo, e poi trasmetterle agli altri con articoli e fotografie. Dopo l'ascensione del Cervino avvertivo che la mia sete d'avventura sarebbe stata appagata da questi viaggi. Dall'alto delle montagne avevo scoperto nuovi orizzonti, che affascinavano e sollecitavano la mia curiosità. In realtà, ho fatto tutto fuorché smettere. L'alpinismo, per come lo intendo io – ossia avventura, ricerca, emozione – si può fare in verticale ma anche in orizzontale e in profondità, tra deserti, giungle, oceani, animali selvaggi, popolazioni primitive. A quel tempo avevo anche capito che sulla montagna estrema non sarei potuto andare più in là, non avrei potuto che ripetermi, salvo accettare nuove tecniche, nuovi mezzi e relativi compromessi, che ho sempre rifiutato.

OLIVO – Con la Nord del Cervino, trentacinque anni fa, lei lasciò le scalate impossibili per l'avventura. Se tornasse indietro, rifarebbe quella scelta?

BONATTI – Certamente. Anche perché l'alpinismo non è solo l'attività in montagna, esiste in quanto avventura. Comunque per la mia epoca, ossia con i soli mezzi classici, non avrei potuto fare più di quanto ho fatto sul Cervino. Mi sarei potuto ripetere, questo è vero, ma è un'altra cosa. Allora ho trasposto la formula alpinistica estrema, con le sue componenti psicologiche, in un mondo più vasto, non necessariamente verticale.

LETTIERI – Ritornando a questa sua ultima impresa sul Cervino, come mai Gigi Panei e Alberto Tassotti non la sconsigliarono a tentare la scalata da solo?

BONATTI – Loro non dovevano convincermi né in un senso né in un altro; seppure grandi amici erano solo i miei due compagni nel non riuscito tentativo al Cervino. Inoltre non avevano potuto tornare a essere della partita. A Tassotti, essendo militare, non gli fu concesso di prendersi altro tempo. Panei invece, allenatore della squadra juniores dello sci italiano, una volta rientrato mi telefonò nei giorni successivi dicendo: «Walter scusami, mi dispiace molto ma non ti posso raggiungere, assolutamente».

LETTIERI – Ma allora decise di salire da solo perché ormai non c'era nessun altro compagno, oppure, come è stato scritto, fu anche spinto dalle critiche giornalistiche che le venivano mosse?

BONATTI – Non sono mai stato spinto da nessuno. Quando con Panei e Tassotti abbiamo dovuto rinunciare per quel maltempo infernale, per cui a malapena siamo riusciti a cavarcela; il sottoscritto a quell'epoca faceva notizia, e i numerosi giornalisti svizzeri, francesi, tedeschi e inglesi scrivevano «Bonatti ha fallito» ma senza dirne il perché. Annunciavano solamente che avevo fallito. E continuavano: «La cordata francese... la cordata tedesca... sta per puntare dove Bonatti ha fallito!». Ebbene questa cosa mi infastidiva non poco, perché concludere il mio alpinismo in quel modo non mi andava proprio. Avevo sperato fino all'ultimo nel ritorno dei miei due compagni, ma purtroppo questo non avvenne. Quindi Panei mi telefonò la sua impossibilità di raggiungermi e io l'avevo quasi insultato, amichevolmente s'intende, e per stimolare in lui una responsabilità replicai: «Ebbene, vuol dire allora che andrò da solo!». Quella frase che mi uscì inconsciamente mi fece riflettere, e alla fine mi ero detto: «E perché no? Dopo tutto ho fatto tante altre volte scalate da solo», e così feci. Il giorno dopo partivo per la mia impresa solitaria.

BRUNATI – Lei affermò, a proposito della sua salita al pilastro sud-ovest del Dru, di invidiare coloro che non sono chiamati a cimenti estremi per mantenere la propria pace interiore. Allora era un ragazzo, ma adesso riconosce ancora come suo tale pensiero? Come giudica il fatto che l'estremo viene ricercato a tutti i costi come fine a se stesso?

Bonatti – No, non si trattava di invidia per chi non prova stimoli di conoscenza. Era bensì invidia per chi non aveva provato la delusione cocente del tradimento di un'amicizia, il bene che per me è il più sacro. Tutto ciò derivava dall'esperienza recente del K2, che avrebbe potuto essere mortale. Non bisogna dimenticare che allora ero un ragazzo di ventitré anni. Lo dico assolutamente fuor di polemica ma per chiarire quella mia affermazione. E poi non si misurano con il metro di oggi cose di quasi quarant'anni fa. Oggi sull'Everest ci sono andati in duecento: saranno mica tutti superuomini! Per l'alpinismo l'apprendimento venuto dall'astronautica è stato enorme sotto tutti gli aspetti, tecnici, psicofisici, farmacoterapeutici. C'è da dire altresì che, attualmente, l'estremo non ha spesso nulla a che fare con un'impresa vera e propria ma è diventato puro spettacolo.

Guillaud – Ha perduto molti amici in montagna?

Bonatti – Sì, molti, troppi. I primi anni di scalata sono stati per me molto duri, poi ho trovato un «antidoto». Quando un amico precipitava da una parete, da lì a qualche giorno raggiungevo quel luogo dove era avvenuta la disgrazia per forzarmi a scalare le stesse rocce. Dapprima la paura era paralizzante. Ma se arrivavo a superare quel tratto, tutto poi proseguiva con minor tensione. Così facendo vincevo davvero qualcosa: avevo superato me stesso ed esorcizzato la paura. Mi confortava poi il pensiero che tutti questi amici erano morti facendo ciò che amavano. Avevano scalato per il loro piacere. Naturalmente si va in montagna per vivere pienamente, ma la morte, là, può arrivare, e bisogna accettarla. È chiaro che si deve fare tutto il possibile per evitarla. Tutti noi abbiamo paura della morte, come possiamo temere anche la vecchiaia. Ma a entrambe dobbiamo infine piegarci. La montagna insegna sempre queste verità semplici, che però troppo sovente si scordano...

Brunati – Lei è venuto fuori da situazioni così critiche da dare l'impressione di avere quasi un rapporto privilegiato con la natura. Con «tutti gli elementi ostili», come si suol dire, riusciva forse a captare qualcosa di non completamente avverso con qualche sua particolare sensibilità?

Bonatti – Non è vero affatto. Il segreto sta nella meticolosa preparazione. Piuttosto ho cercato di sfruttare le debolezze della natura, debolezze intese come condizioni migliori; io so sfruttare i momenti di sua «non belligeranza».

La cosiddetta «impresa folle», poi, è tale per il profano. Essa è invece condotta tecnicamente e razionalmente fino alle soglie dell'imponderabile. In circostanze di imponderabilità assoluta, pazzesca, quali si verificarono sul Pilone Centrale del Monte Bianco nel 1961 – dove vi morirono quattro compagni dopo giorni di bufera – mi ha salvato il rifiuto della morte. Non c'è maggior certezza di morire che nella rassegnazione.

Longoni – Conquistati tutti gli ottomila, risolti da tempo i grandi problemi alpini, sembra proprio che per i cultori dell'impossibile non ci sia più nulla da fare. Cosa succederà per l'alpinismo?

Bonatti – Lì per lì, potrebbe sembrare una domanda da cento milioni, ma non è vero. Se guardiamo indietro, ci rendiamo conto che tutto ciò che è accaduto è naturale. Quello che ci sta davanti è invece per lo più ignoto. E questo è molto positivo perché l'ignoto è fascino, e promette avventura. Come si manifesteranno poi queste avventure dipenderà dalla sensibilità, dall'immaginazione e dall'inventiva dell'uomo.

LONGONI – Cosa proponi ai giovani che vogliono avvicinarsi alla montagna?

BONATTI – Propongo innanzitutto di stabilire che cosa vogliono dalla montagna, devono poi essere disposti ad accettare tutto ciò che questa scelta comporta; è una premessa questa che vale per ogni scelta che si fa, e anche per l'alpinismo in questo caso. Ma cosa vuol dire oggi fare dell'alpinismo? Qualcosa che si esaurisce nel gesto di arrampicare oppure una filosofia, un modo di viversi? Ogni scelta presuppone un impegno e il conto va sempre pagato sulla propria pelle.

PASTONESI – Lei ha detto: «È la testa che forgia il fisico».

BONATTI – La testa, la volontà, e anche certe situazioni. Se penso che per scalare la Nord del Badile – non avevamo soldi, non avevamo documenti per entrare in territorio svizzero – mi ci vollero ventotto ore di cammino, valico dopo valico, per arrivare ai piedi della montagna. Oggi, pare cosa quasi impossibile, invece era così, semplicemente perché non avevamo alternative. Tuttavia quelle ventotto ore non le ricordo certo con angoscia.

PASTONESI – Dio?

BONATTI – Una forza che regola la vita c'è, ci deve essere. Ma dov'è Dio? Non lo so. Probabilmente dentro di noi. Sul Monte Bianco, nel 1961, una settimana bloccati dal maltempo, io clinicamente morto da ventiquattro ore perché il mio sangue era ormai vischioso, come olio, non ho pregato Dio, ho cercato solo me stesso e la mia voglia di vivere.

COLOMBO/ELLI/ISELLA – Secondo Gian Piero Motti (storico dell'alpinismo) l'azione di Walter Bonatti tende a esaltare il valore Uomo: questa «filosofia» guida l'attività o ne è una spiegazione?

Bonatti – In realtà, si sa, in ciascuno di noi avviene una maturazione progressiva che permette di capire chi sei e, conseguentemente, la strada che intendi seguire.

Elena Marco – A quale scuola di pensiero e a quale epoca lei sente di appartenere?

Bonatti – Ciascuno di noi sposa un gioco, e sposandolo deve anche rispettarne poi le regole. Io ho scelto l'alpinismo degli anni Trenta: mi piaceva la fantasia e l'immaginazione che lo personalizzava, ne approvavo i semplici e limitati mezzi tecnici, condividevo anche lo spirito che animava quegli uomini votati a un idealismo avventuroso e romantico; il tutto mai imposto ma che tutti sentivano proprio.

Elena Marco – Le alpiniste, non ultime le italiane, stanno vivendo una stagione dorata.

Bonatti – Apprezzo moltissimo l'alpinismo femminile; anche perché sono convinto che le donne, affrancate da un ruolo subordinato e mortificante, possono e devono imporsi ovunque operino, alpinismo compreso.

Lettieri – Quel 22 febbraio del 1965 Giorgio Bocca lo definì il «masochista celeste». Da allora a oggi che cosa ha fatto Walter Bonatti?

Bonatti – Il «masochista celeste» di Giorgio Bocca è stato un modo simpatico per parlare di quell'impresa che realizzai in solitaria e che fece poi il giro del mondo. Ora tu mi chiedi che cosa ho fatto in tutto questo tempo. Ebbene, da allora ho «trasposto» la mia avventura del mondo verticale, cioè dell'alpinismo, al mondo non necessariamente verticale, sull'intero globo, tra savane, animali selvaggi, sopra e sotto i mari, tra popolazioni primitive, nei deserti, sui vulcani, su isole sperdute, fiumi immensi, foreste senza fine. Sostanzialmente non è dunque cambiato niente, ma è stata una continuazione della mia avventura con un allargamento dei miei orizzonti. L'avventura io ho continuato a viverla, poiché quello che cercavo e trovavo sulle vette l'ho ricercato e ritrovato in giro per il mondo.

CERALLI – Nel mondo dell'alpinismo, c'è una figura per lei particolarmente significativa a cui si è ispirato?

BONATTI – Ho sempre ammirato alpinisti di ogni epoca, ma è soltanto nel pensiero di quelli del secolo scorso, quelli dell'Ottocento, che io mi riconosco, perché si avvicinavano alla montagna con lo stesso mio spirito. Tuttavia non ho mai preso nessuno a modello. Ho dunque letto, visto, ascoltato e valutato molti alpinisti, ma soltanto per creare me stesso, non per imitarli.

CERALLI – Ha desideri irrealizzati?

BONATTI – Sì, certo che ne ho, l'uomo deve avere dei desideri. Forse non li realizzerò mai, però penso che il fatto di averne sia molto importante.

PAGANI – La montagna migliora l'uomo?

BONATTI – La montagna migliora soltanto chi è portato a migliorarsi. Non migliora certo gli inerti, o gli spavaldi o che so... Sicuro, le regole spartane aiutano il processo di formazione del carattere: la durezza, la fatica, la sofferenza... Ma ci vuole una volontà, diamine. Guardi, che la montagna di per sé tiri fuori il meglio di un individuo, è soltanto retorica... Mi creda.

PAGANI – Le credo, si figuri. Ma dica un po': l'alpinista è un uomo più semplice o più complicato?

BONATTI – Le parole vengono spesso usate per dire cose banali... Ecco, non generalizzerei. Uno si porta dentro il fatto d'essere cresciuto in un certo modo, le proprie esperienze. Non l'essere alpinista. Io sono il titolare delle mie esperienze come totalità: ecco perché ci tengo a precisare che, nella mia vita, ho fatto «anche» l'alpinista. Fossi nato in riva al mare sarei stato marinaio, fossi nato nel deserto sarei stato forse carovaniere... Ho creduto all'alpinismo fin quando ho potuto. Poi ho fatto cose nuove.

PAGANI – Solitudine e avventura: senza la prima non c'è la seconda?

BONATTI – Eh, sono imparentate strettamente, sì. Nella solitudine, attenzione: non nell'angoscia, ci si impara a comprendere. Il frastuono non aiuta. Per me è sempre stato addirittura più importante l'immaginare che non il realizzare. E nell'immaginazione non serve folla attorno. Ecco perché sono intrinsecamente solitario e anti-competitivo. E contrario all'alpinismo tecnico e freddo.

PAGANI – L'alpinismo è o non è un mezzo di fuga dalla realtà?

BONATTI – Lo scopo dell'alpinismo rimane uno, uno soltanto: raggiungere. Non fuggire.

PAGANI – È bello avere sessantacinque anni?

BONATTI – Per me l'età è un accrescimento. Ci sono altre stagioni oltre a quella dei vent'anni.

MELGARA – L'alpinista Bonatti da quali ascensioni ha avuto le soddisfazioni più grandi?

BONATTI – Rispondo con parole che potranno sembrare frasi fatte: le ricordo tutte allo stesso modo, perché sono state tutte da me desiderate, volute, sofferte, gioite. Tutte sono state ugualmente importanti. Ho avuto la fortuna e la volontà di fare quello che ho ritenuto importante per me.

MELGARA – In un suo libro scrive che, se non avesse trascorso quella notte terribile sotto la vetta del K2, forse non avrebbe compiuto l'ascensione invernale del Cervino.

BONATTI – Questa è solo un'ipotesi, perché si sa che le prove estreme o uccidono, o temprano: è la storia della vita. Ognuno di noi è la somma delle proprie esperienze, positive e negative. Le mie mi hanno fatto crescere e così i miei limiti si sono spostati in avanti.

MELGARA – Qual è stato negli anni passati e qual è oggi il suo rapporto con la montagna?

BONATTI – Devo parlare soprattutto del Monte Bianco, che è stato la mia scuola e il mio «genitore», come ho scritto qui e là. Torno spesso al Monte Bianco, perché è una montagna di cui sono parte: vi sono cresciuto in virtù di quanto vi ho vissuto come alpinista e come uomo. Un rapporto bellissimo, in cui affiora lo stesso affetto che fa tornare al proprio genitore per dialogare. Può apparire retorico, ma ognuno è legato alle proprie radici.

TSR – Mi sembra una contraddizione che le più estreme iniziative solitarie nell'alpinismo non restino intime e riservate, bensì diventino un fatto pubblico, un fatto mediale. In tal caso l'avventura dell'artefice diventa spettacolo per gli altri, e l'autore diventa l'attore. Che dice lei?

BONATTI – Nel mio caso dico che se ciò che ho realizzato ha fatto notizia, è soltanto perché la gente si è identificata in me e in ciò che ho fatto a misura d'uomo. È questo che ha acceso la fantasia e la comprensione di tutti. Per contro, lo spettacolo per lo spettacolo è cosa che sicuramente non appartiene a me, sono anzi io il primo a criticare un tal genere di mistificazione. Per me vivere un'esperienza vuol dire soddisfare un bisogno naturale che ogni uomo porta con sé. Ciò è ben lungi dall'essere attore o dal fare spettacolo. È un peccato che queste cose vengano sovente travisate e volgarizzate a rappresentazione scenica.

C'è da dire ancora che qualsiasi avvenimento, che potenzialmente è in sé una notizia, quando va nelle mani dei media viene, oltre che sfruttato come ho appena detto, anche sovente storpiato nelle sue motivazioni. Io non sono affatto favorevole a queste speculazioni. Anch'io, dopo una mia impresa, mi sono spesso trovato al centro della notizia, ma per ragioni ben diverse da ciò che accade oggi con abituale assiduità. Voglio dire che io non ho mai annunciato a priori, e magari anche con una conferenza stampa, quello che stavo per fare. In Italia abbiamo un proverbio che recita: l'orso bisogna prima cacciarlo, poi si potrà anche venderne la pelle. In ultima analisi può essere persino giusto, a cose fatte, lasciare che il mondo che ti segue partecipi in qualche modo alla tua esperienza, al tuo successo; ma soltanto dopo averlo ottenuto.

GELSO – Cosa si prova a tornare in Patagonia per ripercorrere le orme di Alberto De Agostini?

BONATTI – La prima sensazione è stata per me quella di toccare con mano ciò che avevo letto nei suoi libri, confrontando poi le sue emozioni con le mie, e ho scoperto che combaciavano.

GELSO – C'è una bella foto suggestiva, tra le tante belle immagini della mostra, che ritrae Alberto De Agostini e Walter Bonatti a Buenos Aires, nel 1957. L'anziano religioso sta tornando in Italia, il giovane alpinista è diretto in Patagonia: quale ricordo è rimasto di quell'incontro di quarantadue anni fa?

BONATTI – Purtroppo il nostro è stato un incontro limitato nel tempo; però, come ho già detto, conoscevo già De Agostini in quanto avevo letto i suoi libri assimilando ogni sua esperienza. In quell'occasione ci siamo appunto parlati, e tanto è bastato a rivivere le emozioni da lui provate laggiù. De Agostini è stato indubbiamente un ottimo scrittore, acuto e attento, molto moderno, senza enfasi né retorica.

UGUCCIONI – Chi sono i tuoi amici più cari?

BONATTI – Il mio primo pensiero corre a Carlo Mauri, l'amico più caro. Con lui ho condiviso molte esperienze e imprese importanti, come la conquista del Gasherbrum IV sull'Himalaya, e le pareti nord delle Cime di Lavaredo in inverno. Avevamo personalità differenti, eppure ci intendevamo benissimo. Con Mauri ho fatto più scalate che con ogni altro. Ci chiamavano «i ragazzi irresistibili».

UGUCCIONI – Decidevi insieme agli amici le scalate da compiere?

BONATTI – No. Le imprese che ho compiuto sono sempre state frutto dei miei progetti. Prima ne concepivo l'idea, poi cercavo il giusto compagno per realizzarle. E non perché ritenessi poco interessanti le proposte degli altri, ma perché i progetti che facevo erano a mia misura, erano giusti per me in quel momento.

UGUCCIONI – Come hai affrontato i momenti di paura?

BONATTI – Tutto ciò che non si conosce può far paura e anch'io di fronte all'ignoto ne provavo. Però, e questo lo dico con orgoglio, combattevo questo stato d'animo fino a trasformare la paura in forza, e questo grazie alla consapevolezza di essermi ben preparato. Dirò ancora che negli inevitabili momenti di timore, o di debolezza interiore che ti assalgono durante un'impresa, richiamavo dentro di me quella consapevolezza di avere tutte le carte in regola. L'incertezza nelle mie avventure era data soltanto da un quid di imponderabile che sempre accompagna un avvenimento.

OLIVO – Che cos'è la paura per Walter Bonatti?

BONATTI – La paura è buona cosa, fa campare di più. Resta comunque una bestiaccia che va tenuta ben controllata. Del resto anche il coraggio è così, a volte bisogna avere quello della rinuncia. Quando la montagna dice no, noi siamo niente.

OLIVO – Oggi, pagando cento milioni, si scala l'Everest anche se non si è all'altezza: vede un ritorno alla saggezza oppure il tramonto definitivo dell'alpinismo?

BONATTI – Mi aspetto uno sperabile ritorno alla saggezza, poiché l'uomo è ormai arrivato a un tale limite che non può che riscoprire il suo passato. Solo nel passato potrebbe ritrovare quei giusti valori che erroneamente ha ritenuti superati, ma che hanno fatto progredire l'uomo.

La Scala de Milan par la face Nord

Scandale à la Scala de Milan lors de la seconde représentation du Bal masqué de Verdi dans la nouvelle mise en scène de Franco Zeffirelli. Ce dernier ayant annoncé qu'il en avait assez de vivre dans une Italie terrifiée et soumise à l'anarchie gauchisante, son ouvrage a été pris à partie par quelques trublions massés au dernier étage et bien décidés à interrompre le représentation.

Alors on vit au parterre un spectateur quitter son fauteuil, se diriger tranquillement vers le fond de la salle, entreprendre l'escalade du mur des loges et atteindre son objectif en quelques secondes. Le silence revint aussitôt.

Il s'agissait de Walter Bonatti, plus connu pour ses ascensions hivernales des faces nord du massif alpin que pour celle du temple de l'art lyrique.

★

LE CÉLÈBRE ALPINISTE CHEZ LUI

– Il ne peut dormir que suspendu par des pitons au mur de la chambre...

★

Sono un uomo libero

Uguccioni – E così, «senza accettare compromessi, facendo affidamento solo sui mezzi umani» come dici spesso, sei partito nel 1965 per vivere le tue avventure: dal Canada all'Antartide, dall'Africa all'Australia, dall'Indonesia all'America latina, dalla Siberia alla Nuova Guinea. Per quindici anni hai attraversato deserti, fiumi, giungle, savane. Hai incontrato una quantità di animali selvaggi e sei riuscito sempre a convivere con essi. Come hai fatto?

Bonatti – Partivo facendo affidamento su me stesso, in completa autonomia, senza ricorrere ad aiuti esterni come rifornimenti aerei, collegamenti via radio o «bit-bit» di vario genere. Ciò che mi spingeva era la curiosità, ciò che mi aiutava era la determinazione unita all'esperienza. Per quanto riguarda gli animali selvaggi, ho sempre cercato di trovare un'intesa, di avvicinarli secondo la loro logica. Ne ho incontrati tanti: orsi, bufali, leoni, coccodrilli... Vivendo immerso nella natura sentivo emergere dentro di me una specie di «secondo io», una sorta di animalità che mi permetteva di vivere con questi animali in modo naturale e senza ricorrere all'uso delle armi. Sono convinto che solo risvegliando e sapendo ascoltare questa «animalità» rimasta in noi assopita, sia possibile vivere in armonia con la natura. Per i popoli «primitivi», che ho incontrato e con i quali ho vissuto giorni densi di emozione, questo speciale rapporto con la natura era parte essenziale della loro vita. Gli uomini civilizzati, purtroppo, lo hanno perduto e devono imparare a ricostruirselo.

GORDINI – Questa sua vita così intensa le ha lasciato del tempo libero?

BONATTI – Tutta la mia vita è stata un «tempo libero»; ho sempre occupato il mio tempo traducendo in azione tutti i miei pensieri.

GORDINI – Si ritiene quindi un uomo fortunato?

BONATTI – Non un uomo fortunato, ma un uomo libero e realizzato! Non credo alla fortuna in quanto tale; ogni uomo se la deve creare anche attraverso l'impegno e il sacrificio. Non si può attendere che la fortuna piova dal cielo.

SPREAFICO – Amazzonia: qualcuno potrebbe dire che è moda...

BONATTI – Lascerei dire. Per me l'Amazzonia è stata una scoperta cominciata trent'anni fa, non ieri. Nel mio libro *L'ultima Amazzonia* (1989 n.d.a.) ci sono esperienze vissute nell'arco di trent'anni. E ci sono foto scattate in un arco di tempo di almeno vent'anni. Testimonianze di un'Amazzonia che forse non c'è più. Quel che temo è che per troppi si tratti, appunto, solo di moda; che se ne parli magari per un po' e poi più niente; chi s'è visto s'è visto insomma. Invece questa battaglia ambientale che oggi ha nell'Amazzonia un simbolo è la battaglia decisiva per l'umanità. In questo pianeta o impariamo a vivere o cesseremo di vivere.

SPREAFICO – Che cosa serve?

BONATTI – Serve dunque una rivoluzione culturale. L'inquinamento nasce lì, prima che negli scarichi e nelle devastazioni. Nasce nei cuori e nelle teste. Inquiniamo anche con la nostra cultura, quando per esempio diventiamo viaggiatori esotici privi di rispetto e sensibilità. L'ultima cosa che ci sta a cuore è di capire la gente che incontriamo: la contaminiamo con i nostri schemi mentali, con i nostri non valori. E con la logica del soldo, soprattutto con quella. Non rispettiamo niente e nessuno.

LONGONI – Quali sono i tuoi progetti per l'avvenire?

BONATTI – Restare sempre me stesso, libero di pensare e di agire, in armonia con il proprio io. Restare integro, degno e coerente.

CAPUTO – Non si può dire che tu sia uguale agli altri uomini. Tu credi che tutti possano fare il tipo di vita che hai fatto tu?

BONATTI – Sì, se lo volessero. È chiaro che si deve partire da un assetto fisico sano, ma normale; atletico, ma anch'esso a livello di normalità. Detto questo, ancora sostengo che le qualità fisiche non aggiungono più di tanto. Sono invece determinanti la passione, la determinazione, e anche il buon senso. L'avventura – e non importa se vissuta sulle montagne, sui mari, o nelle foreste – alla fine porta a ritrovarsi tutti là, in un solo punto: l'uomo. Non è più il marinaio, l'alpinista o l'esploratore che si ritrova, ma l'uomo.

CAPUTO – Ti ritieni fortunato di aver vissuto le cose che hai potuto vivere?

BONATTI – Ecco, fortunato nel senso di soddisfatto indubbiamente sì. Perché in fondo io ho vissuto tutto quello che ho voluto vivere, e nel modo che l'ho voluto vivere. Mi sono preso anche tutto il tempo che la mia esperienza richiedeva. Quindi, ripeto, sono soddisfatto, realizzato, e in tal senso sono fortunato.

PASTONESI – La solitudine?

BONATTI – Ce ne sono di due tipi. La solitudine che dà angoscia, e questa quasi mai io l'ho sofferta. E la solitudine che invece è un valore, perché dà la possibilità di dialogare con se stessi, amplifica le emozioni, tutto diventa più accentuato perché si è padroni di sé e non ci sono interferenze. Oggi non si sa stare più da soli: appena fuori dalla mischia ci si sente isolati, sperduti. Ma stare con gli altri spesso è intontimento.

ELENA MARCO – Tra i suoi mille viaggi in capo al mondo ce ne sono alcuni che l'hanno portata nella terra cantata dagli scrittori più amati: London, Melville, Conrad, eccetera. Che tesoro le hanno schiuso queste esplorazioni di realtà diventate letteratura?

BONATTI – Un tesoro inestimabile che ancora oggi, a ripensarci, mi riempie l'animo di incanto. Quando si arriva in un luogo che si è immaginato leggendo un libro di costoro si finisce per immedesimarsi nel suo autore. Questo è meraviglioso. Nelle isole Marchesi ho sentito battere nel mio petto il cuore di Melville.

ELENA MARCO – E dopo Melville?

BONATTI – Tanti altri, come ricordarli tutti. Stando da quelle parti mi sono avventurato anche nell'anima di Gauguin: giunto sulla sua tomba, nell'isola di Hiva-Oa, ho fatto un giro su me stesso guardando tutto attorno. Straordinario: quella certa «durezza» che mi trasmettevano alcuni suoi dipinti la ritrovavo davanti a me, vera e intensa, come il pennello di Gauguin l'aveva immortalata.

ELENA MARCO – Non è più tornato sui suoi passi a cercare per la seconda volta quei luoghi?

BONATTI – No. Ed è stato meglio così. In queste isole che

un tempo si raggiungevano dopo incredibili peripezie ci sono due, tre, quattro aeroporti da turismo che hanno cancellato per sempre l'emozione della scoperta. Hanno rovinato l'atmosfera di questi paradisi, il loro incanto, e il peggio è che non lo sanno. Con queste «visioni» invece si cresce e si alimenta la fantasia che appartiene alla nostra infanzia. Se la si abbandona si rischia grosso; si rischia di perdere quel patrimonio magico che l'essere umano porta dentro di sé e che l'uomo moderno oggi trascura allegramente.

UGUCCIONI – Puoi definire meglio questa «animalità», questo «secondo io» cui spesso fai riferimento?

BONATTI – L'uomo occidentale è abituato ad avvicinare i cosiddetti animali feroci impugnando un'arma. Non fa mai lo sforzo di capirli, di comprendere la logica della loro natura. Ma se affronti l'animale senz'armi sei costretto a cercare dentro di te un equilibrio. E lo trovi, tanto che riesci, non dico a parlare con l'animale ma almeno a non essere da lui frainteso con i tuoi atteggiamenti.

UGUCCIONI – Durante i tuoi viaggi hai trascorso settimane, mesi, con popolazioni che gli occidentali definiscono sbrigativamente «primitive». Mi riferisco ai pigmei dell'Ituri, ai Waikas amazzonici, ai Dani dell'Irian Jaya. È anche grazie a loro che hai imparato a capire e coltivare questa animalità?

BONATTI – Certamente. Il loro rapporto con la natura era straordinario. Sapevano amarla e rispettarla. L'ultima loro preoccupazione era di essere aggrediti da un animale «feroce». Eppure non avevano armi, se non quelle rudimentali che si costruivano. Di fronte agli animali sapevano sempre come muoversi, sapevano quando fermarsi e quando avanzare. L'uomo moderno lo ha dimenticato.

UGUCCIONI – Come è possibile coltivare questo «secondo io», aiutarlo a emergere?

BONATTI – Le strade sono molte. Ma sono profondamente convinto che sia indispensabile non «scollarsi» mai dalla natura. Bisogna reimparare a conoscerla senza utilizzare i nostri odierni criteri di valutazione. E questa lezione bisogna impararla fin da piccoli. Oggi, invece, ai bambini si insegna a umanizzare ogni cosa, anche sconosciuta, addirittura inesistente e inventata. È un errore: crea confusione.

PAGANI – Lei è fatalista?

BONATTI – Piuttosto direi che sono un sognatore... concreto.

PAGANI – Ottimista?

BONATTI – Per ciò che dipende da me sì. Per tutto il resto, no.

MELGARA – Come mai ha scelto di venire a vivere in Valtellina?

BONATTI – Fino a ventun anni ho abitato a Monza, e quindi la montagna più vicina per me era la Grigna. La scuola, se così si può dire; e le grandi montagne al di là della Grigna erano l'Adamello, la Val Masino, il Monte Disgrazia, le gite erano al Monte Legnone, al Pizzo dei Tre Signori. Queste sono state le grandi montagne dei miei primi anni. Poi, crescendo alpinisticamente mi sono sentito sempre più attratto dal Monte Bianco e sono andato a vivere a Courmayeur.

SALTARELLI – Anche l'alpinismo e l'avventura oggi sono in crisi?

BONATTI – Anche l'alpinismo e la grande avventura risentono della crisi di valori in atto nella nostra società perché sono attività dello spirito; sono dunque in parte specchio dei tempi in cui viviamo. Il culto dell'esteriorità, del sensazionale a ogni costo hanno fatto dimenticare che le prime Colonne d'Ercole da oltrepassare sono quelle che esistono all'interno di noi stessi. È lì che comincia e finisce ogni avventura. È lì che si deve decidere se barare continuando a ingannare se stessi oppure no. Poi la religione del business, con i suoi elicotteri e le sue urla, ha completato l'opera di demolizione.

CECCARELLI – Si vive male in Italia?

BONATTI – No, si vive bene, ma egoisticamente, non socialmente. Se per vivere bene bisogna fare marcia indietro e tornare nell'egoismo, allora qualcosa di sbagliato c'è. La società e la democrazia le intendo in un altro modo. La società è un insieme di individui, la democrazia è la somma di responsabilità che ognuno di noi si porta dietro. Si deve dare per avere. Purtroppo l'italiano, pur essendo una bestiaccia con mille risorse, è un incoerente che non sa prendersi responsabilità. Mugugna, si lamenta, ma poi abbozza, non reagisce. Vedo solo qualche coerenza individuale, mai di gruppo e della società intera. E anche la classe politica, purtroppo, rappresenta bene gli italiani. Tutti accusano tutti, e io non ci capisco più niente. Spero che l'Europa sia un'occasione per fare l'Italia. Lo spero ardentemente solo che ognuno, dal primo politico all'ultimo lavoratore, faccia la sua parte. I pigmei ci sono sempre riusciti benissimo. Se ci provassimo anche noi?

OLIVO – I suoi racconti su «Epoca» con le sue foto hanno fatto sognare milioni di italiani e forse aperto la strada ai trekking: c'è ancora spazio per l'avventura?

BONATTI – Secondo me sì, se però se ne salvano i valori essenziali. L'avventura va inventata e vissuta, e non comprata preconfezionata come quasi sempre avviene. Ormai è tutto scontato. Il grande business dei viaggi organizzati ha inferto un duro colpo all'avventura, che dovrebbe essere prima di tutto un fatto culturale e non un consumo da supermarket.

Bertholet – Non ha mai avuto la tentazione nei suoi viaggi di non tornare più?

Bonatti – Nei primi tempi ho avuto infatti il desiderio di restare là dov'ero. Ma l'abitudine può uccidere tutto. L'avventura è un po' come l'amore, bisogna coltivarla, meritarla. I miei viaggi durano mediamente tre, quattro mesi. Amo vivere intensamente in luoghi ostili, posto a misurarmi con la fame, la sete, la rinuncia, la vita stessa. A ciascun ritorno mi scontro con il criterio dei miei contemporanei. Ho l'impressione di essere un terrestre capitato su un altro pianeta. Qui la gente, esagitata, corre e corre, fa cose strane, urla, eccentrica e incomprensibile. Ciò malgrado, qualunque cosa io faccia, mi è impossibile fuggire dal mondo cui appartengo. V'è poi il disappunto che niente, o troppo poco posso dare a questi miei simili, di quanto ho scoperto e vissuto là in capo al mondo. E amaro è ancora constatare che i popoli «civili» sfruttino – per egoistico interesse – fino a dissestare gli equilibri delle popolazioni primitive, non senza prima averne fatto delle grottesche caricature di noi stessi. No, non voglio essere complice di ciò che stimo una forma di genocidio.

Bertholet – Quali sono i suoi legami con la natura?

Bonatti – Ho vissuto la mia adolescenza in campagna, sulle rive del fiume Po, quindi in stretto contatto con la natura. Sì, mi sento in armonia con la natura. Trovo che la maggior parte della gente sia alquanto presuntuosa: questi uomini, tutto vogliono misurare con le loro logiche. La natura non è affatto nemica. Può essere sia pericolosa sia inoffensiva, dipende dalla comprensione che se ne ha.

Ho voluto vivere la mia prima importante avventura nel

Grande Nord americano. Ho appreso la tecnica della canoa, e i rudimenti indispensabili per la mia sopravvivenza, da un indiano del luogo. E sono partito, solo. La coscienza della mia solitudine era esaltante. Dapprima mi ero armato come i protagonisti dei romanzi di Olivier Curwood e di Jack London. Ma nei trenta giorni di navigazione sul fiume Yukon ho appreso molte cose. Per esempio, incontrando un animale sul cammino guardarsi bene dal venirsi a trovare tra la madre e il suo piccolo. In ogni caso non bisogna mai scappare via di corsa. Ho anche appreso che ogni animale ha una sua «distanza critica» di fuga o di attacco, e va rispettata e temuta. In me ho risvegliato insomma l'istinto del bambino qual ero sulle rive del Po, che a ben considerare è assai vicino all'istinto dell'uomo primitivo, dei tempi in cui l'umanità viveva della natura e la rispettava. Ben presto ho scoperto che le armi erano inutili. Da quella prima volta infatti non ne ho mai più portate nei miei viaggi. Il mio recente libro *Adieu Amazonie* è un grido di «messa in guardia», un appello a salvare questo polmone della Terra. Perché è la natura la nostra seconda madre.

BERTHOLET – Che pensa lei dell'avventura tale come oggi si vive?

BONATTI – Ho avuto il privilegio di poter partire sempre in assoluta libertà; ciò che ho realizzato è stato dunque sempre in accordo con me stesso. Oggigiorno, i più giovani, cercano sì l'avventura e la gloria, ma credono che tutto si misuri con il denaro. Allora corrono dagli sponsor, e si trovano obbligati a vendere la «pelle dell'orso», per averne in cambio un certo compenso, per loro sempre più irrinunciabile. Anche per questo gli sponsor hanno, a mio avviso, un ruolo quasi sempre negativo. Credo proprio che l'avventura, come io l'ho conosciuta, sia finita: l'ha uccisa la «maggior offerta». A volte ho creduto in certi giovani, ma prima o poi quasi tutti mi hanno deluso... C'è una tale ambiguità tra le loro azioni e i loro discorsi!

BERTHOLET – Essere in accordo con se stesso, l'ha dunque indotta a fuggire il mondo civilizzato?

BONATTI – Troppo spesso, l'ho appena detto, i miei simili sono stati una sorgente di delusioni. Con le parole si crede di comprendersi, di spiegarsi, ma il più delle volte si intreccia soltanto una rete di incomprensioni. Con i primitivi invece mi sento molto più a mio agio, con loro il rapporto è immediato e autentico; a volte basta soltanto un sorriso, un gesto, perché il contatto è intuitivo e diretto. Gli anglosassoni hanno una parola magica per tradurre tutto questo: *feeling*. Le mie relazioni con quelli di casa nostra risultano dunque sempre un po' difficili, perché differenti sono spesso le logiche, e io mal sopporto le contraddizioni. Se proprio non fuggo il mondo civilizzato preferisco, questo sì, viaggiare da solo, perché con me stesso non si creano equivoci.

Precisazioni

IN VETTA
di Walter Bonatti

Poco tempo fa raccontavo in una grande sala milanese l'avventura della mia vita che, partendo dalle imprese alpinistiche, era approdata ai luoghi più remoti, ardui e strani del pianeta: paesaggi ancora intoccati, che mi avevano visto protagonista di esperienze insolite, spesso estreme.

Nel dibattito che seguì alle domande di un ascoltatore, appassionato di alpinismo, traspariva una sorta di risentimento perché ero passato dalle montagne al mondo intero a vivere la mia avventura. Costui si sentiva un po' tradito. Episodi del genere, che ogni tanto si ripetono, mi fanno riflettere. Alcuni appassionati di alpinismo avrebbero voluto che io fossi rimasto per sempre soltanto un alpinista, che mi fossi sempre espresso a forza di scalate e di strapiombi; e magari che fossi anche partecipe di problemi attuali sull'alpinismo, che non sono stati, non sono, né mai potrebbero essere i miei.

Capisco che nei più eccessivi di questi «ammiratori» possa manifestarsi un certo rincrescimento per il fatto di non vedermi più nei loro ranghi, e neanche partecipe dei loro discorsi.

Ma in certuni vedo anche emergere, purtroppo, un rifiuto di voler capire ciò che non rientra nella loro visione delle cose. L'incapacità di liberarsi dal paraocchi spesso impedisce di vedere che, al di là e al di sopra delle pareti da scalare, esiste un mondo immenso e sempre interessante.

Naturalmente non voglio offendere i miei risentiti critici, ma solo indurli a una riflessione, invitandoli a guardare con simpatia quel naturale impulso di crescere che ognuno, anche inconsapevolmente, porta dentro di sé.

In conclusione, cercherò di chiarire ai lettori de «Il Sole 24 Ore» da quale naturale bisogno io sia stato spinto a «cambiar vita». Tutto, a mio modo di vedere, inizia dalla curiosità, dalla fantasia, che poi, via via nutrite di concrete esperienze, finiranno per donare conoscenza e carattere. Da qui si può ben concludere che se ti è nato il gusto di scoprire, non potrai che sentire il bisogno di andare più in là.

Per meglio chiarire la scelta che stavo per fare, sentivo che iniziava dentro di me un momento di crescita. Dopo la montagna, e in considerazione delle premesse appena esposte, era naturale che approdassi a un mondo più vasto. Là, nel clima dell'azione affrontata il più delle volte in solitudine, avrei potuto continuare la scoperta e l'avventura del mio vivere, tra le forti e genuine manifestazioni della natura in terre ancora più lontane. In definitiva stavo trasferendo il mio alpinismo estremo, con tutte le sue componenti psicologiche, fuori dal suo ambiente verticale, per inserirlo in un contesto avventuroso altrettanto intenso ma assai più vasto. In conclusione, stavo affidando il senso della mia vita a un mondo ancora tutto da conoscere.

Sul mio nuovo cammino nei sei continenti non sono mancate tuttavia le grandi montagne. Ma resta sempre il Monte Bianco, quello che più assiduamente ho ripercorso per valli e per creste. L'ho fatto come si torna al proprio padre, per dialogare con tutto l'affetto e i ricordi che un figlio cerca nel genitore.

E per concludere, dirò che non sono ancora sazio di sognare quelle terre lontane. Sono sempre stati i loro grandi silenzi a raccontarmi le cose più belle.

Da «Il Sole 24 Ore», 22 febbraio 1998

IN VETTA
di Walter Bonatti

Un alpinismo irripetibile. Cronache di montagna da Bonatti a Messner appare tra le novità librarie di questa estate.

L'autore, Emanuele Cassarà, non è nuovo a questo tipo di cronache, raccolte ora in volume. Dalla metà degli anni Sessanta è stato infatti redattore del quotidiano «Tuttosport». «Imposi l'alpinismo anche come sport all'attenzione dei miei direttori e dei miei colleghi di redazione» è quanto racconta di sé.

A vent'anni dal suo inizio di lavoro giornalistico Cassarà lancia, con la collaborazione di alcuni suoi amici, le prime competizioni di arrampicata sportiva: un paraocchi con cui sempre, purtroppo, ha guardato l'alpinismo e gli alpinisti.

Di Cassarà, Gian Paolo Ormezzano nella sua prefazione al libro dice: «Innalzava di penna l'uomo che valeva». Io non so se e quanto valessi al giudizio di Cassarà. Sta di fatto che nel suo libro più che raccontarmi – e come saprebbe farlo? – egli mi usa, mio malgrado. E mi usa in tal modo da non farmi certo sentire «innalzato di penna»; anzi, posto in umiliante paragone con i moderni scalatori, lontani dalle mie condizioni e spesso anche dai miei princìpi, tutto misurato nell'ottica assurda della competizione e dei tempi di scalata. Cassarà sa ben poco di me se non per sentito dire; lui stesso lo ammette; eppure nel suo scritto tutto arbitra, e mi giudica. Irresistibile come un sentimento coatto che scaturisce dall'inconscio, ha sempre per me, anche nel volerne dir bene, una parolina di troppo un po' subdola e sminuente, quando non proprio inquinante.

I commenti da lui esposti sul mio conto, e relativi al Cervino e al K2, convalidano pienamente quanto dico. E qui a buon diritto li citerò, avendomi egli, con provocazione, tirato in ballo e persino nel titolo del suo libro.

A pagina 36, riferendosi al Cervino, dice infatti: «Riportai l'ipotesi più insistente: Bonatti ritornerà da solo sulla Nord. Con Panei e Tassotti ha attrezzato la prima parte, per un successivo exploit solitario... Fu l'ipotesi vincente. Panei e Tassotti rientrarono a casa e non ritornarono più. Panei si chiuse per anni in un amaro silenzio».

Ebbene, caro Cassarà, non partii con Panei e Tassotti per attrezzare la prima parte della parete, come tu scrivi; e men che meno compii il mio tentativo di scalata in previsione di compiere un successivo exploit solitario. Ciò che affermo non è ipotesi, come le tue parole, ma storia, convalidata anche dagli stessi Panei e Tassotti.

Panei non si chiuse in amaro silenzio; provò anzi rimorso per avermi lasciato solo. Questo non mancò mai di manifestarlo, anche pubblicamente.

Panei era per me un fratello quanto lo ero io per lui. Ma quel giorno a Zermatt, quando telefonicamente mi comunicò che impegni inderogabili gli impedivano di raggiungermi, per essere nuovamente della partita, fui persino aspro con lui.

A pagina 234, riferendosi al K2, scrive Cassarà: «Passava un anno e Walter Bonatti, disperatamente offeso dal K2, "mancato", s'avventava da solo (sul Dru)». È vero, fui molto offeso dalle vicende postume del K2. Ma non certo per aver «mancato» la sua cima, anche se ognuno di noi sin dall'inizio poteva ben sperare di raggiungerla. Riprende Cassarà a pagina 378: «Bonatti vorrebbe ancora che si precisassero le "colpe" di Compagnoni. Ma si può fare un vero processo – e con quali autentiche prove – dopo quarant'anni?».

Ebbene da almeno due anni tutti conoscono ormai la verità sui fatti del K2.

Queste uscite di Cassarà dunque non gli fanno onore. Eppure, a ben considerare, non gli sarebbero mancati i motivi e le occasioni per fare almeno qualche riflessione, qualche ripensamento, sui fatti più rivelatori e finalmente consolidati.

«È stato il mio modo, personale, di raccontare gli alpinisti» espone di se stesso Cassarà, che arriva a definire antologia *Un alpinismo irripetibile*. Un florilegio, dunque, è il suo? Di se stesso sicuramente, pur usando la pelle degli altri. E l'attendibilità del contenuto? A garantirla non ci sono forse le ipotesi dell'autore e tutto il sentito dire dagli altri?

No, Cassarà. Chi, come me, non ti ha più rilasciato interviste, è soltanto perché è stato malamente scottato dalle tue «ipotesi», e niente affatto perché «non sa accettare il giornalista critico, ma preferisce il cantatore», come tu dici. Bollare le tue vittime con simili pretesti è come lanciare un boomerang, che tornerà a colpirti.

Visto che ti sei preso la libertà di riempire un intero libro di personali pareri sugli altri, ben 522 alpinisti, devi ora accettare che almeno il parere di uno di questi, il mio, arrivi a te e anche a chi ti leggerà.

Da «Il Sole 24 Ore», 23 giugno 1996

UN PASSO DI UNA MIA CONFERENZA (1999)

[...] Scalare il Cervino d'inverno non era cosa nuova per me. Infatti, dodici anni prima, ancora ragazzo, ero arrivato lassù superando gli strapiombi di Fürggen per una via nuova. Ora,

1965, con l'impresa del Cervino ho così concluso un genere di alpinismo che per sedici anni avevo vissuto al limite estremo delle difficoltà.

Ma a tanti anni di distanza, e soprattutto considerando il disorientamento che oggi sconvolge il mondo della montagna – fattosi orfano dei valori che ha ritenuto superati e al tempo stesso in affannosa ricerca di spinte sostitutive in cui credere – voglio spendere una parola al riguardo attingendo a quelle che sono state le mie motivazioni.

Dato per scontato che ognuno è libero di pensare come vuole, di darsi le regole più convenienti alle proprie aspirazioni, libero quindi anche di praticare a proprio modo l'alpinismo, anch'io, per le stesse ragioni, ho scelto a mio gusto e misura un alpinismo confacente alla mia ideologia. È a quello tradizionale che fin dall'inizio mi sono ispirato. Questo modo tradizionale e classico di scalare montagne è un alpinismo che, nell'atto di misurarsi a fondo con la grande montagna, mette alla prova tutto di se stessi: fisico, princìpi e sentimenti, senza risparmio alcuno. E ancora. Questa da me definita grande montagna, diventerà particolarmente austera e impegnativa proprio per la limitatezza dei mezzi tecnici che per affrontarla siamo disposti ad accettare. E sarà ancora più affascinante se le riconosceremo un valore storico, e un valore etico, oltre che estetico.

Mi sono a tal fine richiamato, e conformato, all'alpinismo degli anni Trenta adottandone, ovviamente, le essenziali, ma pur elementari e assai limitate attrezzature in uso a quei tempi. Ma perché avrei scelto tali «anacronistiche» limitazioni? Non certo per perversione masochistica, bensì per poter conservare una inalterabile misura di comparazione, quella sorta di meridiano di Greenwich immutabile nel tempo e nelle sue condizioni: la sola e affidabile costante per arrivare a un imparziale giudizio delle cose, e anche di se stessi.

Questo dunque mi sono imposto fin dall'inizio, e ancora lo rifarei; proprio per garantirmi un legame e un sicuro accostamento con il passato cui sempre ho fatto riferimento. Così impegnandomi sulle mie montagne, lo ripeto, ho potuto misurare a fondo me stesso rapportandomi a coloro che mi hanno preceduto, e ho anche potuto mantenermi in sintonia con le condizioni fisiche e psicologiche già possedute nelle loro imprese. Non ultimo, ho potuto valutare obiettivamente l'entità di ciò che sono riuscito a fare, rispetto a quanto fino ad allora si era saputo fare.

Se, ignorando il passato, ci riferissimo soltanto al presente per giudicare l'alpinismo – un presente sempre più tecnicizzato, sempre più portato ad abbattere di una scalata le peculiari difficoltà, le incognite, spesso anche l'impossibile – ebbene io credo che non arriveremmo mai a formarci un giusto e sereno criterio per capire ciò che è realmente l'alpinismo; e questo per non aver appunto considerato ciò che in passato esso è stato nei suoi limiti e nelle sue motivazioni.

Così dunque, dal 1965 dopo l'impresa del Cervino, avevo esteso la mia avventura al mondo intero muovendomi tra una natura diversa ma non per questo meno ricca di emozioni, meraviglie, genuinità, e nelle terre più lontane, ardue e strane del pianeta. Avevo dunque trasferito il mio alpinismo estremo, con tutte le sue componenti psicologiche, fuori dal proprio ambiente verticale, inserendolo in un contesto avventuroso altrettanto intenso e assai più vario.

Sul mio cammino non mancarono tuttavia le grandi montagne, al cui fascino naturalmente non restai insensibile. [...]

(1999) Un autore che sta scrivendo un libro a carattere storico sull'alpinismo, mi scrive:

[...] Resto convinto che, se si guarda complessivamente agli alpinisti della tua generazione, si può affermare che i mezzi tecnici migliori hanno fatto la differenza rispetto alla generazione di Cassin. È altrettanto vero che corde, scarpe e chiodi migliori non vi sono piovuti dal cielo (parlo al plurale: anche Bonnington e Desmaison mi hanno raccontato delle storie di grandi salite con materiali assurdi) ma vi sono arrivati via via nel corso di quei quindici, venti anni. [...] Negli anni Sessanta, le corde di nylon e le suole Vibram, i caschi, i chiodi di foggia più efficace, un abbigliamento più impermeabile e più caldo consentiranno a Walter Bonatti e ad altri personaggi come Pierre Maseaud, Chris Bonnington, John Harlin e René Desmaison di cimentarsi con nuovi problemi come le grandi invernali, le salite solitarie, le pareti granitiche più verticali e difficili. [...]

LA MIA RISPOSTA

Non farei obiezioni se tu, parlando di me nel tuo contesto, non affermassi sostanzialmente che «i mezzi tecnici migliori hanno fatto la differenza rispetto alla generazione di Cassin». Ora io non so quali mezzi migliori avessero adottato i vari Bonnington e gli Harlin, so però – storicamente è risaputo – che Desmaison per la sua prima sulla Nord della Ovest di Lavaredo (1959) ha fatto uso di chiodi a espansione. L'accostamento con questi alpinisti appena nominati, non mi pare dunque cosa molto corretta da parte tua. Ebbene lasciamelo dire. Volendo tu scrivere di me sul tuo libro penso che prima di tutto avresti dovuto guardare a me e non alla mia generazione. Salvo Ghigo infatti, mio compagno sul Capucin, gli altri «della mia generazione» che cosa possono sapere sul mio conto dal momento che, o sono morti (Bignami, Oggioni, Mauri) o non erano certo con me sugli strapiombi di Fürggen, sul Pilastro Rosso, sulle Nord di Lavaredo e tanto meno sul Dru.

Logicamente se nella tua valutazione sei caduto in errore (e non sei certo il solo) è perché invece di chiedermi informazioni dirette o prese dai miei scritti – cose da quel che dici che hai fatto con Bonnington e con Desmaison – hai attinto invece alle solite cazzate messe in giro sul mio conto, dette magari anche in malafede eppure passate, e raccolte anche da te, come la vera storia.

I mezzi tecnici da me usati per le mie più significative scalate su roccia furono proprio dello stesso tipo impiegato dai Ratti e dai Cassin – che già adottavano suole Vibram – nelle loro imprese degli anni Trenta. Va detto inoltre che quelle mie scalate erano avvenute su pareti che, se non tentate, erano state tuttavia valutate dai miei predecessori e da loro stessi ritenute inaccessibili con i mezzi tecnici di quell'epoca. Ebbene, io le ho attaccate e vinte, quelle pareti, proprio con i soli e rudimentali loro mezzi degli anni Trenta. Dunque è proprio con quell'attrezzatura degli anni Trenta che ho avuto ragione sul Grand Capucin nel '51, sulle Nord di Lavaredo invernali nel '53, e sul pilastro del Dru, e da solo, nel '55; fatta eccezione qui sul Dru per quanto riguarda le corde: una infatti era di nylon del tipo in dotazione alle truppe alpine dell'epoca, e l'altra (vecchia e frusta degli anni Trenta, Quaranta) fatta di pesante seta ritorta. Con ciò mi pare che questa realtà andrebbe riconosciuta nel libro che stai scrivendo, e non confusa con chi e con cose che vennero poi, negli anni Sessanta e Settanta.

A conclusione delle mie attestazioni su questo personale periodo degli anni Cinquanta devo ribadire, poiché già più volte l'ho scritto, che l'aver adottato da parte mia mezzi tecnici «superati» rispetto alla mia epoca, è ben altro che autolesionismo o perversione macchinistica, come insinua qualcuno; è bensì una sana e corretta regola del gioco da me scelto. Pur sapendoli limitanti, ho dunque adottato quei mezzi tecnici tradizionali degli anni Trenta certamente per conservare un legame ideale con gli scalatori del passato, cui sempre ho fatto riferimento; e quindi anche per avere un valido e concreto confronto per misurare me stesso e quel che facevo, rispetto a quanto in passato era stato fatto.

Le altre mie scalate che giudico importanti – vale a dire la Nord del Pilier d'Angle, delle Grandes Jorasses e del Cervino invernali – avvennero nei primi anni Sessanta, ovvero nell'epoca delle prime imprese realizzate da Bonnington e da Harlin. Ma quelle mie imprese di quell'ultimo mio periodo erano avvenute sul tipo di terreno misto (roccia e ghiaccio) per il quale il mezzo tecnico non è determinante per la riuscita di un'impresa. La più progredita, di questa attrezzatura tecnica, aiuta bensì, e anche in notevole misura, a risparmiare fatica, ad abbreviare i tempi di scalata, e non ultimo ad aumentare al massimo la sicurezza della progressione. Ma tali mezzi io non li ho mai adottati. Determinanti invece erano state per me l'accumulata esperienza di alta montagna, la resistenza fisica al gradinamento e la forza morale che mi ero gradatamente costruito.

Nel mio armadio dunque, i mezzi tecnici da usare per le mie scalate rimasero sempre e soltanto quelli normalissimi e tradizionali. Ossia, scarponi di cuoio, chiodi e moschettoni di ferro e del tipo anteguerra, integrati poi verso gli anni Sessanta da alcuni moschettoni Allain in alluminio; disponevo anche di qualche grosso cuneo di legno. Per lungo tempo le mie staffe rimasero semplici cordicelle di canapa annodate ad anelli in cui infilare i piedi, sostituite più tardi da scalette a tre pioli di ferro, forellato per ridurne il peso. Altri attrezzi da scalata che anno dopo anno si imponevano, tali come imbraghi, discensori, dadi o nuts di vario tipo, bongs, friends, doppie picozze sagomate in modo da potersi aggrappare alle pareti di ghiaccio, ramponi super rigidi, e ancora altre diavolerie dai nomi inglesi, ebbene tutto ciò io l'ho visto soltanto in fotografia.

Questo è quanto, ed è parte della storia alpinistica degli anni Cinquanta e Sessanta.

Mai avuto risposta!

QUEL NATALE DEL 1956 SUL MONTE BIANCO
di Walter Bonatti

Premessa

Il pomeriggio del 24 dicembre 1956 ero giunto, con il tenente degli alpini Silvano Gheser, al bivacco della Fourche con l'intento di scalare, nel giorno di Natale, il Monte Bianco per la difficile via della Poire. Nei pressi di questo bivacco avevamo incontrato altri due alpinisti anch'essi intenzionati a scalare il Monte Bianco per la meno difficile via dello sperone della Brenva.

Erano l'aspirante guida alpina francese Jean Vincendon e il suo compagno belga François Henry.

Passammo la notte in quel rifugio e l'indomani, intorno alle quattro, ci incamminammo verso il Colle Moore. Vincendon e Henry fecero altrettanto dietro di noi. Qui ci separammo, e mentre i due cominciavano a innalzarsi sullo sperone della Brenva noi proseguimmo orizzontalmente, inoltrandoci nel cuore della grande parete est per giungere sulla via della Poire. Quando il sole si alzò, soltanto allora mi resi conto dello stato di grande pericolo in cui si trovavano al momento quei ripidi canali ghiacciati sovrastati da minacciosi seracchi sospesi nel vuoto.

Rinunciai senza esitazione alla via della Poire decidendo di ripiegare sull'assai meno infido sperone della Brenva. Così cominciai, seguito da Gheser legato dietro di me, ad attraversare diagonalmente la vasta parete fino ad arrivare sullo sperone della Brenva. Qui mi accorsi di trovarmi assai più in alto di dove stavano procedendo i due alpinisti di lingua francese. Adesso i due seguivano a distanza le nostre tracce lungo lo sperone.

Alle tre e mezzo del pomeriggio, come dire verso sera in questa stagione, di colpo il cielo si fece minaccioso e in meno di un'ora ci avvolse la tormenta. Intanto s'era fatto buio, e benché rimanessero da scalare soltanto cento metri di dislivello per uscire dallo sperone, ma cento metri di seracchi caotici e verticali posti l'uno sull'altro, dovemmo rassegnarci al bivacco scavando alla bell'e meglio un ripiano nel ghiaccio vivo. Seguì una terribile notte, sepolti nella neve mulinata dal vento.

All'alba del 26, le condizioni della montagna erano diventate proibitive: non consentivano più un ripiegamento. La spessa coltre di neve rivestiva pericolosamente i duri e levigati pendii. Sarebbe bastato un nonnulla a provocare la slavina. Bisognava dunque forzare una via verso l'alto, tenendosi il più possibile il linea retta per non «tagliare» il pendio di neve instabile.

Dalla sera precedente era aumentata anche la preoccupazione per i due stranieri che avevano bivaccato un centinaio di metri sotto di noi.

Nella tormenta è impossibile vederli, allora li chiamo a più riprese finché ottengo un grido di risposta. Immagino che anche loro si trovino nei guai. Allora annodo l'una all'altra le mie due funi ottenendo una corda utile di ottanta metri. La fisso a un chiodo che ho piantato nel ghiaccio e mi calo fino in fondo. Ma là giunto mi separano ancora venti metri dai due. Riuscirò alla fine a discendere anche quel salto affondando mani e braccia nella neve alta. In meno di un'ora risaliamo fin dove avevo lasciato Gheser, ed è allora che decido di legare tutti quanti dietro di me, formando una sola cordata, per forzare verso l'alto una via d'uscita dallo sperone della Brenva.

Il racconto da questo momento si riallaccerà via via nei vari punti dell'articolo che segue.

Assurdità di un'inchiesta

Notevole è il successo letterario che sta ottenendo l'americano Jon Krakauer con il suo *Aria sottile*, un libro il cui contenuto non sta a me giudicare, vero è comunque che dall'Himalaya, da quando si pratica l'alpinismo commerciale, non ci giungono che cronache di spregiudicatezze e di morte. Ora, sull'onda di quel successo, cerca di muoversi anche un editore francese, Glénat, lanciando sul mercato *Naufrage au Mont Blanc*, un libro-inchiesta così definito dallo stesso editore.

Si tratta di una corposa raccolta di notizie riprese per la maggior parte dalla cronaca dell'epoca, ben poco esperta in materia, e anche da altre fonti non sempre affidabili (lo posso testificare). L'opera è palesemente mirata a frugare, senza tanti scrupoli, nello svolgersi di una clamorosa tragedia alpina avvenuta oltre quarant'anni fa sul Monte Bianco. Una sciagura che ebbe come protagonisti l'aspirante guida francese Jean Vincendon e il belga François Henry, periti nei primi giorni di gennaio 1957 al Grand Plateau, sul versante nord della grande montagna. A intrecciare nel suo libro questo campionario di «ricostruzioni» è il francese Yves Ballu, che seppure non vanti meriti alpinistici si rivela però perfettamente all'altezza della sua opera.

Ebbene, in quel tragico avvenimento di fine anno 1956, il cui epilogo sconvolse gli animi di mezzo mondo, ho avuto io stesso parte nel suo primo atto.

Tutto era cominciato durante la scalata invernale alla cima del Monte Bianco, nella quale morirono appunto i due alpinisti appena nominati, Vincendon e Henry, impegnati sullo stesso itinerario intrapreso anche da me con il mio compagno di cordata Silvano Gheser.

La piccozza incrinata

L'autore Ballu, giunto nel suo racconto a parlare degli avvenimenti che mi hanno coinvolto, e facendo riferimento a quanto da me relazionato sulla rivista del Cai già all'indomani della vicenda, non trova di meglio che attuare un doppio gioco al mio indirizzo: insinua presunte colpevolezze nel libro e finisce poi per manifestarle a chiare parole sulle pagine del periodico «Vertical» del giugno scorso, che è la cassa di risonanza del suo stesso libro, e che appartiene allo stesso gruppo editoriale Glénat. È proprio su tali insinuazioni, e altre ancora più avanti, che Ballu individua il punto di partenza delle sue «indagini». «Bonatti» scrive, «non dice mai veramente che ha accettato la piccozza di Henry, e che quest'ultimo ha, in cambio, utilizzato la sua "riparata". A detta di Gheser» afferma sempre Ballu ponendosi al riparo di questo, «la piccozza di Bonatti era in effetti totalmente fuori uso e Bonatti pensava di ridiscendere a Courmayeur [per sostituirla]». E qui, ancor prima di riprendere questo signore, necessita che io faccia una premessa.

Nella prima stesura da me fatta sulla vicenda è vero che parlando della piccozza avevo usato, per qualificarne il guasto, il vago termine di «rotta» anziché adoperare la più appropriata locuzione di «incrinata»; apporterò infatti nelle riedizioni dei miei scritti questa specificazione.

A chiarimento di quanto ho appena riportato voglio anche aggiungere: mai avevo pensato di rientrare a Courmayeur soltanto per sostituire una delle nostre due piccozze, avendone solamente incrinato longitudinalmente il manico.

Ma seguiamo ancora il discorso di Ballu sull'argomento piccozza: «Si può credere a quanto dice Gheser, ossia, visto lo stato della piccozza, Henry è come non l'avesse più». Prosegue ancora Ballu: «Ciò è molto simbolico, e sintomatico, per il concatenamento dei piccoli disastri vissuti da Vincendon e Henry. Se Bonatti non è molto chiaro a questo riguardo, è perché egli sgombera tutto quello che può essergli rimproverato circa il fatto di averli [Vincendon e Henry] trascinati. In verità non è così, è la sua magia che li ha trascinati. Essa permette al lettore di riflettere come io stesso ho fatto, per saperlo. Henry era impacciato con una piccozza rotta. Poteva egli con questa piccozza spezzata guardare alla possibilità di ridiscendere lo sperone della Brenva, cosa che gli era stata consigliata [dagli amici di Chamonix] in caso di cattivo tempo?

«Poteva egli seriamente assicurare il suo compagno di cordata? Si capisce che Henry aveva offerto questa sua piccozza a un uomo che era il suo idolo. Si capisce anche che Bonatti sgombera tutto quello che può apparire in questa storia come un senso di colpevolezza».

A suggerire a Ballu tutto questo – incredibile a dirsi! – è quanto da me scritto al riguardo nel 1957 sulla rivista del Cai. Avevo detto infatti: «Henry è molto gentile con noi e saputo che io gradinando durante la ricognizione ho rotto il manico della piccozza, vuole scambiare con me la sua».

Usando qualche parola in più, e correggendo «rotto» con «incrinato», avevo poi ripetuto la stessa cosa nel mio relativamente recente libro *Montagne di una vita* (1995): «Durante la ricognizione avevo incrinato il manico della piccozza, Henry se ne accorse e volle che la cambiassi con la sua, "La Poire" disse per minimizzare il bel gesto, "esige un'attrezzatura in perfetto stato"».

Mesi fa, rispondendo alle precise domande che Ballu mi aveva rivolto durante la stesura del suo libro, gli avevo scritto una completa e particolareggiata spiegazione sugli argomenti da lui esposti, una spiegazione la mia che era stata più volte ribadita, ma vanamente, mediante le mie lunghe lettere a lui indirizzate.

Proprio sullo specifico argomento delle piccozze scambiate con Henry, gli avevo ben chiarito e ribattuto con queste parole: «La dove è scritto "rotto" il manico della piccozza, è detto nel senso di "incrinato" (*fêlé*). Nel mio *Montagne di una vita* questo appare infatti specificato. Il termine incrinato sta a dire che si era prodotto longitudinalmente nel manico una sottile crepa, per cui – lo feci io stesso – attorcigliai ben stretto attorno al manico un sottile cordino, giungendo a bloccare e a irrigidire quell'incrinatura. Così facendo riportai dunque la piccozza alla sua quasi totale efficienza. Se invece il manico della piccozza si fosse propriamente spezzato, ebbene sì, in tal caso sarebbe stato del tutto inaggiustabile, e dunque inservibile sarebbe diventata la piccozza. Se con animo sereno e obiettivo andassi a rileggerti ciò che di mio pugno ho sempre scritto sull'argomento, ti accorgeresti che il nostro scambio di piccozze, tra me e Henry, è avvenuto sobriamente come fatto spontaneo e naturale, senza tutte quelle circonvoluzioni cerebrali ed emotive che tu inventi nel tuo racconto, ma soprattutto è avvenuto senza portare quelle limitazioni che, sempre, tu attribuisci a Henry».

E a questo proposito va aggiunto che, a ben giudicare, sono stato sempre io in testa alle cordate a tracciare la via e a intagliare con la piccozza gli scalini nella neve dura e nel ghiaccio vivo. Henry, dunque, trovandosi ad essere il secondo della cordata condotta dall'aspirante guida Vincendon, e utilizzando i gradini da me intagliati, non poté certo sentirsi «impacciato» né in qualche misura menomato a causa della sua (mia) piccozza dal manico ben serrato dentro una camicia di robusti cordini.

Naturalmente, ciò che con ripetute lettere ho comunicato a Ballu come testimonianze per la stesura del suo libro, non sono, come lui dice «nuove mie informazioni che contrastano con quanto avevo detto in passato». E ancor meno egli può ritenermi «preso in flagrante delitto di contraddizione» per aver tralasciato nel mio ultimo libro del 1995, onde non appesantire il racconto, un particolare indubbiamente sentimentale, ma di nessuna importanza nel reale contesto della vicenda (me lo ero persino dimenticato scrivendo una delle mie lettere inviate a Ballu).

Comunque, esattamente ripreso dalla stessa rivista del Cai 1957, si trattava di questo: «La simpatia fu reciproca tanto che li invitai [Vincendon e Henry] a seguirci sulla Poire. Questi subito ne furono entusiasti ma quando pensarono che questo nuovo programma avrebbe potuto ritardare il loro rientro a Chamonix, convenimmo tutti insieme che allora sarebbe stato più opportuno che ogni cordata avesse seguito la propria via». L'argomento però adesso mi dà l'occasione di spiegare con quale spirito avevo fatto quell'invito.

L'aver lì per lì proposto ai due francesi di seguirci sulla programmata, ma poi sospesa scalata alla Poire, non è stato, e non poteva essere altro, che un gesto momentaneo di simpatia e di pura cortesia, poiché all'atto pratico quell'andare insieme sulla Poire non sarebbe mai potuto accadere: me lo diceva il sempre prevalente e concreto buon senso, perché troppa ed evidente appariva la differenza di allenamento tra noi e loro. E poi, alla fin fine, chi ci è mai andato quella volta sulla Poire? Per concludere l'argomento ripeto, e sottolineo, che quanto io ho portato a conoscenza di Ballu con le mie lettere oltre che con i miei libri, non sono né flagranti contraddizioni né rivelazioni di alcun tipo, ma sono soltanto più particolareggiate spiegazioni per far capire le cose a chi, per calcolo, non intende capirle.

La cordata si divide

E qui siamo alle ancora più gravi insinuazioni fatte da Ballu. Scrive infatti nel suo libro: «Gheser ha visto Vincendon sorpassarlo sulla destra per raggiungere Bonatti e consigliarlo di risalire». Questa cosa non è mai accaduta. Mi chiedo comunque dove Ballu avrebbe fatto succedere l'episodio, e la logica mi dice appena sopra il Mur de la Côte dal momento che ne ha appena parlato. Sotto forma di intervista, Ballu racconta poi sulle pagine di «Vertical»: «Ancora una volta il racconto di Gheser è in contraddizione con quello di Bonatti. Quest'ultimo afferma che sul Mur de la Côte i quattro uomini erano insieme in cordata. Come mai allora si sono separati? Si comprende una volta di più, che Bonatti non può uscirne molto bene da tutto questo». E più avanti riprende: «Forse egli [Bonatti] ha l'impressione di aver abbandonato questi uomini che avevano inciampato alla sua corda?». Conclude infine questo lato della sua narrazione e lo fa quasi a proteggersi per quanto fin qui ha detto: «Io descrivo semplicemente gli ingranaggi della meccanica che hanno condotto Vincendon e Henry nel vagante smarrimento». Non c'è che dire: malignità a profusione su tutta la linea. Va osservato a questo punto che per completare il quadro graffiante del suo discorso Ballu ricorre sempre all'integrazione ottenuta dal binomio libro-rivista dove, l'ho già detto, qui insinua colpevolezze e là le manifesta chiaramente.

A giocare per lui c'è anche un ben costruito paravento di non chiarezza, per cui i suoi riferimenti restano quasi sempre confusi nel dove, nel quando, nel perché.

Ma quando la lettura del suo libro arriva alle pagine 133 e

134 (dell'originale in lingua francese), ebbene qui non ci sono più né dubbi né paraventi, ci troviamo chiaramente di fronte all'atto conclusivo della vicenda. Qui si parla esplicitamente di distacco delle due cordate, implicitamente di distacco dalla corda che ci aveva legati tutti e quattro insieme, ed è un distacco, quello riferito da Ballu, che non sarebbe avvenuto laggiù, come invece è stato (dunque senza l'intento di abbandonare Vincendon e Henry), bensì quassù presso la cima del Bianco, a circa 4.700 metri, sul far della notte e, credibilmente perciò, con volontà – secondo lui— di abbandonare quei due al loro destino. Ecco il sunto del racconto conclusivo di Ballu. Gheser avrebbe detto: «Tutti e due [Vincendon e Henry] hanno persistito nella loro decisione [di voler fermarsi per mangiare], di conseguenza, noi ci siamo separati». Al che ha poi concluso Ballu: «Dopo che Vincendon vuole fermarsi e che Bonatti vuole continuare, la separazione si impone...». Infine, come nota a pie' di pagina posta subdolamente come comunicazione privata, Ballu fa dire ancora a Gheser: «Visto che i nostri amici francesi persistono nell'attesa aprendo i sacchi per alimentarsi, mi rimetto il mio [sacco] e mi distacco da Vincendon per seguire Bonatti». Tutta questa falsa, immaginaria storia raccontata da Ballu sarebbe assai meno grave se, pur nella sua inesistenza, l'avesse collocata laggiù dove avevamo rinunciato all'Ancien Passage, vale a dire dove avevamo ricostituito le due cordate per continuare insieme la marcia alla vetta. Ballu l'ha invece collocata a 4.700 metri presso i Petits Rochers, e proprio nel momento in cui abbiamo perduto di vista i due ragazzi che stavano sotto di noi.

«Mi distacco da Vincendon per seguire Bonatti» tanto fa dire a Gheser, e il suo racconto diventa così accusatorio e calunnioso! Analizziamo ora quelli che Ballu chiama gli «ingranaggi della meccanica». Poiché lassù io c'ero, integro nelle possibilità e lucido nella mente, ricostruiamo adesso quanto così malevolmente è stato interpretato o ancor peggio inventato, ma facciamolo alla luce di ciò che quel 26 dicembre 1956 è realmente accaduto.

Incominciamo con il premettere che nessuno dei quattro, a partire dall'alba del 26 dicembre e dopo il bivacco nella tormenta, pensò mai di ridiscendere lo sperone appena risalito: eravamo a questo punto già troppo alti sulla via, ci avvolgeva un inferno di polvere di neve, e l'uscita dalla parete della Brenva non si trovava ormai che a soli cento metri sopra di noi. Da lassù inoltre, sul colle della Brenva dove normalmente si approda, discende sul versante opposto un grande pendio nevoso che porta in breve sul Grand Plateau, ovvero sulla via normale dei Grands Mulets, verso Chamonix. È di lì infatti che, nell'emergenza in cui ci trovavamo, avevo calcolato di scappare dalla trappola in cui eravamo caduti.

Ed eccoci alle prese con quei folli cento metri che ci separavano dall'uscita dello sperone. Tutti legati alla mia corda: guidavo io la cordata aprendo la via, e dopo sei ore, tante ne furono richieste per brancolare tra quei muri di ghiaccio indecifrabili nella tormenta accecante, ero approdato finalmente sull'ampia dorsale spartiacque del Monte Bianco. Ci finii però più in alto e a sinistra di dove si arriva normalmente. Infatti appena si attenuò il pendio e il gran vento dello spartiacque cominciò a frustarci dilaniando le nebbie, solo allora potei vedere e rendermi conto di trovarmi esattamente tra i Rochers Rouges Superiori e il Mur de la Côte, ormai rimasto più in basso di dove eravamo giunti. Ciò non avrebbe cambiato tuttavia la mia scelta fatta già a priori e che prevedeva di «fuggire» sull'altro lato del Bianco, che dà sul Grand Plateau. Da lì saremmo poi discesi a Chamonix. Senza dunque arrestarmi un solo momento, poiché il vento del nord tirava fortissimo e siderale, avevo continuato, con i tre compagni legati dietro di me, per passare dal versante italiano a quello di

Chamonix onde inforcare e discendere il così definito Ancien Passage Inferiore.

Detto passaggio inizia proprio alla quota di circa 4.450 metri sulla dorsale nordest da noi appena raggiunta uscendo dalla Brenva. Il ripido e profondo pendio nevoso che qui mi attende, era stata la via scelta da Paccard-Balmat per la storica conquista del Monte Bianco nel 1786. Adesso però appariva pesantemente carico di neve, caduta prima dal cielo e poi accumulata dalla bufera. Faceva paura il solo guardarlo, pensando alla valanga che poteva prodursi; ma volli lo stesso accertarmi sulla reale consistenza della sua neve. Così cominciai a scendere, lasciando dietro di me un vero cunicolo: affondavo fino all'anca. Non insistetti in quel folle rischio di valanga, e fatti un centinaio di metri avvertii con un grido, seguito da un gesto con la mano, l'aspirante guida Vincendon di fare dietrofront.

Vincendon, più esperto di Henry, chiudeva in discesa la lunga fila di noi quattro, e accolto il mio segnale invertì subito la marcia.

In breve ci trovammo sull'ampia dorsale da cui eravamo partiti. Va detto che la nostra fu una rinuncia logica e prudente, dunque ben accolta da tutti essendo stata più che ragionevole.

Risaliti dunque i primi cento metri appena discesi dell'Ancien Passage eravamo tornati sul tondo spartiacque che fa da spalla alla cima del Monte Bianco, e che io già conoscevo. Nel suo sviluppo questo crinale è assai lungo, ma bonario: non presenta crepacci né altra sorta di pericoli, e porta direttamente alla cima. Da lì avremmo poi raggiunto la capanna Vallot seguendo l'altrettanto facile e sicuro crestone delle Bosses. Si può dire perciò che da questo momento per noi non ci sarebbero più stati problemi da affrontare; si trattava soltanto di camminare, un passo dopo l'altro per circa trecentocinquanta metri di dislivello lungo una successione di ampi dossi di neve rugosa e indurita dal vento, più che mai violento in prossimità della vetta. Ma era importante fare presto, data l'ora, e non soltanto per la notte incombente (avevamo ancora le lampade frontali funzionanti) ma soprattutto per non rimanere troppo a lungo esposti al vento di un gelo estremo.

Era logico e normale quindi ristabilire le due originali cordate: io con Gheser e Vincendon con Henry; ed è ciò che con tutta naturalezza abbiamo fatto prima di incamminarci.

Qualcuno, poco esperto di alpinismo, potrebbe domandarsi se non fosse stato più prudente rimanere ancora tutti e quattro legati in una sola cordata.

Ripetendomi spiego allora che trattandosi di una via elementare quella che ci attendeva, ossia senza più opporre né difficoltà né pericoli, il procedere in fila indiana di quattro persone legate insieme alla stessa corda avrebbe procurato a tutti soltanto disagio e lentezza, nonché noiosi e frequenti inciampamenti di ramponi nella corda che ci univa; poiché, per quanta l'attenzione prestata, sarebbe bastato un allentamento della corda a causare l'inciampo.

Ancora meglio sarebbe, in casi come questi, procedere autonomamente, ossia completamente slegati.

Una decisione inspiegabile

Passo su passo abbiamo così cominciato ad avanzare. A tratti capitava a noi di trovarci davanti agli altri e altre volte erano invece loro a essere più avanzati di noi, tutto comunque avveniva in perfetto equilibrio. Il grande e costante nemico da combattere, e a cui resistere, era sicuramente l'implacabile vento, teso e gelato a più non posso. Curvi allora contro la sua spinta frontale, pur con passo relativamente lento ma costante, marciammo per almeno un'ora, insieme, fino a raggiungere e a sorpassare quell'unico spuntone roccioso denominato Petits Mulets, che emerge a circa 4.700 metri e quindi ormai in prossimità della vetta. Ma è proprio qui, girandomi per dare di schiena a un colpo di vento, che vedo Vincendon e Henry fermi, uno di fronte all'altro come stessero parlandosi. Si trovano a un centinaio di metri in linea retta sotto di noi. Già nell'ultimo quarto d'ora avevo notato nei due un certo rallentamento di passo, ma adesso si erano addirittura fermati, seppur palesando di voler ripartire poiché erano rimasti in piedi. Il trovarsi momentaneamente separati mentre si procede in due distinte cordate autonome è cosa di assoluta normalità; urlai comunque nel vento, quasi senza fermarmi poiché il mio compagno dava ormai segni di difficoltà, e li incitai ad affrettarsi. I due assentirono tranquillizzandomi con un gridato «*pas des problemes!*» (nessun problema!). Uno dei due pareva trafficare intorno allo spallaccio del sacco dell'altro, che continuava a tenerlo sulle spalle restando ritto in piedi. Mi rigirai e proseguii il cammino facendo strada a Gheser che, per l'ormai avanzato congelamento dei suoi piedi, muoveva passi sempre più rigidi e incerti. A partire infatti dalla notte di bivacco sullo sperone della Brenva egli manifestava, oltre che sofferenza fisica, anche una certa non presenza agli eventi, direi meglio una scarsa lucidità mentale.

Erano mie impressioni del momento, ma, a quanto pare, trovano conferma nelle assurdità che lo stesso Gheser oggi esprime nel libro, e nell'intervista, di Ballu, sia pure per voce di questo. Riprendemmo dunque il cammino e quando ancora mi girai nella direzione di Vincendon e Henry, non potei più vederli: un rilievo del pendio rugoso sul quale procedevamo si era interposto fra noi nascondendoli ai nostri occhi. Dal canto mio ero però sicuro che avrebbero proseguito al più presto, non poteva essere diversamente, tanto che in me non si affacciò neppure per un attimo il sospetto che non l'avrebbero fatto. Quasi al buio, spingendo i nostri corpi contro un vento polare e paralizzante, arrivammo sulla vetta del Monte Bianco. Continuammo senza sosta, senza neppure levare dal sacco le pile frontali, lungo la cresta delle Bosses. Era notte fonda quando entrammo nella capanna Vallot.*

Fu cosa veramente inimmaginabile e inspiegabile che, giunti ormai a questo punto, Vincendon e Henry prendessero, a nostra insaputa e sul far della notte, la più assurda delle decisioni, quella di invertire la marcia e di infilarsi proprio in quell'Ancien Passage Inferiore che giusto un paio d'ore prima avevamo tutti insieme evitato poiché ritenuto estremamente pericoloso per distacco di valanghe. Perché fecero una simile follia? Non lo so, non posso saperlo, nessuno potrà mai saperlo. Quei due poveri ragazzi, commettendo quel tragico errore, decisero la propria sorte.

Dunque, checché ne abbia detto Ballu, o lo abbia lasciato intendere, nessuno ha abbandonato qualcuno o da qualcuno è stato abbandonato. C'è stato invece chi, inaspettatamente e insensatamente (è triste dirlo ma è così), si è allontanato dagli altri dopo un'ora di marcia fatta insieme, per attuare soluzioni imprevedibili e non annunciate. Questo, e solo questo, hanno fatto purtroppo i poveri Vincendon e Henry. La direzione da loro presa è stata esattamente la via dell'Ancien Passage Inferiore. Lo confermerà chiaramente anche il presidente delle guide alpine di Courmayeur, Titta Gilberti, nella sua relazione ufficiale stesa sulla vicenda Bonatti-Gheser, datata 29 marzo 1957 e inviata alla presidenza generale del Cai. Gilberti scrive al riguardo: «Il 27 dicembre, ore 21. Nuova telefonata a Chamo-

* Il seguito della storia del nostro rientro a valle è raccontato su *Montagne di una vita* al capitolo «Natale sul Monte Bianco».

nix: viene riferito che stamane è stata vista una cordata che scendeva regolarmente dal Bianco lungo il Gran Corridor, o meglio lungo l'Ancien Passage».

In opposizione a quanto sostiene Ballu nel suo libro e su «Vertical», riepilogo succintamente quanto segue. Vincendon e Henry, e anche lo stesso Gheser, non chiesero affatto di fermarsi per mangiare, né per altro. Non era neppure pensabile di farlo sotto la sferza di un vento polare. Non ci furono dunque, e da parte di alcuno, né domande né risposte al riguardo, e tanto meno avvennero discussioni o imposizioni.

Che discussioni potevano mai esserci fra noi quattro vivendo una situazione a tutti tanto chiara ed evidente? E poi, se proprio fosse stato impellente, ma non poteva esserlo, il loro bisogno di mangiare (è cosa ridicola se rapportata a momenti di simile tensione), perché non l'avrebbero soddisfatto in una delle numerose e lunghissime attese avvenute fino a poco prima sull'ultimo tratto della Brenva, mentre io, davanti a loro, lottavo per aprire a tutti la via della salvezza?

Le testimonianze che, in qualità di guida alpina responsabile, io ho messo in iscritto e reso pubbliche già all'indomani della vicenda, vengono citate nelle stesure di Ballu soltanto nella misura e nella forma che a costui fanno buon gioco, dunque soltanto come note di contrasto o addirittura come negazione di verità.

Ma quelle che lui ha inteso come verità – è facilmente dimostrabile – sono spesso venute da fonti mediate dalle cronache dell'epoca, quasi sempre stese (allora era così) da redattori inesperti in materia e anche di assai poca responsabilità, a quanto è risultato. Infatti nei giorni successivi alla tragedia tutti dissero la loro: prima di tutto una sconsiderata stampa, e Tv, che senza scrupoli hanno mirato soltanto, e a ogni costo, allo scoop; ci furono poi le voci degli uni e degli altri amici; e neppure mancarono le testimonianze dei «c'ero anch'io» e quelle dei «sentito dire». Ho una vera collezione di questi penosi esempi di testimonianza.

Sull'attendibilità delle fonti

Va ancora detto che le «verità» su cui Ballu, esplicitamente, ha impostato il suo racconto – per quello che mi riguarda – arrivano in qualche modo proprio dal mio compagno di cordata Gheser; questa è almeno l'impressione viva che si ha subito dalla lettura del libro. Si deduce allora che se le affermazioni di Gheser, che pur sono tanto imprecise e spesso assurde, fossero state realmente e intenzionalmente dette dallo stesso Gheser come vere – così fa credere Ballu – ebbene ci troveremmo allora di fronte alla calunnia. E come tale è perseguibile!

Gheser in tal caso non sarebbe meno colpevole di Ballu che le ha riportate in un libro, e di un editore che glielo ha stampato.

Comunque, anche nella migliore delle ipotesi, rattrista leggere che un ingrato Gheser* oggi è dimentico del suo stato fisico e confusionale in cui, comprensibilmente, si era trovato in quei giorni sul Monte Bianco, giorni da lui vissuti soltanto da alpinista guidato e ben presto anche da uomo bisognoso di soccorso proprio per il suo stato di prostrazione e di congelamento agli arti. E adesso, quarant'anni dopo, egli crede di poter affermare – sentendosi probabilmente protetto dal fatto di costituire, a parte il sottoscritto, l'unica testimo-

* Forse risentito per qualcosa? Scrive infatti Ballu: «Bonatti non andrà a far visita al suo amico ricoverato in ospedale, intimorito senza dubbio dalle domande di certi giornalisti». Non vi andai, infatti, ma non certo perché intimorito dalle domande dei giornalisti, bensì per il disgusto provato dall'articolo apparso su «La settimana Incom illustrata» firmato Silvano Gheser.

nianza vivente (non attenta però alle assurdità che minano le stesse sue affermazioni) – crede di poter affermare, dicevo, quelle sue già confuse e appannate visioni dei momenti che nella sua condizione ha vissuto. Sono visioni andate via via ancor più sfocandosi nella sua memoria, perciò, a quanto pare, non sa fare di meglio che richiamarsi (emerge più che evidente) proprio a quell'articolo che un inesperto quanto irresponsabile redattore aveva scritto sul settimanale «La settimana Incom illustrata» e firmato con il nome di lui, Gheser. Va ricordato che i congelamenti alle mani avevano impedito in quei giorni all'amico di impugnare la penna. Ma quel che è peggio, oggi quel mio compagno pare dare ancor più credito che in passato (affiora anche questo nel libro di Ballu) a quanto era apparso su quel settimanale il 12 gennaio 1957. Forse anche perché quell'articolo, a ben vedere porta proprio la sua firma.

Su quel giornale, fatto proprio a misura e a livello dei suoi lettori, si dissero dunque, firmate con il nome di Gheser, tante e tali sciocchezze che neanche il più sprovveduto e insensibile degli alpinisti avrebbe mai accettato che gli venissero attribuite come proprie. Fu dunque per questo infatti, ma in ultima analisi fu anche per un senso di indulgenza verso lo sventurato compagno là sofferente in ospedale, che fin da subito decisi di non dare peso a quel farraginoso impasto di goffe stupidaggini; come tali, del resto, giunte a tutti fin troppo evidenti.

Ma passarono quarant'anni, e a completare quel bel capolavoro di Gheser, apparso sull'appena citato settimanale, verrà Ballu che di quel genere di testimonianza, e senza operare alcun vaglio, ne farà il cardine della propria «inchiesta».

Indubbiamente Ballu dimostra con questo libro, l'ho già detto, di possedere tutte le qualità richieste dal suo intento.

C'è infatti, al servizio del disegno che si è proposto, e per la parte che mi riguarda, invenzione e spregiudicatezza, maliziosità e furberia; tutte inclinazioni che lui sa manifestare con abilità da giocoliere nel manipolare le assurdità e le contraddizioni che navigano nella sua «inchiesta». Ma c'è ancora qualcosa di più in quest'uomo, ed è persino un paradosso se visto nel contesto delle sue pretese. È il fatto che l'indagine da lui costruita si trova sempre, ancora riferendomi al mio caso, al di qua del più logico controllo, del più elementare accertamento sull'attendibilità delle sue fonti informative. In definitiva è un risultato, questo di Ballu, che un serio editore avrebbe sicuramente giudicato con rigore.

Da «La rivista del Cai», marzo-aprile 1999

Conversazioni, anni Novanta

WALTER BONATTI – MONTAGNA
di Julie

JULIE – Nel caso che insorgesse un problema, in che modo lei può comunicare con la base, quando c'è urgente necessità.

BONATTI – Io non ho bisogno di comunicare con alcuno se non con me stesso, o con un eventuale compagno che è con me.

JULIE – E in caso di emergenza?

BONATTI – Be', l'emergenza fa parte del gioco. L'esperienza e la prudenza, affinate attraverso una disciplina che nasce dal mio modo di vivere l'avventura, mi hanno abituato a compiere magari un passo in meno rispetto a quanto potrei fare. Mi hanno abituato dunque a essere molto prudente, proprio perché muovendomi, spesso in solitudine, dentro una natura difficile e a volte sconosciuta, mancando di prudenza potrei correre seri rischi. Io amo la vita, quindi non vado in giro per il mondo mettendo la mia vita a repentaglio. Sì, un po' di rischio, anche calcolato, c'è sempre, fa parte dell'avventura stessa, ma lo accetto soltanto in misura di imponderabile, in percentuale dunque molto, ma molto limitata.

JULIE – Quale genere di attrezzi, o di equipaggiamento lei porta con sé nelle sue avventure?

BONATTI – Per me il vero e insostituibile equipaggiamento è quello che porto dentro me stesso. È chiaro poi che se io voglio scendere su un fondale marino devo allora munirmi di bombole, di autorespiratore, eccetera. Come del resto se vado su un ghiacciaio dovrò avere scarponi, piccozza e indumenti caldi. Ma ancora ripeto che non do eccessiva importanza a tutto questo essendo nella sua normalità cosa scontata. Essenziale e complesso è invece l'assetto morale.

JULIE – Che uso fa delle sue esperienze?

BONATTI – Credo che l'esperienza, non importa se fatta come e in quale luogo, debba in conclusione portare a un solo e grande risultato, ossia a conoscere e a valutare l'uomo che è in noi. Il pittore per esempio si serve di colori e pennello per la sua arte, ma alla resa dei conti che cosa esprime veramente se non l'umana sensibilità che ha in sé?

JULIE – La sua vera prima esperienza di montagna?

BONATTI – Le sembrerà strano, ma la prima scalata che ho fatto, la prima in assoluto, è stata l'essermi arrampicato su un grande albero sulla riva del Po. Era un pioppo, ricordo, e sono arrivato fin sulla sua cima per scrutare l'orizzonte settentrionale davanti a me. C'era il profilo delle montagne lombarde, quasi violette tanto erano lontane.

JULIE – Come dovrebbe essere la sua montagna ideale, la montagna preferita?

BONATTI – È quella corazzata di ghiaccio, per me, la vera montagna per definizione. Vorrei fare una considerazione a questo riguardo. Una montagna senza ghiaccio è per me come una bella donna senza femminilità.

JULIE – Cosa significa per lei aver riuscito una bella avventura?

BONATTI – Penso che una bella avventura, anche se non del tutto riuscita, offra sempre un buon risultato. D'accordo che uno si propone qualcosa che abbia un inizio e una fine, ma che si giunga su una cima oppure no, o che si concluda una traversata di un deserto, di una foresta oppure no, l'importante è che l'esperienza fatta ci abbia messi davvero alla prova, e che ci faccia sentire che in noi qualcosa è migliorato. L'avventura è per me un assiduo ricercarsi, confrontarsi; è insomma un costante, e forse irraggiungibile, comprendere e conoscersi. E se a tanto si potesse arrivare, ma è utopia, ebbene, saremmo forse dei padreterni.

Da Tv Biogiro, 12 dicembre 1989

BONATTI, L'ESTETA DEGLI «OTTOMILA»
di Roberto Beretta

Compie 65 anni oggi e la zazzera – seppur tuttora irrequieta – è ormai d'un abbagliante bianco. Ma conta poco: Walter Bonatti d'esser «leggendario» ha il destino segnato, ora e sempre. Del resto fu uno dei più grandi, forse il massimo alpinista italiano di tutti i tempi: e anche adesso – appartato quanto un ottomila, poco esposto ai media come una parete nord al sole, talvolta ruvido come la roccia fredda e dura che scalò – è lui stesso ad alimentare (inconsciamente) il suo mito con il medesimo ritroso silenzio in cui si cela, senza rimpianti. Oggi vive in un posto di Valtellina e si muove talvolta per platee sempre affollate a raccontarsi con il suo bagaglio di fotografie (bellissime) e di poesia. Anche se è tutt'altro che un pensionato soffocato dai ricordi.

BERETTA – Bonatti, a 65 anni si può anche fare un piccolo bilancio: le montagne le hanno mantenuto le promesse dei vent'anni?

Bonatti – Non sono state le montagne a promettermi niente. Sono io che ho promesso qualcosa a me stesso attraverso ciò che ho fatto in montagna. E mi ritengo realizzato e soddisfatto, perché tutto quello che ho voluto l'ho avuto.

Beretta – Dunque non c'è mai stato un obiettivo, una meta da superare.

Bonatti – Quello che mi sono prefisso a vent'anni l'ho fatto a vent'anni, poi a ventidue mi sono chiesto altre cose e le ho fatte, eccetera eccetera. Infine ho ritenuto che l'alpinismo fosse un abito un po' stretto e ho esteso la mia avventura agli altri elementi, al mondo intero. Ho allargato i miei orizzonti. Non come qualcuno ha creduto, che avessi smesso di fare alpinismo. No, ho continuato a fare dell'alpinismo, solo che invece di vivere la mia avventura sul verticale l'ho vissuta in orizzontale, o magari in fondo al mare, o con gli animali selvaggi nelle foreste.

Beretta – È alpinismo lo stesso?

Bonatti – Per me l'alpinismo è prima di tutto avventura. Poi l'ambiente in cui si sviluppa può essere la montagna, o il deserto, il mare, i vulcani... Così quello che ho cercato e avuto nella vita è sempre stata la medesima cosa.

Beretta – Lei lamenta spesso la mediocrità crescente dell'alpinismo. In che senso?

Bonatti – Per esempio si ricorre a dei compromessi per fare qualcosa che un altro ha fatto a mani nude, ed è come se un ciclista volesse misurarsi con il podista: non c'è rapporto. Di qui la necessità di essere fedeli alle non scritte «regole del gioco» per mantenere un termine reale di misura verso noi stessi e gli altri.

BERETTA – «Regole» uguali per tutti?

BONATTI – No, ogni scalatore ha le sue. Io, per esempio, mi sono riconosciuto nei grandi alpinisti degli anni Venti e Trenta, qualcuno si riconosce in quelli del dopoguerra, altri nei precursori dell'Ottocento. Ognuno fa le sue scelte.

BERETTA – L'etica della montagna si riverbera anche nella vita quotidiana?

BONATTI – Certamente. Non posso proprio concepire una contraddizione tra alpinismo e vita. L'uomo rimane lo stesso sia scalando che camminando, dormendo, lavorando... La coerenza con se stessi è fondamentale. E si suppone che il «se stessi» sia fatto di cose che valgono.

BERETTA – Il Cai ha recentemente ammesso le competizioni in montagna, le cosiddette «scalate a tempo». Che cosa ne pensa?

BONATTI – Nulla, è una cosa che non mi interessa né mi riguarda. Si tratta di questioni totalmente fuori dalla mia orbita.

BERETTA – Molti alpinisti sono anche diventati uomini-immagine o paladini dell'ecologia. E lei?

BONATTI – Se c'è coerenza sono d'accordo con loro. Ma purtroppo ne vedo poca in questa gente. Chi si atteggia a difensore della natura, infatti, deve conformare tutta la vita a quello scopo: ciò che non succede. Il protezionismo e l'ecologismo d'assalto non li capisco e non li ammetto. L'ecologia è un fatto culturale, non una questione di forza, di dimostrazioni clamorose. È più efficace essere credibili e coerenti con un approccio culturale piuttosto che con altri mezzi, magari più vistosi e spettacolari.

BERETTA – Lei in montagna si è misurato spesso con la morte, anche.

BONATTI – Solo come incidente. Non sono mai andato a cercare la morte per vedere se ero più forte di lei: sarebbe stato stupido. La montagna, sì, mi ha insegnato che ciò che vale costa, e può costare anche la vita. Comunque, e a mio avviso, per un ideale si può anche rischiare di morire, per un interesse no.

BERETTA – Per lei è stato importante essere il più forte?

BONATTI – È stato importante sì, ma non la cosa più importante. L'alpinismo è fatto di tante sfumature. Fa piacere essere seguiti da tanti appassionati, certo, oppure passare per una via dove altri non sono riusciti; ma poi ci sono anche tante altre cose più intime e personali e non hanno nulla a che vedere con la competizione.

BERETTA – «L'alpinismo è un modo di vivere, non un sistema per campare» recita un suo noto slogan. Una polemica contro i troppi sponsor di oggi?

BONATTI – No, no, quello è un altro discorso. Voglio solo dire che ho fatto ciò che ho fatto non per campare, ma per vivermi. Che è ben diverso.

BERETTA – Le montagne sono per eccellenza il luogo dell'incontro con il divino, però capita raramente di trovare alpinisti che sentano il richiamo religioso.

BONATTI – Può essere. Ma è un fatto a mio parere totalmente soggettivo e culturale. Uno può farsi degli interrogativi e un altro no: dipende dalla sensibilità e anche dall'eredità culturale di ognuno.

BERETTA – Esiste l'impossibile?

BONATTI – Guai se l'uomo non avesse il senso dell'impossibile, non sarebbe arrivato al grado di conoscenza e di progresso che ha invece raggiunto. È l'impossibile che stimola a provarci. L'impossibile ha senso se lo affronti e magari lo vinci, non però se lo demolisci. Ecco: il chiodo a espansione, per esempio, demolisce l'impossibile. Ci si lamenta tanto che in montagna agli scalatori è sempre più ristretto il campo: be', ciò avviene perché con un rullo compressore, lo spit appunto, si spiana ogni difficoltà e tutto si riduce a semplice esercizio atletico.

BERETTA – È la filosofia del no limits?

BONATTI – *No limits* è una parola suggestiva: ma cosa vuol dire davvero? Non esiste l'impossibile soltanto se si vuole spianare tutto. Secondo me, invece, come si salva la natura si dovrebbe salvare anche l'impossibile. Sennò, sulla montagna, si toglie all'uomo la possibilità di misurarsi con una forza più grande di lui.

BERETTA – Lei non parla volentieri della famosa spedizione italiana al K2, nel 1954. Ma una cosa vorremmo sapere: la famosa «notte in cui doveva morire», quella del bivacco all'addiaccio a 8.100 metri, che cosa ha pensato?

BONATTI – Ho pensato soprattutto di non voler morire, mi sono addirittura rifiutato di morire. Perché, a quelle quote e quarant'anni fa, sopravvivere era come conquistare la luna.

BERETTA – Perché nega la possibilità di un incontro pacificatore, che pure Lacedelli e Compagnoni le hanno proposto?

BONATTI – Dopo quarant'anni e tante bugie, credo di avere il diritto di ignorare queste cose. Del resto, ho già scritto tutto nei miei libri.

BERETTA – Qualcuno ha detto una cosa curiosa: che Bonatti non sarebbe stato quello che è stato senza il brutto caso del K2. Senza quella delusione, cioè, lei non avrebbe mai fatto la mitica solitaria al Dru o la Nord del Cervino in prima invernale e da solo... È vero?

BONATTI – Noi siamo il totale delle nostre esperienze. In questo senso potrebbe essere vero.

Da «Avvenire», 22 giugno 1995

LA MONTAGNA DISINCANTATA

di Luca Villoresi

Valtellina. La casa, di pietra e di legno, è abbarbicata all'ultima erta del paese, oltre l'abbeveratoio. In fondo alla valle c'è l'Adda. Lì sopra, appena dietro la cucina e il ripostiglio degli attrezzi, c'è Lei, la Montagna, che sale decisa verso il confine svizzero e la corona di vette che negli anni Cinquanta, scalata su scalata, aveva scandito le prime tappe di una lunga avventura. Talvolta anche i vagabondi piantano una pergola d'uva fragola e tornano a metter radici dalle parti di casa. E lui, Walter Bonatti, un mito nato ai tempi di un'Italia che, Bartali o Coppi, i suoi miti li consumava con la stessa parsimonia riservata alle suole delle scarpe – adesso se ne sta qui, tutto tranquillo, a correggere le bozze del suo prossimo libro: «Un riassunto di tutto ciò che ho scritto sulla montagna».

Hai detto nulla... Il tomo si annuncia importante. Anche perché Walter Bonatti non è stato solo un grande alpinista. È stato anche il precursore di un modo (divenuto ormai una moda) di andare, tra vulcani e foreste, alla scoperta delle estreme frontiere della Terra. E il protagonista, dal K2 in poi, di alcune famose, furiose polemiche. Uno che parla poco; ma che parla chiaro. Difficile sfuggire alla semplice linearità di giudizi che

– così van le cose – sembrano calamitare certi guai con la stessa forza con cui la piccozza attira i fulmini della tempesta.

VILLORESI – Dunque, la montagna che era e quella che è. Cosa prova quando rivede certi posti, anni dopo?

BONATTI – Di regola evito di tornare in luoghi che per me erano stati importanti. Preferisco un buon ricordo. La delusione è sempre molto grande. Monte Bianco, Dolomiti... fare un nome non sarebbe giusto. Tutto è così deteriorato, ovunque. E il problema non è solo quello dei paesaggi. È l'uomo che è diverso. Saggezza, buon senso, rispetto della natura... Tutta roba scomparsa da decenni, come se si fosse interrotto qualcosa. Anche l'attenzione, quando c'è, resta un fatto intellettuale, ideologico. Ma ognuno è figlio del proprio tempo. Non vorrei essere frainteso; però credo che le privazioni e il sacrificio aiutino a crescere. Una volta, per fare una scalata in Svizzera, ho camminato per ventotto ore solo per arrivare all'attacco della parete. Oggi, invece, la gente è convinta che tutto debba essere a portata di mano, subito, senza fatica: la cima della montagna, o anche l'avventura, programmata e sponsorizzata.

VILLORESI – E come siamo arrivati a questo?

BONATTI – La colpa è di questo benessere che ci alleva insegnandoci il sembrare al posto dell'essere. Il potere del business che ha ridotto a merce la montagna e che ci convince a consumare sempre di più. Un suicidio. La montagna è un luogo che dovrebbe servire a questo: a farci ritrovare con noi stessi. Mentre l'uomo moderno ha una grande paura di rimanere da solo. Tutti vogliono andare dove vanno tutti. A cominciare da quelli che portano i bambini a «respirare l'aria buona» e poi si ammassano gli uni sugli altri accanto alle strade.

VILLORESI – Gitanti domenicali, mondanità d'alta quota, montanari griffati, gipponi con il pararinoceronte... Tiriamo avanti. Negli ultimi anni, a parte il peggio, è nata una nuova ondata di interesse per l'alpinismo.

BONATTI – Decidiamo di cosa stiamo parlando. Perché l'alpinismo, secondo me, è un piacere che rifugge dalle spettacolarizzazioni e che non punta a nessun record. La voglia di scoprire qualcosa di intoccato e sconosciuto, di confrontarci con noi stessi oltre che con la natura. Un gioco. Basato su regole non scritte, ma che tutti dovrebbero conoscere; se non le rispetti, tipo quelli che vanno su come rulli compressori; con trapani e chiodi a espansione, sei come uno che gioca a poker con cinque assi in mano. Oppure ci sono quelli che scalano una montagna come scalerebbero un grattacielo. Fanno ginnastica su un indice, per anni e anni. E poi l'indice – e ci mancherebbe altro! – li tira su. Ma che c'entra questo con l'alpinismo? Oggi non lo metto in dubbio, si fanno bei gesti, sportivamente validissimi. Sì, sì, a volte si vedono dei grandi atleti. L'uomo, però, dov'è?

VILLORESI – L'uomo dov'è?

BONATTI – In giro ci sono dei bravissimi alpinisti, ignorati da tutti. Non faccio paragoni con quelli del mio tempo, certi raffronti non sono possibili. È come se nel ciclismo non tenessimo conto delle differenze tra le biciclette di ieri e quelle di oggi. Una questione che riguarda tutti i materiali: dalle corde che hanno un carico di rottura quattro volte più alto di quelle di canapa, oggi poi si dispone di farmacoterapie e anche di viveri con proprietà particolari. Che noi per mangiare, altro che tavolette energetiche, dovevamo andar via con lo zaino imbottito da chili di frutta, pomodori e di pane e mortadella. Ovviamente non sono contro il progresso. Ma contro certi modi di usare e rappresentare la montagna, sì.

VILLORESI – Facciamo dei casi?

BONATTI – No, non facciamo dei casi. Facciamo solo un ragionamento. Ci sono persone che hanno fatto certe scalate con una spesa di centinaia di milioni. E altre che hanno fatto quelle stesse scalate con pochi milioni. Dove sta la differenza? Nei costi della grancassa pubblicitaria. Che impone le sue regole. Perché, una volta che lo sponsor ha pagato, il ritorno ci deve essere comunque. E l'impresa, che poi spesso impresa non è, deve rispettare il copione ed essere esaltata, attraverso tutte quelle immagini drogate che, alla fine, servono solo a vendere di più.

VILLORESI – C'è una polemica dietro l'angolo.

BONATTI – Nessuna polemica. Dico solo che c'è chi va in montagna per il piacere di andarci e chi ci va come si va a un appuntamento d'affari.

VILLORESI – Va bene, niente nomi. Nascondiamo il ferro al fulmine. Chiudiamo con un messaggio di speranza.

BONATTI – Io ho perso fiducia nelle generazioni dei più anziani. Basta vedere chi butta l'immondezza in giro: hanno tutti dai quaranta in su. Mugugnano se qualcuno gli fa un'iniezione di coscienza; magari riconoscono pure che certi discorsi sono giusti; ma poi non fanno nulla per cambiare. Invece ho molta fiducia nei giovanissimi: ragazzi che, anche rispetto ai loro fratelli maggiori, cercano l'uomo, non solo il campione. E a loro vorrei dare un consiglio. Ricordatevi che esiste l'individuo. Guardatevi dentro per capire che cosa volete. E poi avanti dritti, senza compromessi, ché la forza non è un dono di natura. Te la fai lungo il cammino.

Da «la Repubblica», 17 luglio 1995

L'ULTIMO ESPLORATORE
di Lucrezia De Domizio Durini

Ho incontrato Walter Bonatti nella sua dimora valtellinese di Dubino. Il nome di quest'uomo è legato ad alcune fra le più belle pagine dell'alpinismo: parete est del Grand Capucin (1951), scalata solitaria del pilastro del Dru (1955), prima scalata del Gasherbrum IV (1958), parete nord del Cervino d'inverno, in scalata solitaria e diretta (1965). Ma le emozioni più forti rimandano al 1954, quando Bonatti fu tra i membri della spedizione italiana che conquistò il K2, la seconda vetta del pianeta (8.616 metri). Se quell'impresa storica portò fama e onori ai suoi eroi ufficiali – Compagnoni e Lacedelli (il braccio) e Ardito Desio (la mente) – per Bonatti si rivelò ben presto un incubo. In modo subdolo, l'alpinista monzese veniva accusato di avere proditoriamente tentato di soffiare il primato a Compagnoni, mettendo a repentaglio la vita del portatore Amir Mahdi e sperperando l'ossigeno in bombole, tanto prezioso per i suoi compagni nella conquista della vetta. Incredibilmente, questa storia calunniosa trovò credito presso le sedi istituzionali (il Cai, l'Igm), oltre che nelle pubblicazioni ufficiali sulla vicenda del K2. Solo dopo quarant'anni, finalmente, la verità è venuta a galla attribuendo il giusto merito a Walter Bonatti e, soprattutto, rivalutando la sua figura di uomo d'azione, che ha dedicato «tutta la sua vita a una lotta senza compromessi, sforzandosi di esplorare i propri limiti fisici e morali» (Robert Marshall). Tutti i principali quotidiani e periodici nazionali si sono prestati a questa doverosa riscrittura storica. Sarebbe inutile aggiungere la nostra voce al coro. Tanto più che lo stesso Bonatti ha posto la parola «fine» a questa penosa faccenda, con un libro (*Il caso K2 40 anni dopo*) a sua firma. E tuttavia questa premessa era necessaria, per capire il perché di tante sue scelte. Compreso l'abbandono del circuito alpinistico, che lo ha così gravemente diffamato ed emarginato.

D. Durini – Bonatti, lei si è conquistato la fama di «gran solitario». Dopo la storica scalata invernale del Cervino, ha affrontato in solitudine altre avventure, come la discesa del fiume Yukon per 2.500 chilometri (1965), l'attraversamento a piedi del Grumeti, territorio africano e selvaggio di 1.200 chilometri quadrati (1966), la permanenza di cinque giorni dentro il cratere del vulcano attivo Nyiragongo, nello Zaire (1972). E nella vita qual è il suo rapporto con gli altri?

Bonatti – Non mi considero più solitario di quanto dovrebbe sentirsi qualunque individuo pensante. Solitudine significa riflessione. Ritengo che la mia particolare propensione per questa condizione umana sia da attribuire un po' al carattere e un po' alle delusioni ricevute. Delusioni giovanili, che fanno ancora più male: quelle legate all'alpinismo. Comunque mi sono servite per capire che la montagna era solo una parte della mia ricerca avventurosa. Cosa cercavo? Troppo facile: me stesso. La solitudine esalta questa esperienza.

D. Durini – Però questa capacità di sviluppare le esperienze – nel suo caso, di abbracciare mentalmente scenari più ampi di quelli che l'alpinismo è in grado di offrire – è da ritenersi innata. Nella sua infanzia è forse già scritta la storia dei suoi viaggi incredibili per il mondo.

Bonatti – In effetti è così. Da bambino mi trovavo spesso da parenti, in aperta pianura padana. Nelle mie perlustrazioni, quei luoghi si trasformavano come in un'allucinazione fantastica: i pioppeti erano le foreste equatoriali, le secche del Po, con i sabbioni, i grandi deserti, mentre il profilo delle Prealpi bergamasche, in lontananza, mi appariva come l'Himalaya. Già da allora, i miei sogni erano ambientati in tutti i paesaggi terrestri, non solo in montagna. Questo è vero. Come è vero che la mia fantasia si era formata e arricchita con le letture classiche dei ragazzi a quell'epoca: Melville, Defoe, London. Quindi, si può dire che per tutta la vita ho solo cercato di realizzare i miei sogni di bambino.

D. DURINI – Li ha realizzati tutti?

BONATTI – No, naturalmente. L'importante è continuare a sognare, perché lì, nei sogni, i miei viaggi, le mie avventure, sono più emozionanti. La realtà, a volte, è deludente.

D. DURINI – In un'epoca come l'attuale, in cui si assiste a una crisi profonda del sistema occidentale, con il crollo dei valori tradizionali e l'incapacità di proporre nuovi modelli esistenziali, il suo caso è emblematico. Mi riferisco al fondo di fiducia umana che alligna nei suoi gesti e nelle sue parole. Le sue stesse imprese sembrano ispirate da una filosofia *à rebours*, quasi a identificare l'archetipo originario dell'uomo. Ma non le sembra che quest'attitudine risulti un po' inefficace, dinnanzi alle prospettive tragiche che ci impone la realtà?

BONATTI – Sono tutt'altro che ingenuo, se è questo che intende. Le sembrerò anzi cinico, quando affermo che noi uomini abbiamo quello che meritiamo. Questa società l'abbiamo voluta noi. E siamo solo noi, che dobbiamo assumerci la responsabilità e l'impegno di tornare a essere uomini. Ma uomini veri, non individui che consumano per produrre e producono per consumare. Il compito di vivere è un problema complesso, al cui fondo stanno alcuni valori che dobbiamo definire fondamentali. Questi valori sono quelli naturali.

D. DURINI – Ed è alla riscoperta di questi valori che lei ha cercato a più riprese il contatto e la convivenza con alcuni popoli primitivi, dai Masai del Kenya ai Waikas dell'alto Orinoco, dai Toradja indonesiani ai Dani della Nuova Guinea, o ancora i pigmei dello Zaire?

BONATTI – Ho imparato molto da queste genti, che considero come miei amici. Ma soprattutto un'idea, di ordine. Niente a che fare con l'accezione autoritaria che ha assunto per noi. Ordine è, forse, l'istinto: un'ombra di ragione antica che dirige queste persone, che noi giudichiamo primitive. Questi uomini, solo per fare un esempio, arrivano ad autopunirsi, quando commettono un errore. E saremmo evoluti noi, che abbiamo fatto della legge uno strumento spesso inutile, quando non dannoso, al quale fa riscontro un atteggiamento civile ispirato dalla filosofia del «farla franca a qualunque costo»? Ci permettiamo – noi? – di voler insegnare loro qualcosa. Siamo solo dei presuntuosi. La nostra civiltà è un'arma. Non credo che siamo abbastanza intelligenti da usare quest'arma senza commettere atti di violenza.

D. DURINI – Seguendo queste sue riflessioni, mi vengono in mente le immagini di Walter Bonatti che affronta disarmato i più temuti animali selvatici, orsi, leoni, tigri, varani...

BONATTI – Certo, è lo stesso concetto. Quando mi sono imbattuto in questi animali cosiddetti «feroci», ho avvertito – oltre la paura – una sensazione di fiducia nelle mie possibilità. Facendo appello al mio alter-ego, l'io animale, ho superato quegli incontri. Ho fatto capire agli animali che io li avrei rispettati. D'altra parte i Masai, che sono pastori, percorrono la savana armati solo di un bastone. Grazie a loro, ho capito che l'arma da fuoco è solo il prolungamento della nostra logica stupida. È questa logica che ci fa smarrire la nostra animalità. Lei ha ragione, quando parla della mia fiducia antropologica. L'animalità dell'umanità civilizzata esiste, ma è sopita. Occorre risvegliarla. Perché solo tornando alla nostra animalità di fondo saremo in grado di procedere nel cammino scientifico e tecnologico, senza distruggere la natura.

D. DURINI – Bonatti, qual è la regione della Terra che ama di più?

BONATTI – Premesso che amo il mondo nella sua totalità e ogni paesaggio, nella sua particolarità, direi il Sud America. Non è solo un continente, è l'universo intero. Come in un sogno, il meridione del Nuovo Mondo ti dà tutto quello che cerchi: natura, umanità, magia... E la dolcezza, tipica, così diversa dalla durezza africana.

D. DURINI – Che cos'è per lei l'avventura, oggi?

BONATTI – Nel mio dizionario personale, avventura è la capacità di sognare un'impresa e l'impegno e il coraggio per portarla a termine. Ma oggi, mi spiace dirlo, l'avventura è moda e spettacolo. Gli esploratori sono diventati operai specializzati, producono, perché delle storielle – false – devono essere consumate. E storie ridicole, per di più. La tecnologia mette a disposizione tali strumenti e agevolazioni che ogni situazione può essere risolta con un semplice «beep». L'avventura è finita da un pezzo, con i Livingstone, gli Amundsen, i Nobile... Ho l'orgoglio di ritenermi uno degli ultimi esploratori. Esploratore di me stesso. Lo spazio dell'avventura non è più quello geografico, è quello che sta dentro di noi. L'avventura, oggi, può essere solo introspettiva.

Da «Risk – Arte oggi», settembre-ottobre 1995

ITALIA 1 – SPORT, 6 NOVEMBRE 1995
di Stefano Vegliani

VEGLIANI – Cosa pensi oggi delle amarezze che hai avuto in passato?

BONATTI – Ebbene, penso ormai con ironia a queste contrarietà. Va detto che il tempo lenisce tutto, lasciando vivere soltanto le cose belle da ricordare. Le mie amarezze sono dunque rimaste dietro le mie spalle. Non ci voglio neanche pensare. Sono cose passate e alla fine sono diventate persino cose positive, esperienza e forza attiva, e anche sorgente di energia.

VEGLIANI – Anche il K2?

BONATTI – Sì, anche il K2, paradossalmente; nonostante l'amarezza e la grande delusione che mi ha procurato.

VEGLIANI – A volte può sembrare che questa tua vicenda sia rimasta un po' una ossessione.

BONATTI – No, no. Lo dicono gli altri che è un'ossessione, ma non è affatto vero. È chiaro che io non perdono il falso e la calunnia, e voglio anche mettere le cose al loro posto. E così facendo mi faccio ovviamente qualche nemico, e mi creo anche delle antipatie: è scontato. Ma con ciò io non coltivo affatto le tristezze. Lo scorso anno ho scritto un libro intitolato *Il caso K2* (diventato poi *K2 storia di un caso* n.d.a.) e proprio per mettere le cose al loro posto.

VEGLIANI – L'avventura quindi ha degnamente sostituito l'alpinismo?

BONATTI – Assolutamente sì.

VEGLIANI – Cioè vedere il mondo in orizzontale invece che in verticale non ha cambiato qualcosa?

BONATTI – Sì, si può dire che il mondo verticale può richiedere, in alcuni casi, un maggior impegno atletico. Ma forse non è neanche del tutto vero, poiché nelle foreste, nei deserti, sui fiumi, un po' in tutto il mondo insomma, ho fatto cose che spesso mi hanno impegnato forse anche di più di una grande scalata alpina.

VEGLIANI – La tua vita di uomo d'avventura era legata ai reportage di «Epoca». Un tipo di reportage che non esiste più.

BONATTI – Ero infatti un inviato di «Epoca», però un inviato molto particolare in quanto non andavo in giro per il mondo a eseguire un qualche cosa stabilito dal giornale, ma da me scelto e voluto. Ero io a inventarmi gli argomenti che nascevano sull'onda dei miei sogni, della mia immaginazione attingendo alle letture della mia prima giovinezza. Naturalmente sottoponevo queste mie invenzioni al direttore di «Epoca» che le vagliava, e poi partivo verso quei luoghi lontanissimi, quasi ignoti. E me ne stavo in capo al mondo per tre, quattro, anche sei mesi.

VEGLIANI – Non è un caso che Walter Bonatti continui a riempire le sale dove periodicamente tiene conferenze, e scriva pagine molto significative nei suoi numerosi libri, ormai introvabili, ma che ora queste pagine sono state raccolte in un nuovo volume appena uscito.

BONATTI – Il riempire le sale e riscontrarvi tanto entusiasmo, be', è cosa molto gratificante, ma anche sorprendente, avendo smesso di fare alpinismo estremo da trent'anni. Mi rallegro dunque e dico, sì, ho seminato bene, per me stesso e per gli altri; ed eccone i frutti.

VEGLIANI – Tu hai fatto delle cose straordinarie, difficilissime, ai limiti dell'umanamente possibile, ma riesci ancora a gioire di una cosa semplice e alla portata di tanti?

BONATTI – Quello che soprattutto mi piace è proprio il gioire delle cose semplici. Nell'alpinismo estremo ero in competizione con me stesso, l'ho fatto dunque per misurarmi, per vincere quello che poteva sembrare impossibile, ma alla fin fine per superare l'impossibile dovevo innanzitutto vincere me stesso, capisci? La mia è stata quindi una competizione con me stesso, ma nondimeno è stata anche un notevole esercizio fisico, e non ultimo – l'alpinismo inteso come io sempre l'ho inteso – è stato un piacere dello spirito muovendomi sempre in un ambiente talmente bello e affascinante. Facciamo un esempio. Da più di quarant'anni vado in cima al Monte Bianco, e lassù, ogni volta, vi scopro cose nuove. Ma nuove non tanto nello spettacolo che lassù circonda, bensì dentro di me, e sono nuove emozioni. Perché nuove? Perché andando avanti con gli anni si percepiscono molte più cose, si affina la sensibilità: un senso, io credo, che è la base di tutto.

BONATTI, UN UOMO COSÌ
di Marco Berchi

BERCHI – Nella sua libreria i grandi romanzi di Jack London hanno uno spazio privilegiato. Non penso sia un caso. Visto che Bonatti è sì un grande uomo di avventura ma, in pari modo, un grande narratore. Eppure lei non nasce scrittore, anzi. Come la mettiamo?

BONATTI – Si possono raccontare in modo persuasivo solo le cose che si sono vissute. Senza un'esperienza non c'è un buon racconto. Può darsi come lei dice che io sia un buon narratore, se è così è perché ho vissuto sino in fondo ciò che tento di comunicare.

BERCHI – E cioè?

BONATTI – Tutto ciò che ho fatto l'ho realizzato a misura d'uomo. Vale a dire: usando un metro in comune con chi mi ha preceduto. Pensi a Ulisse. Un uomo forte e determinato che animato da curiosità e coraggio affronta l'ignoto. Senza mezzi particolari, senza protezione. Qui sta il punto. Ho sempre scelto di presentarmi nudo di fronte alle difficoltà, senza artifici e compromessi di alcun tipo. Ne deriva un'esperienza autentica e, forse, un racconto efficace, che colpisce il lettore. Che si accorge se di fronte ha un personaggio o una persona.

BERCHI – Che differenze riscontra tra il pubblico che la segue oggi e chi veniva alle sue conferenze trent'anni fa?

BONATTI – Oggi vedo una presa di coscienza sempre più vasta della necessità di tornare a essere uomini. Affrontando ogni tipo di prova con emozione, entusiasmo e paura – dimensione formidabile dell'umano. Io non racconto sempre successi, parlo anche di défaillance. E la gente capisce. Anche perché ieri vedevano in me soprattutto una specie di eroe invincibile, oggi, anche per ragioni anagrafiche, è più facile vedermi per quello che sono: semplicemente un uomo. Lo ero anche trent'anni fa...

BERCHI – Cosa succede all'alpinismo? Se ne parla sempre meno, è tramontata l'epoca degli exploit. Sono finite le montagne da scalare? È finito l'alpinismo?

BONATTI – Affatto. Fino a quando l'alpinismo sarà avventura, alla cui base c'è immaginazione, sogno, curiosità e slancio, esso non finirà mai. Le montagne non sono finite, sono state sostanzialmente spianate dagli artifici tecnici.

Forse è finita l'epoca delle imprese mozzafiato, ma resta ancora l'impresa più grande, quella dell'uomo che vuole conoscere se stesso. Parlo per me, avendo alle spalle tutto un passato che parla di queste cose. Degli altri preferisco non dire.

BERCHI – Che differenza c'è tra le sue imprese nel mondo e l'impresa di fare una casa come questa sua?

BONATTI – Nessuna e la ringrazio della domanda. Tutte le mie imprese – se imprese sono – sono state da me immaginate e sognate, e poi realizzate come ho potuto. Certo una grande salita è più eclatante del restauro di una casa, ma il movente è lo stesso.

Berchi – Certo che è difficile immaginarsi Bonatti a spasso per i boschi qui attorno come uno... qualunque.

Bonatti – Perché siamo prigionieri delle immagini e dei luoghi comuni stereotipati. Bonatti prima di tutto è un uomo.

Berchi – Un uomo che ama molto la parola coerenza.

Bonatti – Ah sì, è vero.

Berchi – Ma lei non ha mai fatto sbagli?

Bonatti – E chi non sbaglia? Poi si lima, ci si corregge. Ma per limare e correggere occorre avere qualcosa sottomano.

Senza materiale, materiale umano, non solo non si sbaglia, non si combina nulla.

Da «Il Biellese», 10 novembre 1995

WALTER BONATTI – LA MONTAGNA DI UNA VITA
di Marco Ferrari

Ferrari – Riesci a vedere il Cervino come una montagna simbolica, come l'oggetto di un'eleganza emblematica?

Bonatti – Simbolicamente... sì certo che lo vedo. Io ho sempre sostenuto che la bellezza di una montagna e l'importanza della sua scalata fossero date dalla componente storica, da quello che è avvenuto sulle sue pareti. Questo perché è l'uomo a dare vita alle montagne. Il Cervino, la sua forma, il suo slancio verso il cielo possono essere visti – e d'altronde lo sono sempre stati – come il simbolo dell'alpinismo. Il senso del salire, l'allegoria dell'ascendere: io ero rimasto stregato dalle sue forme, ma ero rimasto soprattutto affascinato dalla sua storia alpinistica. A partire da Whymper, da Carrel, da tutti quelli che si sono succeduti sulle sue superbe linee.

Ferrari – Non a caso la tua ultima scalata è stata la Nord del Cervino. Una scelta astuta quella di abbandonare l'alpinismo su una parete così importante (era il centenario della conquista), o un naturale punto di arrivo?

Bonatti – Nessuna astuzia. Nel '64 avevo deciso di smettere con l'alpinismo estremo. Avevo capito che se volevo rimanere coerente con i miei princìpi, quelli di un alpinismo pulito, non mi rimaneva altra scelta che abbandonare. I limiti che avevo raggiunto erano tali che se avessi continuato non avrei potuto che ripetermi, e visto che secondo me l'importante è aggiungere novità alla propria vita, avevo deciso di tradurre l'avventura in una forma diversa: la forma dell'esplorazione, che mi vedrà impegnato per tanti anni, quanti ne avevo dedicati all'alpinismo estremo. La decisione di abbandonare l'avevo presa a fine estate del '64, e il '65 era già alle porte. Dopo aver studiato e organizzato, per quell'anno, il mio viaggio nel Grande Nord americano, sentivo però ancora dentro di me quel sogno che avevo accarezzato da tanto tempo: ripercorrere le tracce di Kaspar Mooser e di Victor Imboden che nel '28 avevano tentato una via sulla Nord del Cervino. Chiudere la mia carriera di alpinista con questo sogno nel cassetto non mi sembrava giusto. Allora, con il Cervino, ho voluto aprire una parentesi e chiuderla subito dopo. In ogni caso non avevo la minima intenzione di andarci da solo, infatti mi sono scelto due compagni fidati, due compagni del cuore: Panei e Tassotti. Poi però con loro, le cose, come sappiamo, sono andate male: il maltempo ci ha bloccati alla Traversata degli Angeli, e abbiamo dovuto lottare seriamente per tornare indietro (dopo tre giorni e ventiquattro ore nella tempesta – protetti da teli di nylon – e quattrocento metri di calata n.d.r.).

FERRARI – I tuoi ricordi del Cervino però non sono legati solo alla parete nord. Anche la cresta del Fürggen ti ha lasciato qualche cosa.

BONATTI – Della storia di quella salita ho un doppio ricordo. Uno bello e uno meno bello. Quello bello è che sono andato con il mio grande amico Roberto Bignami e abbiamo fatto una variante diretta. Andò così: io proseguivo in testa e mi accorgevo che le difficoltà a mano a mano crescevano, ma non volevo dire niente a Roberto per non impressionarlo. E alla fine sai cosa ho fatto? Ho proseguito dritto, lungo una nostra variante nuova che affronta direttamente gli strapiombi finali. Così, per caso, abbiamo raddrizzato la via di Carrellino e solo quando siamo arrivati alla croce di vetta ho detto tutto al mio compagno. Eravamo stanchi ma felicissimi. Poi, però, nella discesa è avvenuto il fatto meno bello dell'intera storia. La cresta dell'Hörnli che dovevamo prendere in discesa era in condizioni disastrose e ci causò un forte ritardo sulla tabella di marcia. Rientrati a Monza, dove io abitavo, abbiamo letto casualmente «La Notte». Cosa assurda! Riportava i nostri necrologi: «Due giovani sono morti sul Cervino» o qualche cosa del genere, era scritto sopra l'intervista a mio padre che si dichiarava assolutamente certo che non mi fosse successo niente. E infatti non era successo niente, ma i giornali sai... Eravamo ancora ragazzi, io avevo solo ventidue anni: figurati lo spavento. Devo dire però che mio padre ha sempre avuto una grandissima fiducia in me. E in quell'occasione l'ha dimostrata apertamente.

FERRARI – Emerge che la tua vita è stata condizionata, nel bene e nel male, dalla stampa. Sei stato molte volte attaccato da giornalisti anche perché le polemiche intorno al tuo nome, specie negli anni Sessanta, contribuivano ad aumentare le vendite. Però, la grande stampa («Epoca» prima di tutto) ti ha dato anche l'opportunità di scrivere, diventare divulgatore e protagonista dell'alpinismo. Come senti oggi questo ruolo?

BONATTI – Non ho mai voluto essere un divulgatore di qualcosa. Forse ho avuto successo solo perché parlavo di cose umane e la gente è rimasta molto sensibile a questa mia esperienza e si è identificata in me.

FERRARI – Sul tuo libro, *Montagne di una vita* uscito da Baldini&Castoldi l'anno scorso, hai scritto che «fortunatamente dell'alpinismo tradizionale non si è perduta memoria». Tu che non sei mai stato un agnellino nei confronti del giornalismo e della mediatizzazione della montagna, come si dovrebbe fare allora a mantenere viva la memoria di un certo alpinismo?

BONATTI – Un modo per non perdere la memoria è semplicemente quello di mantenere vive delle testimonianze. Questa, se vuoi è la mia testimonianza ma ce ne sono molte altre che non dovrebbero andare perdute. E alla fine – secondo me – le giovani generazioni non rifiuteranno il vecchio discorso, quello dell'alpinismo come avventura interiore con mezzi leali. Purtroppo però non conoscono più quei valori perché il messaggio non è stato sufficientemente tramandato.

FERRARI – Non pensi che quando le testimonianze dirette, come la tua ad esempio, non ci saranno più, allora si guarderà all'alpinismo tradizionale con occhi diversi? Il filtro del tempo aggiungerà un valore simbolico. L'alpinismo sarà visto come una grande epopea, mitizzando i protagonisti che diventeranno materiale utile per costruirci storie, come è accaduto ad esempio per l'epopea western o le altre grandi saghe?

BONATTI – Certo che è giusto, che sarà giusto parlare di alpinismo con libri, film e altri mezzi, marmorizzandolo nel mito come una grande epopea umana, in fondo lo è stato. Però dipenderà da come gli uomini del futuro sapranno vivere l'eredità lasciata dagli alpinisti tradizionali e continuare a esprimersi, magari su altri terreni. Alla fin fine, se siamo realisti, noi abbiamo trasposto in altri mondi le colonne dei limiti, le Colonne d'Ercole, e l'uomo sarà sempre spinto al di là dei limiti, al di là del possibile. Nel futuro ci sarà qualcosa d'altro. L'antico diviene mito, ma se vuoi è anche più che mai moderno, più che mai futuro.

FERRARI – Definiscimi l'alpinismo tradizionale.

BONATTI – L'alpinismo tradizionale ha il merito di aver creato degli uomini, di aver arricchito l'uomo di esperienze che affondano le radici nella morale, nell'etica e nell'estetica. In tutte quelle cose che oggi si ritengono superate. Fare l'alpinismo per me è stato un modo per vivere e migliorarsi: l'importante è che rimanga questa ricerca. Questo messaggio.

FERRARI – Tu hai sempre sostenuto l'idea di riconoscere delle regole in alpinismo. Cosa intendi per «regole»?

BONATTI – Accettare le regole significa lealtà. L'alpinismo per me era prima di tutto un gioco e, come tu sai, ogni gioco ha delle regole, non che debbano essere imposte, ma se si decide di stare a quel gioco, si accetta di assumere quelle regole basate sui princìpi del sentimento, sui princìpi umani. Se ci si vuol confrontare con una grande storica parete bisogna farlo mettendosi nelle stesse condizioni del suo primo salitore. Alla fine, un alpinista, deve essere prima di tutto un uomo ed essendo uomo non può prescindere dai suoi princìpi.

FERRARI – Ma se tu vedi l'alpinismo come ricerca interiore, ricerca di una propria verità e non come mezzo di confronto con gli altri, che bisogno hai delle regole? La montagna diventa uno sfondo dove proiettare la propria esistenza: questo non è in contrasto con la tua idea di porre dei divieti?

BONATTI – Benissimo. Io la parola «regola» la dico sempre tra virgolette. Niente è regolato, codificato, vietato, siamo noi stessi a farci le nostre regole proprio per avere dei riferimenti. Se io voglio misurarmi con una montagna, lo ribadisco, devo misurarmi nella stessa modalità con cui è stata salita in passato, solo così potrò capire quello che ho fatto realmente.

FERRARI – Tu hai scritto: «Oggi tutti parlano di avventura, forse perché la realtà ne concede poca e sempre meno». Cosa vuoi dire?

BONATTI – Nel mondo di oggi l'avventura la mettono dappertutto. L'avventura è il prezzemolo della vita, secondo me perché ce n'è sempre meno. In realtà quella che ti vendono oggi è un'avventura prefabbricata.

FERRARI – Molti psicologi, osservatori accademici, hanno attribuito alle motivazioni di base dell'alpinismo una sorta di immaturità, una forma di infantilismo insuperato: la montagna come una grande madre che restituisce all'alpinista un'identità non sviluppata autonomamente. Cosa ne pensi?

BONATTI – Questi signori hanno una cultura nata a tavolino. Perché se qualcuno di loro avesse vissuto la vita come meriterebbe di essere vissuta, probabilmente rifiuterebbe quei concetti. L'alpinismo ha la forza di creare degli uomini, di allargare i loro orizzonti.

FERRARI – Se vogliamo contrapporre l'uomo al suo opposto, la morte cioè l'annullamento dell'uomo stesso, tu come ti poni nei confronti di questa eventualità, che per te è stata anche una «compagna di vita»?

BONATTI – Io ho convissuto spesso con la morte, sia in alpinismo, sia in giro per il mondo sono stato diverse volte a tu per tu con lei. Ma se le sono andato così vicino non è perché sia un votato a morire, ma l'ho fatto solo per vivere più intensamente.

FERRARI – Stiamo parlando di morte e ideali: questa è un'affermazione importante, un'apologia del pensiero forte, dell'«eroismo».

BONATTI – Forse questo valeva di più un tempo. Oggi essere un eroe significa semplicemente non scendere ai compromessi della mediocrità del presente. L'eroe oggi non è soltanto colui che passa attraverso grandi epopee. Oggi che trionfa il compromesso, oggi che trionfa la mediocrità, rimanere uomo coerente con i propri princìpi e mantenersi individui liberi dal compromesso, è già «eroismo».

FERRARI – E la vecchiaia? Per te Bonatti, uomo di avventura che ha usato il suo corpo come mezzo attivo, come medium diretto per realizzare se stesso e arricchire la sua ricerca intellettuale, la vecchiaia che valore ha?

BONATTI – Io non vedo la vecchiaia come un fatto sminuente, per me la vecchiaia rappresenta una crescita. Attraverso le esperienze della montagna mi sono arricchito, ma sarebbe patetico e stupido pretendere oggi di vivere da ventenne. La vita la identifico come una scala di infiniti gradini: i miei primi gradini sono stati il Po, dopo la montagna, poi i grandi viaggi. Oggi, anche se è meno visibile, io continuo a salire la mia scala.

FERRARI – A parte il Cervino, qual è stata la tua ultima montagna?

BONATTI – Adesso mi prendi in contropiede. Sai che non lo ricordo neanche! Effettivamente la mia ultima montagna è stato il ghiacciaio del Morteratsch. Ma tu sai come vanno le cose: io guardo un profilo e da quel profilo nasce il ricordo di un altro profilo, e galoppi con la fantasia che ti porta chissà dove. La mia ultima montagna è il Legnone che ho qua davanti a casa. E quando si presenta con certe luci, io non mi misuro con il Legnone, ma è il Legnone che mi porta da altre parti, fino al Cervino, fino a tutte le altre montagne della mia vita.

Da «Alp», settembre 1996

FERMARE LE EMOZIONI – L'UNIVERSO FOTOGRAFICO DI WALTER BONATTI
di Roberto Mantovani

MANTOVANI – In qualche caso, il tuo lavoro di reporter ti ha coinvolto in vere e proprie esplorazioni?

BONATTI – Sì, effettivamente ho vissuto dei veri episodi di esplorazione. Come quando sono andato a cercare le sorgenti del fiume più grande del mondo, il Rio delle Amazzoni, che nel corso degli anni avevo visitato in lungo e in largo. Sull'argomento c'era già una bella letteratura, e la cosa non poteva che affascinarmi. La prima volta, nel 1967, ho disceso il Marañón, uno dei due fiumi da cui si origina il Rio delle Amazzoni. Si tratta del ramo con la maggior portata d'acqua. Ma non mi bastava, volevo cercare le sorgenti dell'affluente più lungo, il Rio Ucayali, che si origina come Rio Apurimac e su cui gravava allora una diatriba: c'era chi la poneva nella Cordillera Chila, chi da un'altra parte. Secondo alcuni esploratori americani stava nella Quebrada Huarajo. E sapevo che gli yankees vi avevano addirittura sistemato una targa. Così nell'estate del 1978 ho cercato il luogo finché, con l'aiuto di un indio, sono riuscito a individuare la placca di bronzo. Che recitava: «Qui comincia il Rio delle Amazzoni, il fiume più grande del mondo». E sotto l'iscrizione – bilingue, in spagnolo e in inglese – seguivano data e firma: «S. Palestino – 1973 Usa».

MANTOVANI – Interessante, ma in fondo il problema era risolto.

BONATTI – Niente affatto, e ti spiego il perché. Era il 26 luglio, dunque mi trovavo nel pieno della stagione secca, e in quel punto, al posto della sorgente c'era solo una pozzetta melmosa. Forse gli americani avevano individuato la sorgiva nella stagione delle piogge, quando esce acqua dappertutto. Ma le sorgenti dei fiumi vanno cercate nelle stagioni secche, altrimenti c'è il rischio di prendere abbagli. Chiaro che mi sono venuti subito dei dubbi: che la sorgente fosse tutta lì? E così ho cominciato a girovagare sulle creste della zona, salendo il più in alto possibile. Ero convinto che la sorgiva si trovasse altrove. Ho cercato a lungo, per un paio di giorni, salendo fino a cinquecento metri sui colli più elevati che dominano la *puna*. A un certo momento ho creduto di vedere in lontananza una macchia scura e paludosa, una zona di pascolo degli alpaca. Sono sceso proprio là e ho trovato l'origine di un ruscello limpido e copioso. Era l'impluvio più elevato della Quebrada Huarajo, e sicuramente la vera sorgente del grande fiume, sempre che si accetti che il Rio delle Amazzoni nasca proprio in quella vallata.

MANTOVANI – E a distanza di anni leggi ancora autori d'avventura che possono ispirarti?

BONATTI – No, anche perché oggi sono quasi scomparsi gli avventurosi che riescono ad avvincermi. Inoltre va detto che molti dei luoghi che ho visitato sono mutati, il turismo e un certo sviluppo li hanno stravolti. Sarebbe troppo triste rivederli ora.

A volte penso che nel mondo attuale non sia più possibile l'avventura del piccolo uomo che, armato solo della sua fantasia e della sua volontà, parte alla scoperta dell'ignoto. E questo è un dramma. Certe esperienze sono in grado di segnarti per una vita intera. Ti fanno entrare in uno stato di grazia, hai quasi l'impressione di addentrarti per un momento nella dimensione del mistero. Sono come un lampo divino che ti mette in contatto con una dimensione sconosciuta: con la tua anima e con un mondo più ampio, più profondo, senza confini.

Mantovani – Quattordici anni e mezzo di grandi viaggi, di esperienze uniche, di grandi reportage. Poi, sul finire del 1979, decidi di chiudere con «Epoca». Perché?

Bonatti – Perché «Epoca» era cambiata. Diverso era il criterio di coloro che subentravano a dirigerla. Rimanere a «Epoca», da quel momento per me sarebbe stato come svolgere un mestiere senz'anima, ossia niente più che l'esecuzione pedissequa e servile di un programma pensato e voluto da altre logiche che non erano, né mai avrebbero potuto essere, le mie. Dunque una condizione inaccettabile per me che, sempre, avevo inventato e vissuto intensamente ogni momento, ogni aspetto della mia vita. Insomma, avevo cessato di credere nei valori di quel giornale al quale avevo affidato il senso della mia vita.

Mantovani – E così?

Bonatti – Ho dato le dimissioni. Tre mesi di preavviso e poi me ne sono andato, pagando naturalmente di persona. Altri settimanali, subito l'indomani, mi chiesero di continuare con loro, non ci andai. È finita così, ho cambiato vita; o, meglio, ho continuato a rimanere me stesso, pur senza viaggiare fino in capo al mondo per un giornale. E non mi riferisco solo a «Epoca», ma anche a tutti i periodici che in quegli anni andavano perdendo sempre di più la loro identità, i loro pregi, e quindi – secondo me – il senso e la loro ragion d'essere.

MANTOVANI – E come hai vissuto il dopo «Epoca»?

BONATTI – Da uomo libero e lontano a ogni compromesso e scadimento. Ho scritto libri e tenuto conferenze, raccontando le mie esperienze nelle terre più lontane e meno conosciute.

Museo Nazionale della Montagna, febbraio 1998

REGIONEITALIA
di Gian Franco Bianco

BIANCO – Amato da tutti, Bonatti, anche per i torti subiti, si pensi al K2, o alle accuse ingiuste, si pensi ai terribili giorni del luglio '61 sul Pilone del Frêney. Nessuno dei suoi detrattori però ha racimolato neanche un briciolo della sua popolarità. È amato poi anche per quella sua ostinata sfida, l'ultima, tra l'uomo solo e la natura. Senza aiuti di tecnologia, né di una radio, né di un elicottero, ma affidato soltanto a un chiodo, o al vento; giorni e giorni in cui si finisce per parlare con se stessi. La paura non ce la si può permettere. Di quelle ore interminabili Bonatti, che dell'alpinista ha conservato il taglio asciutto e le poche parole, dirà semplicemente: i giorni grandi. Grandi davvero, per quell'idea romantica dell'alpinismo-avventura che con lui è finito per sempre.

Bene Bonatti, così almeno la vediamo noi, così l'abbiamo sempre immaginata, e c'è anche in noi una certa emozione, anche perché al Bonatti fotografo di «Epoca» è legato una parte della nostra vita e siamo tra quelli che conservano i fascicoli di quella indimenticabile stagione del settimanale di Mondadori. Dunque lei, come ho detto nella premessa, lascia, diciamo così, l'alpinismo estremo, l'alpinismo avventura e diventa giornalista, fotoreporter, chiamato dal direttore Nando Sampietro. Quante volte viaggiava ogni anno per «Epoca», quanti viaggi faceva?

BONATTI – Quasi sempre un viaggio soltanto, però un viaggio che durava da quattro a sei mesi.

BIANCO – Appena?... E la preparazione del viaggio la organizzava lei, era tutta sulle sue spalle o aveva un'équipe?

BONATTI – Nessuna équipe. Era per me un anno pieno, perché il viaggio mi occupava gran parte del tempo, poi c'era da fare un lavoro redazionale, infine lo studio e l'organizzazione del successivo viaggio; che naturalmente ero io a inventarmelo e me lo organizzavo da solo.

BIANCO – Senta, qui ci sono alcune delle fotografie che ha scattato per «Epoca» e che tutti avranno occasione di vedere fino a maggio al Museo della Montagna di Torino. Lei ha detto che questi viaggi duravano a volte finanche sei mesi. Lei si è messo negli atolli australiani, è salito sui vulcani ecuadoregni, sui ghiacciai cileni, le Ande argentine, l'Amazzonia, il deserto della Namibia, è stato fra i monaci nepalesi. Ecco, noi guardando queste foto e rivivendo tante emozioni, pensiamo sempre che di Bonatti sappiamo tutto delle paure, delle tragedie della montagna, delle soddisfazioni, ma di Bonatti fotoreporter sappiamo poco. Ha corso pericoli e ha avuto paura anche come giornalista?

BONATTI – Sì. In vita mia ho fatto spessissimo delle cose ai limiti delle possibilità. Quindi mi muovevo sempre su terreni infidi, ed era giusto che provassi paura. Forse è anche per reazione alla grande paura che poi ho fatto cose coraggiose.

BIANCO – Con che macchina fotografica operava? Non più quella che usava sul Monte Bianco?

BONATTI – No, certo che no. Naturalmente usavo macchine fotografiche professionali e molto sofisticate. Ecco, l'unica imposizione fattami da «Epoca» era che mi mettessi dentro le immagini che scattavo nel corso delle avventure che vivevo. Poi via via ho modificato questa formula. Di me facevo soltanto vedere nella foto che scattavo un piede, una mano, e magari un allungamento della mia stessa ombra. Però all'inizio ho dovuto proprio mettere la mia figura di protagonista dentro la fotografia del contesto avventuroso che vivevo e fotografavo.

BIANCO – Lei ha considerato almeno una volta il calcolo di quanti scatti ha fatto in totale?

BONATTI – Penso circa ottantamila.

BIANCO – Lei è fortunato. Ha sessantotto anni e ha girato in tutto il mondo. Viene spontaneo chiederle se c'è un posto sul pianeta dove ancora deve andare.

BONATTI – Sì, nei Paesi civilizzati; ma la mia è una battuta. Per esempio sono stato in Giappone soltanto lo scorso anno, per altre ragioni; ma in Giappone non c'ero mai stato prima perché evidentemente è un Paese in cui non c'è nulla da poter vivere a contatto con la natura selvaggia.

BIANCO – Senta Bonatti, mi viene spontaneo chiederle qual è il posto più bello del mondo?

BONATTI – Tutti i posti sono bellissimi. Dipende però da ciò che noi vi cerchiamo e dallo spirito che ci porta in quei luoghi.

BIANCO – Un'ultima domanda. Lei dalla vita ha avuto certamente molto. Però le è stato anche tolto molto. Abbiamo già ricordato alcuni esempi: ci sono stati dei detrattori. Lei pensa che i conti siano pareggiati?

BONATTI – Io penso di sì, perché l'uomo in fondo possiede per sua natura un grande senso selettivo. Perciò alla fine si finisce per ricordare soprattutto le cose belle.

Da Rai – Tgr Torino, 20 febbraio 1998

BONATTI – SULLA SCALA INFINITA

di Oreste Paliotti

I capelli diventati ormai candidi fanno un magnifico contrasto con il volto abbronzato e solcato da rughe tracciate, si direbbe, dalla mano di un artista. Occhi abituati a scrutare le lontananze. Una figura agile e aitante, malgrado l'età. Pacatezza, semplicità di modi, cortese disponibilità. Questa l'immagine di Walter Bonatti, lo scalatore ed esploratore divenuto quasi un mito, anche per aver saputo descrivere alla stregua dei grandi scrittori d'avventure le imprese vissute in prima persona. L'ho incontrato a Milano, in occasione di una sua conferenza sull'Antartide, ed ho avuto la sensazione, alla fine, di esser cresciuto in umanità. Cose che capitano a imbattersi in uomini «veri», realizzati.

PALIOTTI – Nei suoi viaggi ai confini quasi di ogni consorzio umano, lei non ha mai inteso fuggire, ma piuttosto raggiungere qualcosa...

BONATTI – Fuggire proprio non è nel mio temperamento, ma raggiungere, assolutamente raggiungere. Cosa? Soprattutto una crescita interiore che aiuti a rispondere ai perché esistenziali, come pure ad assumere tutte le responsabilità che la vita impone.

Paliotti – La tensione a «diventare uomo» (del resto lei stesso l'ha definita così). A che punto di questo cammino è arrivato Bonatti oggi? Cosa conosce di sé?

Bonatti – Io quel poco che conosco di me – perché si passa l'intera esistenza a cercar di conoscersi – lo devo proprio a ciò che ho vissuto seguendo i sogni fatti da ragazzo, sull'onda dei miei autori preferiti: London, Melville, Curwood, Defoe... Vede, io sono figlio della montagna per parte di madre, e della pianura per parte di padre: in riva al Po, da bambino scorgevo all'orizzonte il profilo lontano delle montagne e sognavo di portarmi su quello che per me era il tetto del mondo; vedevo anche qualche relitto trascinato dalla corrente e idealmente a cavallo di esso arrivavo allo sconfinato mare.

La montagna e tutto quello che è venuto dopo – i viaggi e le esplorazioni – sono stati per me un banco di prova. Niente di meglio che trovarsi nell'«impossibile» per imparare a conoscersi nei propri limiti, ad affinare la propria responsabilità: perché tutte le prove estreme richiedono responsabilità, oltre che abilità specifiche.

Paliotti – Lei ha cercato sempre un contatto al di fuori di ogni competizione con il mondo selvaggio. Una costante inoltre delle sue imprese, anche di quelle più aspre, mi sembra sia l'essere state condotte all'interno e nel rispetto dei limiti umani. Come considera le prodezze di certi atleti, che i limiti sembrano proprio sfidarli, anche a prezzo della vita?

Bonatti – È vero, ho sempre cercato questo punto d'incontro. Spesso, invece, quello che ho fatto è stato mal inteso, considerato una lotta «contro». Quanto agli esempi che lei mi ha fatto sotto il profilo atletico, non voglio giudicare. Ma non potrei neanche farlo, perché evidentemente non rispecchiano la mia filosofia della vita. Anch'io uso i mezzi tecnici, ma non finalizzati alla ricerca spasmodica di un record, di un successo sportivo.

Perché invece non affidarci di più alle nostre sole risorse, tirando fuori l'Ulisse che è in noi? Allora ci accorgeremmo che questa Terra, già tutta conosciuta ma forse conosciuta male, riserva ancora ampi spazi all'esplorazione, all'avventura.

PALIOTTI – Lei ha affermato che non dobbiamo mai tagliare i ponti con il passato. Cosa intendeva sottolineare con questo?

BONATTI – Non c'è che il passato, inteso come somma di conoscenze, a darci dei riferimenti. Tutto ciò che vale o non vale lo possiamo capire attraverso il confronto con esso e lo stimolo che ce ne viene. Se noi prescindiamo dal passato, non sapremo mai chi siamo e cosa vogliamo fare; brancoliamo nel nulla.

PALIOTTI – In quanto dice non pesa un po' il confronto con un presente che apparirebbe meno genuino, più povero di valori?

BONATTI – Penso di sì, ed è un vero delitto, perché da giovani si è puri, pieni di slanci ideali, che poi crescendo vengono mortificati. Credo che la prima responsabilità di tutto questo sia della famiglia, poi della scuola e infine della società.

L'umanità, condizionata da tanti «non valori», diventa schiava della tecnica, che ci toglie la possibilità di sognare, di pensare: rischia grosso. Questo è tremendo: la gente ha paura di ritrovarsi sola con se stessa per guardarsi dentro, scoprirsi. Speriamo che si svegli e capisca che ha sbagliato tutto, che deve tornare a essere umana.

PALIOTTI – A proposito di solitudine, lei ne sa qualcosa. Eppure penso che abbia delle cose molto interessanti da dire anche riguardo all'amicizia...

BONATTI – Considero la solitudine una dimensione importante, anche perché essa acutizza la sensibilità e dà nerbo all'azione. Solitario lo sono un po' per natura, ma un po' lo sono anche diventato per necessità, per difesa: perché nell'età in cui si ha la pelle più sottile ho avuto tali e tante delusioni da parte del prossimo che purtroppo, quando posso, cerco di agire da solo.

Questo non esclude naturalmente che io abbia avuto e abbia dei veri amici. Guai se non fosse così! Parlando dell'alpinismo, per esempio; ho avuto come amico carissimo Carlo Mauri, ora purtroppo scomparso. Con lui ho portato a termine delle imprese straordinarie. Ed era straordinario il fatto che insieme eravamo due entità ma un solo pensiero, una sola sensibilità... Ma sono casi piuttosto rari.

PALIOTTI – Come mai l'attrae ciò che è primordiale, isolato?

BONATTI – Sì, effettivamente è così. Se avessi potuto scegliere la mia vita, come minimo avrei voluto vivere nell'Ottocento, ma andrei anche più indietro: avrei voluto essere il primo uomo su questa Terra per vedere, intorno a me, un mondo ancora intatto, misterioso...

PALIOTTI – Però in certi posti forse è stato davvero il primo.

BONATTI – Eh sì. Luoghi qualche volta assolutamente inesplorati, e così remoti da dimenticarsi che esista l'uomo sulla faccia della Terra. Ed è per noi uomini di fine millennio un'esperienza incredibile, da non poter raccontare al primo che capita per non essere preso per matto...

PALIOTTI – Lei dapprima si è dedicato al verticale, alle imprese alpinistiche; dopo di che ha affrontato l'orizzontale, inaugurando una stagione di esplorazioni e viaggi sui punti più isolati e selvaggi del pianeta.

BONATTI – Ma anche quando ho affrontato l'orizzontale, per me era un ascendere. Vede, per me la vita è come una scala infinita. Da bambino ho cominciato a salire i primi pioli, poi altri e altri ancora. Così di avventura in avventura. L'alpinismo mi aveva dato tanto, ma il mio bisogno di conoscenza era insaziabile. Allora ho trasposto il mio alpinismo con tutte le sue componenti psicologiche al di fuori del verticale, ma in modo altrettanto interessante e ancora più vasto, nel mondo fatto di deserti, di mari, di foreste, di animali selvaggi... E ancora adesso, un piolo dopo l'altro, continuo a salire su questa scala immaginaria verso l'infinito.

PALIOTTI – Un'ultima domanda. Lei è felice?

BONATTI – Certo, in senso relativo, perché la felicità assoluta non esiste, la felicità è di attimi. Comunque mi ritengo fortunato pensando di aver speso l'esistenza secondo il mio modo di concepire la vita. Ciò non può dare che felicità: questa ce l'ho, e sono orgoglioso di averla.

ORCHESTRA STABILE DEL CONSERVATORIO GIUSEPPE VERDI DI MILANO
di Filippo Poletti

POLETTI – Walter Bonatti, che musica si ascolta tra le nuvole a ottomila metri?

BONATTI – A mio avviso non c'è musica che possa toccare l'animo a ottomila metri di quota. L'aria rarefatta e la fatica mettono costantemente a dura prova la sopravvivenza. Ma a quote più umane, sulle nostre Alpi per esempio, la musica che cerco, e che ascolto con incanto, è sicuramente quella della natura che mi circonda. In assoluto è per me la più intensa e penetrante: è la musica dei sentimenti di fronte all'assoluta grandezza del creato. A orchestrarla è la natura stessa con il suo connubio di forme e di luci pervase da ogni sorta di suoni. Sono per lo più delicati ma anche crudi di sibili, di fragori; oppure, pare una contraddizione, si diffondono a volte immensi silenzi, che sopraggiungono però quasi assordanti, perché totali.

POLETTI – Presso i teorici musicali del XVII e XVIII secolo il termine anàbasi indica il movimento melodico ascensionale usato in relazione a espressioni del testo indicanti resurrezione, elevazione. L'ascensione in musica come in montagna è dunque la via alla grandezza e alla sublimità?

BONATTI – D'accordo per la musica, che se espressa ad alti livelli di sensibilità può suggestionare emotivamente fino a dare l'idea di elevazione, di anàbasi. Non credo però che il raggiungimento di una vetta possa sublimare fino a questo punto; anche se la retorica della montagna lo ha spesso voluto. È vero comunque che messi al cospetto della natura grande e severa ci si sente immensamente piccoli e fragili. Sì, la montagna a volte, se vissuta in un particolare stato d'animo, può esaltare; ma più sovente invece spoglia l'uomo della sua presunzione, e lo ridimensiona. Gli restituisce allora la reale natura umana andata spesso assopita, se non alterata, dal caotico e confuso vivere quotidiano.

POLETTI – Nella famosa composizione *Una notte sul Monte Calvo*, Modest Musorgskij, compositore romantico russo, ha descritto, celebrandola, l'atmosfera satanica e soprannaturale. I suoni della notte in montagna hanno veramente qualche cosa di magico? E in una spedizione sul Monte Calvo piuttosto che sul Kilimangiaro quale compositore classico avrebbe voluto come compagno?

BONATTI – Ovviamente avrei voluto con me l'autore di *Una notte sul Monte Calvo*.

Sì, i suoni della notte sulla montagna hanno una loro magia del tutto speciale, che presto però può anche tramutarsi in paura. Questo può accadere quando ci si trova da più giorni appesi a una difficile parete e costretti nell'immobilità di un bivacco notturno. In tal caso, mancando l'azione, non si può fare a meno di ascoltare le proprie ansie e incertezze, quando non fossero già angosce. In simili condizioni dunque tutto si acutizza, si amplifica, e non soltanto il disagio fisico. Allora un semplice sibilo del vento basterà a far immaginare una tempesta in arrivo, e lo schianto lontano di una pietra che precipita nel buio, richiamerà l'idea di una possibile valanga pronta a staccarsi sopra di noi.

Ma la vera magia di una notte in alta montagna sarà a mostrarla la grande luna piena con i suoi riflessi d'argento sulle candide nevi, e sopra di noi, un immenso oceano di stelle lucentissime che vanno alla deriva.

POLETTI – Le analogie tra la musica e la montagna si possono trovare anche nell'aspetto puramente estetico. Il Monte Chacraraju sulla Cordillera Blanca in Perù ne è un esempio, presentando pareti di ghiaccio del tutto simili a canne d'organo. Ma qual è lo strumento musicale che la fa rimanere di ghiaccio?

BONATTI – Non c'è strumento musicale né musica da questo prodotta che possa lasciarmi di ghiaccio. Ma se vogliamo giocare con il paradosso diciamo allora che nella straordinaria formazione glaciale del Chacraraju, meglio ancora in quella dell'Alpamayo nella stessa Cordillera Blanca, vedo veramente una struttura argentea e piramidale alla cui sommità confluiscono gigantesche canne d'organo. Naturalmente il mio pensiero corre subito a Bach associato ad alcuni passi della sua opera. Ma una combinazione come questa, in cui è la natura a richiamarmi a un preciso tema musicale, è per me un fatto piuttosto raro. Solitamente avviene il contrario. Ossia, non essendo io compositore trovo che non sono le cose a ricondurmi alla musica bensì è questa a portarmi in un particolare paesaggio, con il quale finirà per fondersi inseparabilmente. Soltanto partendo da questo presupposto potrebbe poi manifestarsi anche il contrario: il paesaggio che riesce a un certo momento a farmi pensare a una musica. È così che composizioni espressive come quelle di Bach, Beethoven, Wagner, Mozart, Musorgskij, Mahler, Stravinsky e tutti gli altri che prediligo accendono in me immagini, reali o immaginarie, di picchi e vallate solenni, vulcani, cieli radiosi o tempestosi, spazi infiniti. Destano poi nella mia mente visioni di drammi e di trionfi, e ancora stati d'animo compresi tra la romantica malinconia e l'appagamento. Infine a inquadrare perfettamente l'emotività di qualche mia nostalgia, provvedono gli struggenti concerti numero due di Rachmaninov e numero uno di Chopin, nelle esecuzioni di Rubinstein.

Poletti – E per concludere sfidando le «altitudini» della musica, quale brano classico provoca vertigini al più impavido degli alpinisti.

Bonatti – Tra i classici da me preferiti mi commuove la musica intensa e quasi soprannaturale espressa da Wagner nel tema della *Morte di Isotta*. Ma è Stravinsky con la sua *Sagra della primavera* a impressionarmi particolarmente. I suoi sono suoni vecchi come la Terra ma giovani come la primavera, dirà qualcuno. Per me restano comunque i più selvaggi, dissonanti, persino strazianti, ma non per questo meno espressivi, di tutto il repertorio classico di mia conoscenza.

27 luglio 1999

ASPETTANDO LA PATAGONIA
di Stefano Viaggio

VIAGGIO – Ieri sera, alla fine della proiezione dei due film *Finis Terrae* e *Scelte di vita*, dietro le mie spalle ho sentito una ragazza che uscendo dalla sala cinematografica diceva: «Che bello, che bello, adesso compro un biglietto, prendo l'aereo e vado in Patagonia». Ecco. Allora: la fotografia, l'esplorazione, raccontare l'esplorazione, esplorare e far sognare. Che rapporto c'è stato, nel suo lavoro, tra l'esplorazione e far sognare gli altri di poter andare in mondi molto diversi da quello in cui si vive?

BONATTI – La cosa che salta subito alla mente, così come ha esposto nella sua domanda, è questo fenomeno che purtroppo si ripete in tutti i campi, in tutti i settori. Cioè, è la proposta, e l'immagine pubblicitaria che si fa di un qualche cosa, che scatena poi l'interesse in colui che la recepisce. Soltanto che questa immagine bisognerebbe darla con un senso positivo, culturale, idealistico piuttosto che consumistico.

Per quello che mi riguarda, queste immagini che io attraverso un grande giornale ho dato alla gente, non avevano certo un motivo speculativo, io non ero certo interessato al consumismo appena detto. Era bensì un fatto culturale il mio, e ha avuto grande successo. Tuttavia, pur essendo un fatto culturale, ha subito innescato l'interesse delle agenzie turistiche, di un certo turismo organizzato, l'interesse insomma a far andare gente a consumare un coupon e non a vivere il suo contenuto culturale. Da lì il deterioramento di tutto un bene naturalistico rimasto intatto fino a questo momento. È ciò che mi amareggia e mi fa sentire un po' colpevole nel senso di aver fatto conoscere con le mie fotografie tanti di questi luoghi. Ma il mio scopo era ben diverso. E anche il modo di presentare le mie immagini era ben diverso. Quindi da un lato mi sento colpevole e dall'altro non lo sono affatto, anzi ho cercato di esaltare nel miglior modo il valore di quei posti.

VIAGGIO – È possibile invertire questa tendenza?

BONATTI – Be', tutto è possibile se si vuole. Però a mio avviso, ed è brutto dirlo, ci sono troppi interessi a rendere impossibile una cosa che invece sarebbe molto facile e semplice.

VIAGGIO – Lei è stato uno dei fotografi italiani più interessanti di questi ultimi cinquant'anni. Però la fotografia in Italia non ha avuto sempre un ruolo importante come in altri Paesi europei. In questo discorso, che è un po' ecologia di immagine di mondi diversi dall'Europa, è possibile educare la gente a guardare le fotografie, la televisione stessa in maniera diversa da come si guarda oggi?

BONATTI – È proprio quello che sta facendo il Museo Nazionale della Montagna con queste mostre. Infatti non a caso si fa una mostra sul grande De Agostini, per riportare al fruitore quei giusti valori che questo autore ha colto con le sue immagini, i suoi scritti, i suoi film.

VIAGGIO – Ogni immagine dunque ha in sé una storia, e quindi anche le fotografie di Bonatti hanno una storia. Questo significa che prima di lei c'erano stati dei fotografi, De Agostini appunto, che le hanno dato l'ispirazione.

BONATTI – Sicuramente. Ma ancor prima della bella immagine c'è a mio avviso l'emozione che quella particolare situazione, quello speciale paesaggio ha saputo suscitare nel fotografo, che successivamente ha saputo trasmetterla a sua volta. Sì, perché chi guarda poi l'immagine percepisce tutto questo, sente che dentro ciò che vede c'è emozione piuttosto che un invito a consumare un «prodotto», che al limite potrebbe essere anche costruito. Ma qui, di costruito e di reclamizzato, non c'è proprio niente.

VIAGGIO – Ci può raccontare come è avvenuto lo scatto di una fotografia che ritiene fra le sue migliori, o che sente fra quelle più vicine dal punto di vista della sua vita?

BONATTI – È difficile stabilirlo, rischierei di far torto a tutte le altre. Devo dire che in generale dietro a ciascuna delle mie fotografie c'è stata emozione. Ecco, a volte sono riuscito a fermare questa emozione, altre volte no. Ma è sempre stato il sentimento che ho provato di fronte a uno spettacolo, a una situazione, a farmi scattare l'immagine. Un'immagine fra le tante che poi è stata divulgata. Ecco perché non posso dire delle mie fotografie che una è meglio dell'altra.

VIAGGIO – Ma lei quali macchine ha utilizzato?

BONATTI – Ho usato naturalmente macchine professionali, che tuttavia, rispetto a quelle moderne, si può dire che fossero antidiluviane.

VIAGGIO – Gli obiettivi erano migliori forse.

BONATTI – Non è tanto l'obiettivo, o la macchina fotografica. È la capacità, io credo, di saper vedere un qualche cosa di speciale nel soggetto che sta di fronte, e di saperlo trasmettere.

VIAGGIO – Lei è andato in giro per il mondo per il settimanale «Epoca» ripercorrendo avvincenti itinerari descritti da grandi autori: Melville, Defoe, Jack London, eccetera. Prima, mi diceva che la lettura riguardante la Patagonia è stata per lei un momento cruciale. Perché?

BONATTI – Ero ragazzino, e passando davanti a una libreria sono stato fortemente attratto dalla fotografia di copertina di un libro di De Agostini, una fotografia che anche qui è esposta nella mostra. Io non conoscevo fino a quel momento Alberto De Agostini. Ebbene, vedo questa immagine solare di una montagna dai graniti rossi, frangiati di gelo, candido, era insomma un'autentica allegoria. Naturalmente ha scaturito in me una sensazione fortissima. Ho visto subito in quell'immagine immensità, magia e mistero. Dopo di che, ho raggranellato quei soldini del costo del libro, me lo sono comprato, me lo sono letto e riletto fino ad assorbirlo dentro di me; probabilmente ero già portato a cogliere questo genere di emozioni. Da allora ho letto tutte le opere di De Agostini, alle quali devo ovviamente, oltre alla mia conoscenza storica della Patagonia, anche lo spirito con cui andrò in seguito a conoscere quei luoghi.

VIAGGIO – Signor Bonatti, in *Moby Dick* si accenna, in uno dei primi capitoli, alla Patagonia, la via delle baleniere. Nei suoi viaggi in giro per il mondo lei non ha mai incontrato un capitano Achab?

BONATTI – Sì, ne ho incontrati in giro per il mondo. Ci sono ancora capitani Achab, persino nelle grandi foreste, sulle montagne, in Patagonia, ovunque.

VIAGGIO – E dei Moby Dick?

BONATTI – Sono naturalmente allegorie «faustiane». Noi nei Moby Dick, e negli Achab, riponiamo tutto quello che ci entusiasma quasi alla follia. Ci invitano altresì a prendere le strade dei nostri irrealizzabili sogni, che giustamente rimarranno soltanto dei dissennati sogni.

VIAGGIO – Senta, che cosa significa provare una grande solitudine in un posto estremamente lontano da casa propria?

BONATTI – Dirò subito che la solitudine è una delle migliori disposizioni d'animo dell'uomo. La solitudine come possibilità di riflessione, come garanzia di trovarsi in un luogo che non può che ispirare cose belle, cose grandi. Curiosità, fantasia e solitudine non possono dunque che costituire la base del conoscere e conoscersi, sono perciò virtù accrescitive.

VIAGGIO – Non ha mai avuto il timore di dover ascoltare soltanto la propria voce? Quel timore l'ha mai avuto?

BONATTI – Tante volte mi sono sorpreso ad ascoltare la mia voce, addirittura a pensare ad alta voce. Ma per me la solitudine non è stata mai un'angoscia. Certo che ho avuto dei momenti di grande tensione quando mi sono trovato a fronteggiare situazioni in cui ero soltanto alla mercé del caso. D'altra parte, per chi ha speso una vita come io l'ho spesa, è inevitabile che prima o poi succeda. Per tutto il resto, l'aver ascoltato soltanto la mia voce nella solitudine in cui mi trovavo, era stato per me una cosa molto bella, assai più bella che trovarsi nella folla seppure nei suoi momenti migliori. Io ho bisogno della mia solitudine, mi dà serenità; forse anche perché non ho nulla da rimpiangere, tutto quello che ho desiderato l'ho avuto, e credo di averlo avuto anche nel modo migliore avendo pienamente realizzato me stesso.

VIAGGIO – Senta Bonatti: nei film che abbiamo visto, nello stesso film realizzato da Alberto De Agostini, c'è anche la storia di una grande tragedia, cioè il genocidio degli indios in Patagonia. Lei, quando viaggiava per la rivista «Epoca», erano gli anni in cui in giro per il mondo c'erano in corso diverse lotte di liberazione contro il colonialismo, nei Paesi africani, in Asia, eccetera. Ecco...

BONATTI – Se ne parlava meno allora.

VIAGGIO – Certo, se ne parlava meno. Lei ha sentito questo clima che c'era in quei momenti, che si potrebbero ben definire come una fase isterica della storia di questo secolo; lei ha sentito tutto questo? E in qualche maniera non ritiene, anche in piccola parte, responsabile le sue fotografie, e anche «Epoca», di quel progressivo restringersi degli spazi delle popolazioni che non sono omologabili al nostro modo di vivere, alla nostra società?

BONATTI – Be', può essere tutto e il contrario di tutto. Ossia, quello che si fa a fin di bene, se viene interpretato male può diventare negativo. Comunque, girando per il mondo, io non soltanto ho sentito nell'aria echi di rivendicazioni razziali, ma mi sono anche trovato al centro di vere e proprie rivoluzioni, e anche in mezzo ad autentici genocidi. Per esempio, in Burundi, circa trent'anni fa, mi sono trovato nel bel mezzo di uno spaventoso genocidio consumato in meno di una settimana, e operato dai cosiddetti «grandi» (Tuzi) contro i «piccoli» (Utu). Il motivo era all'apparenza razziale, ma a causarlo erano stati i cospicui e occulti interessi a livello mondiale, che avevano spinto gli uni a compiere il genocidio e a sacrificare gli altri a subirlo. Sono sempre i grandi ed egoistici interessi dei potenti a muovere tutto, anche a costo di disastri operati sull'umanità.

VIAGGIO – Senta, nella storia della cultura occidentale la montagna ha ispirato grandi opere. Diciamo soltanto un titolo: *La montagna incantata* di Thomas Mann. Però non ha ispirato tanto l'alpinista. Diciamolo, la letteratura sull'alpinismo è stata sempre un po' relegata a una letteratura di secondo piano, oppure a una letteratura di curiosità.

BONATTI – Io non vorrei essere crudele verso il mondo alpinistico, però, a creare, a far scrivere le grandi opere dell'Ottocento, e andando ancora più indietro nel tempo, sono stati i sentimenti accoppiati alla cultura. A stimolare l'alpinista e la sua penna, specialmente oggigiorno, più che un motivo sentimentale e culturale è invece un fatto tecnico, un fatto di agonismo e antagonismo, e tutto questo alla fine dà il risultato che si merita. Cioè anziché acculturare ed elevare tende a ridurre, e a limitare l'alpinismo a un gesto; e come tutti i gesti, può essere il più grande e il più bello, ma sempre solo un gesto rimane.

VIAGGIO – Lei in diverse interviste ha parlato della figura dell'eroe. In questo secolo la figura dell'eroe, forse per tutta una serie negativa di ragioni sociali e intrighi vari, non è molto positiva. Che cosa significa oggi compiere atti eroici? Per esempio in Valle d'Aosta durante la sciagura del tunnel del Monte Bianco c'è stato un ragazzo che dentro il tunnel ha salvato un certo numero di persone, poi tornando una seconda volta nel tunnel non ce l'ha più fatta ed è morto. Questo a mio parere è un atto eroico; però c'è eroismo anche in chi fa determinate altre cose? Ecco, come si è oggi eroi?

BONATTI – Nel caso da lei citato si tratta veramente di specifico e classico eroismo. Ma la società del nostro tempo promuove anche altre forme di eroismo, anche se non da tutti condivise. A mio giudizio c'è una particolare scelta di stile di vita che io considero pienamente eroica, ed è questa: vivere il proprio ruolo sociale con coerenza, responsabilità e dignità. Sembrano parole buttate lì, ma attualmente essere se stessi e coerenti nel proprio modo di essere e di agire, in una società che tutto è, meno che coerente e corretta nelle sue responsabilità, è cosa davvero difficile. Ma chi ci riesce, finisce per avere tutti contro, perché si è scomodi. Allora si è quasi tentati di abdicare ai propri princìpi. Ma se non cedi… ebbene sei un eroe.

RAI – REGIONE VALLE D'AOSTA, *8 febbraio 2000*

ANCORA TANTI SOGNI
di Christine Kopp

Possono invecchiare le leggende? Si vorrebbe dire: mai! Walter Bonatti sembra esserne la conferma. E pur avendo l'aria di un uomo molto saggio, è anche tanto giovane.

Walter Bonatti sarebbe dunque amareggiato? Lo dicevano tutti. Severo, inavvicinabile e diffidente nei confronti di tutti i preposti al giornalismo. E per aumentare il disagio ancor prima del nostro primo incontro, rispondeva alle lettere solo attraverso la sua casa editrice italiana – acconsentendo gentilmente alla traduzione del suo libro *Montagne di una vita*, la raccolta dei suoi testi alpinistici. Ci invitò a casa sua per un colloquio. Ci avviammo verso la presunta tana del leone, curiosi fino all'insonnia di conoscere l'uomo al di là di quelle che erano voci in circolazione, l'uomo che simboleggia l'alpinismo degli anni Cinquanta e Sessanta per eccellenza: Walter Bonatti.

All'entrata della Valtellina, su un pendio soleggiato sopra la valle dell'Adda, abita Walter Bonatti con la sua compagna Rossana Podestà. In una giornata molto calda di prima estate parcheggiamo la macchina vicino a una chiesetta e telefoniamo al «signor Bonatti» avvisandolo del nostro arrivo.

Vengo a prendervi subito, risponde. Infatti: due minuti dopo, il settantenne salta giù per gli scalini con agilità, in jeans, camicia a quadretti, maglioncino leggero, perle di sudore sul viso. Batticuore: siamo giunti al momento delle presentazioni. L'accoglienza è della più gaia cordialità, la percepiamo subito.

Bonatti sarà anche un estremo. Ma, innanzitutto, ci viene incontro in modo affascinante, franco, spiritoso e cordiale – e risulta essere un eccellente interlocutore.

Saliamo insieme in macchina per arrivare su una strada incredibilmente ripida nel paradiso di Walter e Rossana: un paesaggio verde a terrazze, dove si erge la loro casa valtellinese in sasso, magnificamente ristrutturata. Parliamo prima del grande ciliegio che ci sovrasta, e di una pianta della Patagonia che Rossana ha appena portato dal Belgio. Poi entriamo in questa casa arredata con amore fino all'ultimo dettaglio e ben ordinata, dove ci accomodiamo per un lungo colloquio. Circondati da libri, colori, fotografie di famiglia

– ma c'è poco che testimoni il passato di Bonatti come alpinista. In compenso scorgiamo degli oggetti portati da Paesi lontani in occasione dei suoi viaggi avventurosi che raccontano della vita di Bonatti dopo l'alpinismo estremo. Passate alcune magiche ore di conversazione, Walter Bonatti ci saluterà con un abbraccio dicendo: «Vi prego, ricordatevi che non sono un mito come sovente si usa definirmi, non voglio proprio essere considerato tale! Sono semplicemente un essere umano con tutti i suoi pregi e i suoi difetti».

Un uomo di straordinario talento e di un'affascinante rettitudine, per la quale – proprio nel suo periodo alpinistico – venne sempre considerato «personaggio scomodo». Ma era nel suo modo di vivere, non si è mai fatto piegare né condizionare da nessuno. «Non mi riconosco nella vita quotidiana. Però, essendo parte della società, osservo naturalmente i miei doveri e cerco, magari attraverso i miei libri, di dare il mio contributo.» Chiedo, Bonatti è felice? «Che cosa vuol dire essere felice?» ribatte; lui si sentirebbe invece piuttosto realizzato, sereno ed equilibrato. Vorrebbe, ancor più adesso, alla sua età, non farsi condizionare da niente e da nessuno, ma vivere tranquillamente la scelta di vita da lui fatta. [...]

Ha risposto così alle domande che gli abbiamo rivolto.

Sul destino.
Si dice che ho avuto fortuna. Non credo al destino. Il destino è quello che sappiamo creare per noi stessi. Io non ho mai fatto affidamento sulla fortuna! C'era l'imprevedibile, è vero – come per esempio sul Frêney – ma questo esiste ovunque. Mi sono formato passo su passo, anno dopo anno, di esperienza in esperienza. Questo non è destino, ma un continuo crescere.

Sulla coerenza.
La coerenza è sempre preceduta dalla consapevolezza delle

proprie scelte, delle proprie decisioni. La coerenza ne è il passo successivo. È il compito di tener fede a quello in cui credi; è rappresentata dalle cose e dai valori che, nella tua vita, scopri essere i più idonei a te stesso. Ma non è una strada senza uscita, non equivale a cocciutaggine, bensì resta sempre aperta a tutto.

Sulla scena alpina.
Anziché servirsi della montagna quale mezzo per allargare i propri orizzonti, tanti frequentatori della scena alpina vedono la montagna soltanto con il paraocchi. È un peccato che siano tanto limitati, e proprio loro che vivono sempre in contatto con la natura grandiosa, nella condizione di provarne sensazioni e ricavarne le riflessioni che essa può ispirare. Sì, potrebbero raggiungere mete più elevate coltivando la propria sensibilità. Invece parlano solo di pareti e di tecniche per scalarle! Le montagne – come lo sport, il lavoro e l'arte – dovrebbero servire solo come mezzo per far crescere l'uomo che è in noi.

Sul futuro.
In realtà dovrei essere catastrofico, ma non voglio esserlo. La storia dimostra che ad ogni declino segue una rinascita. Voglio credere che la rinascita attenderà la società di oggi, così svuotata. Ma di sicuro non vivrò tanto da vederla.

Sulla libertà.
Attenzione, libertà non significa licenza, «carta bianca» per tutto! Nella nostra società si paga per essere liberi: gli uomini liberi sono scomodi, e presi di mira. E io ho sempre pagato per tutto questo, però ne sono contento, perché ho vissuto in assoluta e coerente libertà facendo tutto quello che ho voluto e potuto fare.

Sul tema figli.
Io non ho figli miei. Rossana ne ha due che hanno entrambi quattro bambini: otto nipotini senza essere stato padre, non è male, vero?

Sulla critica.
Accetto la critica. Può essere anche sfavorevole, basta però che sia costruttiva. La critica non costruttiva è come aria per me: non mi tocca.

Sugli amici alpinisti.
Alcuni di loro sono stati veramente dei buoni amici. Lo è stato in particolare Carlo Mauri – caratterialmente diverso da me ma con il quale ci intendevamo perfettamente sul piano umano, spesso anche senza parlare. Cari amici, rimasti tali nel corso della vita, sono anche Pierre Mazeaud e Riccardo Cassin. Alcuni anni fa a causa di una pericolosa infezione da sala operatoria sopravvenuta a un normale intervento alla schiena, rimasi in un letto per vari mesi ingessato dal ginocchio al collo; ebbene Pierre Mazeaud, a quel tempo ministro del governo francese, mi restò accanto per un'intera settimana. Poi arrivò Riccardo Cassin, a somministrarmi affettuosamente la pappa reale estratta dal suo alveare. Questi sono fatti, non belle parole di circostanza. Entrambi dunque mi furono semplicemente vicino con l'atteggiamento giusto nel momento giusto.

Da «Alpin», agosto 2000

WALTER BONATTI – TRA MITO E LEGGENDA
di Michele Dalla Palma

[...] Ogni epoca ha i suoi idoli. I bambini di oggi si identificano con i Ronaldo, i Del Piero, gli Schumacher e i miti effimeri dei film e delle canzonette. Io volevo essere Walter Bonatti [...].

[...] Arrampicandomi, o anche solo percorrendo un nuovo sentiero, alla scoperta di un angolo sconosciuto di foresta, spesso tra me e me ripetevo ossessivamente, come una nenia: «Sono Walter Bonatti sull'aghidupeterè (Aiguille de Peuterey)... sono Walter Bonatti, il più grande alpinista del mondo».

Poi sono cresciuto. Ho imparato ad accarezzare le rughe della roccia, a stare in equilibrio, appoggiato su qualche millimetro di ramponi e piccozze, su lastre verticali di cristallo gelato, a sopportare la furia del vento a ottomila metri, a nascondermi come un topo in un buco scavato nel ghiaccio per ripararmi dalla bufera. Ho scalato grandi montagne, ho conosciuto grandi scalatori e alpinisti. Ho condiviso con loro l'emozione proibita di sfidare la natura.

E considero Walter Bonatti «colpevole», pur senza saperlo, di avermi obbligato a vivere inseguendo i miei sogni.

Dalla Palma – Cos'è l'avventura per Walter Bonatti?

Bonatti – Nel mio modo di interpretare la vita, ritengo l'avventura una componente fondamentale per l'uomo; anzi, l'uomo è il frutto della sua avventura, che nasce dalla sua curiosità, il bisogno di sapere dove vive, come vive, chi è, cosa vuol fare... dalla curiosità nasce l'avventura.

Dalla Palma – «Se ti è nato il gusto di scoprire» è una tua frase, diventata il simbolo delle tue imprese; ma per un ragazzo che viveva alla periferia di una grande città come Milano nell'immediato dopoguerra, qual è stata la spinta verso l'avventura e verso la montagna?

Bonatti – La mia avventura non nasce come fuga dalla vita metropolitana, ma come raggiungimento di un'idea che avevo concepito fin da quando, bambino, avevo vissuto per tre anni sulle rive del Po. Ho trascorso quel periodo a stretto contatto con la natura, sia pure nell'ambiente rurale della bassa padana, e lì ho scoperto la mia curiosità, la capacità di sognare. Nella mia fantasia i sabbioni del Po diventavano deserti, i pioppeti grandi foreste, e la linea azzurrina delle Prealpi bresciane sull'orizzonte lontano, irraggiungibile, rappresentava per me il tetto del mondo. Un tronco portato dalla corrente diventava una nave per viaggiare e scoprire mari sconosciuti. Materializzavo nella realtà quotidiana, con la fantasia, le suggestioni di cui mi nutrivo leggendo quelli che consideravo i miei «vangeli»: le straordinarie avventure di Jack London, Melville, e tutti i grandi viaggiatori, esploratori e avventurieri della letteratura. La mia prima, grande avventura è stata attraversare a nuoto il grande fiume, che ai miei occhi di ragazzino pareva un'impresa titanica. Poco importava se la riva emiliana e quella lombarda erano assolutamente identiche, tra loro c'era l'ostacolo e il pericolo, rappresentati dalla corrente, e in gioco la paura da vincere e l'apparentemente impossibile da superare. Sono state queste le premesse della mia vita.

Il passo verso le cime è stato breve, probabilmente ineluttabile: nei soggiorni estivi presso i parenti di mia madre, che vivevano in Val Seriana, nel bergamasco, i miei cugini, un po' più grandi di me, mi portavano alla scoperta del bosco e della montagna. Sempre spinto dalla mia irriducibile curiosità, mi sono soffermato ad ammirare quell'ambiente affascinante, e dai sentieri l'avvicinarmi alle pareti che li sovrastavano è stato inevitabile. Ricordo la prima volta che ho appoggiato le mani sulla roccia, e ho capito che avrei dedicato la mia esistenza all'alpinismo. Ho regalato alle montagne una grande parte della mia vita, sposando incondizionatamente gli ideali dell'alpinismo classico, quello del periodo tra le due guerre, che si coniugava perfettamente con il mio desiderio di avventura, e per vent'anni le pareti verticali sono state il palcoscenico su cui sfidare i miei sogni e le mie paure. A un certo punto però, intorno alla metà degli anni Sessanta, mi sono reso conto che rimanendo coerente con il tipo di alpinismo che mi ero imposto, avevo raggiunto il limite oltre il quale non sarei riuscito ad andare. La salita della parete nord del Cervino d'inverno ha rappresentato il confine invalicabile per il mio modo di intendere l'alpinismo, con i mezzi tecnici che avevo deciso di utilizzare, magari arcaici, ma che consentivano, senza bluff o «aiuti» tecnologici, la massima espressione delle proprie capacità, sia fisiche che psichiche. Mi resi conto che continuando su quella strada avrei soltanto potuto raggiungere ancora quel confine, ma certamente non superarlo. Il mio bisogno di indagare le emozioni, per mezzo della mia curiosità, mi ha «costretto» allora ad allargare l'orizzonte al mondo intero, e in particolare alla natura selvaggia che attraverso le storie dei grandi narratori d'avventura avevo percepito ma non ancora conosciuto.

Ho trasposto, con tutte le sue componenti psicologiche, l'avventura verticale rappresentata dall'alpinismo nell'avventura orizzontale alla scoperta del mondo, in quel momento altrettanto affascinante e galvanizzante per il mio bisogno di scoprire e vivere nuove emozioni.

Dalla Palma – Walter Bonatti nell'alpinismo ha definito con le sue imprese nuovi limiti, pur rimanendo coerente con delle scelte spesso in contrapposizione con il progresso tecnologico, che hanno esaltato le sue grandi capacità fisiche e psichiche sicuramente fuori dal comune. Tuttavia, se il Bonatti alpinista, grazie alle sue doti era paradossalmente prevedibile nella grandiosità delle sue imprese, come esploratore ha avuto il grande merito di portare nella vita dell'uomo comune il mondo dell'avventura, raccontando la realtà come un romanzo. Nei primi anni Settanta i tuoi reportage dai luoghi sconosciuti del mondo hanno affascinato milioni di persone, facendo riscoprire il gusto dell'avventura e l'emozione della scoperta. Cosa distingue l'alpinista dall'esploratore?

Bonatti – Nel mio modo di intendere l'alpinismo ho scelto il riferimento degli anni Trenta per avere un metro di misura certo, che consentisse un paragone con le imprese dei grandi protagonisti che mi avevano preceduto, senza l'aiuto, spesso determinante, delle nuove tecnologie che mettono in secondo piano le capacità della persona; la scommessa con me stesso e con l'alpinismo è stata proprio cercare di superare l'«impossibile» con mezzi tecnici identici a quelli che avevano consentito, nel recente passato, imprese straordinarie. Solo usando le stesse tecniche e gli stessi mezzi sarebbe stato possibile confrontarsi in modo leale, magari superandoli, con quei limiti.

Questi concetti, trasposti nel mondo, sì orizzontale ma infinitamente più vasto, mi hanno permesso di vivere delle avventure straordinarie, e ancora una volta è stata la suggestione provocata dai grandi narratori a spingermi a mia volta a raccontare queste emozioni. Ho voluto reinventare alcune delle storie che avevano marchiato per sempre la mia fantasia: ho ripercorso le tappe del viaggio che Melville descrive nel suo primo romanzo, ho ammirato gli spazi del Grande Nord raccontati da London, e ho scoperto che, nella loro grande arte, non avevano fatto altro, con le parole dei loro racconti, che «fotografare» la realtà. Una realtà così lontana dalla nostra da diventare immaginazione, suggestione, fantasia.

Questi grandi narratori non hanno inventato nulla, ma solo vissuto e descritto la realtà del mondo oltre i confini della consuetudine e della quotidianità. Anch'io ho cercato di regalare emozioni raccontando il mondo, senza distorsioni o abbellimenti romanzeschi e artificiosi.

Mentre nel mio confrontarmi con la montagna c'era un bisogno di superamento di limiti imposti, l'andare alla scoperta del mondo selvaggio non è stato un lottare e cercare di vincere «contro» qualche cosa, bensì la ricerca di un punto di incontro con la Grande Natura e i suoi protagonisti, i popoli ancora svincolati dalle regole della nostra realtà e soprattutto i grandi animali selvaggi.

Dalla Palma – Cosa manca ancora nella vita di Walter Bonatti?

Bonatti – Io la propongo sempre come una battuta, ma contiene un fondo di verità: mi manca la vecchiaia che di solito si attribuisce a un settantenne, perché a dispetto dei capelli bianchi non riesco a superare i diciotto anni che mi sento addosso, mentre se analizzo le esperienze e i drammi vissuti mi sembra di averne duecento. Percepisco uno sfasamento tra la mia vita biologica, fisica ed emotiva. Pertanto sono arrivato alla conclusione che la vita vera non è rappresentata dagli anni trascorsi, ma dalle esperienze e conoscenze accumulate. Altrimenti uno potrebbe vegetare anche mille anni senza aver vissuto realmente.

Dalla Palma – Qual è la tua avventura più importante?

Bonatti – Non potrei mai fare una classifica; per me i momenti più importanti sono quelli che più ho desiderato e inseguito, e mi sono costati in passione, tempo, studio e fantasia. Non sono necessariamente quelli spettacolari che sono finiti sulle pagine dei giornali. Certo, relativamente alla scalata più importante nel senso della difficoltà e concezione potrei risponderti il Dru, ma non è questo il metro per misurare le emozioni e il loro valore. I momenti della vita sono importanti in relazione a quanto li hai desiderati e a quanto hai lottato per raggiungerli. Perciò, tolta la dimensione della spettacolarità, le emozioni più importanti sono quelle più intime, i sogni, le fantasie.

DALLA PALMA – Nelle tue imprese hai vissuto momenti drammatici; hai mai sentito l'impulso di mettere in discussione quello che hai fatto o momenti in cui hai pensato che non ce l'avresti fatta?

BONATTI – Ho sempre calibrato le mie imprese sulla mia esperienza e sulle possibilità che ritenevo di avere, essendo arbitro e giudice delle mie azioni, e sono arrivato alla conclusione che le situazioni in cui tu decidi di metterti ti concedono sempre la possibilità di venirne fuori, se dipende da te. Se invece devi dipendere da altri, puoi rischiare di trasformarti da protagonista in spettatore inerme del tuo destino. Ricordo solo una situazione di questo tipo, quando mi sono trovato solo su un altopiano del Sud America, abbandonato senza niente per undici giorni da quelli che avrebbero dovuto recuperarmi, e ho capito che da solo non ce l'avrei mai fatta. Ho provato la paura angosciosa di non sapere cosa fare, perché il mio destino non dipendeva da me. La sensazione di essere impotente, non per tua scelta o decisione, nei confronti di quello che ti succede attorno è devastante.

DALLA PALMA – Quale sogno nascondi ancora nel cassetto?

BONATTI – I miei sogni nascosti non hanno un nome, un luogo, un Paese. Rappresentano semplicemente il desiderio di far succedere qualche cosa in grado di mantenere vive le emozioni che ho inseguito per tutta la vita. Non importa se poi questo succede in capo al mondo o a casa mia. Il mio sogno nel cassetto è di poter continuare a inseguire i miei sogni, conoscermi, scoprirmi.

DALLA PALMA – Esiste ancora secondo te, che sei tra i pochi ad aver vissuto in prima persona situazioni straordinarie e irripetibili, l'Avventura, quella con la A maiuscola dei grandi esploratori del passato?

BONATTI – Se parliamo di luoghi geografici esiste forse qualche piccolo angolo senza grande interesse, tuttavia la valenza «straordinaria» è quella che noi siamo in grado di dare. È vero che in valore assoluto forse non c'è più nulla da scoprire, e l'ignoto geografico non esiste più, ma l'Avventura è l'ignoto che abbiamo dentro di noi, un luogo immaginario e fantastico che può farti vivere emozioni straordinarie anche dentro le mura di casa tua. Il mondo geografico è ormai tutto esplorato, ma l'universo infinito che ci portiamo dentro non riusciremo mai a percorrerlo completamente. È questa la grande Avventura di ogni uomo.

Da «Trekking», gennaio-febbraio 2001

Apologie

UN NOBILE ADDIO
di Dino Buzzati

Parecchi anni fa mi chiesero di presentare Walter Bonatti, che teneva una conferenza ad Arzignano, nel Veneto. L'invito era doppiamente lusinghiero: perché stimavo Bonatti una delle più belle figure dell'alpinismo mondiale; e perché, evidentemente, lui Bonatti dimostrava nei miei riguardi una certa stima.

Risposi di no, perché ho sempre saputo di essere fisiologicamente negato a qualsiasi forma di oratoria, pur modestissima. Ma i comuni amici insisterono tanto, che alla fine cedetti. Dopo tutto, pensavo, si trattava di parlare per un paio di minuti, niente più; e chi fosse Bonatti, l'avevo ben chiaro nella mente, benché di persona ci fossimo incontrati appena una volta.

Credevo anzi di avere sull'argomento idee così limpide e precise che, somma stoltezza, mi arrischiai a improvvisare, senza aver preventivamente messo nero su bianco, parola per parola, ciò che dovevo dire. Fatto è che, una volta sul podio, mi si fece, nella testa, un vuoto spaventoso. Altro che idee chiare. Cominciai a balbettare, e con miserabili sforzi, inceppamenti, impapocchiamenti, tirai fuori tre quattro frasi esageratamente melense, che si conchiusero tra l'imbarazzo generale: mio, prima di tutti, del pubblico, e anche di lui Bonatti, che ovviamente si era aspettato qualche cosa di meno penoso.

Dopodiché, ad aggravare la mia situazione, prese la parola Walter Bonatti. E gli spettatori penso dovettero sudar fatica a trattenere le risa, al pensiero che un oratore così spigliato, comunicativo, elegante e sicuro di sé fosse stato presentato da uno «scrittore» in modo tanto sciagurato.

Bene. La medesima situazione psicologica mi si prospetta oggi, al momento di scrivere una introduzione, una prefazione, chiamatela come preferite, al nuovo libro di Bonatti. D'accordo che nello scrivere sono forse un po' meno sprovveduto che nel parlare in pubblico. Comunque, avverto la presunzione e la fondamentale inutilità di questo mio intervento. Lasciamo stare la fama di Walter Bonatti uomo della montagna; anche come scrittore, ormai, Bonatti non ha il minimo bisogno di commendatizie o di avalli.

Tuttavia, come vecchio alpinista (di ordine infimo, pressappoco al livello di zavorra per sollevatori di pesi) e come vecchio giornalista, credo di poter sottolineare, di questo libro, le cose che mi sembrano più belle ed importanti.

– Prima di tutto mi ha impressionato ancora una volta l'esemplare stile narrativo di Bonatti. Privo rigorosamente di retorica (virtù rara nella letteratura di montagna). Di scarna efficacia e di serrato ritmo nelle pagine più drammatiche, e ne è un esempio superiore il racconto della «grande tragedia» sul Pilone Centrale del Monte Bianco, terribile esperienza che diede luogo, forse ricorderete, a una serie di polemiche che più balorde non potevano essere. E di straordinaria evidenza nel descrivere le pareti via via affrontate, così che, ignari e lontanissimi, ci par di vederle coi nostri occhi: prestazione questa, narrativamente, di alta difficoltà, paragonabile a quella di far capire, con le semplici parole, come sia fatta una scultura astratta; e di sculture più o meno astratte si tratta qui, anche se alte migliaia di metri.

– Altro merito, la sincerità, in certi punti quasi brutale, e che di per se stessa non esclude l'orgoglio, là dove Bonatti, direttamente o no, valuta l'importanza storica delle grandi imprese compiute («forse non brillo di modestia ma l'obiettività impone chiarezza»).

– Esemplare poi mi sembra il suo atto di fede nei valori morali e spirituali dell'alpinismo. È questo, da immemorabile tempo, un discorso difficile, delicato, che non finirebbe mai. Ne sono stati scritti dei saggi lunghissimi, dei veri e propri trattati. Bonatti sintetizza i termini del problema con prospettiva decisamente moderna, ormai del tutto staccata dalla «moralità classica che sorreggeva i martiri e i guerrieri antichi», e che trova la ragione d'essere in una ribellione, consapevole o no, alle miserie della nostra società tecnicistica.

E con pari intelligenza, senza impermalirsi o gridare al sacrilegio, mette le cose a posto di fronte alla bolsa, vecchissima obiezione della radicale inutilità degli ardimenti alpinistici. Obiezione che, par fin impossibile, riaffiora pubblicamente di quando in quando, in occasione di tragiche scalate.

– Ma in questo libro vorrei soprattutto notare – di là dalle avvincenti pagine di battaglia sugli apicchi più giganteschi e feroci delle Alpi – un sentimento bellissimo, nobile e struggente, che non esisteva nelle precedenti opere di Bonatti. Intendo dire il sentimento dell'addio, che qua e là affiora in varie circostanze, e a cui è coraggiosamente dedicato un intero capitolo.

È una scelta non imposta dal peso degli anni – Bonatti è ancora un uomo nel fiore delle forze, dalle risorse fisiche, oltre che di carattere, addirittura mostruose – ma da una meditata rinuncia. «Bonatti ha ora finito di essere l'alpinista Bonatti.» E probabilmente egli dà il commiato ai suoi terribili giganti nel momento più saggio, quando la sua stella ha toccato il punto più alto della parabola ed è improbabile che possa innalzarsi ancora; quando il suo mito, la sua leggenda (il termine non è esagerato) risplende della massima luce, senza la mortificazione di una sia pur piccola ombra.

Deve essere stata per lui una decisione difficile e amara. Ed è con eleganza da gran signore ch'egli riesce a nascondere la malinconia del grande distacco. Bonatti anzi sorride, sembra soddisfattissimo, si direbbe che non senta il peso di alcun rimpianto. Certo, Bonatti non si allontana dalla Natura, anzi. Si è messo a girare il mondo nelle contrade più remote, ardue e strane, per raccontarne a noi le meraviglie con la penna e con la macchina fotografica (una macchina, bisogna ammettere, affermatasi ormai tra le più brave del mondo). E in questo stesso libro ce ne offre due cronache affascinanti.

Quanti ricordi, quanta virile commozione, quanti sentimenti intrisi di lacrime si intravedono però tra riga e riga, dissimulati con pudore meraviglioso. Buona sorte, grande Bonatti! Dalla coperta della nave che ti porta chissà dove, verso nuove stupefacenti avventure, forse altrettanto pericolose che i biechi sdruccioli della Nord del Cervino, tu ci guardi con gli occhi stranamente lucidi (ma non ci avevi garantito poco fa di essere così felice?) e un comune pensiero improvvisamente ci unisce, che dire qui sarebbe forse crudele.

Da I giorni grandi, *ottobre 1971*

UN GRANDE COMUNICATORE DI VALORI UMANI
di Ferruccio Repetti

Sì, forse non è proprio il modo consueto di presentare Walter Bonatti.

D'altronde, per non costringerlo nei soliti luoghi comuni,

tanto più riduttivi quanto più sconfinano nella retorica di maniera, può essere meglio considerarlo, o *leggerlo*, come si dice, in chiave di comunicazione. Quale interprete e, insieme, convinto e tenace assertore di una immagine autentica: quella dell'espressione dei valori umani, della ricerca e del superamento dei limiti, dell'avventura e dell'esplorazione di se stessi prima ancora che dell'ambiente.

Tutte le vicende passate e attuali di Bonatti, del resto, sono caratterizzate con coerenza da questo denominatore comune: l'attività alpinistica, i viaggi, i libri e le fotografie, le conferenze. E le famose polemiche, in realtà la ricerca di un rapporto dialettico, a viso aperto, con gli altri, con il *pubblico* che poteva essergli favorevole o contrario, mai indifferente. Ecco la comunicazione.

Un bel risultato per un uomo che ha sempre cercato il confronto con gli altri come quello con la Solitudine. Non si tratta di vocazioni contraddittorie – sembra dire – ma di due dimensioni con le quali è comunque necessario misurarsi. Per conoscersi.

E allora ribadiamo: va bene considerare l'alpinista e lo scrittore, il fotografo e l'esploratore avventuroso, perché in tutto questo Bonatti ha saputo esprimersi ai livelli massimi.

Ma guardiamo anche al ruolo che il nostro ha interpretato e interpreta, consapevolmente nella società, soprattutto quando assumere certe posizioni significa andare controcorrente, scontrarsi con il conformismo dei giudici da salotto.

Qui Bonatti è originale, unico: in anni in cui parlare di arrampicata e vestirsi (o travestirsi) da alpinista non era ancora una moda, in un'epoca in cui la *impresa* alpinistica veniva relegata su una o due colonne di giornale e intesa più come evento folkloristico che come fatto di cronaca, proprio lui ha saputo imporre un dibattito, suscitare prese di posizione, smuovere coscienze come nessun altro, pur bravissimo, degli omologhi.

Con lui, l'alpinismo è uscito per la prima volta in modo perentorio dalla cerchia degli appassionati, per coinvolgere un ambiente ben più vasto ed eterogeneo, fatto di politici e sportivi, di scrittori e uomini *comuni*, giovani e anziani, magari con incomprensioni e diffidenze reciproche, con qualche dichiarazione di troppo, con giudizi non sempre meditati da parte di chi, non conoscendo gli avvenimenti, farebbe meglio a star zitto.

Ma tutto ciò è servito, oh se è servito! All'alpinismo, certo. Ma soprattutto a capire tante altre faccende, fuori e dentro di noi.

Anche questa è comunicazione, autentica. Bonatti, dal canto suo, ha sempre risposto con le parole, con gli scritti e, contemporaneamente, con i fatti agli impulsi che gli venivano dal pubblico e dalla propria coscienza; ha voluto affermare una immagine della montagna, e della natura in genere, quale terreno di misura delle possibilità umane.

Parliamo di venti, trenta, quarant'anni fa. E di oggi.

Perché Walter Bonatti, che diamine!, non è un narcisista nostalgico del proprio passato, un ammalato di reducismo che sopravvive agli eventi.

È invece un satanasso in piena attività, impegnato come sempre, in prima persona, in giro per il mondo, a cercare (che cosa? Tutto. O solo se stesso). E a raccontare: con le parole, con gli scritti e, contemporaneamente, con i fatti...

Un grande comunicatore, appunto. Il suo è anche il nostro viaggio.

Da «Cinema & Montagna», novembre 1989

ALPINISMO, LA PALESTRA DELL'UMANA AVVENTURA
di Mario Bonati

Forse perché la montagna è stata da sempre luogo privilegiato per il dialogo tra l'uomo e l'infinito. Fatto sta che leggendo l'ultimo libro di Walter Bonatti non ho potuto fare a meno di riandare al buon vecchio Martin Buber. Cosa diceva Buber nella sua *Eclissi di Dio*? Diceva che non è Dio che ha smesso di parlare all'uomo. Ma che è l'uomo che non sa più ascoltare Dio. Così per Walter. Non è la montagna che ha smesso di parlare all'uomo. Sono le orecchie dell'uomo moderno che hanno smesso di ascoltare la montagna. Ove, per uomo moderno, deve intendersi l'uomo tecnologico. Anzi, l'uomo tecnologizzato. Già il titolo del libro è sintomatico e significativo dell'approccio di Bonatti all'alpinismo: *Montagne di una vita*, non una vita di montagne. Ad intendere che la montagna è stata mezzo e non fine. «Ancora in un passato recente l'alpinismo era concepito soprattutto come appagamento interiore, e a tutti appariva chiaro che il gesto in sé di scalare picchi e pareti, per quanto vivo e pregevole, non potesse contenere la filosofia della montagna. La competizione, se tale si può definire, era per lo più con se stessi. Misurarsi con le difficoltà di una cima significava compiere una profonda indagine del proprio io. Ovviamente in tutto questo era implicito un confronto con gli altri, votati allo stesso genere di imprese. E poiché era alle cime di imponenti montagne che ci si volgeva, si scopriva di trovarsi in perfetta comunione con la natura.» Salire sulla roccia per scandagliare se stessi. Altezze e profondità, coincidenza degli opposti. Le regole del gioco non vissute come costrizione o punizione. Le regole del gioco fatte proprie e vissute senza bluff. In perfetta e disarmante onestà, con se medesimi e con gli altri. E poiché laddove ci sono regole ci sono anche, e di necessità, valori, ecco prendere corpo l'universo morale di Walter. «Fare alpinismo è uno dei mille modi di essere e di conoscersi. Andare in montagna non dovrebbe avere altro significato che quello di una ricerca, mai di una fuga perché ad un certo momento bisogna saper rientrare nella propria individualità e nei propri sentimenti, il solo spazio possibile prima del vuoto.» Alpinismo come sport estremo, ma non estremo dello sport. Alpinismo come avventura creativa, «assai più di una tecnica, di un record, di una collezione di cime». Da qui il rigetto di Walter per l'uomo tecnologizzato: «Se davvero si vuole che l'alpinismo rimanga avventura occorrerebbe rinunciare a quei mezzi tecnici e a quell'organizzazione capillare che prevaricano l'uomo e la sua spontanea determinazione. L'avventura non può manifestarsi là dove nell'uomo scadono l'ingegno, l'immaginazione, la responsabilità; là dove si demoliscono, o almeno si banalizzano, fattori naturali come l'ignoto e la sorpresa. E ancora non può sussistere avventura là dove vengono alterate, persino distrutte, peculiarità come l'incertezza, la precarietà, il coraggio, l'esaltazione, la solitudine, l'isolamento, il senso della ricerca e della scoperta, la sensazione dell'impossibile, il gusto dell'improvvisazione, del mettersi alla prova con i soli propri mezzi. Tutte cose che oggi sono ormai represse o addirittura cancellate nel quotidiano».

Quella di Bonatti non è nostalgia d'arcade, quanto anelito ad un'esistenza più vera: «Oggi più che mai ci accorgiamo di essere invasi da banalizzazioni, inganni, speculazioni di ogni genere, e falsi messaggi talvolta intrisi di erudizione spicciola. Ricordiamoci che ciò che è di moda non garantisce mai la verità, come ciò che vale non è quasi mai frutto del clamore. Se l'alpinismo è in buona parte fantasia, l'avventura è tutto ciò che accende questa fantasia. Ciò che conta non sono tanto le scalate eclatanti, ma l'umana avventura, il saperla creare indipendentemente dagli esiti. Soltanto così l'uomo, frutto delle proprie esperienze e della propria sensibilità, crescerà». L'eclissi di Dio in Buber diventa l'eclissi dell'Uomo in Walter. Un Walter cui fanno da coro, in ideale contrappunto, gli altri grandi nomi dell'alpinismo monzese: da Andrea Oggioni a Camillo Barzaghi; da Casati ad Aiazzi, da Pizzocolo a Frigieri. Formidabili protagonisti di una stagione etica e civile tanto lontana quanto irripetibile. Ma anche qui: non è Monza che ha smesso di parlare ai monzesi. Sono le orecchie dei monzesi che hanno smesso di ascoltare la voce della città.

Da «Il Cittadino», ottobre 1995

WALTER BONATTI OVVERO IL RICHIAMO DELL'IGNOTO
di Roberto Mantovani

C'è una bella mostra antologica di fotografie di Walter Bonatti, al Museo della Montagna. Con una sezione di immagini in bianco e nero, che si riferiscono agli anni dell'alpinismo, e poi una seconda parte a colori, dove si possono ammirare le stupende foto dei suoi reportage realizzati per la rivista «Epoca», dal 1965 al 1979. Una bella mostra, dicevo. Ma in questa rubrica non ho intenzione di fare pubblicità all'iniziativa. Mi preme invece abbozzare una riflessione. E c'è una domanda che di tanto in tanto mi passa per la testa. Perché, a distanza di anni, le imprese di Bonatti continuano a interessare tanto vecchi e giovani? Perché i suoi libri continuano a «tirare»? Perché le sue conferenze sono sempre affollate? Eppure, se solo ci pensiamo un momento, nemmeno negli ultimi anni della parentesi bonattiana a «Epoca» l'alpinista esploratore lombardo ha mai goduto di una spinta simile a quella che i media hanno impresso agli exploit delle avventure odierne. Certo, i grandi quotidiani nazionali del tempo arrivarono a pubblicare più volte la sua fotografia in prima pagina; e la stessa «Epoca», a cui i servizi di Bonatti facevano sensibilmente aumentare le vendite in edicola, è stata a lungo la punta di diamante nel campo dei settimanali illustrati (nel 1969 il giornale toccò le settecentomila copie). Vero anche che la vecchia Tv in bianco e nero di tanto in tanto dedicava spazio alle leggendarie imprese del Walter nazionale. Ma di fatto, a quel tempo, la diffusione delle notizie era più lenta, meno capillare, e i canali televisivi limitati.

Si potrebbe obiettare che la società del tempo era strutturalmente più semplice dell'attuale e che, di conseguenza, l'informazione poteva agire in modo più incisivo di quanto non capiti oggi, perché di fatto l'accelerazione dei circuiti mediatici e il bombardamento di notizie, commenti e servizi giornalistici tendono a disperdere i messaggi o, quantomeno, a confonderli. L'osservazione va senz'altro tenuta in conto ma, a guardare i numeri, non basta comunque a spiegare l'attuale affollamento di spettatori alle serate di Walter Bonatti e l'enorme interesse intorno ai suoi scritti, che non coinvolge solo gli appassionati della montagna, anzi.

Conosciamo dunque gli effetti del fenomeno Bonatti. Stanno sotto gli occhi di tutti. Curiosamente, però, non abbiamo mai indagato sui motivi che l'hanno scatenato – e scatenano tanta curiosità per le sue imprese. Proviamo perciò ad azzardare una qualche ipotesi, nella speranza di trovare una strada, un piccolo sentiero che, in tutta modestia, possa contribuire alla ricerca di una spiegazione anche parziale.

I pensieri che mi affollano la mente mi suggeriscono di partire da una constatazione su cui per molto tempo non mi era mai accaduto di soffermarmi. Provo a spiegarmi. Di fatto, sia nel periodo più propriamente «alpinistico» sia in quello «esplorativo», Bonatti ha vissuto sulla propria pelle – all'inizio, chissà, forse in maniera non del tutto consapevole – un esperimento unico nel suo genere. Una specie di test che per lunghi anni si è sviluppato a migliaia di chilometri dai laboratori scientifici e dagli strumenti di misurazione, lontano dagli asettici pensatori in cui, come per incanto, nascono formule e prendono forma studi e statistiche. Una storia senza sceneggiatura e senza copione i cui protagonisti erano ridotti all'essenziale: un piccolo uomo, solo e privo di apparati tecnologici (con la sola eccezione della macchina fotografica), e le forze scatenate dalla natura, su un palcoscenico dominato dalla più autentica *wilderness*. Tra pareti vertiginose, creste ghiacciate, pilastri rocciosi che sfidano le leggi di gravità. Savane popolate di animali selvaggi, foreste pluviali abitate da fiere e da terribili serpenti velenosi, fiumi disseminati di coccodrilli. Ma anche lande iperboree con lupi e orsi famelici. Oppure deserti, vulcani, altipiani flagellati da venti senza sosta, ghiacciai senza fine, torrenti vorticosi, isole sperdute in mezzo all'oceano. E spesso, senza preavviso, nelle situazioni più critiche, quando la vicenda toccava i limiti dell'umana resistenza nervosa, capitava che l'alpinista-esploratore diventasse al tempo stesso attore e spettatore del proprio comportamento. Al punto da non riconoscere più, di fronte alle sollecitazioni dell'ambiente, certe risposte del proprio corpo; improvvisamente, una specie di «animalità» perduta e fino a quel momento addormentata nell'inconscio più profondo, cominciava a dominare la scena aiutata dall'istinto innato di sopravvivenza; a tratti tanto forte da annullare o, perlomeno, riequilibrare i gesti soliti e abituali.

Ecco, forse parte della spiegazione che cerchiamo sta proprio lì, nella modalità con cui si è svolto l'esperimento di cui si parlava. Probabilmente, nell'inconscio collettivo della nostra società, le gesta di Bonatti devono aver risvegliato dei recettori non più in uso e nascosti in qualche angolo dimenticato dell'animo. Devono aver riportato in superficie, strappandoli alla coltre del tempo, bisogni e istinti in sonno da secoli.

Così, improvvisamente, a migliaia di lettori, le imprese dell'alpinista-esploratore sono apparse intrise della stessa materia con cui sono costruiti i miti. L'omino che con il suo zaino penetrava nel cono vulcanico del Krakatoa, scendeva lungo le rapide dello Yukon su una canoa traballante, vagava per le isole di Melville o riviveva l'avventura di Robinson Crusoe, entrando in contatto con l'anima selvaggia del pianeta, richiamava in vita antiche memorie sbiadite dai secoli, ansie profonde mai confessate, pulsioni ataviche che la società urbana e industriale, in quegli anni in forte espansione, da troppo tempo irrideva come retaggio di un passato da gettare alle ortiche.

Chissà cosa devono aver provato, senza mai confessarlo apertamente, i lettori di «Epoca» in quegli anni... Forse la stessa vertigine che faceva vacillare l'uomo del Rinascimento di fronte ai grandi spazi bianchi sulle mappe. O l'inquietudine di quel formidabile trentennio in cui, a cavallo tra Quattrocento e Cinquecento, da Colombo a Magellano, è stato letteralmente ridisegnato il globo terracqueo. O forse di più ancora, perché le fotografie di Bonatti non producevano soltanto un'*imago mundi* ricca di meraviglie: l'avventura solitaria sul Dru, la scalata del Gasherbrum, il tuffo nel canyon dei coccodrilli alle Murchison Falls in Uganda e tanti altri avvenimenti ancora erano la testimonianza di un incredibile viaggio omerico in aperto contrasto con l'ebbrezza tecnologica del nostro mondo occidentale. Erano la negazione delle teorie dei *savants de cabinet* e il recupero delle gesta dei *géographes de plein vent*. La liberazione di un'energia collettiva impastoiata da una cultura che si è dimenticata della natura e dei suoi equilibri. Un esempio necessario per tornare a respirare a pieni polmoni in un mondo ormai asfittico. La riappropriazione dell'essenza umana nella sua totalità, senza false limitazioni. Il momento sublime in cui il sogno coincide con l'azione e la creazione.

Ecco, forse così si comprende meglio l'attenzione del grande pubblico nei confronti di un uomo che ha toccato da vicino le terre dell'altrove, ha varcato la soglia di luoghi imprendibili, si è inoltrato nei lontani mondi dell'assenza e nelle regioni in cui domina la furia creativa della natura.

Un'ipotesi troppo ardita? A me piace pensare che le cose stiano così. Ma a questo punto abbiamo tutti bisogno di ulteriori spiegazioni. E chissà che Bonatti non voglia regalarcele. Abbiamo urgenza di sapere cosa capita, nella testa di Ulisse, quando dopo anni, l'instancabile navigatore torna a vestire i suoi vecchi panni nella casa di Itaca. Proprio così: che spiegazioni si dà, Odisseo, quando nel sole della sua isola ricorda i Proci, Polifemo, la maga Circe? E cos'avrà mai udito, dietro lo sciabordio della nave, mentre i suoi compagni dormivano esausti per la stanchezza dell'eterno girovagare? Cos'avrà intravisto, oltre il bagliore del lampo, nell'attimo in cui si scatenano le tempeste, quando il cielo scende a ingoiare il mare? E chi avrà davvero incontrato, Ulisse, nelle regioni oscure della paura, nell'ombra delle foreste, nei labirinti della sua infinita ricerca?

Pensa ancora a noi, qualche volta, caro Walter. Aspettiamo con ansia.

Da «La rivista del Cai», marzo-aprile 1998

L'AVVENTURA È DENTRO DI NOI
di Emanuela Audisio

Dubino (Sondrio). Noi che siamo gli ultimi davanti a lui che è stato il primo. Noi che camminiamo nell'anno nuovo con lo zoom a tracolla e l'aria degli sterminatori del secolo, lui che in silenzio alle sorgenti del Rio delle Amazzoni tra un gruppo di indios ha lasciato la macchinetta fotografica nello zaino. Per rispetto al loro niente. Noi che arriviamo in tanti davanti a lui che in cima o tra i coccodrilli arrivava da solo. Noi che vogliamo sapere tutto davanti a lui che ad un certo punto non ne ha voluto sapere più. Noi che con lui abbiamo scoperto l'avventura nel mondo, lui che con noi ha scoperto se stesso. Noi che con lui abbiamo sognato, lui che con noi ha sperato. In un viaggio che non fosse solo distruzione, ma anche conoscenza. Noi che con lui ci siamo sentiti più alti, lui che con la nostra invidia si è sentito più basso. Lui che ha cercato e trovato l'avventura in ogni angolo del globo, noi che ce la dobbiamo inventare perché ce l'hanno spolpata e messa in scatola sullo scaffale in alto a destra. Lui che l'ha incontrata: bella, pulita, incontaminata. In Alaska, in Burundi, in Siberia, era la tigre di Sumatra, erano i pigmei dell'Ituri, erano i Dani della Nuova Guinea. Noi che la scopriamo per appuntamento: brutta, sporca e cattiva. Con i charter, con la spazzatura, con il folklore di plastica. Lui che in questo Duemila fa settant'anni, una vita con poco spreco di tempo, di libertà, di rimpianti. Noi che invece vorremmo sempre rinascere, per avere più possibilità. Lui che non vuole sorpassare il suo tempo, noi che siamo ansiosi di mettere le bandierine su eroi più moderni e tecnologici che poi sbucciamo in fretta.

Niente da fare: a Walter Bonatti non riuscite a strappare né un sospiro, né un rammarico. «Non maledico i miei anni, l'età è un fatto accrescitivo, sono le esperienze che uno ha accumulato. Io sono felice di appartenere al mio tempo, anche se da bambino il Duemila me lo immaginavo con tanti problemi sociali già risolti. Il mondo io l'ho scoperto con la guerra, essere un ragazzo di dieci anni e soffrire la fame è drammatico. La mia infanzia è stata segnata dal regime, la vita doveva essere quella, non c'era scelta, a scuola le lezioni cominciavano con il saluto a Mussolini, a Dio e al Re. Figurarsi la mia sorpresa quando a piazzale Loreto vedo il duce a testa in giù, quando il re è un traditore e quando Dio diventa un'ipotesi. A quindici anni mi sono trovato senza punti di riferimento, in un mondo vuoto in cui nessuno mi sapeva rispondere: perché si viene al mondo? Mio padre, antifascista e commerciante aveva perso il lavoro, era mia madre magazziniera in un'azienda di tessuti a mantenerci. Io ho imparato a nuotare nel Po, e a muovermi con una sensibilità quasi animalesca nella vecchia Padania. Riconoscevo le stagioni ad occhi chiusi, dall'odore della campagna e del frumento. E questo spesso mi ha salvato. Oggi ci sono scalatori eccezionali che non conoscono la montagna. Oggi siamo tutti schiavi di qualcosa che non ci appartiene, siamo sollecitati da un potere senza volto che ci vuole dediti a rincorrere valori fasulli. Ci hanno ridotti a essere un popolo di consumatori senza testa e la pubblicità è il vassoio su cui ci servono i nostri falsi bisogni. Proprio ora che la natura è stata distrutta, che non c'è più materia prima buona.» E che, come ha detto Chesterton: «L'avventura è un'avventura degli altri vista da un posto sicuro».

Bonatti vive in una piccola frazione di Dubino, in Valtellina, quattro case e una chiesetta. Niente che da fuori lasci intravedere che l'uomo passava metà dell'anno curiosando ai confini del mondo. Nessun cimelio, nessun segnale che indichi l'abitazione del Signor Avventura. E nessuna foto di conquista attaccata ai muri. Sulle pareti ci sono i collage orientaleggianti di Rossana Podestà. Un'unione la loro, che a molti sembrava bizzarra. Figurarsi: il grande esploratore abituato a fare a meno di tutto con la grande attrice che non può fare a meno di niente. Lui è in un momento nero, ha lasciato la moglie, ha abbandonato il lavoro a «Epoca», ha cambiato vita, non ha una lira. «Ero con il sedere a terra.» Lei, divorziata dal regista Vicario, in ogni intervista dichiarava: al diavolo Gary Cooper era Bonatti l'uomo che più ammirava, sarebbe subito fuggita in un'isola deserta con lui, anche solo per portargli le macchine fotografiche. Lui le scrisse. «Una lettera epica» racconta lei. Poi scoprì il numero telefonico e la chiamò. Erano i primi di giugno, disse che magari sarebbe passato a trovarla ad ottobre. Rossana riattaccò sconsolata: «Non gli devo interessare molto» confidò ad un'amica lì presente. Alle sette di sera Bonatti richiamò: «Forse vengo prima, a luglio». Alle nove altra telefonata. «Dopodomani». L'appuntamento a Roma, davanti alla scalinata dell'Ara Coeli. 3 giugno 1981, una e mezza. Rossana aspetta più di un'ora, respinge vari tentativi di abbordaggio, ma soprattutto è seccata. «Ero carina, ero sola, e la situazione stava cominciando a diventare imbarazzante.» Le viene in mente che forse lui sta aspettando dall'altra parte della scalinata. Lo vede che va su e giù, che si affanna con i vigili per proteggere la sua Fiat. L'approccio non è tra i più morbidi: «Ma che razza di esploratore è, se si perde davanti all'Ara Coeli?». Salgono in macchina, lui guida appoggiando sul volante solo due dita. Lei pensa: «Avrà perso le altre in una scalata». Poi lui frena e le dita ricompaiono, ma dal cruscotto spunta un rotolo di carta igienica. Lei crede che lui abbia problemi di salute. «Strano, però, aveva i pettorali che sfondavano la camicia.» Insomma, un equivoco dopo l'altro. Si piacciono, ma lui deve andare sul Gran Sasso. Il classico «torno subito». E invece per tre giorni non si fa vivo. Lei pensa che tutto sia finito, invece lui è lassù, prigioniero di una tempesta. Sarà amore, da *Cime Tempestose*. Bonatti vuole farle conoscere il suo mondo, partono per il Bianco, il Colle del Gigante. Hanno le informazioni meteo della Francia: tempo bello. Bello un corno. Lui si preoccupa, l'aria è traslucida, troppo. Arriva la tempesta. Si accampano tra due rive moreniche, restano bloccati tre giorni in tenda. Lui si accorge che sopra c'è un canalone di pietrame, sulla pietra liscia la neve non attacca. Tu chiamalo se vuoi, istinto o presentimento. Smontano la tenda in fretta, scappano. Un attimo dopo la valanga seppellisce il punto del loro accampamento. Rossana ammira quell'uomo che non si è mai lasciato scappare una parola o un gesto isterico. Lui la guida sulle montagne, lei lo conduce nel traffico cittadino. Insieme, pietra su pietra hanno costruito la casa dove vivono. Come tutti quelli che hanno esplorato terre e mari in tempi in cui il cellulare non esisteva e l'avventura era un viaggio dove non era garantito il ritorno. Bonatti per un po' ha creduto «al fatto che anche per il grande pubblico girare il mondo potesse essere un'occasione culturale e non solo una moda commerciale, un modo per vendere il Tibet e la Patagonia. Ma i prezzi dei grandi viaggi sono troppo bassi e compressi per permettere una vera conoscenza. Affacciarsi sul mondo per me vuole dire rischiare se stessi, superarsi. E perché il viaggio sia un valore bisogna prima averlo pensato, sognato, voluto, conquistato, pagato. Mi hanno detto che i navigatori solitari di oggi alla domanda sulla morte rispondono di non considerarla una compagna di viaggio. Se è vero, allora perché partono? Per me l'impresa più grande di questo secolo è stata arrivare con Amundsen al punto matematico del Polo Sud. Qualcuno potrà dire che sull'Everest senza ossigeno è una conquista più preziosa, ma era comunque nell'aria, resa possibile dalle nuove conoscenze e dai materiali moderni. Togliere venti chili dalle spalle è un miracolo ai nostri tempi impossibile, basti considerare che sul K2, alla base della montagna, ci siamo andati con sedici tonnellate di materiale vario. Anche se tutti noi del K2 abbiamo fatto le cavie per gli astronauti di Cape Canaveral».

Non c'è più il mondo nuovo, sussurra Bonatti. Era solo un'illusione, già coperta di spazzatura e di inquinamento. Meglio cercare l'uomo vecchio, non perdere mai i propri punti di riferimento e non cedere alle lusinghe di chi promette piaceri e avventure sconosciute. «Oggi si è psicologicamente troppo sfruttati. Per questo dico che l'esplorazione fuori è finita mentre è tempo che cominci quella dentro di noi, per conoscere noi stessi. Per riuscire finalmente ad essere uomini coerenti, capaci di accettare le responsabilità. Non voglio togliere a nessuno la libertà di andare, ma mi ribello a questa voglia che c'è di cancellare il passato, di ignorarlo, per procedere più speditamente...»

Da «il venerdì di Repubblica», 7 gennaio 2000

C'È ANCORA SPAZIO PER L'AVVENTURA
di Flavio Olivo

OLIVO – Qual è stato il gesto più bello nei suoi confronti?

BONATTI – Quello del presidente Jacques Chirac. Mi ha conferito alcuni mesi fa il titolo di Ufficiale della Legion d'Onore, annunciandomelo con una lettera datata proprio il giorno del mio settantesimo compleanno. È stato il presidente Chirac ad aver riconosciuto ciò che troppo spesso mi fu invece avversato: la mia dedizione per portare soccorso ai miei compagni sul Monte Bianco. È un fatto ancora più straordinario perché viene dalla Francia e non dal mio Paese.

Da «Il Gazzettino», 17 ottobre 2000

LE PRÉSIDENT DE LA RÉPUBLIQUE

Paris, le 22 juin 2000

Cher Monsieur,

J'ai le très grand plaisir de vous annoncer que j'ai décidé de vous nommer au grade d'Officier de l'Ordre de la Légion d'honneur.

Cette prestigieuse distinction, que j'ai tenu à vous décerner, vient couronner un géant de l'aventure à qui ses exploits ont valu une notoriété internationale. Elle récompense aussi le courage et la générosité d'un homme qui n'a pas hésité à prendre tous les risques pour se porter au secours de ses compagnons.

Aussi, je suis très heureux de vous adresser à cette occasion mes félicitations les plus vives et les plus sincères.

Je vous prie de croire, Monsieur, à l'assurance de mes sentiments les meilleurs.

Bien cordialement,

Jacques CHIRAC

Monsieur Walter BONATTI
Via monastero
23015 DUBINO
(SONDRIO)
ITALIE

Caro signore,

è con estremo piacere che Vi comunico la mia decisione di nominarVi Ufficiale dell'Ordine della Legione d'Onore.

Questo prestigioso riconoscimento, che ho voluto conferirVi, incorona un gigante dell'avventura alle cui imprese ha arriso una fama internazionale. Allo stesso tempo ricompensa il coraggio e la generosità di un uomo che non ha esitato a correre dei rischi per soccorrere i propri compagni.

Sono molto lieto di cogliere l'occasione per rivolgerVi le mie felicitazioni più vive e sincere.
Cordialità

Fonti delle interviste

Alessandri, Domenico, «Bollettino Cai Aquila», *Intervista a Walter Bonatti*, Giugno 1981.
Angela, Piero, Rai – Telegiornale, 6 maggio 1964.
Ansaldo, Giovanni, «Il Piccolo», *Il vincitore del Cervino*, 27 febbraio 1965.
–, «Il Tempo», *Sul Cervino con Bonatti*, 10 marzo 1965.
Audisio, Emanuela, «la Repubblica», *La montagna più alta è dentro di noi e resterà inviolata*, 18 agosto 1983.
–, «il venerdì di Repubblica», *L'avventura è dentro di noi*, 7 gennaio 2000.
Barelli, Andrea, «Venezia 7», Walter Bonatti: l'esplorazione nell'uomo, 18/24 maggio 1984.
Benedetto, Enrico, «La Stampa», *Detesto il Bianco dei primati*, 7 agosto 1986.
Berchi Marco, «il Sabato», *Ottomila metri di gloria e di vergogna*, 23 febbraio 1985.
–, «il Biellese», *Bonatti, un uomo così*, 10 novembre 1995.
Beretta, Roberto, «Avvenire», *L'ultima parola sulle bombole della discordia* e *Bonatti, l'esteta degli «ottomila»*, 22 giugno 1995.
Bernardi, Alfonso, «il Resto del Carlino», *Le ore che precedettero la conquista del K2*, 30 novembre 1961.

Bertholet, Annie, «La Montagne et Alpinisme», *Je suis en quelque sorte une bête sauvage!*, 3° trimestre 1990.
Bianco, Gian Franco, Rai – Tgr Torino, *Regioneitalia*, 20 febbraio 1998.
Billoux, J.R., «Le Dauphiné Libéré», *Walter Bonatti: viaggio in capo al mondo*, 14 gennaio 1983.
Bocca, Giorgio, «Il Giorno», *Il masochista celeste*, 28 febbraio 1965.
Bonati, Mario, «Il Cittadino», *Alpinismo, la palestra dell'umana avventura*, ottobre 1995.
Bottagisi, Claudio, «Giornale di Lecco», 7 febbraio 1983.
Brunati, Paolo, «Stampa Sera», *Bonatti, una solitaria sfida alla natura*, 12 marzo 1990.
Buratti, Rolando, «Alto Adige», *Il mondo ghiacciato del Polo Sud*, 2 giugno 1982.
Buttafava, Vittorio, Telealtomilanese, 25 giugno 1977, Telemontecarlo, 14 ottobre 1977.
Buzzati, Dino, «Corriere dei Piccoli», *Cento ore senza sole*, 7 marzo 1965.
–, *Un nobile addio* in *I giorni grandi*, Mondadori 1971.
Caffier, Michel, «Magazine Dimanche», *L'avventura è anche nel profondo di se stessi*, 4 gennaio 1987.
Campione, Gaetano, «La Gazzetta del Mezzogiorno», *Alla ricerca dell'avventura perduta*, 23 dicembre 1986.
Caputo, Elena, Canale 5, *Speciale News*, *Walter Bonatti, un sogno lungo il Cile*, 26 febbraio 1990.
Casalegno, Andrea, «Il Sole 24 Ore», *Bonatti: tutta la verità sul «caso K2»*, 12 maggio 1996.
Ceccarelli, Dario, «l'Unità», *La mia Odissea alla ricerca dell'uomo*, 27 marzo 1999.
Ceralli, Alessandra, «Corriere Valsesiano», *Bonatti, l'avventura e le «sue» montagne*, 3 novembre 1995.
Chappaz, Gilles e Deweze, Stéphane, «Montagnes Magazine», *Che fa Bonatti?*, gennaio 1983.

Colombo, Elli, Isella, «Alpenstock», Bonatti. L'abbiamo fatto parlare, finalmente, dicembre 1994.
Corbetta, Giovanni, Onda Radio Olginate, 1983.
Corso, Dante, «Il Carabiniere», *Dove osarono i condor*, giugno 1982.
Curtat, Robert, «L'Echo Illustré», *Walter Bonatti: eterno errante*, 16 giugno 1984.
Dalla Palma Michele, «Trekking», *Walter Bonatti – tra mito e leggenda*, gennaio-febbraio 2001.
Damato, Mino, Rai, *Domenica In*, 21 aprile 1986.
Damicone, Giulio e Del Buono, Margherita, Rai – *Abruzzo Insieme Sera, Trenta minuti con Walter Bonatti*, 22 aprile 1981.
De Domizio Durini, Lucrezia, «Risk – Arte oggi», *L'ultimo esploratore*, settembre-ottobre 1995.
Defaye, Christian, «La Tribune de Lausanne», *Walter Bonatti nell'ora dell'addio alle armi*, 2 aprile 1965.
D'Elia, Carlo Alberto, «Gazzetta del Popolo», *Solo l'avventura mi fa sentire vivo*, 25 agosto 1973.
De Luca, Vittorio, Rai 2, *Trent'anni dal K2*, 24 luglio 1984.
Fede, Emilio, Rai – Telegiornale, *Un anno dopo la tragedia del Pilone Centrale*, 16 luglio 1962.
Ferrari, Marco, «Alp», *Walter Bonatti – La montagna di una vita*, settembre 1996.
Gagliano, Ernesto, «La Stampa», *Bonatti: il mio Cervino adesso lo trovo nella foresta*, 3 marzo 1984.
Garavaglia, Renato, «l'Unità», *Ora racconto la mia paura*, 12 febbraio 1982.
–, «Rivista della Montagna», *Il successo non è mai perdonato*, 1982.
–, «l'Unità», *Bonatti il selvaggio*, 15 aprile 1984.
«Gazzetta Ticinese», *Walter Bonatti racconta*, 16 ottobre 1985.
Gelso, Laura, «il Biellese», *Bonatti: vi racconto il «mio» De Agostini*, 21 dicembre 1999.

Giuntini, Anne, «L'Équipe Magazine», *Ho sempre obbedito alle mie emozioni*, 13 dicembre 1986.
Gordini, Silvio, «Il nuovo Ravennate», *Libero come la montagna*, 1987.
Graffigna, Carlo, «La Domenica del Corriere», *Ha cancellato l'impossibile sulla Nord del Cervino*, 7 marzo 1965.
–, «Amica», *È difficile essere la donna del dominatore del Cervino*, 7 marzo 1965.
Grandori, Luca, «Panorama», *Vivere d'avventura*, 24 agosto 1976.
Greub, Daniela, «G d P», *Vivere l'alpinismo come avventura*, aprile 1985.
Grosjean, Christine, «Aliprando», *Il signore Bonatti*, dicembre 1986.
Guillaud, Sophie, «Okapi», *La passione della montagna*, agosto 1989.
Julie, Tv Biogiro, *Walter Bonatti – montagna*, 12 dicembre 1989.
Kopp, Christine, «Alpin», *Ancora tanti sogni*, agosto 2000.
Kuffer Jean-Louis, «Le Matin», *Incontro con Walter Bonatti*, 4 novembre 1984.
Leoni, Antonio, «Mondo Padano», *Che sorpresa, Walter Bonatti padano*, 18 luglio 1983.
Lettieri, Rocco, «Luce», *L'ultima volta di Walter Bonatti*, 1° luglio 1995.
Longoni, Angelo, «Il Cittadino», *Il coraggio della paura*, 14 giugno 1990.
Magni, Emilio, «Il Giorno», *Quell'alba maledetta sul K2*, 9 ottobre 1984.
Mantovani, Roberto, Museo Nazionale della Montagna, *Fermare le emozioni – L'universo fotografico di Walter Bonatti*, febbraio 1998.
–, «La rivista del Cai», *Walter Bonatti ovvero il richiamo dell'ignoto*, marzo-aprile 1998.

Marco, Elena, «Il Piccolo», *La mia vita tra le montagne*, 16 dicembre 1994.

M.C., Il dovere, 23 marzo 1985.

Melgara, Pierangelo, «Quaderni Valtellinesi», *Vivere l'avventura*, 3° trimestre 1996.

Metzeltin, Silvia, Radio della Svizzera Italiana – Rete 2, *Radiopomeriggio*, 12, 13, 14, 15, 16 ottobre 1987.

Migliavacca, Renato, «Prima Pagina», *Anticonformismo del leggendario Walter Bonatti*, 15 marzo 1980.

Navarro, Valentina, «Alba», *Parto sempre alla ricerca di me stesso*, 21 novembre 1971.

Olivo, Flavio, «Il Gazzettino», *C'è ancora spazio per l'avventura*, 17 ottobre 2000.

Padovani, Giovanni, «L'Arena», *Quell'antico bisogno di avventura che sta nel cuore dell'uomo*, 13 maggio 1987.

–, «La Voce dei Berici», *Al Filmfestival di Trento su montagna e alpinismo vincono Francia e Bonatti*, 17 maggio 1987.

Pagani, Paolo, «Il Giorno», *Bonatti*, 12 novembre 1995.

Paliotti, Oreste, «Città Nuova», *Bonatti – sulla scala infinita*, 25 dicembre 1998.

Pallottelli, Duilio, «Airone», *Com'è cambiato il mio Monte Bianco*, agosto 1986.

Pastonesi, Marco, «La Gazzetta dello Sport», *La vera forza è della volontà*, 22 marzo 1994.

Peroncini, Gianfranco, «Il Giornale», *Bonatti: «Quando ero sul Po sognavo il K2»*, 6 agosto 1989.

–, «Qui Touring», *Walter Bonatti, un uomo e la montagna*, novembre 1989.

Pini, Giorgia, Rai, *Pan-Airone*, 11 novembre 1987.

Poletti, Filippo, Orchestra Stabile del Conservatorio Giuseppe Verdi di Milano, 27 luglio 1999.

Punsola i Mitjans, Manuel, «Cingles», *Un mito dell'alpinismo tra noialtri*, giugno 1988.

Rai, *Un volto una storia*, 1969.
Repetti, Ferruccio, «Cinema & Montagna», *Un grande comunicatore di valori umani*, novembre 1989.
Rho, Franco, «Bergamo In», *Bonatti afferma: alpinismo senza etica*, luglio 1987.
Rinieri, Achille, Rai, Tg *l'una*, 30 marzo 1980.
Rumiz, Paolo, «Il Piccolo», *Parla Walter Bonatti, esploratore anarchico con la tranquillità di un santone*, 26 aprile 1983.
Saltarelli, Flavio, «Libertà», *Bonatti: anche l'avventura è in crisi?*, 3 agosto 1996.
Shahshahani, Volodia, «Libération», *Si è ucciso l'impossibile*, 17 dicembre 1986.
Spirito, Piero, «Il Piccolo», *Trionfa il «mito Bonatti». Ma il resto no*, 10 maggio 1987.
Spreafico, Giorgio, «La Provincia di Lecco», *Bonatti, un modo di essere*, 29 novembre 1989.
Tenderini, Mirella, «Mountain», *Walter Bonatti, una intervista*, maggio-giugno 1983.
–, «Alp», *L'avventura è una cosa seria*, gennaio 1987.
–, «Alp», *Più che il regista poté il protagonista*, luglio 1987.
Tiberto, Franca, Radio della Svizzera Italiana – Rete 1, *Fatti Vostri: «Incontro con Walter Bonatti»*, 9 dicembre 1986.
–, Radio della Svizzera Italiana – Rete 1, *Viaggiare dove*, 8 gennaio 1988.
–, Radio della Svizzera Italiana – Rete 1, *Fatti Vostri: «Ti seguirò in capo al mondo»*, 9 giugno 1988.
Tillot, Edy, Rai – Telegiornale, 23 febbraio 1965.
Torelli, Giorgio, «Grazia», *I tre segreti di Bonatti*, 13 luglio 1969.
TSR – Television suisse romande, 21 febbraio 1998.
Uguccioni, Cristina, «No Limits World», *Walter Bonatti che già da ragazzo era Ulisse*, maggio 1995.
–, «No Limits World», *Buon compleanno, Walter*, giugno 2000.

Vegliani, Stefano, Italia 1 – Sport, 6 novembre 1995.

Ventura, Xavier, «La Vanguardia», *Bonatti: l'alpinismo ha dato un giro infernale*, 11 aprile 1988.

Viaggio, Stefano, Rai – Regione Valle d'Aosta, *Aspettando la Patagonia*, 8 febbraio 2000.

Villoresi, Luca, «la Repubblica», *La montagna disincantata*, 17 luglio 1995.

Wermelinger, Susanna, «Capo Horn», *Il personaggio: Walter Bonatti*, gennaio 1988.

Zurlo, Stefano, «Avvenire», *La vetta più alta è solo il nostro io*, 23 novembre 1984.

I miei viaggi avventurosi nel mondo dal 1964 al 1988

«Polo del freddo.» Estrema Siberia di nordest, gennaio 1964. Lunga permanenza nei villaggi e nelle foreste di Verkhoiansk e Oymyakon, dove si registrano le temperature minime del mondo abitato (meno 69 e meno 71 gradi centigradi).

Chilkoot Pass. Alaska, 11/14 maggio 1965. Attraversamento dello storico passo che a fine secolo, in uguali condizioni di innevamento, fu teatro della drammatica corsa all'oro diretta nel Klondike.

Gruppo del Sant'Elia. Canada, maggio/giugno 1965. Aggregato alla spedizione americana Icefield Rangers Research Project, ho visitato laghi e ghiacciai dei monti Logan e Sant'Elia.

Yukon River. Canada e Alaska, giugno/luglio 1965. Discesa del fiume Yukon da Whitehorse a Tanana, con canoa canadese. In trenta giorni, da solo, ho navigato questo fiume (e un suo tributario) per 2.500 chilometri, fin nel cuore dell'Alaska.

Porcupine River. Canada e Alaska, fine giugno 1965. Discesa del fiume da Old Crow a Fort Yukon, con canoa canadese.

Dawson City e le famose valli aurifere Klondike, Hunker, Bonanza, Eldorado, Indian. Canada (Yukon Territory), giugno 1965.

Arctic Village. Alaska, luglio 1965. Il più settentrionale villaggio indiano, ormai nelle terre degli esquimesi.

Bristol Bay. Alaska, luglio 1965. Pesca stagionale del salmone rosso. Ospite della Red Salmon Company di Naknek, che pesca da quelle parti con una grande flotta di battelli. Ogni battello cattura giornalmente qualche migliaio di salmoni, a volte fino a diecimila.

Arcipelago delle Aleutine. Alaska, fine luglio 1965. Isole Kodiak, Unimak, Akutan, Adak.

Vulcano Shishaldin (3.100 metri). Alaska, 21 luglio 1965. Scalata del vulcano nel corso della traversata dell'isola Unimak. Sono partito dalla costa del Pacifico per arrivare su quella del Mare di Bering. Scopo della marcia solitaria, nell'entroterra disabitato dell'isola, era quello di sperimentare una convivenza pacifica con i grandi orsi kodiak.

Isola Akutan. Alaska, luglio 1965. Rifugio delle più grandi colonie di leoni marini.

Isole Pribilof. Alaska, luglio/agosto 1965. L'habitat ideale dell'otaria orsina.

Monte Meru. Tanzania, aprile/maggio 1966. Classica marcia in carovana nella foresta vergine. Ho attraversato la selva di Ngongongare e scalato il cratere quotato 3.947 metri.

Kilimangiaro (5.894 metri). Tanzania, 9/11 maggio 1966. È il massiccio isolato più alto del mondo.

Villaggi Masai sugli altipiani di Murja. Kenya, maggio 1966. Per una settimana ho abitato nella dimora del grande capo Kone Ole Sendéu.

Rift Valley (Magadi Soda). Kenya, maggio 1966. Caccia al leopardo nei blocchi n. 62 e 63, i luoghi di Hemingway.

Nilo Victoria. Uganda, giugno 1966. Un mese passato tra ippopotami e coccodrilli.

Ruwenzori, Punta Margherita (5.125 metri). Uganda, 25 giugno/2 luglio 1966. I famosi «Monti della Luna» di Tolomeo, nonché le più alte sorgenti del Nilo. Ho compiuto la seconda ripetizione del percorso integrale seguito dal Duca degli Abruzzi nel 1906.

Nelle terre dei Karimojong e dei Turkana. Uganda e Kenya, luglio 1966.

Grumeti. Tanzania, 18/22 luglio 1966. Un territorio selvaggio di circa 1.200 chilometri quadrati che ho attraversato a piedi, in solitudine e disarmato, per sperimentare la possibilità di convivere pacificamente con i cosiddetti animali feroci.

Da Oslo a Capo Nord. Norvegia, gennaio 1967. Nella notte polare con quattro compagni, due automezzi e tenda da bivacco. Rientro precipitoso nell'infuriare della tormenta, per non perdere i veicoli.

Cuzco, Pisac, Machu Picchu, Tiahuanaco, Titicaca e indios Uros. Perù, agosto 1967 (ancora nel 1971 e nel 1978).

Sorgenti del Rio Marañón, Laguna Ninococha. Perù, agosto 1967.

Yucatán: Palenque, Uxmal, Chichén Itzá. Messico, settembre 1967 (ancora nel 1975).

Mare dei Caraibi. Messico, settembre/ottobre 1967. Un mese di vita libera, su una barca, tra coste e isole dello Yucatán. Immersioni, riprese subacquee e bivacchi su spiagge deserte.

Rio Marañón. Perù, ottobre 1967. Primo tentativo di discendere lungo le valli del grande fiume, partendo dalle sue sorgenti e fino alle basse foreste. Impresa interrotta delle piogge arrivate in anticipo.

Mato Grosso, Gran Pantanal. Brasile, novembre 1967. Visita dell'intero territorio. Inchiesta sui *garimperos* e le loro cave di diamanti, presso le sorgenti del Rio Paraguay.

Indios Waikas e Makiritares, alto Orinoco. Venezuela, dicembre 1967 (ancora nel dicembre 1973).

Isole di Bali e Sumbawa. Indonesia, settembre 1968.

Vulcano Ghedé, isola di Giava. Indonesia, settembre 1968.

Vulcano Keli Mutu, isola di Flores. Indonesia, settembre 1968.

Isola di Komodo. Indonesia, settembre 1968. Alla ricerca del favoloso Varanus Komodoensis.

Isola di Sumatra. Indonesia, ottobre/novembre 1968. Quaranta giorni sulle piste della tigre nella regione centro-orientale di Sabana.

Villaggio e popolazioni Toradja (centro isola Sulawesi). Indonesia, fine novembre 1968.

Isola di Ambon. Indonesia, inizio dicembre 1968. Immersioni subacquee.

Borneo occidentale. Indonesia, dicembre 1968. Pontianak e fiume Kapuas.

Vulcano Krakatoa. Indonesia, dicembre 1968/gennaio 1969. Una settimana di solitudine tra le lave fumanti del nuovo cratere in formazione (l'esplosione e la distruzione del famoso vulcano della Sonda erano avvenute nel 1883).

Australia, luglio/agosto 1969. Giro completo delle sue coste e attraversamento del continente da sud a nord.

Ayers Rock (Uluru). Centro Australia, fine luglio 1969.

Monti Olga. Centro Australia, fine luglio 1969.

Eyre Lake. Australia, agosto 1969. Depressione alcalina la cui traversata solitaria richiese una marcia forzata di quattro giorni per coprire una distanza di duecento chilometri.

Grande Barriera Corallina. Australia orientale, agosto/settembre 1969. Immersioni sui fondali di Michaelmas Cay, Green Island e Heron Island.

Dintorni del monte Cook. Nuova Zelanda, settembre 1969.

Moorea, Monte Tohiea (1.207 metri). Isole della Società, settembre 1969. Tentativo di scalata presto interrotto per mancanza di adeguata attrezzatura alpinistica.

Nuku-Hiva. Isole Marchesi, fine settembre/ottobre 1969. Esplorazione dei luoghi dove Herman Melville visse l'incredibile storia raccontata nel suo primo romanzo *Taipi*.

Isole Ua-Pou e Hiva-Oa. Gruppo delle Marchesi, ottobre 1969. Visita alla tomba di Paul Gauguin a Hiva-Oa, escursioni costiere a Ua-Pou.

Isola di Pasqua. Cile, novembre 1969. Un mese di girovagare solitario nell'atmosfera magica delle grandi statue *moais* e delle pietre scolpite rongorongo.

Deserto di Atacama e Valli della Luna. Cile, inizio dicembre 1970.

Vulcano Licancabur, nel deserto di Atacama (5.930 metri). Cile, 8 dicembre 1970. Monte sacro degli Incas ai confini del Tawantinsuyu, il grande regno del sole.

Isola di Más a Tierra, Arcipelago Juan Fernández. Cile, dicembre 1970. È l'isola del marinaio Selkirk, la cui storia suggerì a Daniel Defoe il famoso romanzo *Robinson Crusoe*.

Capo Horn (Terra del Fuoco). Cile, gennaio 1971. Una settimana di solitudine sui più drammatici scogli della storia marinara.

Fiordi cileni (Patagonia). Cile, gennaio 1971. Suggestivi contrasti di foreste e ghiacciai che discendono fino al mare.

Aconcagua (7.000 metri circa). Argentina, 11 febbraio 1971. La più alta montagna delle due Americhe.

Valli di Humahuaca. Argentina settentrionale, febbraio 1971.

Hielo Patagónico Continental, settore Cerro Mariano Moreno. Argentina, febbraio 1971.

Meseta del Viento (Patagonia). Argentina, inizio marzo 1971.

Rio Santa Cruz (Patagonia). Argentina, marzo 1971. Dal Lago Viedma al Lago Argentino e fino all'Oceano Atlantico, con un gommone, senza motore.

Tribù pigmoidi Batua. Burundi, inizio dicembre 1971. Villaggi e sentieri di caccia nelle loro foreste nordorientali.

Rutana, le più lontane sorgenti del Nilo. Burundi, dicembre 1971.

Ujiji, sul lago Tanganica. Tanzania, 22/24 dicembre 1971. Nei luoghi di Livingstone un secolo dopo. Ritrovo il famoso mango sotto il quale, il 10 novembre 1871, avvenne lo storico incontro con Stanley. Per un involontario inadempimento burocratico sono finito in galera per una notte, a Ujiji.

Ras Dashan (4.620 metri), nel gruppo del Semyen. Etiopia, 2/7 gennaio 1972. La neve imbianca sovente queste cime rocciose che si affacciano sulla torrida Dancalia. L'acqua che si raccoglie in questi anfratti va al Mediterraneo.

Nilo Azzurro, cascate Tissisat, Lago Tana e luoghi storici: Aksum, Adua, Adigrat, Makallé. Etiopia, gennaio 1972.

Deserto del Namib e Costa degli Scheletri. Namibia, aprile/maggio 1972.

Regioni occidentali del Lago Alberto. Zaire, maggio 1972.

Vulcano Nyiragongo. Zaire, 17/21 maggio 1972. Cinque giorni dentro il cratere di fuoco, in solitudine. È stato un po' come vedere crearsi e plasmarsi il pianeta, milioni di anni fa. Ho avuto la sensazione di uscire dalla dimensione del tempo e calarmi nelle antiche paure dell'uomo, agli albori della vita.

Tra i monti Virunga e le alture del Kahuzi alla ricerca del gorilla delle montagne. Zaire, maggio 1972.

Pigmei dell'Ituri, nelle loro foreste vergini. Zaire, giugno 1972. Marcia in carovana con i pigmei alla ricerca delle inesplorate sorgenti del fiume Nduye, tributario dell'Ituri, che lo è a sua volta del fiume Congo. Raggiunto le sorgenti il 12 giugno.

Gruppo dell'Illampu (6.362 metri) nella Cordillera Real de Bolivia, ottobre 1973.

Grande Salar di Uyuni. Altipiano boliviano, ottobre 1973.

Illimani (6.402 metri). Cordillera Real de Bolivia, 19/20 ottobre 1973.

Waina Potosì (6.130 metri). Cordillera Real de Bolivia, 22 ottobre 1973. Risultò inoltre una prova di buon allenamento raggiunto: da La Paz alla cima del Waina Potosì e rientro a La Paz, in sole venti ore.

«Los altos de las almas». Bolivia, inizio novembre 1972. Guglie e valloni di formazione sedimentaria a ridosso della Cordillera Real.

Vulcano Cotopaxi (6.005 metri). Ecuador, 6/7 novembre 1973.

Vulcano Tungurahua (5.016 metri). Ecuador, 10/12 novembre 1973.

Tribù Colorados. Ecuador, novembre 1973.

Popolazioni Otavalo. Ecuador, novembre 1973.

Navigazione dei fiumi seguenti: Orinoco, Atabapo, Temi, Negro, Casiquiare. Venezuela, novembre/dicembre 1973. Si tratta dell'itinerario seguito da Humboldt centosettanta anni prima allo scopo di riconoscere l'esistenza del Rio Casiquiare, ovvero del corso d'acqua (all'epoca considerato una «mostruosità geografica») che unisce l'Orinoco al Rio delle Amazzoni.

Sierra de Parima (alto Orinoco). Venezuela, dicembre 1973/gennaio 1974. Viaggio in carovana con indios Waikas e Makiritares per fiumi e foreste vergini.

Borneo, coste sudorientali. Indonesia, dicembre 1974.

Sulawesi, coste settentrionali. Indonesia, dicembre 1974.

Villaggi e popolazioni Toradja (centro isola Sulawesi). Indonesia, dicembre 1974. Scalata del monte Kandòra, sacro ai Toradja.

Irian Jaya. Nuova Guinea indonesiana, dicembre 1974. Villaggi e tribù Dani.

Monte Trikora (4.750 metri). Nuova Guinea indonesiana, dicembre 1974/gennaio 1975. Marcia in carovana nelle foreste dei Dani. Visto e fotografato per la prima volta il misterioso monte Trikora. Scalato una cima minore di circa 4.200 metri.

Le valli verso l'Everest. Nepal, gennaio 1975.

Auyan-Tepui (altipiani della Guayana). Venezuela, ottobre/novembre 1975. Misteriosi tavolati nel cuore della foresta vergine, separati fra loro da alte pareti rocciose. Qui si produce la cascata d'acqua più alta del mondo, il Salto Angel, di mille metri. Sono rimasto incidentalmente isolato per dodici giorni in cima al grande salto.

Yucatán. Messico, novembre 1975. Nei centri archeologici.

«Valle della Morte». California, 23 novembre 1975. Traversata solitaria della famosa depressione salina partendo di notte dagli alti crinali dei monti Palamint.

Diecimila chilometri attraverso la natura più suggestiva del West americano: California, Nevada, Utah, Arizona, Oregon. Novembre/dicembre 1975.

Antartide (quadrante neozelandese). Novembre/dicembre 1976. Scalata di sei cime vergini sulla Catena Transantartica, ossia delle vette più alte della Royal Society Range: Lister (4.100 metri), Falso Lister, Hooker, Giulia, Rücker, Gemelli. Risalita l'intera Valle di Wright (Valli Secche) e raggiunta la cima del monte Peleus. Visitata la base americana Amundsen-Scott al Polo Sud.

Nuova Zelanda, gennaio 1977. Percorsa longitudinalmente l'isola nord passando per Rotorua.

West Coast californiana, Yosemite Valley e santuario delle sequoie nelle valli della Sierra Nevada. Gennaio 1977.

Nevado La Raya (5.400 metri), Cordillera Vilcanota. Perù, 19 giugno 1978. Dalle sue nevi si formano i primi rigagnoli d'acqua dell'Urubamba, il fiume la cui origine costituisce una delle sorgenti del Rio delle Amazzoni.

Sorgenti del Rio delle Amazzoni (Rio Apurimac, alto Ucayali), zona Cailloma. Perù, giugno 1978. Sopralluoghi a Laguna Vilafro, Cordillera Chila, Quebrada Huarajo. Il 26 luglio raggiungo la sorgente omologata dagli americani nel 1973, e il giorno dopo scopro, alcuni chilometri più a monte, un bel ruscello d'acqua cristallina (benché in stagione secca). Ritengo quest'ultima la vera sorgente del Rio delle Amazzoni.

Cerro Coropuna (6.400 metri). Perù, 27 giugno 1978.

Cerro Yarupa (5.708 metri), nella Cordillera Raura. Perù, 15 luglio 1978. Scalata solitaria. Il pericolo di una slavina latente sull'ultimo pendio di neve farinosa mi induce a retrocedere. Da questi ghiacciai inizia il Rio Marañón, il più grande tributario del Rio delle Amazzoni.

Secondo tentativo, relativamente riuscito, di seguire il corso del Rio Marañón dalle sorgenti fino a Iquitos, nelle cui vicinanze questo fiume si fonde con il Rio Ucayali, formando il vero e proprio Rio delle Amazzoni. Luglio/agosto 1978.

Fiordi patagonici cileni, novembre/dicembre 1985. Esplorazioni di valli e ghiacciai ancora sconosciuti sul lato nordovest del grande Hielo Patagonico Sud. Fiordo Cálen, Fiordo Bernardo, Punta Giorgio Casari (raggiunta il 27 novembre 1985).

Sahara. Tunisia e Algeria, marzo 1986. Il Tassili attraverso l'altipiano del Fadnoun, e l'Hoggar.

Alto Atlante e Anti Atlante. Marocco, febbraio 1987.

Patagonia. Argentina e Cile, dicembre 1987/febbraio 1988. Dal Lago Fontana (45° long.) a Puerto Natales (circa 52° long.). Valli, laghi, ghiacciai, qualche cima scalata (a soli 400 metri dalla vetta del San Lorenzo una violenta bufera immobilizza per tre giorni me e i miei due compagni, dentro un buco da noi scavato in emergenza nel pendio nevoso).

Un uomo libero

*di Rossana Podestà**

All'inizio degli anni Trenta, ad Angelo e a Tina Bonatti nasce un figlio. Lo chiameranno Walter, nome difficile a quei tempi. Ad Angelo però quel nome piace molto: «È un vero nome da maschio» diceva, «un po' tedesco, d'accordo, ma i tedeschi sono tosti, non mollano mai, hanno carattere... mio figlio forse sarà così». Ma c'era un problema su quel nome: l'esotica W. Questioni di regime. E il piccolo Walter dovrà imparare presto a difenderla, quella ingombrante W: «Mi chiamo Walter, con la W doppia, grazie» diceva.

Vedendo, in seguito, i risultati ottenuti da quel bimbo magrolino con il suo carismatico nome, si può pensare che, in fondo, papà Angelo una qualche ragione per crederci ce l'avesse.

La famiglia Bonatti, padre madre e figlio, vive a Bergamo, dove Angelo ha una piccola attività commerciale. La vita va avanti tranquillamente fino a quando il solito odiato regime rende obbligatorio iscriversi al partito per poter continuare a

* Il testo qui riportato è quello che Rossana Podestà scrisse come introduzione del suo libro *Walter Bonatti – Una vita libera*, Rizzoli, Milano 2012.

lavorare, a vivere. Angelo non firma, non vuole, non è fascista. Tutto improvvisamente cambia, gli tolgono il negozio, la casa dove abita, non ci sono più soldi, non c'è più speranza per lui. Solo se Tina trova un lavoro si può sopravvivere, e Tina il lavoro lo trova, ma lontano da Bergamo. E il piccolo Walter? Per lui inizia una strana e triste vita. A soli quattro anni si trova improvvisamente senza la mamma, senza più famiglia, solo, con il padre che si arrangia qua e là con piccoli lavori.

Per garantirgli un ambiente «familiare» viene mandato a vivere per un periodo con le sorelle bigotte della madre a Vertova, in val Seriana, vicino a Bergamo; starà più a lungo con gli zii, i cugini e la nonna paterna a San Pietro al Cerro, in campagna, vicino a Cortemaggiore e al Po.

Dai racconti che qualche volta mi faceva, ho capito che Walter ha imparato, ha dovuto imparare già così piccolo a usare la solitudine, a cercarla a volte come un rifugio, quasi a proteggere la sua tristezza o forse la sua ribellione. La nonna è il capofamiglia; è nera di vestiti e di umore, con un minaccioso bastone che però non usa mai. La nonna che lo ama, a modo suo, severa e incomprensiva come si usava in campagna a quei tempi. Walter non è un bimbo facile, Walter scappa via in cerca del suo mondo e dei suoi sogni. A volte sparisce nascondendosi nella paglia di un grande fienile dove rimane, solo, per giorni.

Sempre però torna al grande fiume a immaginare nuove avventure, sogna di attraversare mari in tempesta mentre nuota veloce nella sua corrente, trovarsi sull'altra sponda era la meta suprema e il Po docile si fa amico di questo ragazzino solo, che passa tutto il tempo sulle sue rive. Chi ha letto i libri di Walter conosce queste cose. La sua vita così particolare inizia proprio da qui.

Essere rimasto solo con se stesso così presto e così a lungo gli ha certamente creato una dipendenza intellettuale, la certezza di trovare pace nei momenti difficili, la capacità di annullare con la solitudine la sofferenza che a volte la solitudine stessa gli procura e trovare così una ragione di vita, aiutato da quelle sue infinite risorse vitali che spesso lo salveranno, nel futuro.

Intanto il tempo macina settimane, mesi e lui aspetta. Aspetta e guarda oltre il fiume per vedere se riesce a scorgere una figura che conosce bene. Vuole che sua madre appaia lungo quella strada, perché da là deve arrivare, ma all'orizzonte, perse nella luce del tramonto, soltanto piccole e lontane montagne che poi, più in là nel tempo, diventeranno il suo sogno futuro.

Walter ha una grande nostalgia della madre, nostalgia della sua voce, delle sue carezze, del suo odore che aveva imparato a riconoscere sin dalla nascita. Lo so che è così. Lo so perché, tante volte, quando era triste o stava male, insomma quando capivo che aveva bisogno di aiuto, lo accarezzavo sulla fronte, sui capelli, gli sussurravo parole che forse non sentiva e vedevo che lui chiudeva piano gli occhi, piegava verso le spalle la testa e si accucciava tenero e calmo. Io davvero in quei momenti gli nascondevo le lacrime che non potevo dominare.

La guerra è vicina alla fine. La famiglia Bonatti, padre madre e figlio, ormai ragazzo, si è riunita, e adesso vive a Monza. Walter è cosciente dei mutamenti avvenuti in quegli anni e li ha vissuti e li sta vivendo da curioso. Andrà a Piazzale Loreto da Monza per vedere uno spettacolo impossibile da immaginare, un blocco di realtà, una certezza dei suoi anni di ragazzo distrutta, calpestata da una ribellione e da una ferocia che ancora non conosceva, che avrebbe voluto non conoscere, qualunque fossero state le colpe di quei morti. Qualche volta con gli amici ricordava questo momento che l'aveva così colpito.

Walter poco tempo dopo inizia a lavorare alle acciaierie Falck, ai forni dove l'acciaio veniva trattato. Un lavoro pericoloso e duro. Nelle ore libere fa sport alla «Forti e Liberi», e poi montagna, montagna, montagna con la «Pell e Oss».

E sono subito successi, applausi, medaglie, una delle quali sarà però causa di una grande sofferenza. Walter aveva compiuto un'importante impresa sul Grand Capucin. La città di Monza e il suo sindaco vogliono premiarlo e organizzano una grande festa nel teatro più importante della città, con la consegna della sua prima medaglia d'oro. Fra la gioia, la soddisfazione, il riscatto di una vita randagia, fra il calore di una folla entusiasta, fra tutto questo, gli applausi della città che non finiscono mai entrano nel cuore di Tina e Tina si sente male, lì in teatro, davanti a suo figlio. La portano a casa, muore. Walter ha ventun anni.

Non si riprenderà facilmente e spesso dirà di essere stato lui ad uccidere sua madre, per troppa felicità.

Ma perché Walter non riesce mai ad essere pienamente felice? Perché una grande gioia si contrappone quasi sempre a un grande dolore. Gli succederà spesso nella vita. La causa dei suoi problemi verrà il più delle volte da fuori. È una componente negativa, alimentata anche dal suo pessimismo e da un carattere diventato ormai sospettoso e pronto a reagire, a combattere. Sapeva comunque di poter contare su se stesso. E questo gli bastava. Certo, era attento agli attacchi continui che lo colpivano, alle accuse che sapeva non vere, vedi la vicenda K2, ma si arrabbiava solo se i giudizi erano ingiusti. Quelli che riteneva giusti cercava di capirli e li affrontava.

Mi piaceva molto questa sua maniera di essere; attraversava la vita leggero, con una sicurezza positiva, mai spocchiosa. Era sempre se stesso. Non cambiava atteggiamento se si trovava con grandi personaggi o in situazioni sociali importanti o davanti a una telecamera per un'intervista. Avete mai osservato i nostri politici, e non solo quelli, quando stanno aspettando il «via» per iniziare un discorso, un'intervista televisiva: cominciano a lisciarsi con la mano la cravatta, salgono fino al nodo e gli danno un'aggiustatina, piegano poi il braccio a squadra e si tirano un po' fuori il polsino della camicia perché, Dio mio, dovesse non vedersi. Sono tic d'insicurezza, di banalità, a volte di panico; li hanno in molti, fateci caso.

Ecco, Walter non era quel genere di uomo, per fortuna. Lui viveva senza sovrastrutture, viveva libero, come quando era piccolo, usando l'istinto. L'istinto a cui si lasciava andare perché raramente lo tradiva. Istinto allenato dalla sua intesa profonda con la natura, cercando di usare le sue leggi intuitive, semplici, che hanno permesso all'uomo di crescere e sopravvivere. L'equilibrio tra ragionamento e intuizione era la sua arma vincente.

A volte la vita ti presenta delle opportunità e tu devi scegliere. L'aut-aut di Kierkegaard, anche se magari non applicato all'etica contrapposta all'estetica ma a qualcosa di più pratico, cioè all'importanza della decisione che ti obbliga a una scelta, la quale a sua volta ti consegna un risultato. Uno solo. Perciò non si deve sbagliare quell'aut: poteva avere la morte come risultato.

Molti si affidano alla Fortuna, ma Walter non credeva alla fortuna. Usava poco questa parola, preferiva parlare di Caso. Ma il Caso è imponderabile, non puoi fare niente, sei suo prigioniero. Non c'è neanche Dio, se sei un credente. Ma Walter non era credente. «Ognuno è il dio di se stesso», penso di poter riassumere con queste parole il suo pensiero. Credeva nel libero arbitrio, che dà la grande preziosa possibilità ad ognuno di scegliere il suo «bene» e il suo «male». Un'affascinante opportunità esistenziale.

Così ancora una volta scopriamo che Walter affidava la sua difficile vita alla sua esperienza, alla sua maniera di essere, a se stesso. A punirlo di tanta apparente presunzione, lui lo sapeva, c'era il Caso, pronto a distruggerlo se avesse voluto. Ma Walter era molto simpatico, e il Caso non ha voluto.

Un giorno io e Walter ci troviamo, partendo da due mondi completamente diversi. Sarà stato il Caso? Chissà! Forse anch'io gli sarò stata simpatica e ha voluto così farmi il regalo più bello della mia vita.

Io ammiravo, invidiavo, adoravo Walter da sempre; la sua vita era quella che avrei voluto vivere io. Un sogno impossibile. Ma un giorno, durante una conferenza stampa, un giornalista mi fa la domanda più stupida del mondo: con chi sarei voluta andare su un'isola deserta. Il nome, «Walter Bonatti», è saltato fuori dalle mie labbra naturalmente, senza che io avessi dovuto pensare. È stata Fortuna? No. Il Destino? No. È stato il Caso? Sì. E il cerchio si chiude. Sono stati trent'anni, quelli passati insieme, completamente nostri – vissuti fino in fondo, bellissimi.

Certo, agli inizi ero un pochino preoccupata. Walter aveva circa cinque «fidanzate». Tutte, ignare una dell'altra, gli giravano intorno come mosche quando la «sesta», che sarei io, arriva all'improvviso, prendendo posto nel cuore e nella casa di Walter ufficialmente. La situazione è davvero difficile. Lui è bravissimo a tenere a bada il suo harem – credo avesse una buona esperienza su come fare. Solo che la «sesta» fidanzata, che sarei sempre io, non è per niente d'accordo su come vanno le cose. È semplice per la «sesta» risolvere il problema, basta mettere in mezzo il famoso aut-aut, «questo o quello», kierkegaardiano e la situazione si sblocca all'istante (credo che abbia dato una mano anche quel cognome da paura).

Detto tra noi, sì proprio voi che mi state leggendo, ve lo sareste mai immaginato questo risvolto di Walter? Io, mai. Il suo aspetto per me era quello di un luterano d'epoca: occhi limpidi, viso scolpito, capelli d'argento... Un bellissimo esemplare di prete tedesco, anche perché, come facesse non lo so, quando incrociava una bella ragazza abbassava pudicamente gli occhi a mo' di camaleonte e sembrava privo d'interesse. In fondo, ripensandoci, era un uomo libero, divorziato, era nel suo diritto fare la sua vita, la vita di colui che non sa resistere al «richiamo della foresta». Walter e io abbiamo sempre scherzato e riso molto su questo suo lato, che ho dovuto poi tenere al guinzaglio con mano ferma. Non si sa mai.

La maniera in cui io e Walter ci siamo conosciuti potrebbe essere una buona storia per un fumetto anni Cinquanta, romantica e con un finale da sogno. La mia risposta alla domanda sull'«isola deserta» sorprese moltissimo il giornalista perché, davvero, non se l'aspettava. Data la differenza di vita tra uno scalatore e un'attrice, avrebbe più facilmente immaginato che io nominassi un attore, un vip di moda in quel momento, un calciatore, che di solito è molto ambito, insomma una persona meno esotica e più adatta al caso. Comunque, l'articolo uscì e arrivò nelle mani di Walter. Dopo qualche settimana, arrivò nelle mie, di mani, una sua lettera dove scriveva che sarebbe stato felicissimo di conoscermi e di portarmi sull'isola deserta; la sensazione che dava leggendola era inequivocabile: ho la valigia pronta, domani passo a prenderti.

La cosa non fu poi così facile e veloce. Dopo varie telefonate d'assestamento finalmente decidiamo il posto e il giorno. Il 2 giugno davanti alla scalinata dell'Ara Coeli, a piazza Venezia. Tutti conoscono questa chiesa vicina al Campidoglio e pensavo che fosse facile per Walter trovarla, anche se sapevo che non era molto pratico di Roma. Arrivo puntuale all'appuntamento, abbastanza emozionata, e comincio ad aspettare. Il tempo scorre e Walter non arriva. L'emozione, nel frattempo, sparisce e comincio invece a diventare nervosa. Ho aspettato, nel caldo, circa due ore! Però, prima di andarmene e cancellare così l'aura di romanticismo, alla Liala, che aveva acceso la mia fantasia fino allora, mi è venuto in mente che, dietro l'angolo, c'era la ben più grande scalinata del Vittoriano, l'Altare della Patria, quella che porta su al Milite Ignoto. Infatti mi affaccio da quella parte della piazza e Walter è lì. La sua macchina sotto lo scalone dove può parcheggiare solo il presidente della Repubblica. Un nugolo di vigili furiosi, un carro attrezzi pronto all'uso e un Walter disperato che da due ore difendeva la postazione a tutti i costi. Ormai stava per abdicare. Non aveva portato il mio indirizzo e il numero di telefono. I telefonini li stavano inventando. Era l'anno 1981.

Ci siamo guardati negli occhi sgranati da pollo e io, senza sorridergli, cerco di colpirlo nel suo amor proprio dicendogli: «Ma che esploratore sei, se non riesci a trovare a Roma neanche l'Ara Coeli!». Dopo pochi minuti stavamo già tubando come piccioni in amore, nei giardini del Campidoglio. E siamo andati avanti così per tutto il tempo che abbiamo passato insieme.

Mentre scrivo queste parole, il mio cuore sta diventando piccolo piccolo nel rivedere con la mente il colore dei suoi occhi, l'espressione intensa del suo viso, il suo sorriso... Da quei primi momenti sono rimasta profondamente legata a lui. E lo sono ancora.

Improvvisamente la mia vita cambia.

Dopo alcuni giorni dal nostro incontro a Roma così movimentato, andiamo all'Argentario dove ho una casa da tantissimi anni, isolata, con una collinetta rocciosa, quasi una montagna in miniatura a centocinquanta metri sul mare.

Walter appena la vede inizia subito a cercare mini-vie da poter scalare, dove io mi appiccico, più apprensiva che curiosa, a seguire gli ordini del capo-cordata dolce ma determinato. La dolcezza durerà poco. Nel frattempo, si erano uniti a noi mio figlio Francesco con Giorgia, anche loro coinvolti in un allenamento deciso ma senza scampo per me, se volevo poi seguire Walter nel futuro che mi si apriva. Ma quale futuro: Courmayeur e la catena del Monte Bianco, visioni per me tutte nuove. Non ero mai stata in quel tipo di montagna e quella che avevo davanti a me era l'estrema visione di una montagna così come la descrive Walter in un suo libro, riuscendo, con le sue parole, a farmi vivere le sensazioni da lui provate e da me mai immaginate:

> In pace, completamente distaccato dagli affanni del mondo, me ne stavo a ridosso di uno spuntone proteso sul ghiacciaio della Brenva e guardavo la Terra così come l'avrebbe vista un'aquila in volo. [...] L'aria a oriente cominciava a schiarire. Si levò di colpo il vento dell'alba, frenetico, che sollevò qua e là nugoli di polvere bianca. L'atmosfera si faceva più sottile, trasparente, in armonia con l'azzurro del cielo sempre più turchese. L'aria era purissima, siderale, come venisse da un altro pianeta; respirarla era come riempirsi i polmoni di cielo. Anche la neve su cui ora procedevo pareva trasformarsi in luce e appartenere sempre più alla volta celeste; si stentava a credere che tutto ciò posasse sopra solida materia, radicata sulla Terra. [...]
> Il cielo, solidamente azzurro, rimaneva la cosa più grande di tutte ed abbracciava lontananze che stancavano lo sguardo. Le ca-

tene, all'orizzonte, si accavallavano, si fondevano, tornavano a separarsi senza un'apparente ragione.
Infiniti affioramenti emergevano alla rinfusa, le belle creste giocavano con le proprie ombre contendendosi la luminosità dei nevai, e i ghiacciai, laggiù, sembravano grandi laghi di luce incuneati tra le vette. [...]
Era un tripudio di splendori inviolati che la natura mi offriva con abbandono e ciò nutriva il mio animo. [...]
Adesso più che mai vedevo con gli occhi della mente, ascoltavo il grande respiro della natura, davo proporzioni umane agli infiniti, spaziavo fino a confondermi nell'Universo, sentivo tutta la bellezza e la meraviglia dell'esistenza. Avevo finalmente trovato la verità, la sola verità possibile al di là di ogni supposizione. Era la verità del cuore.

In quel periodo in cui, per la prima volta, vedevo Walter muoversi tra le sue montagne, sentivo il legame profondo che esisteva fra lui e quelle immense spaventose masse di rocce e ghiaccio, e ho capito lo spirito che lo guidava. La montagna era qualcosa a cui lui dava vita e a cui affidava la sua, di vita. La montagna non tradisce, diceva, ti dà sempre segni che tu devi captare, sentire, a modo suo ti allerta, devi solo capire.

E Walter la capiva tanto da dire, un giorno, che lui tornava al Monte Bianco come un figlio torna al padre. Forse sentiva, nella certezza di quella presenza, la sicurezza che in un certo senso gli è mancata nei suoi primi anni di vita.

Questo suo modo di essere, per me, era bellissimo. Il piccolo uomo-bambino e la grande montagna... l'immaginazione corre a cercare di scoprire i loro segreti.

Credo che quello che stavo vivendo, in quel periodo, sia stato il momento più completo ed esaltante della mia vita.

Ogni giorno momenti felici e momenti, a volte, difficili e

spesso molto faticosi. Secondo Walter, tutto quello che lui mi faceva fare era facile... «Per ora», diceva, e io tenevo duro pensando, con una giustificata apprensione, a quel che sarebbe venuto «dopo». Confesso che a volte mi congratulavo con me stessa per aver passato gli ultimi due anni, prima d'incontrare «l'uragano Bonatti», andando in palestra quasi ogni giorno.

Per fortuna tutto quello che mi succedeva mi piaceva da morire: stancarsi, spaventarsi, riuscirci, non riuscirci, ero sempre felice di vivere quello che avevo sempre sognato sin da bambina, anche se «la montagna» non era proprio nei miei programmi.

Una delle cose che più mi meravigliava era l'atteggiamento di Walter quando era in azione, quando si trovava in un momento difficile – e noi di momenti difficili durante tutti i nostri viaggi ne abbiamo avuti tanti. Non perdeva mai la calma, cosa che gli capitava invece spesso in città; riusciva a controllarsi e ad agire come un fulmine, se era necessario, con il suo istinto «a mille». Come quando, in Patagonia, mi ha strappato fuori dalla corrente di un torrente glaciale in piena che mi aveva travolta, agguantandomi al volo per un braccio, slogandomi una spalla. Spalla che mi ha fatto soffrire per mesi. Ogni tanto di notte mi viene in mente quel fiume e il terrore che avevo provato.

Per Walter era tutto normale, tutto già vissuto, ma non per me, che passavo da un'emozione all'altra. Erano comunque momenti di vita, di libertà, di grande soddisfazione fisica e intellettuale. E Walter era felice di farmeli vivere, senza risparmiarmi niente.

Un giorno, tra un viaggio e l'altro, stanchi di spostarci continuamente tra Roma (io) e Milano (Walter), decidiamo di cercare una casa fuori dalle città. Siamo riusciti a trovarla all'inizio della Valtellina, in un posto isolato ma non troppo. Era una casa antica, in alto verso il bosco, fatta di sassi, rotta dal tempo e dall'incuria, abbandonata da più di vent'anni, coperta di rovi che la soffocavano. Quando si è accorta che la guardavamo con interesse, cosa che non le capitava mai, ci ha mandato dei segnali chiedendoci di occuparci di lei, perché sapeva di essere la casa giusta per noi. E noi l'abbiamo accontentata, felici di farlo, e siamo stati poi molto felici di averla questa casa nostra: sì, era nostra. Mia e di Walter. Abbiamo lavorato tantissimo per sistemarla, insieme agli operai diventati amici e collaboratori fantastici. Walter, che praticamente era nato con la valigia pronta, che aveva continuato a spostarsi, nel passato, tra Courmayeur, Chamonix, Torino, Bardonecchia, Milano lasciando in giro, da amici, valigie bauli scatole piene di libri, di ricordi, di attrezzature alpinistiche ora poteva finalmente sistemare nel SUO studio, tutti nello stesso posto. Era diventato «stanziale». Da non crederci.

Il tempo a Monastero di Dubino scorreva tranquillo. Abbiamo trovato carissimi amici e un'atmosfera d'altri tempi. Walter scriveva libri raccontando quello che non aveva ancora raccontato della sua incredibile vita e io mi occupavo del giardino, pensando ai miei nipoti che avevo lasciato a Roma. Anche per Walter lasciare i ragazzi era stato difficile, ormai era diventato un vero nonno. Ma non era stato sempre così. All'inizio del nostro rapporto, quando mi portavo a casa Andrea, il primo dei nipoti, che allora aveva pochi mesi, lui lo evitava educatamente, con gentilezza. Insomma, mi faceva capire che non era interessato. E fece la stessa cosa anche con Tommaso, il secondo nipote. Erano invisibili per lui. Il suo sguardo passava oltre. Io non riuscivo a capire il perché ma non indagavo. Però mi dispiaceva, sentivo che in Walter questo atteggiamento era stonato. Poi mi sono ricordata che, parlando del tipo di vita che faceva, sempre esposto a pericoli, mi spiegò che cercava di non avere troppe responsabilità. Voleva sentirsi libero di rischiare, di morire anche. Un figlio avrebbe azzerato la libertà, sarebbe stato una limitazione alla sua voglia di cercare l'impossibile. Forse era questa la ragione del suo comportamento quando si trovava bimbi intorno. Continuava ad evitarli, con un velo di tristezza ma con determinazione.

Un'estate eravamo all'Argentario, e con noi c'era l'ultima nata, Alice (la catena dei nipoti si stava allungando senza scampo per Walter). Alice era una bimba bellissima, con mille ricciolini d'oro, un nasino minuscolo e uno sguardo imperioso; era piccolissima, ancora non camminava, e ogni volta che incontrava Walter lo fissava seria, sospettosa perché tutti la coccolavano e lui no. «Questo non mi si fila per niente» sembrava pensasse: «Perché?». Un giorno Walter e io siamo seduti a leggere uno di fronte all'altro quando Alice, che cominciava a scorrere per casa a quattro zampe veloce come un robottino, a un certo punto si ferma, poi riparte puntando su Walter, decisa; arrivata davanti a lui gli si aggrappa ai pantaloni, per la prima volta si solleva sulle gambine barcollando, e si ritrova in piedi. Trovato l'equilibrio lo guarda, gli appoggia una manina sul ginocchio e, con una vocina miagolante, dolcissima: «Watte», dice, e gli sorride, da seduttrice nata. Io guardavo, cercavo di capire come sarebbe andata a finire. Walter posa il giornale che stava leggendo e, miracolo!, allunga le mani prendendo Alice e sollevandola verso di sé per abbracciarla. In quel momento la corazza di ghiaccio «anti-bambino» che Walter si era costruito in tanti anni si sgretola di colpo, liberando uno dei nonni più affettuosi mai visti. Adesso Walter era un uomo completo. A proposito di nonnaggine, la sua frase preferita era: «nove nipoti, senza neanche un figlio».

Ci sono stati momenti bellissimi con i ragazzi. Quando ci venivano a trovare in Valtellina andavamo ad arrampicare in Grigna. Per loro era una grande soddisfazione e per Walter l'opportunità di far loro capire l'importanza che a volte anche le piccole cose, i dettagli, possono avere in montagna: cercare di non sottovalutare la forza non sempre benigna della natura che va rispettata e capita, insomma, piccole lezioni di vita mescolate a racconti fantastici delle sue esperienze, che i ragazzi ascoltavano rapiti.

L'ultimo viaggio di Walter è stato forse il più bello, quello nel Sahara egiziano, ai confini con la Libia e il Sudan. Il deserto si chiama Gilf el Kebir ed è pochissimo frequentato, sia per la sua distanza, sia per la mancanza di acqua: è assolutamente sterile e perciò disabitato. Durante il nostro viaggio non abbiamo incontrato nessuno. «Il deserto perfetto» diceva Walter.

Il Kebir è pieno di sorprese. I colori della sua sabbia impalpabile cambiano continuamente e vanno dal giallo intenso, all'arancione, al rosa al violetto, in un continuo gigante caleidoscopio. Il cielo, geloso, cerca di superarlo e a volte ci riesce. Ma il regalo più emozionante è nascosto nella sabbia e si chiama «silica glass». Trenta milioni di anni fa, in una zona del deserto, cade un gigantesco meteorite che prima di toccare terra esplode, liberando una vampata di calore tale da fondere il silicio di cui è formata la sabbia, trasformandola in agglomerati trasparenti dal bellissimo colore verde dalle sfumature a volte più scure, a volte chiarissime tendenti al giallo. I silica glass sono sparsi in una zona precisa del deserto e la loro misura varia da pochi centimetri alla grandezza più o meno di una mela. È proibito raccoglierli, tanto meno esportarli. I soldati della nostra scorta controllavano i nostri movimenti e noi impazzivamo dalla voglia di prenderne almeno uno piccolino. Il comandante, simpatico ma un po' sadico, ci guardava sorridendo; all'improvviso ha cominciato a estrarre dalle tasche una quantità di meravigliosi silica, riempendoci le mani. Era il segnale di via libera! Da quel momento soldati e comandante, per tutto il tempo che abbiamo passato nella valle, sono rimasti nelle loro tende lasciandoci soli. Era fantastico trovarci in questo posto, vagare per grandi spazi con gli occhi fissi al suolo e raccogliere meraviglie proibite mai viste. Insieme ai silica glass si trovavano anche esemplari di uno strano materiale dal colore arancione scuro, bellissimo, che abbiamo chiamati «coralli del deserto».

Ma non finisce qui. Questo deserto generoso voleva farci un altro regalo. Un giorno ci siamo trovati in un territorio cosparso fino all'orizzonte di puntini neri: ovunque si guardasse, in ogni direzione, la sabbia era costellata di questi frammenti dalle forme più strane, a volte piccolissimi, a volte perfettamente sferici. Sembrava metallo fuso, come fossero usciti da un vulcano ancora caldi e si fossero poi consolidati sulla terra. Milioni e milioni di pezzetti, alcuni con bellissime forme. Mi facevano girare la testa! Erano pesanti, perciò dovevo limitare la scelta ma, ad ogni passo, ne trovavo uno che sembrava il più bello, e non si finiva mai.

Questo viaggio era stato davvero soddisfacente: posti bellissimi, assoluta solitudine, i doni che il deserto aveva voluto farci, gli amici... Ma io sentivo, dentro l'anima, che Walter era diverso. Mi sembrava lontano, come staccato dal cordone ombelicale che sempre lo aveva legato alla Terra. Erano solo momenti, poi lui mi appariva normale e tutto passava, per ritornare però. Volevo credere che fosse una stanchezza dovuta all'età. Il viaggio era faticoso, ogni sera bisognava preparare le tende e il campo. Ma non era quella la ragione. L'ho capito più tardi. La sua mano tremava mentre faceva le riprese. I suoi occhi non scintillavano più di fronte alla bellezza assoluta di quel deserto, e un'infinita stanchezza traspariva nel suo sguardo.

Erano piccoli segnali di cui solo io mi accorgevo, ma che cercavo di non vedere.

Tornati a casa, Walter parlava di questa esperienza come una delle più belle vissute. Sarà la sua ultima.

Il tempo passava e Walter era quieto. Sistemava le sue foto perché aveva deciso di digitalizzarle; sceglieva così le più importanti fra le 80mila del suo archivio. Era sempre stanco, però, e io ancora non capivo che la stanchezza, che attribuivo all'età, non poteva essere, in un fisico come il suo, fisiologica e normale. Walter era ammalato. Ma lui era forte. Voleva muoversi in giardino come sempre, ma la debolezza a volte lo fermava. Il mio sguardo lo seguiva preoccupato ma lo lasciavo fare, senza disturbarlo.

Quando iniziò a sentire un dolore persistente a una spalla, io non ero ancora certa che qualcosa non andasse, ma ho cominciato a tremare. Un giorno siamo andati al Festival di Trento, dove ci avrebbe raggiunto il suo grande amico Pierre Mazeaud, compagno di scalate e di drammatiche esperienze. A Trento il Festival voleva commemorare una di queste esperienze: la tragedia del Pilone centrale, il Freney, dove erano morti, a causa di una terribile tempesta, quattro del gruppo di alpinisti, tre francesi e un italiano, Oggioni, compagno di Walter in tante scalate.

Quando vidi i due amici insieme sul palco del teatro, con Messner che presentava la serata, ho notato la felicità di Walter, ho visto lo scintillio ritornare nei suoi occhi, e mi sono commossa.

Ormai ero quasi sicura che qualcosa di maligno consumava Walter. Vedevo perciò tutto come fosse l'addio di Walter ai ricordi, all'amico Pierre, al pubblico che lo ha sempre amato e festeggiato; quella sera l'atmosfera che si era creata in teatro era di grande commozione, l'abbraccio fra Walter e Pierre che avevano gli occhi lucidi e trattenevano le lacrime aveva colpito il pubblico che, in piedi, continuava a battere le mani. Non posso dimenticare quei momenti. Se avessero saputo che era l'ultima volta di Walter...

La malattia viene confermata poco dopo al Gemelli, a Roma. Il dolore che aveva cominciato a dilaniare Walter viene bloccato. La decisione di non dirgli la verità l'avevo già presa prima, quando tutto era solo un sospetto. All'ospedale mi avevano detto che questo tipo di tumore quando si rivela ti dà poco tempo. Due, tre mesi di vita. Sono stata poi molto contestata e giudicata per questa mia decisione di tenerlo all'oscuro. Ma non importa. Capivo le persone che mi scrivevano, accusandomi di essermi impadronita del libero arbitrio di Walter. Alcune, e sono le più, per difendere i loro princìpi cattolici. Non mi hanno offeso. Io continuo ad essere felice di averlo fatto. Walter ha vissuto gli ultimi mesi di vita all'Argentario, non stava male per fortuna, era senza dolori. La famiglia, i ragazzi specialmente, cercavano di creare un'atmosfera gioiosa, suonando la chitarra, cantando. Lo facevamo vivere nel futuro, inventando i viaggi più belli che avremmo fatto insieme. Era faticoso per tutti ingoiare il dolore ma ne valeva la pena, perché Walter era felice. Era tenero e sorridente come fosse tornato piccolo, bambino.

Un giorno cominciò ad avere bisogno delle stampelle per muoversi. Gli mancava il respiro. Aveva bisogno dell'ossigeno ma teneva duro. Forse lo faceva per noi? Spero di no. Quello che sempre temevamo e che cercavamo di tenere lontano, si stava avvicinando.

Il racconto che adesso sto per farvi è frutto di una decisione che è stata difficile e dolorosa. Ma non posso evitarlo perché finora, occupandomi dei suoi pensieri, della sua maniera di vedere le cose, del suo «essere», ho cercato di descrivervi Walter rimanendo il più possibile legata alla sua realtà. Voglio continuare così. Il resto lo lascio ai suoi libri.

Pensavo spesso al momento in cui Walter avrebbe avuto bisogno di me in una maniera speciale e cioè per allontanarlo col pensiero dalla realtà, continuare, sempre di più, a fargli credere che non era in pericolo, che tutto andava bene. Lui aveva fiducia in me e questo mi rendeva ancora più preoccupata, dovevo riuscire a non sbagliare, a fare tutto al meglio per il suo bene. Eravamo ancora all'Argentario e non pensavo di portarlo a Roma, ma Walter mi chiese invece di portarlo al Gemelli, dal professore che all'inizio lo aveva curato e che lui stimava tantissimo e in cui credeva, perché gli aveva tolto il dolore. Andiamo a Roma, dunque, e incontro il professore, che mi dice però che non c'è una camera libera nel suo reparto e mi propone di mettere Walter in corsia. D'altra parte, mi dice, nel reparto «solventi» questo tipo di malati terminali non è curato altrettanto bene come in corsia, là sono più pratici e hanno più esperienza per questi casi. Io mi sento tradita: No! Walter non muore in corsia da solo, perché non mi farete entrare, vero? Sì, non si può entrare fuori orario. E allora? Dico io. Lo riporti a casa, è meglio. Questo mi dice il professore. Ma Walter sta male, sta morendo, dico disperata. Io non ho la camera, solo la corsia, mi risponde lui. Andiamo insieme da Walter che aspetta in corridoio con Alice, che ci aveva accompagnati, e il professore lo saluta sorridendo, e gli dice che non può ricoverarlo. Gli basta un'occhiata per capire le sue condizioni: vada a casa Bonatti, vada nel suo Argentario, è meglio, dice ridendo. Non posso dimenticare l'espressione attonita di Walter (morirà la sera dopo) a queste parole. Il tanto desiderato professore, su cui contava, lo manda via. Lui sta male, non respira, soffre, ma continua a essere forte, sta seduto dalla mattina presto sulla sedia a rotelle, ma adesso è molto stanco, provato, vuole aiuto e lo vuole dalla persona in cui crede e che lo sta respingendo. Con uno sforzo consegna al professore il suo ultimo libro dedicato che aveva portato per lui. Disperata e disgustata, offesa per Walter, lo porto via. Andiamo a casa di Stefano, mio figlio, per organizzarci. Troviamo una struttura conosciuta dalle mie nuore e decidiamo di portarlo là la mattina dopo. Io sono molto confusa e dispiaciuta per come stanno andando le cose e, quando mi parlano di Pio XI, così si chiama la clinica, mi collego con la memoria a un ospedale a Milano chiamato Pio X o XI. Bene, dico, pensando di andare in un ospedale e non in una clinica. Mi rendo conto dello sbaglio appena entriamo dal cancello, ma ormai è troppo tardi. Siamo in una clinica lussuosa, tutta marmi e specchi, tenuta dai preti e dalle suore. In camera, subito mi danno un modulo da riempire, una specie di interrogatorio da polizia. Nel paragrafo «Il suo rapporto con il degente» mi dichiaro «Convivente». È quello che sono per Walter. Avrei dovuto mentire e scrivere «Coniuge». Mi meraviglio di questo tipo di trattamento, non mi era mai capitato.

Poco dopo il ricovero Walter ha un collasso cardiaco. Lo portano in «rianimazione». Lo accompagno fino all'ingresso tenendolo stretto a me. La sua mano aggrappata alla mia era piena di forza, mi faceva male. Siamo arrivati davanti a una porta che dopo aver inghiottito Walter si chiude subito, senza scampo. Resto fuori per due ore, sola, non passa nessuno, busso ma nessuno risponde. Salgo all'entrata in cerca di un medico, di qualcuno, ma è ora di pranzo e non c'è nessuno. Ridiscendo e poco dopo la porta si apre, mi dicono di fare presto perché Walter mi chiama ed è molto agitato.

Entro in un corridoio buio e disordinato e, in fondo, vedo Walter su un lettino, unico paziente e unico lettino. Non è un reparto di rianimazione, ma un posto dove svegliano dall'anestesia i pazienti operati. Quello che vedo è e rimarrà lo strazio, l'incubo della mia vita. Walter lottava come un Laocoonte: al posto dei serpenti c'erano due medici per parte che cercavano di trattenerlo con la forza, lui si agitava disperato e chiedeva aria, «datemi aria, voglio solo aria». Un'infermiera si era buttata sulle sue gambe per impedirgli di scendere. Dove voleva andare Walter? Forse alla finestra per respirare.

Aveva i polmoni pieni di liquido e avrebbero dovuto intubarlo per dargli aiuto, invece cercavano di costringerlo a usare una mascherina come quella degli aerei, che gli ostruiva la bocca. La mancanza d'aria è la sofferenza più grande, il panico assoluto, la percezione della morte. Mi sono avvicinata al suo letto e lui è riuscito, con un ultimo strattone, a liberarsi e mi si è buttato addosso, accucciandosi tra le mie braccia che lo stringevano, respirava male ma si era calmato. Tutto è durato un attimo. Un secondo dopo me lo avevano strappato dalle braccia. Walter non aveva più forza ma continuava a soffocare, a chiedere aria. Le flebo si erano staccate e il sangue era ovunque. Aiutatelo vi prego, è disumano quello che state facendo, urlo. Non possiamo fargli la morfina, mi rispondono, perché con la pressione bassa, morirebbe. E allora? Dico io. Ma lei vuole la morte di quest'uomo. Lo sa quest'uomo che lei lo vuole ammazzare? Rispondo che è un malato terminale con un cancro al pancreas, non può vivere, vi prego aiutatelo. Un uomo con la testa calva abbronzata, che non voglio chiamare dottore, mi dice che lui non sa perché il malato sia lì, lui sa che deve fare tutto quello che è necessario per farlo vivere (non ha la cartella clinica!!). Lei poi cosa chiede, non è neanche la moglie, anzi se ne vada via subito. Fatela uscire, non può restare qui. La legge che il nostro presidente del Consiglio ha appena firmato (sostenuta dal clero, penso io) dice categoricamente che lei se ne deve andare. Due mani decise mi spingono verso la porta, buttandomi fuori. Rimango là, seduta per terra, non ci sono sedie, non so quante ore. A un certo punto mi danno un numero di telefono per avere notizie e mi dicono anche che Walter riposa tranquillo; mi permettono poi di affacciarmi alla porta.

Ho visto Walter da lontano. Mi sembrava in stato comatoso e seguitava a rantolare come prima. L'attesa, fuori dalla porta, continuava. Ero disperata. Sentivo che non me lo avrebbero fatto più vedere. Morivo dalla voglia di sfondare quella porta che fissavo da ore nella speranza che si aprisse.

Erano le otto di sera ormai, i miei figli mi stavano accompagnando a prendere qualcosa da mangiare, quando mi chiamano, Walter ha avuto un altro collasso cardiaco. La porta si apre e io entro. È molto buio, solo in fondo una luce che illumina la grossa testa calva di quello che ci aveva torturato con il suo comportamento. Sta dietro Walter e continua a gonfiare e sgonfiare uno stupido palloncino rosa, insufflando aria nella sua bocca. Il monitor cardiaco ha la linea del cuore ferma. Mi avvicino, guardo Walter e mi rendo conto che è morto. I suoi occhi aperti mi guardano senza luce, opachi. Gli strappo quell'oggetto rosa dalla faccia e, senza più vita, urlo che Walter è morto. Quello mi guarda e con una mano gli chiude gli occhi, ma uno non si chiude e lui si sposta verso un tavolo dove, sedendosi, mi chiede qualcosa che non ricordo.

Walter non c'è più. In un attimo, come fosse mia la sua morte, rivedo la sua vita, la sua infanzia solitaria, la mamma che non c'è, non c'ero neanch'io quando è morto. È morto solo. Ha cominciato la sua vita da solo e l'ha conclusa da solo. Povero amore mio. Io non posso perdonarmi la maniera in cui Walter ha lasciato la vita.

Ho sbagliato tutto, in fondo: le scelte che ho fatto, la mancanza di preparazione per un'eventuale emergenza... Ero così orgogliosa di essere riuscita a portarlo verso la fine così sereno, e sono disperata ora per non essere riuscita a rendergli la morte degna e dolce come lui si meritava e come io volevo, con tutta la mia anima.

Indice

A un passo dal cuore *di Angelo Ponta* 5

Premessa 13
Il dopo Cervino 17
Malàika, Nakupénda Malàika 41
«Vivermi» tale e quale io sono 55
Non ero pericoloso per loro 71
Alpinista? Ma lo sono veramente? 87
Non credo nell'eroismo del ragionier x 95
K2 – Trent'anni dopo 107
La Terra siamo noi 123
Dai giornali francesi (1986-87) 149
Il film venuto da Parigi 165
Una settimana di chiacchiere 183
Verso i grandi spazi 287
K2 – 40° anniversario 301

Alpinismo come modo di essere 311
Sono un uomo libero 329
Precisazioni 339
Conversazioni, anni Novanta 367
Apologie 427
Fonti delle interviste 447
I miei viaggi avventurosi nel mondo dal 1964 al 1988 455

Un uomo libero *di Rossana Podestà* 467

Collana Walter Bonatti

La montagna scintillante

Scalare il mondo
A cura di Angelo Ponta

I miei ricordi

Un mondo perduto

K2. La verità

Stati di grazia
Catalogo della mostra del Museo Nazionale della Montagna

È quando sogni
A cura di Angelo Ponta

Le mie montagne

Finito di stampare nel mese di aprile 2024
per conto di RCS MediaGroup S.p.A.,
da Rotolito S.p.A., Via Sondrio, 3, Pioltello (Milano)
Printed in Italy